中國學術思想 研究輯刊

十二編

林慶彰 主編

第 32 冊

王弼玄學

莊耀郎 著

花木蘭文化出版社

國家圖書館出版品預行編目資料

王弼玄學／莊耀郎 著 — 初版 — 新北市永和區：花木蘭文化
出版社，2011〔民 100〕

序 4+ 目 4+310 面；19×26 公分

（中國學術思想研究輯刊 十二編：第 32 冊）

ISBN：978-986-254-541-6（精裝）

1.（三國）王弼　2.學術思想　3.玄學

030.8　　　　　　　　　　　　　　　　100005220

ISBN-978-986-254-541-6

中國學術思想研究輯刊
十二編　第三二冊　　　　　　ISBN：978-986-254-541-6

王弼玄學

作　　者　莊耀郎
主　　編　林慶彰
總 編 輯　杜潔祥
出　　版　花木蘭文化出版社
發 行 所　花木蘭文化出版社
發 行 人　高小娟
聯絡地址　新北市永和區中正路五九五號七樓
　　　　　電話：02-2923-1455／傳眞：02-2923-1452
網　　址　http://www.huamulan.tw 信箱 sut81518@gmail.com
印　　刷　普羅文化出版廣告事業
封面設計　劉開工作室
初　　版　2011 年 9 月
定　　價　十二編 55 冊（精裝）新台幣 90,000 元

王弼玄學

莊耀郎　著

作者簡介

莊耀郎，台灣省苗栗縣人。台灣師範大學國文研究所文學博士。曾任小學、中學教師，台灣師大國文系助教、講師、副教授、教授等職務，現任世新大學中文系教授。專研領域在於魏晉玄學、老莊哲學、中國哲學史、中國美學與書法。撰有《原氣》、《王弼玄學》、《郭象玄學》等專著，及相關論文三十餘篇。

提　　要

　　《王弼玄學》顧名思義就是將王弼著作視為獨立的哲學思想而撰寫的著作，不同於歷代只視為註解家的身分，而給予建立一具有完整的體系、義理的定性和哲學史上的定位。

　　文中首先論及王弼在魏晉玄學思潮中創建的地位，兼論及玄學分期的相關問題。其次，討論《老子注》和《老子》文本義理的分齊，由此可見王弼對於老子思想的繼承和開展。本文的核心論述在於王弼玄學體系的建立，有關方法進路的問題討論，如主觀的智解、無與有的兩層區分、名謂之辨、言意之辯、得意忘象等皆屬之。道論的內容最具特色者則是「不生之生」觀點的提出，讓開成全、作用保全義理的確立。論名教則將名教的根源屬之於自然，無與有的兩層區分則是王弼玄理體系中一貫的說法，也是歷來學者討論它和老子說法異同爭論的焦點，文中都作詳細的論證。至於無和有所形成的各種關係的說明，如述本、本末、母子、一多、道學、眾寡等思考模式，都在學術思想史上發生鉅大的影響。

　　篇中有關《老子旨略》及《周易略例》的基礎文獻分析部份，雖名為文獻分析，實則有關義理源流的發展、思想脈絡的衍變，因緣轉折悉在其中，可稱為此一文獻處理中較為詳實的論述。

王弼玄學

目

次

出 版 序

　　猶記當年決定以《王弼玄學》爲題時，實已意識到《老子注》非僅爲註解而已，其後完稿，回顧所論，只論證了一個觀點，就是證明了《老子》和《王弼注》確實有所不同，此不同非只是章句解釋的不同，而是義理的詮釋已有了不同。那麼，歷來視王弼爲善注者將如何說解？要回答這個問題，不能只泛用詮釋的理論，推說書無達詁、理無確解的話搪塞，而是視王弼的註解是《老子》思想的一個可能的發展向度，除此之外，同時也說明王弼不同於註解家，不論其自覺或不自覺，王弼實際上已建立起一套玄理哲學，也一定要循此脈絡理解，對於有些明顯悖離《老子》文本的注文，方能得到順適的，且有一貫性的說明。換言之，《王弼注》其實就是「以述爲作」，成一家之言的著作。

　　王弼玄學之作，尅就其時代論題，就是解決自然與名教衝突，融通儒道的論題。在先秦時期，道家和儒家是兩個不同的思想體系，不相經緯，而且儒家視爲價值根本的仁義禮教，無論老或莊，都將它視爲是外在化、形式化的存在，不斷地反省、批判，經過了兩漢，獨尊儒術，名教已經成爲歷史的選擇，文化的方向。同時，道家昔日的關懷和指責，也不幸流衍成歷史的病痛。因此，王弼雖然順承此一歷史發展，正面的肯定了仁義，接納了名教，然而，他所用以安立名教的形上根據，價值的根源，則依然是道家的自然，在王弼的玄學體系中，用「無」來說明它，認爲凡事只要通過「無爲」、「無心」去除造作、執著的工夫，返回沖虛的心靈，就能保住既有的制度、文明的價值，在《老子旨略》中所說：「棄仁而後仁德厚，絕聖而後聖功全」，就是一句非常經典的名言，即所謂「作用的保全」，無論是「崇本舉末」或「守

母存子」都是這個意義下不同的說法。

　　既然《王弼注》只是《老子》思想發展的一種可能，必然意味者兩者有差異，至於兩者的差異所涵知的意義爲何？在論文中雖有觸及，但在現在看來，總覺得說明不是很清楚，所以將2006年台灣師大「儒道國際學術研討會」上討論《王弼的道論》的文章，置於附錄，或許可以彌補當時的不足。接著，想藉此談談《老子》和《王弼注》道論不同所蘊藏的意涵，王弼將「無」定位在道的層次，將「有」定位在物的層次，文中已論之確鑿，然而《老子》的道在〈第一章〉中已經清楚的展開，「無」和「有」的雙重性，「玄」則是道的作用，物當然屬於形而下的存在，因此，《老子》論道的內容，包括了無、有、玄三者，它和王弼只將道視爲無的說法，是否相通，其關鍵則落在對於「有」如何詮解。王弼將「有」下屬於物，從「歸終」來說明它，則道的功能只能是「作用的保全」，其對創生的說法，也只能是「不生之生」，讓開成全的觀點；至於《老子》道中的「有」，則屬於形而上，和「無」同屬於道，和王弼的說法是否能一致，則可以有不同的理解，若只將形上層的「有」視爲虛說，只是一個姿態，空無內容，必須落實到萬物的層面；才展開它具體的、實質的內容，持此一觀點的理解，則同於王弼，在義理上也允許這種可能的發展。但是，若試圖尋繹另外的詮解，將「有」理解爲可以開出萬物的根源，是人類文明創生的形上根據，如此理解，就不止是王弼所指的既成的萬物，道的作用也不是「不生之生」、「作用的保全」而已。它有可能是涵著說最廣大超越的，無所規定，無所定向的，包括人類文明過去、現在和未來的一個價值意義的「有」，這個「有」，它和「無」相伴而生，辯證以成，作爲生命中創造一切、實現一切事物的根據。這種說法和儒家以仁義爲首出，以逆覺體證的方式，成就道德人格作爲人生的價值意義的教路，相較之下，更爲寬廣。若如此理解也是一種詮釋的可能性而不謬的話，則《老子》的學說可以順適地說明人類文明活動中，不僅是道德實踐，也包括科學知識、藝術審美、文學創作等，並給予每個領域獨立的地位，這種理解，並不是憑空的臆解，在《莊子》書中，讀者可以看到它正視百工百業的存在，無論是從事任何一途，透過沖虛無爲的工夫，都可以達到生命最高的境界，由此脈絡，即可以明白《老子》道論中「有」的豐富性義涵，就此而論，王弼的道論，因爲偏看了「無」的一面，將「有」置於既成的萬物層面，創造性就被隱沒了，因此，有些將《老子》思想看成是「意義的治療學」，限於反省

保全治療的作用，失去創造性積極性的一面，就是依循王弼的詮釋觀點所得的結果。

　　由上所論，指出《王弼注》在道家思想發展上的一個地位，義理性格的定性，給它一個如實的說明，本文的撰寫，如果在學術上還有一些觀點可供參考，亦止於此而已。而本書能出版，除了要感念牟宗三、戴璉璋兩位老師的指導之外，口試時黃錦鋐、蔡仁厚、張亨、余培林、王邦雄等幾位老師的指正。以及後來林信彰教授的推荐、催促，以及花木蘭文化出版社的協助出版事宜，亦一併在此致上感謝之意。

　　　　　　　　　莊耀郎　謹識於世新大學中文系 2011 年 3 月

書影一

周易上經乾傳第一 ○周代名也周至也通也備也全也易謂卦名也

字從日下月上者對下立名者常也法也經也田也乾也虔翻注李鼎祚云

傳宜戀反以傳述為義謂夫子十翼也解見發題第亦作承

王弼注 ○本亦作王輔嗣註音題張具反本或元注字師說无者非

唐國子博士兼太子中允贈齊州刺史吳

縣開國男陸德明

乾下乾上乾元亨利貞初九潛龍勿用九二見龍在

從旦又然孝傳說卦云乾健也此八純卦象天彖家及聖人

反卦德也謝沈此楷捷盈反龍喻陽氣及聖人九二見龍在

田利見大人中不潛離隱故曰見龍處於地上故曰在田德施周普居

或躍上則過玩利見大人唯二五焉見龍賢遍反示也初則不彰三則乾乾四則

同見如字下皆同大人王肅云聖人在位之目龍德及下則智及藏初

經篇過古卦反與也九三君子終日乾乾夕惕若厲

偽音不音如字下施諸經內皆同

无咎處下體之極居上體之下不在天未可以寧其若乾若厲純

修上道則居上之德廢純下道則居下之禮曠故終日乾乾至于夕惕猶若厲也居上不驕在下不

不犯安其常則而揚不失其幾雖危而勞可以无咎然下卦之極愈於上九之

田利見大人出潛離隱故曰見龍處於地上故曰在田

王弼《周易注》北宋本

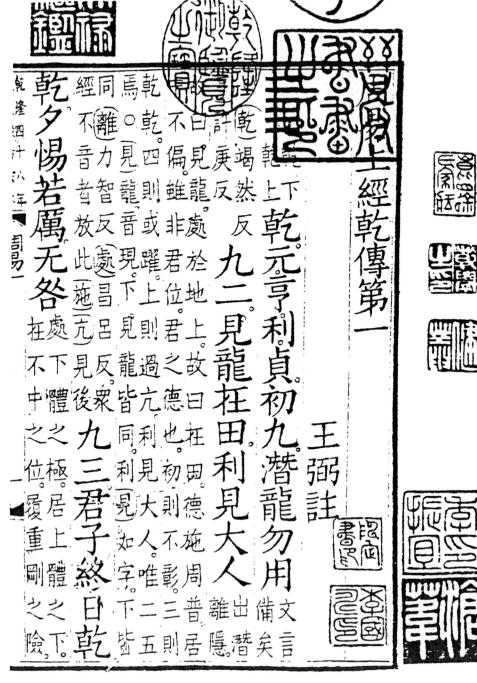

王弼《周易注》乾隆四十八年刊本

其文輒爲註解。雖不足敷弘易道。庶幾有裨於教義。亦猶螢燐增輝於太陽。涓流助深於巨壑。臣之志也。敢不上聞。

周易略例卷第十、

明彖、

王弼

夫彖者何也。〔將釋其義。故假設問端而曰何也。〕統論一卦之體、〔辯卦體功用所由之主。立主之義義〕明其所由之主者也。〔辭也。辯卦體功用所由之主。立主之義義〕

夫衆不能治衆、治衆者至〔在一爻明辯也 周易一〕

乾隆四十八年刊本《周易略例》

周易略例卷第十

明彖

王弼

夫彖者何也　統論一卦之體明
其所由之主者也

夫衆不能治衆治
衆者至寡者也

夫動不能制動制
天下之動者貞夫
一者也

故衆之
動者貞夫一者也

所以得咸存者主必致一也
動之所以得咸運者原必无二
也

宋刊本《周易略例》

周易略例

晉　山陽王弼著

唐　助教邢璹註

明　新安程榮校

明彖

夫彖者何也　統論一卦之體明其所
由之主者也

夫衆不能治衆治衆者至寡者也

夫動不能制動制天下之動者貞夫
一者也

故衆之所以得咸存者主必致一也
動之所以得咸運者原必无二
也

理物无妄然必由其
統之有宗會之有
故繁而不亂衆而不惑

漢魏叢書本《周易略例》

道德真經註卷之一

山陽　王弼　註　　　　得三

道可道非常道名可名非常名道可道之道可
名之名指事造形非其常也故不可道不可
名也　無名天地之始有名萬物之母凡有皆
始於無故未形無名之時則為萬物之始及
其有形有名之時則長之育之亭之毒之為
其母也言道以無形無名始成萬物以始以
成而不知其所以玄之又玄也故常無欲以
觀其妙妙者微之極也萬物始於微而後成

明刊正統道藏本　王弼《道德真經註》

道德真經集註卷之一

唐明皇　河上公　王弼　王雱註

道經
　河曰道者萬物之所道在
　也故章
　而是于
　已而

道可道
　河曰謂經術政教之道也

非常道
　河曰非自然長生之道也常道以無為養

道可道章第一　大

道藏洞神部玉訣類靡上《道德真經集註》

老子道德經上篇

晉 王弼 注

一章

道可道非常道名可名非常名

可道之道可名之名指事造形非其常也故

不可道不可名也

無名天地之始有名萬物之母

凡有皆始於無故未形無名之時則為萬物

之始及其有形有名之時則長之育之亭之

毒之為其母也言道以無形無名始成萬物以

古逸叢書之六《集唐字老子道德經注》

老子微旨例略

天物之所以生功之所以成必生乎無形由

乎無名無形無名者萬物之宗也不溫不涼

不宮不商聽之不可得而聞視之不可得而

彰體之不可得而知味之不可得而嘗故其

為物也則混成為象也則無形為音也則希

聲為味也則無呈故能為品物之宗主苞通

靡使不經也若溫也則不能涼矣宮也則不

能商矣形必有所分聲必有所屬故象而形

者非大象也音而聲者非大音也然則四象

明刊正統道藏本《老子微旨例略》

手稿本書影

制之。所以道之長物。雖言「長之，育之，亭之，毒之，養之，覆之。」⑬其實是以不長長之。所謂「衣養萬物而不為主」（《老子》三十四章），不為主就是「長而不宰」之義。「有德無主，非玄如何？」是注解「玄德」。「玄德」是沖虛之妙用，深不可識。有德而不知其主，不知即不可識。何以不知其主？因為以不主主之，此主乃不主之主，故為執割宰制之不制不知其主，其主之方式不是存有層上之施為，而是作用層上之不主之妙用。玄德的這個不主之義。牟宗三先生有更清楚深入之說明：

此沖虛玄德之為萬物之宗主，亦非客觀地置定一存有型之實體名曰沖虛玄德，以為萬物之宗主。若如此解，則又實物化而為不虛不玄矣。是又名以定之者矣。此沖虛玄德之為宗主，實非「存有型」而乃「境界型」者，蓋以其所證沖虛之境界，而起沖虛之觀照地本於主觀修證（致虛守靜之修證），所證沖虛之玄德之「內容意義」即由此沖虛境界而證實，非是客觀地本於沖虛無外之客觀的廣被。此沖虛玄德之證實，非是客觀地廣被一切，而絕對由主觀修證理論的廣被，乃即以此明通一切。此為境界形態之宗主，非存有形態之宗主，存有形態之體也。⑭

總之，王弼玄學之所謂道，乃是一作用層上、而非形而生義，亦非創生萬物，是超越其生物之方式令萬物自生，是境界型態的道。其道，其生物之方式不生之生。道和德之關係是，道是就萬物言，所謂道乃是以不塞不禁之生。德是內在的，所謂超越、內在都是就萬物言。

前　言

　　初，宗師講學師大，嘗私擬「朱熹、陸象山之孟子學比較」和「王弼玄學」兩題，向　宗師問詢論文寫作之可能方向。宗師聞之輒答道：「王弼玄學較具挑戰性，其中有些問題未定；孟子的說法大底已定，難出新義。」就這樣選定了寫作方向，時在民國七十五年（1986），匆匆又歷五寒暑矣！

　　王弼玄學確如　宗師所言，極具挑戰性：一是《周易》、《老子》的系統龐大；二是原典需要考訂；三是義理要定性。《周易》、《老子》系統之大，問題之複雜，通其一經，已頗為不易，況兩書同時乎！其次最大的困擾即是《老子注》之校訂的問題，原注頗多謬誤，部份章句幾不可卒讀，雖然幾經陶鴻慶、嚴靈峯、樓宇烈及日本學者波多野太郎、東條弘、石田羊一郎等學者之努力校訂，亦已見其功，唯並未將問題完全解決，有些文句不是刪改太過，就是誤解注文之意，致令校改反而支離，因此，諸家之說固不失參考之價值，亦畢竟不可完全依賴。所以要讀通原典就是入門的挑戰，其中之關鍵在於校訂王弼注文並不純是版本、章句層面的校改，且涉及義理歸趨的問題。涉及義理，則必見其分際和會通，既不可強為割裂，亦不可混漫而籠統之。向來皆言王弼會通儒道，又言聖人體無，究竟是儒？抑是道？然玄學實歸宗於老子，則其聖人之內涵為何？則當有可說者，王弼注文中所出現之「仁義發於內」、「為仁由己」和《論語》、《孟子》有何分別？非義理清楚則其解釋必成問題，所幸在義理之定性上，已有　宗師之判教在先，得以見其準據。雖然如此，亦當通過自己消化，並以之體貼注文原義，方可為己所用。義理之明固可聲入心通，一通而百通，然若施諸論學，則非字字檢點，句句收拾不可。年來之工作亦大抵集中於上述三者。

　　至於論文之寫作，只思把握一大方向，即客觀如實之理解，以及恰當其分之詮釋。所謂客觀如實之理解，即通過文獻，如其自己而呈現之，以定其宗本，觀其義理之骨幹及智慧之方向；宗本底定，則反而可據以釋其章句未決之疑惑。王弼文獻，附麗經典，餘者散在各書，除考校訛誤之外，必詳審其文義，匯聚以見其理路，辨思以知問題之所屬，依其分位之所當而如實呈現之，於所使用之詮釋方法必有所反省，隨文披示，俾知其所能詮釋之限度，方不致蕩越漫衍而無所歸心。思慮至此始得立綱領、成理路以下筆，當此之時，亦頗讀坊間成說，尤其大陸有關玄學之著述甚夥，唯各持一端，馳說紛紜，欣見肯綮恰當之說，如王葆玹《正始玄學》者，已屬難能，餘者甚或曲解原典，或斥玄學為不倫不類者亦有之。本來義理有其客觀性，亦必自在而長存，並不因曲解污蔑而減損，亦不為傅會增益而更多，唯能讀者能見其道而得其實。然而一旦批閱，間有失義偏頗者，遂為澄清之說，實有不得不辯者，非關意氣也。於所立綱領大旨如下：

　　第一章之旨意在於見玄學之名義、王弼在玄學思潮中之創建地位，並以王弼有無之觀念，自然與名教之觀念檢視玄學分期說法之得失，並提出一己所見，以供參考。

　　第二章之立義在於為王弼玄學之出現尋求一可能之詮釋。推求其玄理及客觀之境，必至於《老子》有無玄同「玄之又玄，眾妙之門」始為探本之說，玄智乃主觀之明，知常曰明，必由之於「致虛極，守靜篤」之工夫，歸根復命之觀照玄覽始得其常。遂定王弼玄學形成內因源於《老子》，方始不誣也。至於外緣眾多，無法並舉，故僅以例示，如學術思潮之遞嬗，學術淵源之推測，正始談辯之關係，先驅人物及其觀念之影響等。

　　第三章則舉王弼玄學之大端者言之，王弼既已名家，則必有其形成玄學之法論，故首節揭示其方法論。第二節以下，依序討論其道，自然、名教，有與無，聖人論等核心觀念。

　　第四章之旨意在於作為建構王弼玄學之文獻的基礎分析，因注文較多，且王弼已有《指略》之作，故逐句釋義，爬梳以見問題及義旨之所在，工作繁瑣而吃重，未易見其好也。第二節則既為王弼玄學之研究，且知其大義歸宗於《老子》，然於理論上必不能無異同，此雖系統內之不同，因應客觀理解之需要，權為之分，以見其勝義或剌謬。

　　第五章亦承第四章之基礎分析工作，唯重點在於《周易略例》之釋義。

　　結論則稍爲王弼在歷史上及學術史上，如其自己應得之地位而申說，算不得辯護也。

　　此論文累年而成，揆王弼二十四齡竟有此玄學穎悟之思，顧自己今屆不惑之年而讀之猶迷，不禁赧然愧甚，汗發背而沾衣，固由於志學既晚，資質駑鈍，復未能痛下工夫，以博學之精思之也。斯文之作，前有幸聆　宗師五年之教論，於撰寫期間，復蒙　戴師璉璋之屢釋疑惑，垂詢關懷。長於窮鄉，任教鄉里，苟未得上庠以學，恐終不免未聞大道，念及於茲，斯何幸之甚，亦何任感荷？然歲月悠忽，鬢髮成霜，日中而作，敢不黽勉，謹奉斯文，敬祈方家不吝賜正。

作者謹誌於師大國文研究所時序民國八十年六月（1991 年 6 月）

第一章 玄學與王弼

第一節 玄學釋義及玄學分期之商榷

何謂玄學？近代曾經爲玄學和科學的問題引起不小的爭論〔註1〕。參與的人大多各是其是，各非所非，並不是有意要認清什麼是玄學的本來面目，也不是要在學術上研究探討，所以隨著一場風波就成爲過去。本文所謂的玄學，不是像前述作爲泛說的和科學相對的玄學，而是專就中國哲學史上代表魏晉一代的哲學思潮作爲討論的對象的玄學。本文所探討的主題——王弼玄學，就是指開創魏晉玄學代表性人物王弼的玄理學說。如果考察王弼所處的三國時代及稍後兩晉時代的典籍，王弼的學說並未被稱爲「玄學」〔註2〕。根據史籍，最早提到王弼學說和玄學相關的是《晉書‧陸雲傳》，傳中雖寫陸雲，其實已暗示王弼之學爲玄學〔註3〕。傳中未見其申說所謂玄學的內涵爲何，但可

<hr>

〔註1〕民國十二年張君勱、丁文江、胡適之、梁啓超等人展開一場人生觀的論辯，因而涉及玄學科學的論戰，然而論戰中無論是擁護玄學或攻擊玄學的人，其實都並不眞正懂得中國哲學史上的魏晉玄學玄學內容，當然，他們的論題原來就不是要討論眞正的玄學是什麼的問題，只是借用一個「玄學」的名詞，而實無關乎學術史上之玄學。這些相關的文章有二十九篇收於中國現代文化史料叢刊的《科學玄學論戰選集》，帕米爾書店，民國69年初版。

〔註2〕西晉王衍時稱述王弼學說通常稱爲「貴无」說，和裴頠所著「崇有論」相對爲言。

〔註3〕《晉書‧陸雲傳》云：「（陸）雲，至一家便寄宿，見一少年美風姿，共談老子，辭致深遠，向曉辭去，行十許里，至故人家，云：此數十里中无人居，雲意始悟，卻尋昨宿處，乃王弼冢，雲本無玄學，自此談老殊進。」此爲史

以確定的是必然和《老子》有密切的關聯，而「玄」的概念正是源自於《老子》。《老子》第一章說：

> 道可道，非常道；名可名，非常名。无名天地之始，有名萬物之母。
>
> 故常无欲以觀其妙，常有欲以觀其徼，此兩者同出而異名，同謂之玄，玄之又玄，眾妙之門。

這裏提出的玄原是用來解釋道的，總合而說之曰道，別析而言之則是无、有、玄。所以，玄屬於道的作用，和道同層這一點當無疑問。王弼在他的老學著作中對「玄」的解說是這樣的，他說：

> 玄者，冥也，默然無有也。（《老子》〈首章注〉）
>
> 而言「謂之玄」者，取於不可得（而名）而謂之然也。（《老子》〈首章注〉）〔註4〕
>
> 玄者，物之極也。（《老子》〈第十章注〉）
>
> 「玄」也者，取乎幽冥之所出也。（《老子指略》）〔註5〕
>
> 「玄」謂之深者也。（《指略》）

由上引之文觀之，所謂「玄」，是指其義深遠而不可測知的意思。這個意思也是有承於《老子》文義而注，《老子》十五章說「微妙玄通，深不可識。」六十五章說「玄德深矣遠矣」，可以說是直承《老子》的本意，王弼只是做更詳細的闡述和規定而已。以王弼的玄學名理說之，「玄」這一概念只能是個「稱

籍記載「玄學」一詞。而玄學立於學官或成爲學科則始見於《宋書・隱逸・雷次宗傳》的記載：「（宋文帝）元嘉十五年，徵次宗至京師，開館於雞籠山，聚徒教授，置生百餘人。會稽朱膺之，穎川庾蔚之並以儒學，監總諸生，時國子學未立，上留心藝術，使丹陽尹何尚之立玄學，太子率更令何承天立史學，司徒參軍謝元立文學，凡四學並建。」

〔註4〕《老子・第一章注》有脫漏，今依牟宗三先生《才性與玄理》，頁137校訂，補〔而名〕二字義始完足。

〔註5〕《老子指略例》一文，《舊唐書》未載明作者，《新唐書》始標爲王弼著，《宋志》及《通志・藝文略》約載爲王弼著，宋末以後佚。近人王維誠據《雲笈七籤》中《老君指歸略例》及《道藏》中《老子微旨略例》輯成《老子指略》，並且認爲即王弼《老子指略例》之佚文。其說見於《北京大學國學季刊》第七卷第三號。嚴靈峯亦於民國45年6月自《道藏》中檢出，並附校記，又校張君房《雲笈七籤》〈總敘〉有〈老君指歸略例〉一文，並確證爲王弼所著，其說見《無求備齋老子集成・初編》〈老子微旨例略〉附記，藝文，今學者大都接受爲王弼所著之說法，本文亦同，本文第四章有〈老子指略釋義〉，可資參照。

謂」，而不能被視爲一「定名」〔註6〕。也就是說「玄」不是一客觀具體之存在物，不能予以定名，而是出乎主觀的涉求，所以不可得而名而謂之玄。這是辨別名謂以見玄之歸屬於主觀的心境所出，而非向外指涉一客觀物事。其次，論及義理的層次，王弼說「玄者，冥也，默然無有也。」無是道的內容，有是指天地萬物，玄則是道之作用於天地萬物的表現，冥迹於本，冥物於無的作用即謂之「玄」，所以玄是道之作用的表示。又說「玄，物極也。」察王弼《老子注》中凡言「之極」者，其所言皆表示道而非物，故說與道同層而不與物同層〔註7〕。換言之，即屬於形而上的而非形而下的，所謂「物之極」，物既屬於有之層次，所以不能順有之串系無窮反溯，如果順有之串系而後反追溯者則恆是屬於有之層次，終無法達於非有之無，故於「物之極」的解釋，實基於邏輯之理由而闡明其必有一異質的超越，以歸屬於與物不同層次之無，始得一與道同層的玄〔註8〕。因此，在這個意義上，「玄」就是深奧莫測的意思。

然而玄學究竟如何深奧？其內容爲何？就王弼而言，玄學其實就是探討「天人之際」的學問《世說新語》〈文學篇〉說：

> 何平叔注《老子》始成，詣王輔嗣，見《王注》精奇，迺神伏曰：
> 「若斯人可與論天人之際矣。」因以所注爲《道》、《德》二論。
>
> 〔註9〕

何晏所謂的「天人之際」正可借來說明玄學中無與有、本和末、意和言、母與子、名教和自然等的關係。事實上，王弼玄學之重點在無而不在有，在道而不在物。借用今日哲學的術語來說明它，玄學就是屬於形上學的範圍，「形上學」一詞是以《易・繫辭傳》「形而上者謂之道，形而下者謂之器。」之詞

〔註6〕 有關王弼對「稱謂」和「定名」的辨別，見於《老子・第一章注》及《老子指略》，詳文請見本文第四章〈老子指略釋義〉。

〔註7〕 《老子》二十一章「自古及今其名不去」注：「至眞之極，不可得名，無名則是其名。」二十二章「聖人抱一爲天下式」注：「一，少之極也。」二十五章「逝曰遠，遠曰反。」注：「遠，極也。」三十八章注：「夫大之極也，其唯道乎。」三十九章「昔之得一者」注：「一，數之始而物之極也。」八十一章注：「極在一也。」觀王注凡言「極」、「之極」皆爲與道同層者則可證「玄」是與道同層而不與物同層。

〔註8〕 參見牟宗三先生《才性與玄理》，第五章〈王弼玄理之易學〉，頁110，學生。

〔註9〕 楊勇《世說新語校箋》〈文學第四〉第七章，頁152，引文又見于《三國志・魏志・鍾會傳裴注》引〈何劭傳〉云：「于時何晏爲吏部尚書，甚奇弼，歎之曰：『仲尼稱後生可畏』若斯人者，可與言天人之際乎！」

語，迻譯西方哲學的 metaphysics。在西方哲學史中，形上學之名義是源於亞里斯多德的第一哲學，亞氏在其哲學系統中，指凡是論究一切實在之原理者，謂之第一哲學，也就是研究物理現象背後的「終極原因」的學問，此終極原因也就是第一因，具有最高的普遍性，它作爲一切存在的根據，這種說法和《易‧繫辭傳》所說的道的意義相類，所以習慣上如此稱說，但是究極之，玄學之爲形而上的意義和西方形上學的內涵實不相同，因此不能單純的就以之比附〔註10〕。其中的區別必須加以釐清，不能僅以中西文化之差異打發問題，這種空泛的解說是不具說服力的，而必明之以義理之形態上的不同，指出歸趣之殊途方可。牟宗三先生即曾對這一點加以解說，其文云：

> 大體言之，中國名家傳統所開之玄理哲學，其形態是「境界形態」，而西方哲學，其形態是「實有形態」。一是主觀之神會、妙用、重主觀性，一是客觀之義理、實有、重客觀性。一是圓而神，一是方以智。一是清通簡要，虛明朗照；一是架構組織，骨格挺立。一是圓應無方，而歸於一體如如，洒然無所得；一是系統整然，辨解精練，顯露原理原則之實有。一是不著，一是著。一是混圓如如地對客觀眞實無分解撐架的肯定，一是分解撐架地對於客觀眞實有肯定。〔註11〕

有了以上的了解，方不致混漫了義理的分際，而浮濫地使用名詞，混淆概念。

在中國哲學史上，各時期的學術思想，大都依附於先秦經籍，這種「以述爲作」的方式是個古老的傳統，自孔子時已有之〔註12〕。魏晉時期的玄學家亦然，將他們的玄理思想以註解的形態表現之，於是乎有所謂的「三玄」，也就是說玄學內容所依附的典籍根據大致是集中在《易》、《老》、《莊》三書。三玄之名最早見於《顏氏家訓‧勸學篇》，其文曰：

> 何晏、王弼宗述玄宗，遞相誇尚，景附草靡……。洎于梁世，茲風復闡，《莊》、《老》、《周易》，總謂三玄。〔註13〕

雖說三玄，並非說玄學之內容就限之於三玄，而是說其義理之根據源於三玄，

〔註10〕湯一介《郭象與魏晉玄學》第一章即是將玄學直接用亞里斯多德的第一原理來說明，並無辨析其間之差異。

〔註11〕同註8，頁263。

〔註12〕《論語‧述而篇》子曰：述而不作，信而好古。

〔註13〕王利器《顏氏家訓集解》卷第三〈勉學第八〉，頁179。

至於所涉及之內容則不為所限，往往遍及宇宙人生之萬事萬物，就是玄學家
們所涉獵之典籍，也不為三玄所圍，如王弼除了注《老》、《易》之外，亦有
《論語釋疑》，雖然並未注解《莊子》，然而察其述作，實深造於《莊子》者。
《世說新語‧文學篇》劉孝標注引《王弼別傳》就說王弼「好老莊」。觀其注
《老子》四十二章，正是用《莊子‧齊物論》之觀點詮釋《老子》。王弼未嘗
為《易‧繫辭傳》作注解，不過，在《周易略例‧明象》篇中，對「聖人立
象以盡意」之詮釋即連類於《莊子‧外物》篇之筌蹄為喻，於是乎有「得意
忘象」的認識論的提出。當代及後來的玄學家，大體也都沿襲這種風氣，清
談時以三玄為談據，且對三玄有相當的造詣。〔註14〕

　　總之，所謂玄學，就其代表性之人物言之，為魏晉時期的名士；就其玄
理之淵源說，乃根源於《老子》，或者說是先秦道家；就其所專主之典籍而言，
則在於三玄，即《周易》、《老子》、《莊子》三書；就其內容言之，則是集中
於討論主體宇宙的天地萬物生成根據的主觀虛靈觀照之妙用無與天地萬物之
定用如何成全之問題；或是道和萬物的關係如本末、母子、一多等；或是方
法論的言盡不盡意的問題，或者是有關人的主觀修養及客觀人事之問題，如
性和情、自然和名教等；或是圓滿人格的典型如體無、迹冥圓等。

　　在初步認識玄學之涵義後，再對玄學之發展稍作敘述，以為更進一步深
入瞭解的基礎。談到玄學之發展，前輩學者大都以分期斷代作為掌握玄學全
貌的方式，在此對前人成說略作省察，並提出個人之淺見供作參考。

　　湯用彤是近代魏晉玄學研究的先聲，在他所著的《魏晉玄學論稿》中有
〈魏晉玄學流別略論〉一文，是首先對魏晉玄學區分流派的著述，其說大別
為四：〔註15〕

　　（一）為王輔嗣之學，釋氏則有所謂本無義。

　　（二）為向秀、郭象之學，在釋氏則有支道林之即色義。

〔註14〕稽查當時玄學代表人物的著作，除三玄之外，《論語》也是眾所注意的典籍，
　　　　大都有兼綜儒道的傾向。根據劉汝霖《漢晉學術編年》所載，何晏的著述有
　　　　《老子道德論》、《老子講疏》、《老子雜論》、《論語集解》、《周易何氏解》。鍾
　　　　會的著述有《周易盡神論》、《周易無互體論》、《老子道德經注》、《道論》、《四
　　　　本論》等。向秀的著述自《莊子注》、《莊子音》、《周易注》等，阮籍的著述
　　　　有《通老論》、《通易論》、《達莊論》、《道德論》等。郭象的著述有《論語體
　　　　略》、《論語隱》、《莊子注》、《莊子音》等。
〔註15〕湯用彤《玄學‧文化‧佛教》〈魏晉玄學論稿〉中之〈魏晉玄學流別略論〉，
　　　　頁45～58，廬山。

（三）爲心無義，乃支愍度所立。〔註16〕

（四）爲僧肇之不眞空義。

湯氏在此實合玄學與釋氏之般若學爲說，且詳於般若學而略於玄學。玄學部份只論及王弼及向秀、郭象，其分期之依據則以義爲主，並列舉代表人物，如王弼之貴无，則以般若學之本无類比說明之，向秀、郭象之崇有，則以支道林之即色類比說明之〔註17〕。其餘三、四均非以玄學爲義，因此，雖說分爲四期，其分期實乃針對般若學而立，就本土玄學而言，則只論及王弼及向、郭，嚴格說玄學只分爲兩期，稍嫌粗略，這大概也是在玄學研究草創階段難免的現象，難爲求全。

馮友蘭在其所著《中國哲學史新編》亦論及玄學的派別和發展階段，其主要論點及分期之主張如下：

> 玄學是有派別的，玄學家們對於有無的了解有所不同，因此就分爲三派，都是圍繞有無問題立論的。一派是王弼、何晏的「貴无論」；一派是裴頠的「崇有論」；一派是郭象的「无无論」。〔註18〕

馮氏之分期，依引文所言，其根據是玄學中的「有」「無」問題，是依玄學家們對有無義之理解的不同而加以區分。這種區分也是以義爲準，將有無之義的不同詮釋視爲相互關聯且有發展性的三個階段，馮氏對這一點的說明是：

> 玄學發展的三個階段中，王弼、何晏的貴无論是肯定，裴頠的崇有論是否定，郭象的无无論是否定之否定。它否定了裴頠對於「玄遠」和「越名教」的否定。〔註19〕

馮氏之分期說顯然較湯用彤之說法進一步。其重點有二：一爲將玄學獨立分期，不附庸於般若學以作區分。其二爲以有無問題作爲玄學發展之核心觀念，區分爲三階段並予以系統性之說明，其說誠然較諸湯氏爲精贍。不過，馮氏說並未因此而達到盡善盡美。他雖提出以有無作爲玄學中心論題，並據以分

〔註16〕湯氏此言支愍度立心無義，此說已見疑後世，元代文才《肇論新疏游刃》已啓疑竇（見《卍續藏經》第七十二冊），詳細之考證見蔡纓勳《僧肇般若思想之研究》（師大國研所碩士論文，民國74年），頁58～60。

〔註17〕同註15，頁50，湯用彤說：「蓋王弼貴無，向、郭則可謂崇有。崇有者則主物之自生、自然（見裴頠〈崇有論〉）。」湯氏以向、郭之自生、自然說而劃歸於裴頠之崇有，恐有失於粗略之嫌。

〔註18〕馮友蘭《中國哲學史新編》第四冊，第三十七章〈通論玄學〉第三節〈玄學中的派別和發展階段〉，頁40～42，人民。

〔註19〕同前註，頁42。

期，但是衡諸其對有無內容的理解則頗有可商榷之餘地。若僅從其分期之說視之，亦似乎能言之成理，然而細察其間義理之分際則不盡然。如果說以正始時期王弼、何晏所提出的「貴无論」為首始，則裴頠的〈崇有論〉雖表面上以反王弼之貴无論立說，實則對於王弼的無之理解並不相應〔註20〕，以義理內部之發展規律衡之，能否遽言其說就能成為貴无論之否定，誠不能無疑。縱然裴頠撰崇有論之初衷，實係宣稱為力矯貴无之流風而作〔註21〕，然而其義理若不相應，雖能自成思路而鳴一家言，則於有無之義理就沒有馮氏所說的第二期之發展，如此說之，則裴頠之崇有論相對於貴无論而言，就只有歷史的外緣的意義而無本質之意義。這是馮氏分期之理論存在的困難。

　　湯一介承其父親之緒業，亦為著名之魏晉玄學研究學者，在其所著《郭象與魏晉玄學》第二章亦嘗對魏晉玄學之發展的階段性提出他的見解，其說大致如下：

（一）正始時期：以王弼、何晏為代表，其中又以王弼為主。

（二）竹林時期：以竹林名士嵇康、阮籍為代表人物。

（三）元康時期：以向秀為先期人物，再區分為裴頠、郭象二支。

（四）東晉時期：以張湛為代表。

湯一介以時間分期，所重於歷史意味重，義理之意味輕，和馮氏之說不同，即於其父之說也不類。其特點除以時間作為分期之依據外，區分為四期，在時代的涵蓋範圍上較前說為長，上始於正始時期的何晏（西元190～249），下至於東晉中葉的張湛（西元 330～400？）約兩百年間。對各期的區分也較細微，元康時期就區分為前後兩階段，以向秀作為郭、裴二人的先驅。以上是湯一介的說法不同於前人或有進於前人的地方。此後，學者對於玄學的分期也大致沿用其說。如許杭生在《中國大百科全書》哲學Ⅱ，〈魏晉玄學〉條下，

〔註20〕裴頠〈崇有論〉之對於無的規定乃以實在論之立場來理解，有是存在，無就是不存在，即非有。其文云「夫至無者，以无以能生。」又說「虛無是有之所謂遺者」，其義非王弼之所謂無之義，其理解不切，故在義理之內部理路言之，實無可反對。

〔註21〕《晉書・裴頠傳》說：「頠深患時俗放蕩，不尊儒術，何晏、阮籍素有高名于世，口談虛浮，不遵禮法，尸祿耽寵，仕不事事；王衍之徒，聲譽太盛，位高勢重，不以物務自嬰，遂相放效，風教陵遲，乃著崇有之論以釋其蔽。」《世說新語・文學第四》第十二條劉孝標引〈晉諸公贊〉說：「自魏太常夏侯玄，步兵校尉阮籍等皆著〈道德論〉，于侍中樂廣，吏部郎亦體道而言約，尚書令王夷甫講理而才虛，散騎常侍戴奧以學道為業，后進庾敳之徒皆希慕簡曠。頠疾世俗尚虛無之理，故著『崇有』二論以折之。」

對於魏晉玄學的分期即採用湯一介的說法，只有將第四階段的東晉時期名稱改爲玄佛合流時期。其後許杭生、李中華、陳戰國、那薇四人合編，由陝西師範大學出版社出版的《魏晉玄學史》則分爲五期：

　　（一）正始玄學：何晏、王弼。

　　（二）竹林玄學：嵇康、阮籍、向秀。

　　（三）西晉元康玄學：裴頠、郭象。

　　（四）兩晉之際玄學：列子。

　　（五）東晉玄學：張湛。

許氏等四人所作的分期較湯一介之分法多一期，將向秀回歸到竹林玄學，又注意及兩晉之際的列子，此外，與湯一介說無論在名稱或涵義上的改變均不大。以上是目前所見較具代表性的有關玄學分期的成說〔註22〕，唯對於上述各家之成說仍感有未安處，以下謹略陳固陋，供作參考。

　　首先要討論的是分期的名稱問題。馮氏說以「貴无」、「崇有」、「无无」爲稱，以義爲名，在內容上以有無論題貫串整個玄學時代，若於義理上能密合無間，則馮氏之說毋寧是一種比較合於哲學史的分法，以義爲名，又能兼顧義理之發展性，雖然稍嫌時代之涵蓋面不夠長，然而就玄學而論，重要的學說、家派均已包括其中。湯用彤說法以「貴无」、「崇有」爲分，且將「崇有」歸於郭象，爲的只是在名稱上整齊對比，因而忽略了義理之切當與否，只分爲兩期，又附於般若學上說之，在諸說中失於粗略，然爲濫觴之舉，難於苛求。湯一介的分期說則是和馮氏不同的另一種形態的分法，這種分期法最大的疏失就是在名義上缺乏統一性。其說分爲正始、竹林、元康、東晉四期，揆其用意，乃以時代爲軸，著重於歷史意義的分法，所以有三期都採用年號爲名，問題就出在第二期的「竹林時期」並非以年號爲名，所以顯得突

〔註22〕對於魏晉玄學之分期看法亦散見於各哲學史著作，如勞思光《中國哲學史》所表示者「就理論而言，王弼、郭象之作已足爲代表。」蕭萐父、李錦全所主張的《中國哲學史》上卷則分爲三期：（一）王弼的「貴无」論。（二）嵇康的「名教不合自然」論。（三）郭象的「獨化」論。侯外廬等四人合著之《中國思想通史》亦大致分爲三期：（一）魏代天人之學的「新」義首創者，以何晏、王弼爲代表。（二）嵇康的心聲二元論。（三）向秀唯心主義的莊學與儒道綜合派。任繼愈主編的《中國哲學發展史》魏晉南北朝卷則分爲五期。（一）王弼的貴无論。（二）阮籍、嵇康的自然論。（三）裴頠的崇有論。（四）郭象的獨化論。（五）《列子》與《列子注》。以上各說以任氏之說比較具代表性，亦能揭示各家學說重點所在，涵蓋之時期亦長，惜未能見其論述前後之發展是其不足處。

兀而不倫。究其原因，也有他的困結所在，因為阮籍（西元 210～263）、嵇康（西元 223～262）等二人的生存和活動的時代正好跨越了正始（西元 240～249）、嘉平（西元 249～254）、甘露（西元 256～260）而至於景元（西元 260～264）四個建元年代，因此，若要以年號為名，又不能並舉，致有顧此失彼之虞。又因為嵇、阮等人在史上早被稱為竹林七賢，《世說新語・文學篇》又載有袁宏所作《名士傳》，將嵇、阮等人稱為「竹林名士」〔註23〕，於典亦有據，遂將此一階段之名稱捨年號而從「竹林」，既避開選擇年號之困擾，又為大家所熟知，殊不知這個名稱在內涵上和正始、元康、東晉是不相連類的。「竹林」一詞在歷史上只聞代表一名士集團或文學集團，而未聞代表一個時代。並且湯氏本人亦未正視「竹林」確定的涵義，否則也不會將七賢之列的向秀歸之於元康時期而自壞其例，由此可知湯氏對名稱使用的義類一之觀念甚為模糊，所以在湯一介的四期說中「竹林時期」的名稱顯然是不夠周延的。許杭生在《中國大百科全書》哲學卷的分期也忽略了這一點，並且將第四期改為玄佛時期，揆其用意固然是想要藉此表達這一時期玄學和佛教般若學交涉的特色，然就名稱上說實則更形混亂，既有以正始、元康之時代分期者，又有以竹林之集團名稱分期，如今又加以以內容為稱，實益見其混淆。其後，許氏等四人合著的《魏晉玄學史》又恢復以時代分期之方式，第四期取消玄佛之名稱而代之兩晉之際，唯竹林之名稱仍未見更改。時代分期是以歷史為著眼點，就分期之理論而言，歷史的分期，實不失為一種分期之形式，並且這種分期法有令人一目瞭然之優點，在時間先後上明白呈現於名稱上，大體上也合於各階段之發展性，並無太大之缺失，所以責求它不足者，亦僅止於使用名稱上缺乏反省，命義缺乏統類的觀念，並不是說時代分期必不可採。其次，分期或分類在學術研究上所呈顯的意義就是在於彰顯義理的分際。也就是能對各家學說有所批判和歸類，此間儘可以允許有不同之分期形式，要之必以義理之真實為依歸，由是知之，理想的分期方式即名和義能合一，俾使人能即名見義而知其歸趣，如果以這種理想衡之，馮氏之說就朝這個方向所作的示例，惜乎其於義理之分際未見精當，致使其說反而有易致誤導之嫌疑。至於湯一介及許杭生二人分期則距此理想尚遠，因為湯、許二人之

〔註23〕《名士傳》今佚，《世說新語，文學第四》（九十四），「袁伯彥作名士傳成」條，劉孝標注：「老以夏侯太初、何平叔、王輔嗣為正始名士，阮嗣宗、嵇叔夜、山巨源、向子期、劉伯倫、阮仲容、王濬沖為竹林名士，裴叔則、樂彥輔、王夷甫、庾子嵩、王安期、阮千里、衛叔寶、謝幼興為中朝名士。」

分期，大體言之只能反映歷史意義，且惟恐歷史意義也未必就能夠充分反映之，則更遑論彰顯義理之分際。例如何晏、王弼固得言正始，阮、嵇早年亦及於正始；向秀固得列於竹林、審其說實與郭象爲近，反與阮、嵇爲遠。《列子》既知其爲僞書，然於時代問題尚難以確定，則其歸屬自難有定準。基於上述之檢討，以下便提出個人之淺見供作分期之參考，然因與本文主題關涉不大，於論證時亦簡略論述而已，如欲詳盡深入，宜另爲專文細述。試爲之分期如下：

    （一）創始期：以何晏、王弼爲代表。

    （二）分裂期：以阮籍、嵇康爲代表。

    （三）轉變期：以向秀、郭象、裴頠爲代表。

    （四）衰退期：以列子書，張湛爲代表。

如此分期，誠然是有資於前人之研究成果，而避其疏失，雖然如此，亦難躋及於前所期最理想之「即名見義」的分期法，然於名稱上已收統一之效，且於義理之分際亦從可釐清，並兼顧玄學各階段之發展性。以下試就所據之義理，說明各期名義之得以確立理由及所具之內涵。所謂所據之義理乃就玄學之中心論題「有無」及「自然與名教」在各期之發展內容予以批判而作爲分期之依據。

一、創始期

    這一時期是玄學理論建立的時期，時間上是屬於魏齊王曹芳之正始年間（西元 240～249），以何晏、王弼爲代表人物，其他尚有夏侯玄、鍾會、荀融等人。是魏晉玄學發展之第一階段，除了時間的意義之外，魏晉玄學主要的論題都在此時被提出來，首先出現的就是「有無」的問題，《晉書·王衍傳》記載：

> 魏正始中，何晏、王弼等祖述《老》、《莊》，立論以爲：天地萬物皆以无爲本。无也者，開物成務，无往而不存者也，陰陽恃之以化生，萬物恃之以成形，賢者恃以成德，不尚恃以免身。故无之爲用，无爵而貴矣。〔註24〕

所謂「以无爲本」就是後世所稱「貴无論」的說法之典據。「以无爲本」是說「无」是人及萬物所賴以存在的根據。文中所言天地、萬物、陰陽、人事則

〔註24〕《晉書》卷四十三，〈列傳〉第十三〈王戎從弟衍傳〉，頁 1236，鼎文。

是屬於「有」，有之爲有，必以无爲本。但在何晏的著作中則尙未建立起完整的體系，這一點在他論聖人無情可以看出來〔註25〕。眞正爲有無論建立完整體系者當推王弼，王弼對有無論之論述散見於《老子注》及《老子指略》和《周易注》中，重點大致可歸於「將欲全有，必反於无」（《老子》四十章注）及「夫无不可以无明，必因於有。」（韓康伯《周易・繫辭傳》:「大衍之數」句下注引王弼曰）有是天地萬物，物不能自全，將欲全有，則必反於无，无所以全有，故爲萬物之宗，然而无不是抽象思維之產物，不是虛構，也不是頑空之無，不是消逝闕如之無，而是一實踐之概念，由主觀之實踐而通極於形上之沖虛之玄境，此玄境是即著作用於萬物而顯，此無之妙用不是物之作用，是作爲萬物實現自己之形上根據，故不能孤懸或離開萬物而說一「無」之存在，「無」就在萬物自生自成的作用上顯，所以說不可以无明，必因於有，因於有，即已涵无不即是有，也就是說無和物不同，關於有無內容的闡述可參見本論文第三章有無的部份。無和有的關係，是以無全有，王弼說：

> 守母以存其子，崇本以舉其末，則形名俱有而邪不生。(〈三十八章注〉)

此言「母」「本」就是道无，「子」「末」就是指有，指萬物。凡有之是否能自我實現爲有，萬物之是否能成其爲萬物自己，不是有或萬物本身能否的問題，而是端看有無本或母以保全之。這個意思也就直接反映到當時「自然」和「名教」的問題上，「自然和名教」並不是王弼首先提出，然爲其說所涵〔註26〕。在王弼所言之自然是道之最高，是「无稱之言，窮極之辭。」（《老子》二十五章注）自然的作用是无爲无造，也就是無。名教之內容凡仁義、制度、禮法、人倫等皆屬之，而名教是以自然爲本，王弼說：

> 仁義，母之所生，非可以爲母。形器，匠之所成，非可以爲匠。(〈三十八章注〉)

> 始制，謂樸散始爲官長之時也，始制官長，不可不立名分定尊卑，故始制有名也。(〈三十二章注〉)

〔註25〕何晏論「聖人無情」，其說今不存，若依王弼之言，自存有層面上未予肯定情，則仍未圓融，若自工夫言之，當不妨圓融，唯其說今不詳，只能依王弼之說推證之。

〔註26〕戴明揚《嵇康集校注》，卷第七，頁259，河洛。

> 樸，眞也，眞散，則百行出，殊類生，若器也。聖人因其分散，故
> 爲之立官長，以善爲師，不善爲資，移風易俗，復使歸於一也。(〈二
> 十八章注〉)

由上引文可知，名教是因自然而有，因自然而生（此生爲不生之生），是母之所生，但不可以爲母，名教只有在有本，不失其母的情況下得以全其教化之作用。所以自然與名教的關係是「守母以存子」「崇本以舉末」，和有無的關係是一致的，在王弼的理論中，兩者是圓融的，並不衝突，因王弼所重在無的作用上，聖人體無，則能無爲而無不爲，名教亦因此得以保全。此爲玄學的第一階段，玄學理論始創之時，王弼實居於最重要之代表性地位。

二、分裂期

在王弼的理論中，有「崇本息末」和「崇本舉末」的說法，已暗示末的本身可能有的改變，而所以有不同的解釋，也就是說末不是本，必有本始能舉之，息之。在王弼「貴无」「崇本」之說中，並不直接討論「捨本逐末」、「離本趣末」的問題，這個問題在玄學發展的第二階段被凸顯，也就是本和末分離，而導致自然和名教對立的情形出現，究其原因，是因爲現實之政治、社會和人性之理想激盪之後的扭曲現象。這一時期的代表人物是嵇康（西元223～262）和阮籍（西元 210～263），此二人其實和王弼、何晏同時代生，而晚逝，主要活動時期已經處在司馬氏當政的時期，二人處其時，尤其是高平陵事件後（西元 249），眼見政權之篡奪，迫害異己，腐敗奢侈，於是批判現實而標榜理想，其理想亦顯然重於政治、社會之層面，而未契接個人生命之修養，聖人體無之境界，以下簡述二人之說，嵇康說：

> 古之王者，承天理物，必崇簡易之教，御无爲之治。君靜於上，臣
> 順于下，玄化潛通，天人交泰。……大道之隆，莫盛於茲：太平之
> 業，莫顯於此。(〈聲無哀樂論〉)

> 昔鴻荒之世，大朴未虧，君无文于上，民无競于下，物全理順，莫
> 不自得，飽則安寢，飢則求食。怡然鼓腹，不知爲至德之世也。若
> 此，則安知仁義之端，禮律之文。(〈難自然好學論〉) 〔註27〕

此嵇康理想之政治社會之圖像，乃一對原始混沌境界之嚮往，直以上古之未辟之世爲客觀之現實，此點與《老》、《莊》之嚮往混沌，企慕玄古之意義實

〔註27〕同註26，頁 311～312。

不同，蓋《老》、《莊》必基於一教路，一心性修養之路通過玄智玄理之開展
而達至之玄境，由此玄境說混沌玄古之義，《莊子》明白說其言爲寓言，其實
就是比喻、象徵之意，並非盲目地崇古返古。嵇康自始少揭示個人修養以做
爲達於理想境的教路，其個人亦僅顯音樂家之生命從氣質生命求自然之和，
上述理想國之圖畫與其說是其人之嚮往，則毋寧解釋爲作爲對現實政治社會
批判的對照標準，所以嵇康說：

> 季世陵遲，繼體承資，憑尊恃勢，示友不師，宰割天下以奉其私，
> 故君位益侈，臣路生心，竭智謀國，不吝灰沈，賞罰雖存，莫勸莫
> 禁。若乃驕盈肆志，阻兵擅權，矜威縱虐，禍崇丘山。刑本懲暴，
> 今以脅賢，昔爲天下，今爲一身，下疾其上，君猜其臣，喪亂弘多，
> 國乃隕顛。（〈太師箴〉）〔註28〕

阮籍和嵇康情形亦相類，他對當時名教所作的批判，也是基於對現實的嫉憤，
反映他對理想之追求，阮籍說：

> 昔者天地開闢，萬物並生，大者恬其性，細者靜其形。陰藏其氣，
> 陽發其精。害无所避，利无所爭；放之不失，收之不盈；亡不爲夭，
> 存不爲壽，福無所得，禍無所咎；各從其命，以度相守，明者不以
> 智勝，闇者不以愚敗，弱者不以迫畏，強者不以力盡，蓋无君而庶
> 物定，无臣而萬事理，保身修性，不違其紀，惟茲若然，故能長久。
>
> （〈大人先生傳〉）〔註29〕

阮籍此言直接否定名教而欲重返古始，其所描述之玄古混沌，是原始之自然，
其所謂保身修性是就氣質生命上言，由此言自然，非《老》、《莊》言自然勝
義，《老》、《莊》之言自然，是精神生活之概念，必透過修養之工夫始得以落
實，如此方始成就人文，非徒以棄人文而返古始，若如此言自然亦只得其貌
而神不存，所以阮籍之生命亦只是任氣使性，衝破制度，橫決禮法，其所謂
理想亦只是原始之混沌與蒼茫，不能肯定或通過人文以安頓生命，只任原始
天眞，因此受到羈束時，便只有激憤，不安和衝破，對照於前述之嚮往原始
之天眞自然，阮籍於是對現實作全盤否定，他說：

> 今汝造音以亂聲，作色以詭形，外易其貌，內隱其情；懷欲以求多，
> 詐僞以要名：君立而虐興，臣設而賊生。坐制禮法，束縛下民，欺

〔註28〕《阮嗣宗集》，卷上〈大人先生傳〉，頁66，華正。
〔註29〕同註28，頁66～67。

愚誑拙，藏智自神，強者睽而凌暴，弱者懼悴而事人，假廉而成貪，內險而外仁，罪至不悔過，幸遇則自矜……竭天地萬物之至，以奉聲色無窮之欲，此非所以養百姓也，於是懼民之知其然，故重賞之喜之，嚴刑以威之……汝君子之禮法，誠天下殘賤，亂危，死亡之術耳。(〈大人先生傳〉)〔註30〕

雖然阮籍、嵇康之立論係對應當時之政治現實而發，然而就玄學內部之理路言之，其言自然則企慕玄古之混沌，氣性生命之天眞，此義雖不違王弼所承《老》、《莊》之自然義，然亦非其勝義，此乃爲自然之分裂。其言禮法則傾向於無君無臣，廢名教而任自然，其視名教則恰爲王弼所言之失本之末，而崇本舉末，人文之所必然要求之名教則未見肯定，因此，其所論之名教亦成爲分裂之名教。自然與名教皆各自分製，遂只見其衝突與對立，而不若王弼之守母以存子，崇本以舉末之作用的保存。因此，玄學的第二階段發展由上述之分析知之，故謂之分裂期。

三、轉變期

此期的代表人物有向秀（西元 227～280），裴頠（西元 267～300）和郭象（西元 252～312）。向秀則可以視爲裴、郭二人的先驅，向秀提出「自生」說，裴頠將「生生」在有的層面上論證，而郭象則將之推向自爾獨化，以至於玄冥境。因爲「自生」之命題及源自於《老子》四十章「天下萬物生於有，有生於無。」和王弼的「凡有皆始於無」(《老子》首章注)的轉變，因而展開此一階段玄學的面貌。以下略述三人學說之大概以說明之。

向秀之說零落而未獨傳，張湛在《列子・天瑞篇》注中引向秀的話說：

向秀注曰：吾之生也，非吾之所生，則生自生耳，生生者豈有物哉？（无物也），故不生也。吾之化也，非物之所化，則化自化耳，化化豈有物哉？无物也，故不化焉。若使生物者亦生，化物者亦化，則與物俱化，亦奚異于物？明夫不生不化者，然後能爲生化之本也。

〔註31〕

向秀的這段話在論證「物自生自化，而生物者不生，化物者不化。」即說明「生化之本」乃「不生不化」者，此理可推原於王弼的《老子注》：

〔註30〕同註28，頁66～67。
〔註31〕楊伯峻《列子集釋》，卷第一〈天瑞篇〉：「故生物者不生，化物者不化。」注引向秀曰，頁3。

　　自生則與物爭，不自生則物歸也。(《老子》第七章注)

王弼之意亦在於明「道不自生，而物自生。」之道與物之兩層區分。裴頠〈崇有論〉卻以有反對「以无爲本」之說，而主張有之一層論，他在〈崇有論〉末段提出此一主張，其文曰：

　　夫至无者无以能生，故始生者自生也，自生而必體有，則有遺而生
　　虧矣；生以有爲爲己分，則虛無是有之所謂遺者也。故養既化之有，
　　非无用之所能全也；理既有之眾，非無爲之所能循也。心非事也，
　　而制事必由於心，然不可以制事以非事，謂心爲無也，匠非器也，
　　而制器必須於匠，然不可以制器以非器，謂匠之非有也。是以欲收
　　重泉之麟，非偃息之所能獲也；隕高墉之禽，非靜拱之所能捷也；
　　審投弦餌之用，非無知之所能覽也。由此而觀，濟有者皆有也，虛
　　无奚益於已有之群生哉？(《晉書》卷三十五，〈裴頠傳〉)

裴頠在此直落於物類之存在上言有，由此物之有而言物之自生，進而否定「有生於無」之說，將「無」定義在「有之所謂遺」，即物之由存在而歸於不存在，是物的闋如之死無，空無之謂，只成爲邏輯概念上之「非有」，依裴頠對「無」之界定，其義全不上搭王弼之「不生之生，不主之主」「無施無爲，不禁不塞」之「無之以爲用」的沖虛玄妙之「無」的生成義，根據義。前言所謂「不搭」者，即在義理上接不上榫頭，全不相應之謂，因此，裴頠之立意雖反對「以无爲本」，亦只是主觀之願望和歷史之意義〔註32〕，其於客觀之義理實未能反對之，雖然裴頠之論在客觀之義理上不相應於道家之玄理之無，然其論實自具一可開接觸存在問題而重「客觀性」之思想。且進而由客觀精神以成就知識領域，自有其價值在，由此觀之，裴頠之論，實係由「以无爲本」之「貴无」而導向於「崇有」「重有」之一轉變，裴頠之論不能反對王弼及道家《老》《莊》所說的無，卻將哲學之重心轉到存在物之有上，而取消了王弼的無的層面，只成一「有之一層論」，此可視爲玄學中心論題「有無論」的一個轉變，

[註32] 牟宗三先生說：「故裴頠之『無』只是一個邏輯概念之『非有』。此決非道家所言之無也。兩不相應，則無由對治。然彼雖不能觸及道家立言之旨趣，而其崇有之理路確可一接觸存在問題而重『客觀性』之哲學。此在思想上亦甚有價值。嵇康之〈聲無哀樂論〉，裴頠之〈崇有論〉，以及後來之神滅否之爭論，其中皆函有一『客觀性』領域之開闢。惜乎中國思想未能就此滋長而光大，而爲重主觀性爲首出儒釋道所湮沒。」見《才性與玄理》，頁369，學生。

裴頠即是此轉變中的代表之一。

　　郭象之注《莊》，體系龐大，言論眾多，茲先從其對有無之討論而逐步引至獨化論之提出，做一線索來說明之，郭象說：

> 夫有之未生，以何爲生乎？故必自有耳。豈有之所能有乎？此所以明有之不能爲有而自有耳。非謂无能爲有也。若无能爲有，何謂无乎？一无有則遂无矣。无者遂无，則有自欻生明矣。（《莊子·庚桑楚》注）〔註33〕

> 非唯无不得化而爲有也，有亦不得化而爲无矣。是以夫有之爲物，雖千變萬化，而不得謂一无也。不得謂一无，故自古无未有之時而常存也。（《莊子·知北遊》注）〔註34〕

郭象對於有無之理解一如裴頠，其言「自有」，且「不得謂一无，故自古无未有之時而常存也。」乃從宇宙發生論來否定王弼「凡有皆始於無」，或《老子》之「有生於無」，皆非相應之理解，因此可以說就有無論題之理解上，郭象和裴頠並無二殊，然而郭象畢竟不同於裴頠只停留在有的層次上，他能進一步由物之自爾而言無待，由無待而玄冥，將玄學推向高峰，郭象又說：

> 誰得先物者乎哉？吾以陰陽爲先物，而陰陽者即所謂物耳。誰又先陰陽者乎？吾以自然爲先之，而自然即物之自爾耳。吾以至道爲先之矣，而至道者乃至无也。既以无矣，又奚爲先？然則先物者誰乎哉？而猶有物，无已，明物之自然，非有使然也。（《莊子·知北遊》注）〔註35〕

> 世或謂罔兩待景，景待形，形待造物者，請問夫造物者有耶？无耶？无也？則胡能造物哉？有也，則不足以物眾形。故明眾形之自物，而后可與言造物耳。是以涉有物之域，雖復罔兩，未有不獨化於玄冥者也。故造物者无主而物各自造，物各自造而无所待焉，此天地之正也。（《莊子·齊物論》注）〔註36〕

郭象從「造物者无主而物各自造，物各自造而无所待。」到「是以涉有物之

〔註33〕郭慶藩《莊子集釋》〈庚桑楚〉第二十三，頁348。「有不能以有爲有，必出乎无有。」注，世界。

〔註34〕同註33，〈知北遊〉「无古无今，无始无終」，注，頁332。

〔註35〕同註34，〈知北遊〉「有先天地生物邪？物物者非物，物出不得先物也，猶其有物也。猶其有物也，无已。」注，頁332。

〔註36〕同註35，〈齊物論〉「惡識所以然，惡識所以不然。」注，頁53。

域，雖復罔兩，未有不獨化於玄冥者也。」從有無之論到當體獨化，王弼之無生之生乃重在主觀之無爲無施，不禁不塞上顯其爲萬物之宗，郭象則即物而言獨化於玄冥之境，是渾化客觀主觀而爲一，此一即玄冥，玄冥即由物之獨化而無之作用亦含在其中矣！亦唯能无待（指無之作用）而物始能獨化。此爲有無論之極致。

至於「名教」在此一階段則重新受到肯定，向秀說：

> 夫人含五氣而生，口思五味，目思五色，感而思室，飢而求食，自
> 然之理也，但當節之以禮耳。（〈難養生論〉）〔註37〕

向秀所言之「自然」乃氣性生命，生理層面感官本能之自然，並非作爲超越的道之自然，但是他重視名教，肯定名教之存在價值，則不同於阮籍、嵇康之只攻訐負面義之名教而予否定之。又說：

> 且生之爲樂，以恩愛相接。天理人倫，燕婉娛心，榮華悅志。服饗
> 滋味，以宣五情，納御聲色，以達性氣，此天理自然，人之所宜，
> 三王所不易也。（〈難養生論〉）〔註38〕

此亦由養生理層面而予肯定名教，而未見以無之爲本，作用之保存義肯定之。裴頠則純自政治教化言：

> 賤有則必外形，外形則必遺制，遺制則必忽防，忽防則必忘禮。禮
> 制弗存，則無以爲政矣。（〈崇有論〉）〔註39〕

裴頠之肯定名教和其崇有之理論一致，既將無視爲無物，所以也不從超越面之自然或無來肯定，而是從現實之政治教化層面之需要予以肯定，是從實用之立場說，同時也針對當時虛無曠達之風氣作出指責，其文又曰：

> 遂薄綜世之務，賤功烈之用，高浮游之業，卑經實之賢。……是以
> 立言藉于虛無，謂之玄妙；處官不親所司，謂之雅遠；奉身散其廉
> 操，謂之曠達。故砥礪之風，彌以陵遲，放者因斯，或悖吉凶之禮，
> 而忽容止之表，瀆棄長幼之序，混漫貴賤之級。其甚者至于於裸裎，
> 言笑忘宜，以不惜爲弘，士行又虧矣。（〈崇有論〉）〔註40〕

至郭象之論名教，則推極於玄冥之境與自然合一，以聖人爲代表，聖人之言行是名教，而聖人體無，故聖人之體亦是自然，聖人不只是「迹」，亦是「所

〔註37〕同註26，卷第四〈黃門郎向子期難養生論〉一首，頁164。
〔註38〕同註37，卷第四，頁166。
〔註39〕《中國歷代哲學文選》兩漢隋唐編，頁375，木鐸。
〔註40〕同註39，頁376。

以迹」，迹是名教，所以迹是自然，此二者唯在聖人處得圓而神，此是承王弼聖人體無說之圓教典型之充極發揮。郭象在〈莊子序〉中說：

> 然莊生雖未體之，言則至矣。通天地之統，序萬物之性，達死生之變，而明內聖外王之道，上知造物无物，下知有物之自造也。其言宏綽，其旨玄妙。至至之道，融微旨雅；泰然遣放，放而不教。故曰不知義之所適，猖狂妄行而蹈其大方；含哺而熙乎澹泊，鼓腹而游乎混芒。至仁極乎无親，孝慈終于兼忘，禮樂復乎己能，忠信發乎天光。用其光則其朴自成，是以神器獨化于玄冥之境而源流深長也。〔註41〕

郭象以《莊子·天下篇》所言「內聖外王」之道概括《莊子》之學，其表現于自然與名教的關係者，是名教終與自然為一，文中所言「无親」、「兼忘」、「己能」、「天光」是自然之至和，而踐於名教者則為「至仁」、「孝慈」、「禮樂」、「忠信」，此言不但肯定名教，且進而言自然就在名教中顯，名教所表現者就是自然，此從圓境上講，在《莊子·逍遙遊》「堯讓天下於許由」一大段，郭象注曰：

> 治之由乎不治，為之出乎無為，取於堯而足。〔註42〕

成玄英為之疏曰：

> 堯負宸汾陽，而喪天下，許由不夷其俗，而獨立高山，圓照偏溺，斷可知矣。〔註43〕

在《莊子》之文，許由為冥，堯為迹，在《郭象注》則言許由以明本，藉放勳（堯）以明圓，即迹即本，〈逍遙遊〉「藐姑射之山……若處子。」一段，郭象注曰：

> 此皆寄言耳，夫神人，即今所謂聖人也。夫聖人雖在廟堂之上，然其心無異於山林之中。世豈識之哉？徒見其戴黃屋，佩玉璽，便謂足以纓紱其心矣。見其歷山川，同民事，便謂足以憔悴其神矣。豈知至至者之不虧哉。今言至德之人，而寄之此山，將明世所無由識，故乃託之於絕垠之外，而推之於視聽之表耳。（《莊子·逍遙遊》注）〔註44〕

〔註41〕同註33，頁2。
〔註42〕同前註，頁12。
〔註43〕同前註，頁12。
〔註44〕同前註，頁44。

此段注文是聖人迹本圓之最佳說明，而郭象所謂之聖人，除堯之外，另指孔子，其〈莊子序〉言莊子未能體之，而能體之者即孔子也，其言云：

> 夫莊子者，可謂知本矣，故未始藏其狂言，言雖無會而獨應者也。
> 夫應而非會，則雖當而無用；言非物事，則雖高不行；與夫寂然不
> 動，不得已而後起者，固有間矣，斯可謂知無心者也。夫心無為，
> 則隨感而應，應隨其時，言唯謹爾。故與化為體，流萬代而冥物，
> 豈曾設對獨遘而游談乎方外哉！此其所以不經而為百家之冠也。
> 〔註45〕

此序文中以莊子和孔子比較，莊子知本，本既為無心無為之理，然而只表現於言，而言非物事，雖高不行，必能體之於行，行之於物事者方能說有會，莊子止於言，故雖應而無會，是莊子未能行，然而孔子寂感隨應，無為而無不為，體現為名教之典型，其本在郭象言之，正是無心之自然，此為自然與名教之圓唱。

　　以上是玄學第三階段之轉變期，有無論則裴頠崇有而廢無，郭象則渾一之而言獨化。在名教與自然之論題上，向秀肯定名教之日用功能，言自然則落於養生，其根據在氣質生命之自然；裴頠則落於政治教化上言名教，其本不在自然，僅僅是基於現實政教之需要「綏理群生」而肯定名教。郭象則將自然與名教合一更推出聖人為名教之典型，亦體自然之典型，此二者合一而成圓教之模型。此第三階段之轉變，裴頠偏向有，郭象則向圓而趣，將玄學理論推向充實圓滿，為玄學發展之成熟期、高峰期。

四、衰退期

　　進入東晉時期，尚能反映玄學尾聲的著作，當推張湛（西元 330～400？）的《列子注》。玄學在這一階段中理論上已無新意，且又回到兩漢以來元氣思想中心的宇宙構成論上，漸失玄學之深趣，表現在自然與名教上的就是命定和肆情，使得玄學之無論在理論和實踐上均呈現衰退的情形，終於無法再吸引智慧心靈，轉而被佛教所取化。以下仍沿著有無和名教的問題脈絡略述張湛《列子注》的玄學觀。在《列子‧天瑞篇》「無動不生，無而生有」注曰：

> 有之為有，恃無以生；言生必由無，而無不生有。此運通之功必賴

〔註45〕同註41。

於無，故生動之稱，因事而立耳。〔註46〕

張湛在在此所言之「恃無以生」及「運通之功必賴於無」，顯然並不是王弼之沖虛玄妙之無的作用的成全之生，而是將「無」視爲一超越動力因，一實體之概念，具有使物生之運通之功。只有「有」方能生、「無」是不能生有，此義同於裴頠、郭象，然而非郭象之玄冥有無而獨化。在《列子・天瑞篇》「夫有形者生於無形」注曰：

> 謂之生者則不無，無者則不生。故有無不相生。理既然矣，則有何由而生？忽爾而自生。忽爾而自生，而不知其所以生；不知所以生，生則本同於無，本同於無而非無也。〔註47〕

此所言無則不是前述「恃無以生」且有運通之功的無，而是有之相對的「非有」「非物」的無，其義和郭象所言「非唯無不得化爲有也，有亦不得化而爲無矣。」（《莊子・知北遊》注）「有無不相生」的意思相同。張湛所理解的「無」是實體概念的「無」，有則是具體之存在物，作爲生化之體現者而非生化之根據。其理不能上接王弼妙用之無，亦不及於郭象玄冥之有，其言自生亦形下之言自生，非郭象在圓照下之獨化之自生。

張湛所理解之自然，是指向不可知的命定義，他說：

> 自然之理不可以智知，知其不可知，謂之命也。（《列子・黃帝篇》注）

> 命者，必然之期，素定之分也。雖此事未驗，而此理已然。而以天壽存於御養，窮達繫於智力，此惑于天理也。（《列子・力命篇》題注）〔註48〕

張湛之「自然」義非一精神修養所達於無待之概念，而是面對不可知之命定，無可奈何而順其如此之義，且無論積德或行凶皆無妨乎此命，在〈力命篇〉可謂充分反映這個意思。其文云：

> 或積德履仁，或遇時而通，得當年之歡，騁於一己之志，似由報應，若出智力也。

> 自然生耳，自然泰耳，未必由仁德與智力，然交履信順之行，得騁一己之志，終年而無憂虞，非天福如之何也。

〔註46〕同註30，頁11。
〔註47〕同註30，頁4。
〔註48〕同註30，頁120。

　　或積惡行暴，或飢寒窮困，故不顧刑戮，不賴生存，而威之於死，
　　似由身招，若應事而至也。自然死耳，自然窮耳，未必由凶虐與愚
　　弱。（以上皆《列子・力命篇》注）〔註49〕

所以張湛所表示之「自然」義實已不接王弼，郭象所言《老》、《莊》之自然，
徒存一命定主義之他然，就學術思想發展脈絡上言，乃近乎王充之理論。在
主體修養無所本，自然又成命定，因此表現在名教的則是反仁義禮教的肆情
論，他說：

　　夫生者一氣之暫聚，一物之暫靈。暫聚者終散，暫靈者歸虛，而好
　　逸惡勞，物之常性，故當生之所樂者，厚味、美服、好色、音聲而
　　已耳。而復不能肆性情之所安，耳目之所娛，以仁義爲關鍵，用禮
　　教爲矜帶，自枯槁于當年，求餘名於後世者，是不達乎生生之趣也。

　　（《列子・楊朱篇》題注）〔註50〕

張湛顯然是無法肯定名教之正面意義，只肯定俗情之現實的一面，由是其所
謂「自然與名教」則全落在氣命生理層面上說，亦可見其理論退墮之一面。
　　總結以上玄學發展之四個階段，王弼雖爲始創，然玄學之中心主題「無
與有」「自然與名教」自王弼始出而貫串兩百年，雖其中有分合、轉變、升降，
卻始終環繞此主題而討論，王弼在玄學的地位也從而可知。

第二節　王弼的才資、性情、家世和家學

　　王弼字輔嗣，三國時代魏山陽高平人（大約在今山東省金鄉縣西北）。生
於魏文帝黃初七年（西元226），卒於魏齊王芳正始十年（西元249），年僅二
十四。享壽如此其短，而在哲學思想上又能卓然有所樹立者，大概也是歷史
上僅見。因爲早卒，以致於史家陳壽撰《三國志》時猶未及注意到他，因此
也沒有爲他單獨立傳，只附在〈鍾會傳〉後，略提數十字而過。然而有眞才
實學者，畢竟不可掩，儘管史家眼光不及於他，在千百載後，研究中國哲學
史的學者，在魏晉這一階段，莫不將王弼推爲魏晉玄學的代表人物，一代學
術風氣的開創者。王弼所以能如此者並非出於偶然，以下試就其人之才資性
情，家學淵源與著作等方面簡述之。

〔註49〕同註30，頁127。
〔註50〕同註30，頁136。

一、才資性情

何以王弼在短暫的生涯中便有如此卓越的成就？內在地說和他的生命傾向智解玄悟和凝鍊的性格有關，並且過人的聰明才質的稟賦更不可少。根據《何劭傳》的記載，說他「幼而察慧，年十餘，好老氏，通辯能言。」可見他智慧早孰，又如此其通透，所以牟宗三先生稱他有「夙慧」〔註51〕。夙慧即穎悟天成，靈光穿透，生命之底蘊便一發無餘，縱使生若飆塵，亦庶幾可以不虛度、無大憾，常人固不可學亦不必學。

若論王弼之才資幼而察慧，其所指之方向即對於形上道理特具智解玄悟之能力，此點在他所好之典籍大都傾向於形上思想豐富的《老子》、《易》經傳，亦間及於《莊子》可以知之。其學固本於《老》、《莊》之言，亦終是一智解之心靈，能對老氏道本之「無」有相應之理解且能極其蘊，發爲著述，理有統緒，又將此悟解迻注《周易》，而往往有高麗言〔註52〕。也從可知其學和先秦道家畢竟不同，其不同處即在於由智解入，而非以實踐入。先秦無論儒家道家之人格生命大抵其學問之重心皆根植於實踐有得而后立說，故其人格非聖即賢〔註53〕。王弼極其一生亦只是名士，一哲學家之型態，固可說他碍於不永年，生命之修證未能有所開展，遂令其生命純由名士清新俊逸之智解靈光凝結而成，然而未從逆覺體證之工夫入，亦未見有存在之體悟才是最大之因素〔註54〕。所以極其一生之成就乃定位爲玄學名士，只能是一玄理哲學家的生命而非聖賢的人格。其次，論及他的「通辯能言」。辯解要能通透至

〔註51〕牟宗三先生《才性與玄理》，第三章〈魏晉名士及其玄學名理〉，頁79～80，學生。

〔註52〕《三國志‧鍾會傳注引》「弼注《老子》，爲之《指略》，致有理統，注《道略論》，注《易》，往往有高麗言。見盧弼《三國志集解》卷二十八，頁681，漢京。

〔註53〕班固《漢書‧古今人表》孔子爲至聖，孟子爲仁人，老子爲大賢，莊子爲中賢。

〔註54〕牟宗三先生對此有獨到之見解，其言曰：說到學問，無論知識的或德性的，皆須有一股真性情：有追求真理之真誠，有企慕德性之真誠。如此，學問方大、方切。王（指王弼）、郭（指郭象）之玄學雖於老莊之本體能極相應而盡其蘊，然只是在名士氣氛下一點智光凝結，故不可說大說切。故只是解悟之玄，而不是人生修養上之實修實證。老子雖不能至於體無，莊子雖不免於狂言，然其成爲道家要是由於對於生命之反照而發出，非只是一點智光之玄解。故王、郭之玄學，是清談玄解之玄學，而彼並非道家也。此其所以不大、不切，而只爲名士氣氛下之玄學也。「不大」言其不能反照生命開種種意識，「不切」言其不能會之於己而爲存在體悟。（《才性與玄理》，頁81）

少要基於兩方面的條件：一是思想有理統，一是合於邏輯。思想有理統是指於其所辯解之道理能相應其義理之統緒，相應而有統緒則有義法，有歸宗，而不致附會牽連，漫衍無邊際，動輒言混同萬教，實則不知義理之分際。王弼在此確能深造自得，因此他的玄學本於老氏，必相應而有得於老，其注《周易》經傳，亦以老通之，若論其間之過差，亦因於老而有之，其間義理之分際，釐然可辨。合於邏輯則思考符合客觀之形式，推理不致矛盾，清晰而不謬誤。觀王弼之玄學名理，論辨名謂，可謂善於持論。至於臨場之機鋒穎發，清言高語，《世語新語》已多所記載〈文學篇〉云：

> 何晏爲吏部尚書，有位望，時談客盈坐，王弼未弱冠，往見之，晏聞弼名，因條向者勝理語弼曰：「此理僕以爲極，可得復難不？」弼便作難，一坐人便以爲屈。於是弼自爲客主數番，皆一坐所不及。
> 〔註55〕

何晏爲當時的清談宗師〔註56〕，王弼雖年未弱冠，然已具通辯能言之名，何晏位爲尚書且聞其名，於是條舉方才談辯所得之勝理告訴王弼，此勝理爲方才何晏與一座談客談辯之結論，咸認爲已達至極之理。當時清談家皆有對問題作純理思辯興趣，因此，所謂向者勝理也可以說就是已經眾人共同思辯，集思廣益的結論，何晏於是問王弼能否再從其中有所質疑否？王弼於是作難，所謂作難也就是針對向者勝理提出問題，窮詰其究竟，從問題中尋繹理路作玄理的義理分析。在剛才一座談客包括何晏在內都認爲已達極致，難可窮詰之理，經王弼的辯析之後，才知道仍然未達究竟，於是乃佩服王弼之深知高致。到此爲止，還不足以充分說明王弼之高明，只是表示比何晏等人更進一層而已。以下所述才是王弼展露驚人的玄解思辨之能力。既然何晏等人已無置啄之餘地，於是王弼只好自爲客主，論辯數番。所謂自爲客主，就是在討論問題，論難質疑時必有客方、主方兩造，持相對之見解，彼此駁難，層層剝落，以理極而令對方無以再駁者爲勝。今王弼以一人扮演主客雙方，則可以知其所能析理層次之高深，往來數番，當然使得一座之人更是瞠乎其後。王弼所交往之人往往也是清談能辯之士，鍾會便是其中之一，鍾會本以校練爲家，所謂校練爲家，也就是辯析名理的能手，王弼與鍾會善，即使如

〔註55〕 楊勇《世說新語校箋》，頁151，正文。
〔註56〕 《世說新語》劉孝標注引〈文章敘錄〉：「晏能清言，而當時權勢，天下談士多宗尚之。」（《校箋》，頁151）

此，鍾會亦往往折服於王弼之高致。

王弼雖如上述通辯能言，成爲清談名士，好論儒道，義理精通，但在現實生活中卻短於人際關係，不善與人相處，恃才傲物，終不能與人相善。《世說新語》卷二〈文學篇〉劉孝標注引〈王弼別傳〉云：

> 弼事功雅非所長，益不留意，頗以所長笑人，故爲時士所疾。又，爲人淺而不識物情。初，與王黎、苟融善，黎奪其黃門郎，於是恨黎。與融亦不終好，正始中以公事免，其秋遇癘疾亡。〔註57〕

王弼免官，固然是事出有因，然而恐怕是「事功雅非所長，益不留意。」才是最主要的原因罷！與朋友交遊，往往不能久長終好，也多半是有「頗以所長笑人」的性格上的缺點，故爲時士所疾，處人難諧，不識物情也可以說明王弼雖長於抽象之玄解，卻不能圓融於具體生活中的人情練達，只肆恣其才質生命而一昧凸出自己，自負傲岸，缺乏德性生命之修養潤澤，生命之精采雖在智光之明睿有所表現，現實世界卻是處處掣肘，也大概是緣於此種性格。

王弼平居生活則是「樂遊宴，解音律，善投壺。」〔註58〕由此可知王弼有才藝，也頗爲講究生活的情趣，和當時名士並無不同。王弼之特出而有過於當時名士名，乃在於其智悟能凝聚於學問而有所成，注《易》注《老》，建立玄學之體系，而不僅是在生活上尙清談，講究情調，徒顯其逸氣而無所成，只淪爲唐喪唾津，過爾無痕，與夫草木同腐朽之散才，此凝鍊之性格是其能成就爲一哲學家，拔萃於當世人物之重要因素。至於其德性之涵養則甚平庸，只能說其亦未能免流俗，未能反於德性生命上修養克己工夫，這些在他的脾性、傲物、不識物情、不留意事功等皆可窺知其中消息，究其原因，固可歸於生命之倉促，主體修養之未及開展，同時，外在地說時代風氣使然，即東漢末葉以降只重才質而忽略德性之流風所籠罩，實非王弼年輕的生命所能突破，誠可令人惋惜，然亦不足爲怪。

二、家世和家學

陳壽雖然沒有爲王弼立獨傳，然而晉人何劭嘗爲之立傳，見於《魏志·鍾會傳注》、《世說新語·文學篇》劉孝標注引有〈王弼別傳〉。另外，《世說

〔註57〕同註55，《三國志·鍾會傳裴松之注》引何劭《王弼傳》文字稍長，其義則同。（盧弼《集解》，頁681）
〔註58〕盧弼《三國志集解》，頁681，何劭《王弼傳》。

新語》、《博物志・人名考》及《晉書》都記載有關王弼的資料，可以彌補何劭《王弼傳》和《別傳》的不足。據載，王弼的父親是王業，祖父王凱是王粲（西元 177～217）的族兄，《博物記》卷六〈人名考〉云：

> 初，王粲與族兄凱俱避地荊州，劉表欲以女妻粲，而嫌其形陋而用率，以凱有風貌，乃以妻凱。凱生業，業即劉表外孫也。蔡邕有書近萬卷，末年載數車與王粲。粲亡後，相國掾魏諷謀反，粲子與焉。既被誅，邕所與書悉入業。業字長緒，位至謁者僕射。子宏，字正宗，司隸校尉。宏，弼之兄也。（何劭《王弼傳》注引《博物記》）〔註59〕

何劭《王弼傳》又引《魏氏春秋》曰：

> 文帝既誅粲二子，以業嗣粲。〔註60〕

由上引之記載可得知王弼家世系譜及與劉表之關係，至於王弼的子嗣，何劭《王弼傳》的記載說「無子，絕嗣。」盧弼的《三國志集解》引趙一清的話說：「晉張湛《列子序》：『輔嗣女壻』趙季子，然則弼雖乏嗣，亦有女矣。」〔註61〕可見王弼無子而有女，《王弼傳》說「絕嗣」是依傳統宗法制度說，因爲無子承嗣，但不是沒有後代，王弼仍有一女，他的女壻趙季子也就是和《列子》注的來源有密切關係的人〔註62〕。現在列一簡表，以明其世系：

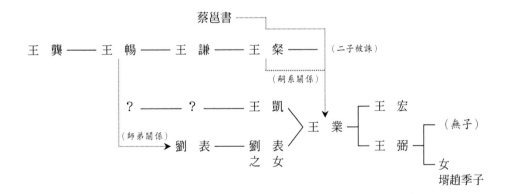

〔註59〕同註58，頁681。

〔註60〕同註58，頁682。

〔註61〕同註58，頁681。

〔註62〕張湛注《列子》，自存〈楊朱〉、〈説符〉、〈目錄〉三卷，從劉陶家得四卷，趙季子家又得六卷，並十三卷。除復重五卷校定八篇。（見嚴靈峰《列子辯誣及其中心思想》，頁9，時報）

由王弼的家世觀之，王龔在《後漢書》有傳，爲當世豪族名臣，歷任司隸校尉、太僕、太常、太尉；王暢亦在《後漢書》有傳，爲東漢黨人、名士領袖人物，與陳蕃、李膺齊名，歷任太守、尚書、司空；王謙是漢末大將軍何進長史，位雖不高但權居要津，王粲是王弼族祖，《魏志》有傳。爲建安七子之一，這是從家族顯赫及人才之優秀來看，但是這一顯赫及優秀的世系和王弼並沒有直接的血緣關係，只有宗法承嗣的關係，也可以說王弼並沒有得到王氏家族這一系的遺傳上的好處，卻承繼了這一系在學問上優秀的傳統，在血緣上王弼的父親王業官至謁者僕射，弼兄宏也當過司隸校尉，和王粲一系相較，實不足抗衡。不過，王弼卻是直接得自劉表的直系遺傳，因此，不論是血緣和學術淵源和荊州學派都脫離不了干係。

　　以上是敘述王弼的家世背景，即使有顯赫家族或優秀的遺傳，也不必然保證王弼有日後的成就，和家族、遺傳相較之下，更重要的是提供王弼學問來源的學術環境。前引《博物記》說蔡邕有藏書萬卷，後來展轉流入王業之手，因此，這些藏書當有助於王弼自幼便有機會博覽群籍，盧弼就曾據此推論說：

> 王弼年甫弱冠，即爲經學大師，當時名公巨卿，驚歎弗及，竊疑何以早慧若是？蓋緣伯喈藏書萬卷，盡入仲宣，展轉而歸輔嗣，博覽閎通，淵源授受，有自來矣！（《三國志集解·魏書卷二十八》）
> 〔註63〕

固然萬卷藏書仍必有賴於王弼之穎悟用功，然而一個客觀之學術環境畢竟也是不可或缺的。並且劉表所領導的荊州學校，對王弼的學術影響當在於《易》學，至於《老子》、《莊子》的道家典籍，迄今未有人指出王弼的師承，其中的因緣疑恐和蔡邕的藏書有關。〔註64〕

三、著　作

　　王弼的著作大體集中在《老子》、《周易》及《論語》三個部份。據王葆玹之考證結果，他說：

> 王弼原著只有《老子道德經注》二卷，《老子指略例》一卷，《周易

〔註63〕同註60，頁682。

〔註64〕有關王弼學術淵源之討論可參見林麗眞《王弼》，頁20～25，第二章〈家學淵源與時代環境〉。東大。王葆玹《正始玄學》第三章（六）之二〈王弼的學術淵源〉，頁158～162，齊魯。

注》六卷，《周易略例》一卷，《道略論》（卷數不詳），《論語釋疑》三卷及若干論述《易》《老》的論文，書信等等。《隋志》說梁有《王弼集》五卷，亡。上述書信、論文等大概都收入集中，這些材料被輯出以後，《王弼集》便漸漸佚失了。《老子雜論》、《周易大演論》及《道德略歸》等，都是後人據《道略論》及王弼論文書信編成的，其文字出於王弼之手，書名、體例則爲後人所加。〔註65〕

王氏還有對各書之著錄，卷數分合，和古本不同處、不同名稱之辨析，後人著作之訛傳、辨僞，何者爲善本，及歷代注疏均作精審之考證和說明，爲目前介紹王弼著作較爲詳盡的論述，可供參考。

〔註65〕王弼的著作考證較精詳者請參見王葆玹《正始玄學》，頁181，齊魯。

第二章　王弼玄學形成之因緣

　　大凡一家思想或一代學風之出現或形成，都不是偶然的，它除了歷史上存在的事實之外，也必然有它之所以如此出現，如此存在的原因。借用佛教之名詞說，凡一件事出現，必有其因緣可說。因和緣是不同的，因提指主要之原因，如種子，有什麼種子才能結什麼果實，這是決定的因素，換句話說也就是必要之條件，缺之不可，它的存在和事件的發生有必然的關係，換言之，有本質上的關係。緣則是指次要的助緣，如陽光、土壤，充分的水份和肥料等，有了這些助緣，種子才得以順利成長、結實，如果沒有助緣，則種子仍是種子，無法萌芽、成長而結實，但是如果沒有了種子，則一切助緣都落空而無意義，所以助緣是指充份條件，它的存在和事件的發生並無必然的關係，也就是沒有本質上的關聯，雖然如此，助緣仍不可或缺，因為事件之發生，必因緣和合乃生，缺一不可，在這裏只是區別因緣之性質之不同，並無軒輊必要。當然，在理論上，原因只有一，助緣可以是多，因此，如果討論問題不能直擷原因，探得驪珠，助緣即使論述再充份豐富，恐怕也還是隔霧看花，無法清楚的。有了這個觀念，則再回到本題，就是探究王弼玄學出現之內因及外緣是什麼？如何規定？有些什麼具體內容？這些就是本章所要討論的主題。

　　簡單地說，王弼玄學之出現的根本原因在於《老子》，這是本質因，無可取代而且是唯一的。或者可以換個角度說，王弼玄學之不會出現於西方或印度，這並不是歷史事實所能解釋的，也就是它之所以出現在中國，絕非偶然，或許可以更進一步說，王弼玄學何以不出現在西方或印度的哲學史上，這個決定性的因素即在於西方或印度並無《老子》所代表的道家形態的思想出現，此即哲學之特殊性。王弼玄學既出現，則其所發明之玄理自然是有其

普遍性，也是人類共同的智慧財產，無分於中、西或印度。但是如果追溯其發生因，必歸諸《老子》。因此，王弼注解《老子》作爲玄學理論之根據，他注《周易》和《論語釋疑》，基本上都是玄學理論的旁通，並非相應於《周易》、《易傳》以及《論語》而作。也因爲有《老子》內在義理的「無」，才有所謂的「貴無玄學」；有《老子》的「生而不有，爲而不恃，長而不宰，是謂玄德。」（五十一章），才有王弼的「不禁其性，不塞其原」「物自長自足，不吾宰成。」（《老子》第十章注）；有《老子》的「既得其母，以知其子；既知其子，復守其母，沒身不殆。」（《老子》五十二章），才有王弼的「守母以存子」、「崇本以息末」；有《老子》的「絕聖棄智」、「絕仁棄義」〈十九章〉，才會有《指略》的「絕聖而後聖功全，棄仁而後仁德厚。」之作用的保存。玄學的內部義理架構幾乎是完全襲取先秦《老子》，並加以深化者。另外一個問題即道家之玄理性格既以作用的保存方式，非創生性的方式實現萬物，令萬物如其自己而存在，其視百家也若此，所以袁保新嘗說：道家思想是人類文明的守護神，此言誠爲的當之言。但是卻凸顯一問題，就是它所作用地保存，玄覽觀照，虛以待物，絕仁棄義者，此所保存者，所待之物，所絕之仁義，皆落在第二義上講，在儒家「仁」爲大本非徒德目而已，於是焉隱含有儒道之衝突的問題，此一義理之性格亦原爲先秦道家本具。本章之第一節即在於對先秦道家之系統性格作一概述後，再進而討論儒道衝突之關鍵，據以了解名教在玄學中的地位。

　　至於外緣的因素眾多，除了第一章所述王弼個人的才資性情，家世和部份之學術淵外，時代背景，清談和玄學的關係，學術史上的先驅人物之觀念等，都將在第二節中加以敘述。

第一節　王弼玄學形成的內因

　　王弼以述爲作，用注解《老子》的方式建立玄學之理論，玄學的理論和《老子》之義理自然也就密切地關聯，其關係是內部地本質上的關連，是邏輯上底關聯。雖然王弼之《老子注》和《老子》內容並不完全相同，但以《老子》作爲玄學之形成的本質原因，是絕對錯不了的。

一、老子兩層存有的區分

　　《老子》第一章就揭示對世界之理解有兩層存有之區分，就是「常道」

和「非常道」之分別。相對於此，《老子》在章句中隨文示意，皆說明有此兩
層存有之區分：

> 道可道，非常道，名可名，非常名。無，名天地之始。有，名萬物
> 之母。(〈第一章〉)

> 道，沖而用之，或不盈，淵兮似萬物之宗。(〈第四章〉)

> 有物混成，先天地生。(〈二十五章〉)

> 大道氾兮，其可左右，萬物恃而生而不辭，功成不名有，衣養萬物
> 而不爲主。(〈三十四章〉)

> 執大象，天下往。(〈三十五章〉)

> 天下萬物生於有，有生於無。(〈四十章〉)

> 道生一，一生二，二生三，三生萬物。(〈四十二章〉)

> 爲學日益，爲道日損。(〈四十八章〉)

> 道者，萬物之奧。(〈六十二章〉)

常道之內容是無和有，屬於形而上的存在，是要以日損的工夫方能體得，非
常道則是指天地萬物，形而下的日用存在，是認知的對象，可以累積爲經驗
知識，故說爲學日益。相應於此兩層之區分，王弼之玄學於是乎也有道和物，
無和有，本和末，母和子，一和多的區分。其注文云：

> 道以無形無名始成萬物。(〈第一章注〉)

> 萬物皆由道而生。(〈三十四章注〉)

> 有之所始，以無爲本；將欲全有，必反於無也。(〈四十章注〉)

> 夫無不可以無明，必因於有。(韓康伯《繫辭傳注》引王弼曰)

> 母，本也；子，末也。得本以知末，不舍本以逐末也。(〈五十二章
> 注〉)

> 崇本以息末，守母以存子。(《指略》)

> 王弼曰：演天地之數，所賴者五十也，其用四十有九，則其一不
> 用也。不用而用以之通，非數而數以之成。(韓康伯《繫辭傳注》
> 引)

> 夫眾不能治眾，治眾者至寡者也；夫動不能制動，制天下之動者，
> 貞夫一者也。(《周易略例‧明象》)

由注文可看出王弼將道和物，無和有，母和子，本和末，非數和數，至寡和眾，一和動區分為兩層，兩層的區分的方式和《老子》並無不同，其不同的在於無和有的內容歸屬，也就關聯著對於「道」的內容的詮釋，下文將逐步展開論述。

二、老子道之性格

《老子》的道是無形無名的存在，不可道不可名，超乎經驗，非感官所可以把握，《老子》說：

> 視之不見曰夷，聽之不聞名曰希，搏之不得名曰微，此三者不可致詰，故混而為一，其上不皦，其下不昧，繩繩不可名，復歸於無物，是謂無狀之狀，無物之象，是謂惚恍，迎之不見其首，隨之不見其後，執古之道，以御今之有。（〈十四章〉）

> 道沖而用之，或不盈，淵兮似萬物之宗。挫其銳，解其紛，和其光，同其塵，湛兮似或存，吾不知誰之子，象帝之先。（〈四章〉）

> 有物混成，先天地生，寂兮寥兮，獨立而不改，周行而不殆，可以為天下母，吾不知其名，字之曰「道」，強為之名曰「大」（〈二十五章〉）

以上引文說明《老子》的道乃無形無名，不是具體形物的存在，故無上下、前後之可視，亦無皦昧之可見。象帝之先，先天地生是說明道之先在性，道為萬物之宗是說明其主宰性，執古之道以御今之有，是說明道之永存性，可以為天下母，是說明道之生成性，獨立而不改是說明道獨立性和不變性，周行而不殆是說明道之作用的普遍性。相應於《老子》的道之性格，《指略》也有說明：

> 夫物之所以生，功之所以成，必生乎無形，由乎無名。無形無名者，萬物之宗也。不溫不涼，不宮不商，聽之不可得而聞，視之不可得而彰，體之不可得而知，味之不可得而嘗，故其為物也混成，為象也無形，為音也希聲，為味也無呈，故能為品物之宗主，苞通萬物，靡使不經也。（《指略》）

> 天不以此，則物不生，治不以此，則功不成。故古今通，終始同，執古可以御今，證今可以知古始，此所謂常者也。（《指略》）

> 物生功成，莫不由乎此。（《指略》）

以上所敘述者，皆屬於道的客觀底，形式底意義，至於《老子》之道由何而得？是作爲形上思考的對象，成爲一知解之問題？抑或是生命之實踐，精神修養之問題？這就涉及道的內涵。〔註1〕

三、老子道的內涵

《老子》的道的內涵可以由下引篇章得知大略：

> 無，名天地之始；有，名萬物之母。故常無，欲以觀其妙；常有，欲以觀其徼。此兩者同出而異名，同，謂之玄，玄之又玄，眾妙之門。(〈第一章〉)

> 天下萬物生於有，有生於無。(〈四十章〉)

所以大體可以得知《老子》的道內涵是無，有和玄，道就以此作用而生成萬物。然而無和有之具體內容爲何？兩者關係又如何？茲先從「無」說起，《老子》說：

> 聖人處無爲之事，行不言之教，萬物作焉而不辭，生而不有，爲而不恃，功成而弗居，夫唯弗居，是以不去。(〈二章〉)

> 爲無爲，則無不治。(〈三章〉)

> 載營魄抱一，能無離乎？專氣致柔，能嬰兒乎？滌除玄覽，能無疵乎。愛民治國，能無知乎？天門開闔，能無雌乎？明白四達，能無爲乎？(〈十章〉)

> 有之以爲利，無之以爲用。(〈十一章〉)

> 何謂貴大患若身？吾所以有大患者，爲吾有身，及吾無身，吾有何患？(十三章〉)

> 致虛極，守靜篤，萬物並作，吾以觀復。(〈十六章〉)

> 天下神器，不可爲也，不可執也。爲者敗之，執者失之。(〈二十九章〉)

> 道常無爲而無不爲，侯王若能守之，萬物將自化。(〈三十七章〉)

〔註1〕關於《老子》所言之「道」的內涵之討論，後人各多種不同之詮釋進路。可參閱袁保新先生〈論老子道德經形上義理形態的詮釋〉，《鵝湖》九十四期，頁 17～24，1983 年 4 月，〈老子形上思想之詮釋與重建〉，《鵝湖》一一○期～一一五期，1984 年 8 月～1985 年 1 月。本文詮釋進路依王弼《老子注》及牟宗三先生的詮釋。

為無為，事無事。(〈六十三章〉)

不自見，故明；不自是，故彰；不自伐，故有功；不自矜，故長。

夫唯不爭，故天下莫能與之爭。古之所謂曲則全者，豈虛言哉？

(〈二十二章〉)

無為是對著人的有為（造作）而發的，若依《老子》的歷史背景說，也就是《老子》所對應的特殊機緣，指的是當時的「周文疲弊」〔註2〕，周朝的禮樂典章制度，到了春秋戰國，貴族生命墮落，沒有真實的生命繼續實踐和不斷創造新的文化，於是周文遂淪為僵化的、外在的、形式化的一套空架子，沒有真實生命，則任何禮樂制度都成為空洞的、虛偽的，若不能與時俱進，有所損益，則再完備的制度也都會有僵化的時候，所以實踐必賴真實之生命以出之，與時損益也必須有真實生命創造制作。這個真實的生命是什麼？就是自然無為真實的內容，自然如何可得？就是有賴無為的工夫，對自己而言，要不己執，不有身。對客觀事物，如治國理下天而言，則不可為，不可執、不有、不恃、不宰、不長、不居等，以無為作為無不為之根據，為則敗之，執則失之。周文既然疲弊，則成為拘束生命之桎梏，而不能自由，無法創新，為了要回歸生命的本真自然，就要致虛極，用無為，所以無為是一工夫概念，從修養身心，精神生活上說的概念，損之又損以至於無為，無滯無累無待的精神境界就是「無」，從正面說就是自然。所以無是由損去滌除的工夫，逐步修養到最高的無待的境界的一個生活上實踐的概念。有無為的修養之後才能在應事上無不為，無不為就是使萬物能如其自己的實現，如其自己而存在，是通過無為無執，沖虛無的妙用，作用地實現萬物，所以《老子》說「故有之以為利，無之以為用」從無為到無，由工夫到境界，到本體，王弼玄體也相應著這一進路，除了時代之機緣不同之外，其所面對的問題，皆有普遍性，由主體性出發，「無責於人，必求諸己。」(《指略》)，對生命上之執，務必去除滌盡，去欲、去私、除迷、除惑，無所矜愛，無所偏尚〔註3〕。對制度之施行，亦以作用成全之方式，而非自存在上去制作興革，故因而不為，順而不施，以無為作為無不為之實現原理。其思想血脈完全由《老子》而來。

〔註2〕牟宗三先生《中國哲學十九講》，第五講〈道家之玄理性格〉，頁89，學生。

〔註3〕關於《老子》的「無」之涵義，請參閱本論文第三章，王弼玄學之中心觀念「無與有」之詮釋。

四、老子道之生物

　　《老子》之道亦要對萬物存在負責，所以〈四十章〉說：「天下萬物生於有，有生於無。」又說：

　　　　道生一，一生二，二生三，三生萬物。(〈四十二章〉)

　　　　道生之，德畜之。(〈五十一章〉)

　　　　無，爲天地之始，有，爲萬物之母。(〈第一章〉)

儘管《老子》也使用「生」「畜」「始」「母」等正面創生，生出的詞語，但是《老子》的道是無，是無爲，是生而不有，爲而恃，長而不宰。因此後來的解釋方向即有分歧，如漢人的解釋就將道之生物，直接釋爲氣化創生，如此則將《老子》義理帶入科學史的臆測，而失去哲學之鮮活性，也違悖了無爲之核心原則，這固然是《老子》表達方式之模糊性，原創思想渾淪性格所致，然而如何圓融而得理，則是在乎有無通透智慧，不黏滯的心思，王弼在此表現了絕高的穎悟力，而提出「不塞其原，則物自生。」「不禁其性，則物自濟。」的「不生之生」的生物方式，如此則保住《老子》哲學之純粹性，而不致淪爲科學史之文獻材料。則「無爲而無不爲」之作用保存義永遠不移。

五、儒道之衝突

　　無論是《老子》的「絕聖棄智」「絕仁棄義」(十九章)，或者是《莊子》的「心齋」「坐忘」之忘仁義、忘禮樂，皆可證明道家思想之「內在道德性」不能挺立，也就是沒有獨立的意義，雖然《老》《莊》是針對著周文之疲弊而發，務欲歸根復命，返於生命之如其自己之自在逍遙，但是此生命之自在顯然是通過對外在化之虛文桎梏之消解而證立，由此消解而得之自在逍遙是一精神境界，再從眞實生命去主觀地作用成全一切。仁義都成外在的，換句話說，也就是儒家實有層之天命仁體在道家是虛說的，未被自覺到，所以王弼也說「仁義，母之所生，非可以爲母。」(《老子》三十八章注)，仁義之客觀價值成爲既有的一套儀文節度，失去主體的自覺和內在道德的創造性 〔註4〕，然而儒家之禮文節度自《孟子》之自覺「仁義禮智，我固有之，非由外鑠我也。」而能主客合一，具有創造性，且能與時興革，不致僵化，不是只有一

─────────────────

〔註4〕關於儒道衝突之義理分析，請見於牟宗三先生《才性與玄理》第十章「自然與名教：自由和道德」，頁358～378。

套外在的形式，習慣性的規約。若主體之生命永遠被動地接受遵守，其不成
爲桎梏，束縛者幾希？王弼玄學亦不離道家此種仁義外在化的思維架構，雖
然它在理論上積極地欲成全名教，然而名教一日沒有仁義內在之自覺，就失
去根源之創造性，則名教將永遠地爲爲外在化的機制，徒爲外飾甚而淪爲攫
取功名利祿的手段〔註5〕。此種現象已不僅是理論上的必然，並且已經衍成歷
史上的事實。如果失去內在道德性之自覺，則無創造可言，一切遵守禮法皆
是因順而行，沒有興革，如果要損益改變，在王弼眼中，此改變也只是因順
客觀形勢而改，而非自覺地制作，此點在他《周易注》〈革〉卦象注可知：

> 凡不合而後乃變生，變之所生，生於不合者也，故取不合之象以爲
> 革也。

> 歷數時會，存乎變也。（〈革‧大象注〉）

> 陰之爲物，不能先唱，順從者也。不能自革，革已乃能從之。（〈革‧
> 六二注〉）

將〈革〉之時義視爲「歷數時會，存乎變也。」而忽略《象傳》所說「天地
革面四時成，湯武革命，順乎天而應乎人，革之時大矣哉。」之積極興革之
創造義，此儒家義理，王弼玄理渾不自覺，只視爲時會之勢變，唯因之順而
已。

　　根據以上的理解，再審察玄學發生的原因，則其義理內部之軌迹釐然可
辨。儒家自孔子指點「爲仁由己」及和「我欲仁，斯仁至矣！」下至於孟子
之言「仁義禮智非由外鑠我也，我固有之也。」（《孟子‧告子上》）說「仁義
內在」，「內在道德性」於是挺立，一切禮法節文都有道德實踐之內在根源性，
而不止是外部地應迹，被動或習慣地遵守而已。一切的價值的創造，禮樂的
制作也都得到安立。但是自荀學興起，道德心性根源失落，只成一知識心統
類心，義理之天地失落而只存一自然性價值中立的天。自漢人認爲天是一超
越外在的實體，則仁義之內在根源性既被隱蔽而不見，外在超越之天命道德
實體轉爲氣化之自然天和人格神形態之能感應、有意志、能降災異之天。仁
義內在及超越之根據兩端皆失落，只復用於政治教化之手段，客觀知識亦未
建立，於是名教仁義逐轉爲爭較名譽之場所，所以王弼指出其弊曰「儒者尚
乎全愛，而譽以進之。」「譽以進物，爭尚必起。」（《指略》語）因此王弼既

〔註 5〕參閱本論文第三章，討論「名教」觀念的部份。

承繼道家之義理傳統視仁義禮節爲外在，亦反省儒家名教觀念之外在化，心性天命實體之失落，所以將仁義置定爲形而下的存在，爲子、爲末，遂使得王弼所說之「仁義發於內」（《老子》三十八章注），「爲仁由己」（《周易‧訟卦》九四爻辭注）亦和《孟子》之「仁義內在」，《論語》之「爲仁由己」精義不同，其根據之內，由己的「心」也只有心理學意義之心，而非超越價值之本心。〔註6〕

第二節　王弼玄學形成的外緣

　　形成一家思想之外緣因素眾多，本文第一章第二節所述王弼個人之才質、性情、生活及家世家學等亦屬之，今不贅述。僅述及學術思潮之演變，學術淵源，正始談辯，先驅人物及其觀念等。

一、學術思潮

　　兩漢以來，由於政治的關係，一直以經學作爲學術的重心。即使在東漢末年，董卓亂後，群雄割據，爲了安定政治及社會之秩序，孔融、劉表等人莫不將經學列爲首要，經學的內容也隨著時代需要而賦予不同之解釋，如董仲舒的《春秋繁露》就是明顯的例子。然而政治及教化的綱常名教，也就是當時的尊卑貴賤及倫常觀念，皆有賴從經學的研究中取得理論的基礎和價值來源的依據，這也就是何以今文經學在兩漢政治安定之際成爲顯學的主要原因，一旦朝代更迭，形勢分崩離析，天下不一，今文經學就被古文經學的研究所取代，其取代的理由之一，就是試圖拋棄今文經學之隨時傅會之解經方式，回到經典本身的研究去尋找長治久安的根據，爲了解讀秦燼之後之古文經，重視名物訓詁和典章制度的研究，已是一個必然的趨勢。其實古文學家所做的工作正是想回到經典，重新發抉價值根源作爲對時代問題的回應，只是這種期望顯然並沒有達成，其中因素固然很多，但是理論深度之缺乏，無法提出有效的觀點回應時代的問題，作出新的解釋是主要的因素。例如鄭玄和王肅都是經學大家，淵博有餘，形上思維之建構能力卻明顯不足，如果不能恢復內部義理之建構，則這些訓詁所得，以經學爲依據的名教，倫常軌範在當時已成爲外在僵化之教條，無法因應時代需要，東漢末年的名教淪爲競

〔註6〕同註5。

逐名利之遊戲，魏武之〈求賢詔〉就是暴露這個時代問題的例子。何況諸子學在經學盛行的時代亦並未中絕，只作為輔助政教旁支，並未像經學取得主導之地位而已，漢魏之際，又彷彿回到戰國時代，政治上的無法大一統，無法大一統，相對的也就是思想解放的契機，就魏晉時期思想所呈現之蓬勃而言，可以說是秦之後所僅見。《老子》思想，或說是道家思想，其本身義理之形態就呈現具有高度的形上思維的架構，因為在實有層上未曾限定方向，因此綜攝力反省能力也較其他各家在理論層次上為高，在哲學史上《莊子·天下篇》，《淮南子》以道家為中心思想糅雜各家，司馬談〈論六家要旨〉亦據道家思想為其底據，到王弼玄學在《老子指略》之綜論各家，都可以說明這個特性的例證。古文經學既無法提供時代的需要，《老子》思想則應運而起，玄學思潮也就因此而形成，這是學術思想演變的趨勢，雖然促成玄學興起的因素不止一端，但也不是只有歷史之偶然。〔註7〕

二、學術淵源

　　王弼之師承已難詳考，前文已言之，如今，僅能由著作去分析，今簡單敘述《周易注》及《老子注》之可能之淵源。

　　王弼易學的形成，除了受其《老子注》之影響，和古文經學的發展也有關係，其注解《周易》之重義理的傾向和「以傳解經」之成規，無疑的是繼承了費氏易的傳統〔註8〕。王肅是古文經學大家，又注《周易》，王弼祖述其說，但是特重義理而不比附爻象，例如王弼注《乾》卦〈初九〉爻辭說「文言備矣。」（《周易注》）即不再作注，此種精神即和費氏易以傳解經的學風相似。又，王弼《周易注》中的許多觀點，和王肅的說法相當一致。例如王肅注《損》卦〈上九〉爻辭「弗損，益之，无咎，貞吉，利有攸往。得臣，无家。」說：

　　　　處損之極，損極則益，故曰不損，益之；非无咎也，為下所益，故

〔註7〕　任繼愈《中國哲學發展史》魏晉南北朝卷，頁57說:「諸子之學……儒家……
　　　　逐漸由分歧走向融合，至于融合的結果沒有順理成章地形成一種新的經學思
　　　　潮，卻產生了不倫不類的玄學，完全是歷史的偶然性。」此說以漢朝經學之
　　　　觀點看玄學之形成，已先預期要形成新的經學思潮，既不客觀，亦不了解玄
　　　　學之超越經學，在理論上遠非經學所及。其指玄學為「不倫不類」不知所指
　　　　為何倫類？又說玄學之形成是歷史偶然性，其於哲學史解釋，依據只有經學，
　　　　顯然缺乏對玄學相應的理解心靈。
〔註8〕　湯用彤《魏晉玄學論稿》，頁87，盧山。

无咎。據五應三；三陰上附，內外相應，上下交接，正吉也。故利
有攸往矣。剛陽居上，群下共臣，故曰得臣矣。得臣則萬方一軌，
故无家也。（李鼎祚《周易集解》引）〔註9〕

〈損〉卦兌下艮上，「處損之極」指〈上九〉居於上位。下據〈六五〉，得應
於〈六三〉，三陰指〈六三〉〈六四〉〈六五〉三爻皆爲陰爻，卦由內之外，由
下往上，故曰上附，「內外相應」除指〈六三〉〈上九〉相應外，餘皆相應，
蓋由於內卦〈兌〉爲陰，外卦〈艮〉爲陽，陰陽相應，所以是內外相應。王
肅的說法是根據《象傳》的爻位觀念和〈損〉卦的《象》文所作的解釋。王
弼亦於此爻辭注曰：

處損之終，上无所奉，損終反益。剛德不損，乃反益之，而不憂於
咎，用正而吉。不制於柔，剛德遂長，故曰：弗損，益之。无咎，
貞吉，利有攸往也。居上乘柔，處損之極，尚夫剛德，爲物所歸，
故曰：得臣。得臣則天下爲一，故无家也。〔註10〕

王弼說「處損之終」「損終反益」之「終」是根據王弼《周易略例》說初上是
終始之地的觀念而注，上位是一卦終，故曰「終」。其餘注解，辭雖稍異，其
義與王肅大致相同。朱伯崑說：「僅此一例，足以說明王肅易學對王弼的影響。」
〔註11〕其言可信。

　　王弼《老》學之淵源更難推測。王弼雖未必曾住荊州，然其家學與荊州
淵源頗深，荊州儒生較具影響力者，當推宋衷，嘗與綦毋闓等撰定五經章句，
謂之後定〔註12〕。王肅嘗從衷讀《太玄》，可見宋衷亦深於《太玄》，著有《太
玄解詁》，其《太玄》學並爲天下所重。虞翻嘗見宋衷之易，而謂衷小差於鄭
玄，也從可知宋衷在《周易》方面之造詣，王弼之家學可上溯於荊州，不難
推知其受宋衷之影響，也就是間接的受到宋衷《周易》、《太玄》傳承之影響，
非推論過當。例如王弼《周易注》之〈乾〉〈坤〉兩卦，王注云：

天也者，形之名也；健也者，用形者也。夫形也者，物之累也。有
天之形，而能永保無虧，爲物之首，統之者豈非至健哉！〔註13〕

〔註 9〕李鼎祚《周易集解》，頁140，學生。
〔註10〕《周易王韓注》，卷四，頁14，中華備要本。
〔註11〕朱伯崑《易學哲學史》，頁238，北大。
〔註12〕盧弼《三國志集解》《魏書・劉表傳》注引《英雄記》卷六，頁84（總頁247），
　　　　漢京。
〔註13〕《周易王韓注》卷一，頁2，中華備要本。

地也者，形之名也，坤也者，用地者也。夫兩難相爭，二主必危，有

地之形，與剛健爲耦，而能永保无疆，用之者不亦至順乎！〔註14〕

此注顯然有受到《太玄・玄告》「天以不見爲玄，地以不形爲玄。」說法的影響。〔註15〕

三、正始談辯

本文在此舉清談和王弼玄學之關聯，作爲解釋王弼玄學形成的外緣因素，其目的不在於辯解清談《老》、《莊》是否起於王弼、何晏，此是學術史上事，自有定論〔註16〕。吾在此處所欲闡明者，是清談此一形式對於王弼玄理之形成上有何關聯，以及王弼在清談論辯中所得之義理舉隅而已。

談辯之於王弼玄學之形成，正是有其微妙之本質上的關聯，說關聯者，玄學本爲玄理而談，作爲學問而言，本身就是清談，哲學乃論理的思辯性格的學問，而玄學正是討論玄理，此乃哲學家之當行，玄學不是宗教，故雖言「不言之教」，但卻不涉實踐，而是欲辯而詰，蘇格拉底一生清談，固是談哲學，談理義也，顧炎武言「昔之清談談老莊，今之清談談孔孟。」正是談的儒家心性之理。因爲談辯論難，可以激發思考，疏通疑惑，且談辯之巧善者，於義理必要精通方可，義是指談辯之內容，理是指內容之理論結構和表答言語理則性邏輯性，缺一不可，簡單說，談辯是訓練哲學家不可或缺的課程。王弼在當時清談風氣之下，無疑的於此中受益必多，且將清談推向「正始之音」的高峰。王弼於清談中所表現的玄理正是和其玄學一致的，今不見於其著作中，而散見於後人之記述，如答裴徽以「聖人體無」，何劭《王弼傳》云：

時裴徽爲吏部郎，弼未弱冠往造焉，徽一見而異之。問弼曰：「夫無

〔註14〕 同註 13，頁 6。
〔註15〕 《太玄》卷十，頁 5，中華備要本。
〔註16〕 清朝趙翼在《二十二史劄記》中〈六朝清談之習〉一文說：「清談者起於魏正始中，何晏、王弼祖述《老》、《莊》。」後來引起爭論，朱寶樑、劉師培及日本學者青木正兒、松本雅明等都認爲清談始於漢末，而非始於何、王，余英時則以內容分判，謂「崇尚玄遠，乃漢晉間士大夫內心自覺之一般傾向，則正始之音，其來有自，而太和玄談亦無足異矣。故謂粲、傅之談論已先王、何而涉及宇宙之本體則可；至於援引道家，正式建立玄學體系，則王弼、何晏實爲吾國中古思想史上劃時代之人物，他人不能奪其席也。」（《中國知識階層史論》古代篇，〈漢晉際士之新自覺與新思潮〉，頁 297～300，聯經）

者，誠萬物所資也；然聖人莫肯致言，而老子申之無已者何？」弼
曰：「聖人體無，無又不可以訓，故不說也。老子是有者也，故恆言
無所不足。」〔註17〕

又辯聖人有情無情，何劭《王弼傳》云：

何晏以為聖人無喜怒哀樂，其論甚精，鍾會等述之。弼與不同，以
為：聖人茂於人者神明也，同於人者五情也。神明茂，故能體沖和
以通無；五情同，故不能無哀樂以應物。然則聖人之情，應物而無
累於物者也。今以其無累，便謂不復應物，失之多矣。

又云：

弼注《易》，潁川人荀融難弼〈大衍論〉，弼答其意，白書以戲之曰：
「夫明足以尋極幽微，而不能去自然之性。顏子之量，孔父之所預
在，然遇之不能無樂，喪之不能無哀，又常狹斯人，以為未能以情
從理者也，而今乃知自然之不可革。是足下之量，雖已定乎胸臆之
內，然而隔逾旬朔，何其相思之多乎？故知尼父之於顏子，可以無
大過矣。」

《世說新說・文學篇》第四，第六條云：

何晏為吏部尚書，有位望，時談客盈坐，王弼未弱冠，往見之。晏
聞弼來，乃倒屣迎之；因條向者勝理語弼曰：「此理僕以為理極，可
得復難不？」弼便作難，一坐人便以為屈。於是弼自為客主數番，
皆一坐所不及。

以上所引，或談或辯，前三則乃述其談辯之內容，《世說》所記後一則乃見其
談辯巧善，故後世謂清談，必推正始王、何，王弼之善談尚可見於《晉書・
陸雲傳》之記載〔註18〕雖為無稽，亦可見時人對王弼談辯之印象，和他的玄
學成長，正有不可言喻的關係。

四、先驅人物及其觀念

本段所敘述對王弼玄學形成可能有影響者四人，遠者如嚴君平、王充；
近者如劉邵、何晏。此言影響，只是泛言之，非有必然性，更非有正面直接
之必然性，因為王弼玄學已超越此四人，且其思想未必近同。舉四人者，示

〔註17〕《世說新語・文學篇》亦有相同之記載，惟文字稍異，其內容之分析請見於
本文第三章第六節「聖人論」討論「聖人體無」之部份。
〔註18〕《晉書・陸雲傳》引文見於第一章第一節註3。

例而已，非謂有影響者止於四人，言其影響，雖無必然，容有或然，只作推求而已。

（一）嚴君平《道德指歸論》雖爲西漢之老學著述〔註19〕，且充滿氣化思想，但對《老子》有些概念的論釋並非全然不諦，間亦有清新之意，且揚雄從之受《老學》而有《太玄》之作，前文已述王弼受荊州宋衷之影響，宋衷又深於《太玄》，所以君平《道德指歸論》亦可謂玄學之遠宗，今摘錄數言以爲例示：

> 道德之化，變動虛玄，蕩蕩默默，泛泛無形，潢溼慌忽，渾沌無端，視之不見，聽之不聞。（卷三〈爲學日益〉篇）

> 道德虛無，神明寂泊，清靜深微，太和滑淖，聽之寂寞，視之虛易，上下不窮，東西無極。（《道德指歸論》卷四〈含德之厚篇〉）

> 一者，道之子……無無之無，始始之始，無內無外，混混沌沌，芒芒汎汎，可左可右，虛無爲常，清靜爲主，通達萬天，流行億野，萬物以然，無有形兆。宵然獨存，玄妙獨處，周密無間，平易不改，混冥皓天，無所不有，陶冶神明不與之同，造化天地不與之處。（卷一〈得一篇〉）

> 夫道之爲物，無形無狀，無心無意，不忘不念，無知無識，無首無向，無爲無事，虛無澹泊，恍惚清靜。其爲化也，變於不變，動於不動，反以生復，復以生反，有以生無，無以生有，反覆相因，自然是守。（卷三〈天下有始篇〉）

（二）王充《論衡》已有廓清災異之功，倡自然無爲之天道觀，此雖非玄學言自然之勝義，亦落於外在氣化言自然，其大義與玄學不侔，要之亦有其影響。王弼將主客兩面自然融合爲一，不能說完全沒有王充說法的影子。

> 天動不欲以生物，而物自生，此則自然也。施氣不欲爲物，而物自爲，此則無爲也。（卷十八〈自然〉篇）

> 春觀萬物之生，秋觀其成，天地之爲乎？物自然也。（卷十八〈自然〉篇）

> 夫天道，自然也，無爲。如譴告人，是有爲，非自然也。黃老之家

〔註19〕《漢書・王貢兩龔鮑傳》云：「蜀有嚴君平，……修身自保……依老子、嚴周（即莊子）之指著書十餘萬言，揚雄少時從遊學。」

論説天道，得其實矣。（卷十四〈譴告〉篇）

夫天道自然，自然無爲，二令參偶，遭適逢會，人事始作，天氣已有，故曰道也。（卷十四〈寒溫〉篇）

（三）劉邵《人物志》表面是討論品評人物的標準，現實的目的則在於政治上用人能做到「因任而授官，循名而責實。」而其所論述的則是品鑒的，是直接就個體生命人格，整全地，如其爲人地而品鑒之，其和玄學的關係，同屬內容眞理，由主觀而發這一面是相同的，人物品鑒是美學的，欣趣的判斷，玄學則是玄理玄智的主觀映發。其中討論聖人之德者以中庸之質是聖人之目，此處所言中庸非儒家之中庸，而是道家之平淡之質。其言曰：

凡人之質量，中和最貴矣，中和之質，必平淡無味，故能調成五材，變化應節，是故觀人察質，必先察其平淡，而後求其聰明。（《人物志・九徵》第一）

兼德之人，更爲美號，是故兼德而至，謂之中庸、中庸也者，聖人之目也。（同上）

劉昞在「兼德之人，更爲美號。」注曰：

道不可以一體説，德不可以一方待，育萬物而不爲仁，齊眾形而不爲德，凝然平淡，與物無際，誰知其名也。（〈九徵〉注）

劉昞又注「聖人之目」曰：

大仁不可觀，大義不可報，無德而稱，寄名於聖人也。（〈九徵〉）

劉邵自才性上觀聖人，說「聖賢之所美，莫美乎聰明，聰明之所貴，莫貴乎知人，知人誠智。」（《人物志》自序）和王弼對「聖智」的解釋觀點基本上是一致的，王弼對「聖智」的解釋是「才之善也」「才之傑也」，也是自才性之觀點理解聖人。劉邵「聖人之目」是平淡無味，無德無名，無形無待，和王弼的「聖人體無」在形式之規定已無不同，只是劉邵《人物志》並沒有立足在工夫論，實踐性上討論。而王弼繼承《老子》語脈之關係，則有工夫論的理論支撐。

（四）何晏比王弼年事稍大而同代，二人同爲正始時期玄學之代表人物，如果說玄學的理論是自王弼手中才完成建構，則何晏無疑是玄學的先驅人物。何晏也是王弼談辯的對象之一，有些觀念的討論和啓發，如聖人有情無情等論題，都可以看出何晏的影響。兩人的著作雷同，都集中在《老子》、《周易》、《論語》三部經典。何晏是很能欣賞王弼的人，《世說新語》記

載說：

> 何平叔注《老子》始成，詣王輔嗣；見王注精奇，迺神伏曰：「若斯
> 人，可與論天人之際矣。」因以所著爲《道德二論》。（〈文學〉篇第
> 七條）

因此，很難說何晏對王弼沒有任何影響，《列子・天瑞篇》張湛注引何晏《道論》說：

> 有之爲有，恃无以生；事之爲事，由无以成。夫道之而无語，名之
> 而无名，視之而无形，聽之而无聲，則道之全焉。故能昭音響而出
> 气物，包形神而章光影；玄以之黑，素以之白，矩以之方，規以之
> 圓。圓方得形而此无形，白黑得名而此無名也。

「有之爲有，恃无以生。」「故能昭音響而出气物」何晏的這個說法是宇宙生
成論，仍然沿襲漢人的思想，道仍是一能生的，創生的實體，和王弼「不生
之生」仍有相當的差距。不過，將「無」視爲「道之全」則是一個轉變，在
道的諸多作用，許多面相中，提鍊出「無」來詮釋道，不能夠說對後來玄學
的沒有絲毫的影響。何晏到王弼，大概可以如此地說：即何晏總結了漢人宇
宙論，成爲進入王弼玄學之本體論的一個過渡。也就是說，何晏拋棄氣化思
想，但是宇宙生成論的影子仍在，至王弼才始消除。所以《晉書・王衍傳》
籠統的將二人的思想都說成「以無爲本」〔註 20〕，雖無甚不妥，然而就義理
之本質上仍是有不同的，這也就是何以玄學之確立，要規定在王弼，而不始
於何晏的最大原因。

　　以上略述王弼前玄學的先驅人物和觀念，這些人物的整體思想的底子其
實和王弼是不同的，但如果說因爲不同而斷言它完全沒有影響，又似乎是不
可能也不合理，但是若要確切的指出它的影響，或是王弼實質上承繼了哪
些觀念，也很難一一說得明白。這大概也就是外緣因素的性格使然，沒有了
外緣的累積和激盪，《老子》之學也不可能在經過兩漢四百多年之後突然復
興，而有此清新的面貌。明知這種尋章摘句，和抽樣式的立論是不完備也
沒有必然性的，但是如果缺少了它，在解釋上仍嫌不充分，因而在此作一個
說明。

〔註 20〕《晉書・王衍傳》：「魏正始中，何晏、王弼等祖述老、莊，立論以爲：天地
萬物皆以無爲本。无也者，開物成務，無往而不存者也。陰陽恃以化生，萬
物恃以成形，賢者恃以成德，不肖恃以免身，故無之爲用，無爵而貴矣。」

第三章　王弼玄學之內容

第一節　方法進路

一、主觀之智解

　　王弼開創魏晉一代的玄學思潮，並建立「貴无論」的玄學體系，其玄學之主要觀念來自《易》、《老》，尤以《老》爲多，其學說則以註解的方式表現，以述爲作。大凡具有開創性之思想家，必有其建立思想體系之方法進路，此方法即意味著其人對人生及世界的理解和論釋，王弼亦然，以注解的方式，而能相應原典之精神，盡其底蘊而不壞亂義法，非如爲之章句訓詁而支離破碎，徒存注解之名而遺其實者之所可比擬，是以觀其《老子注》，確能對《老子》的形上智慧有透宗之理解。由於王弼是以注解方法建立自己的學說，因此在如何掌握原典中的義理的過程中便同時展現其玄學之方法及思維，王弼和《老子》最大的不同處即在於《老子》是原創性的思想，它的體系是直接呈現，王弼則先有一步認識的過程，在認識中展現其對原創思想的理解，從理解中建構自己的體系，嚴格說就是一詮釋的體系，王弼對《老子》的詮釋就是藉注解的方式爲之。另外不同處即是《老子》是一教路，通過無爲之體證，不言之教的生命實踐，由此生命實修實證以成之內容眞理，由名理的方式表述之謂之「教下名理」：王弼則是以智解的方式把握之，如何從玄智解悟之知解方式契接實踐證成之內容眞理，就不是能簡單化約爲文字語言的問題，它本身就是一哲學問題，也就是說如何能以「玄學名理」去把握「教下名理」，本身即一義理問題，而非語言或邏輯的問題。這必須涉及眞理存在的

基礎，實踐和傳達的問題，表現在王弼玄學的思維就是兩層存有論，言意之
辨、得意忘象等的討論，王弼都能致其精微之辨析豐富了概念義涵，而得到
相應的理解。以下試逐步敘述之。

說王弼注《老》而有相應的理解，即是說王弼自始即能掌握《老子》思
想乃是一自主體發出之義理性格，而非一純粹思辯性格理解進路。《指略》
云：

> 老子之文，欲辯而詰者，則失其旨也；欲名而責者，則違其義也。
> 故其大歸也，論太始之原以明自然之性，演幽冥之極以定惑罔之迷，
> 因而不爲，損（順）而不施，崇本以息末，守母以存子，賤夫巧術，
> 爲在未有，無求於人，必求諸己，此其大要也。

所謂「必求諸己」即建立在「居無爲之事，行不言之教。」（《老子》十七章
注）主體實踐之事，通過實踐而能無爲、不施爲、不執割，明自然之性以暢
萬物之情者即達於「聖人」之境，所以說「聖人體無」，此所言「聖人」當
是從無爲之道家義理以規定之者，講「聖人」也就函著講主體之實踐義。通
過實踐造極之所呈現的境界，乃是一精神生活之境界，此境界之內容就是
「無爲」或「無」，說「無爲」是從工夫義上說，它是對著現實生命的紛馳而
出者，舉凡生理官能的盲爽發狂，心理情緒的造作執著，觀念意識的災害
時，皆足以造成生命不自由不自在，形成生命的桎梏和束縛，凡此種種都要
將它化掉除去，以回歸生命的本眞，生命才不致於被扭曲。此「無爲」是
就回歸此眞實生命所作的工夫歷程上說，而不是消極的靜止不動，無所作
爲。此種隨時將心靈自現實的異化、扭曲中超拔上來，是超越在現實之上呈
顯的一精神境界，就此境界中不施爲造作而說是「無」，所以「無」也是工夫
造極所呈顯的精神境界。透過無的智慧，即函有一實踐的存有論，牟宗三先
生說：

> 一旦智慧透出來了，因爲智慧無外，那麼它對天地萬物當該有所解
> 釋和說明，因此可以有個實踐的存有論，也可謂實踐的形而上學
> （practical metaphysics），這實踐的形而上學，存有論就寄託於對無
> 的了解。〔註1〕

王弼即通過無來說明萬物的存在，《指略》云：

> 夫物之所以生，功之所以成，必生乎無形，由乎無名，無形無名

〔註1〕牟宗三先生《中國哲學十九講》，第五講〈道家的玄理性格〉，頁94，學生。

者，萬物之宗也。

這裏說通過無來說明萬物的存在，無使物生功成，此生成義和《中庸》的生成義不同，《中庸》上說：「天地之道可一言而盡也；其爲物不貳，則其生物不測。」此「生物不測」是指道德創作生之無限義，王弼在《指略》或《老子注》所言之道之生成義，其實只是虛說，是表現一「生」的姿態而無「生」的事實，是「不生之生」之義，這個意思在注釋中也明白表示出來，其注云：

> 不塞其原也。(《老子》第十章「生之」注)
>
> 不禁其性也 (《老子》第十章「畜之」注)
>
> 不塞其原，則物自生，何功之有？不禁其性，則物自濟，何爲之恃？物自長足，不吾宰成，有德無主，非玄如何？凡言玄德，皆有德而不知其主，出乎幽冥。(《老子》第十章注)

道常無爲，則萬物自生、自化、自濟、自長、自足，所以王弼認爲道生物，是通過不吾宰成，有德無主的方式。令萬物自生自濟，並不同於儒家之積極創生義。牟宗三先生則名此種存有論的形態做「境界形態」，此種境界形態必通過主體實踐來理解方洽，王弼即充分掌握此一方向，因此他注解《老子》四十章「天下萬物生於有，有生於無。」說：

> 天下萬物皆以有爲生，有之所始，以無爲本，將欲全有，必反於無也。

《老子》之原文是具有宇宙論意義的句子，句中的兩個「生」字，一般解「老」都解作「生出」「生於」解，但是《王注》將「天下萬物生於有」注解成「天下萬物皆以有爲生」，將動態的生出義注解成靜態的存在義（此「生」即存在之樣態），將「有生於無」注成「有之所始，以無爲本。」成爲根據義，而不是具有實質創生作用的無，而只是形式意義上的一個根據而已。同樣地，王弼在注解《老子》四十二章「道生一，一生二，二生三，三生萬物，萬物負陰而抱陽，沖氣以爲和。」時也有類似的情形，注云：

> 萬物萬形其歸一也，何由致一？由於無也。可謂無已，謂之一，豈得無言乎？有言有一，非二如何？有一有二遂生乎三，從無之有，數盡乎斯，過此以往，非道之流，故萬物之生，吾知其主，雖有萬形，沖氣一焉。

王弼借用《莊子‧齊物論》「自無適有以至於三」來注解《老子》的「道生一，

一生二，二生三，三生萬物。」恰當與否，暫不置論〔註2〕。但是可以明顯地看出王弼用《莊子》因著名言之方便而有所適，而被牽引以致於纏夾無止的意思，順遂地將一般人看起來極富宇宙論色彩章句消解於無形，也就是說將具有客觀姿態的表達方式的章句都收攝於主觀的境界形態中詮釋。所以自始至終王弼都持一致的立場。

二、兩層的區分

王弼繼承《老子》爲道爲學，常道與非常道的分別，所以在他的玄學體系中也有本末、一多、母子、無有、道物之兩層存有的區分。王弼認爲在具體的有限的，紛紜複雜，變動不居的現象界的背後，存在著一幽冥虛靜，无形无名、寂然不動，超言絕象的本體。這本體或稱爲「道」，注文云：

> 道以無形無名始成萬物。（〈第一章注〉）

> 道以無形無爲成濟萬物。（〈二十三章注〉）

> 道，無形不繫，常不可名，以無名爲常。故曰：道常無名也。（〈三十二章注〉）

> 萬物皆由道而生，既生而不知所由。（〈三十四章注〉）

在注中隨處可見，此處不及備引〔註3〕。由上之引文可知道是萬物所以生所以成之根據，是一超越的存在。道無形無名，永久恆常，不可由官能感知，亦非經驗所及，亦不知其所由來，然而道爲萬物之所由，萬物有形有名，變動無常，可經由感官感知，可以識知，屬經驗層，和道相對。或稱道爲「無」：

> 凡有，皆始於無。（〈首章注〉）

> 萬物始於微而後成，始於無而後生。（〈首章注〉）〔註4〕

> 有之所以爲利，皆賴以無爲用也。（〈十一章注〉）

> 天下之物皆以有爲生，有之所始，以無爲本，將欲全有，必反於無也。（〈四十章注〉）

〔註2〕牟宗三先生《圓善論》，第六章〈圓教與圓善〉，頁285，學生。

〔註3〕在《老子注》中言及道者尚有：〈四十七章注〉、〈五十一章注〉等。

〔註4〕「始於微而後成」並不是說創造物之過程始於微小而終著明，「微」此處不訓「微小」之義，當訓「無」，和《論語‧憲問》十七章「微管仲，吾其被髮左衽矣。」之「微」（朱注：微，無也。）同義。故王弼此句仍是作用義。

萬物萬形其歸一也，何由致一，由於無也。（〈四十二章注〉）

夫无不可以无明，必因於有，故常於有物之極，而必明其所由之宗
也。（韓康伯《周易繫辭注》〈大衍之數〉引王弼曰）〔註5〕

王弼所論「無」和道一樣，同爲超越於萬物之上的形而上的存在，與道同質
而爲萬物之宗，言道者，重在言物之所由；言無者，重在其妙用，道是形式
的意義大，眞正規定道的內容者則是無，無是超越的形而上的存在，和無相
對的是有，有是指天地萬物，形而下的總名。或作本末、母子之區分者：

本在無爲，母在無名，棄本捨母而適其子，功雖大焉，必有不濟，
名雖美焉，僞亦必生。（〈三十八章注〉）

母，本也；子，末也。得本以知末，不舍本以逐末也。（〈五十二章
注〉）

崇本以息末，守母以存子。（《指略》）

老子之書，其幾乎可一言而蔽之。噫！崇本息末而已矣。（《指略》）

故見素抱樸以絕聖智，寡私欲以棄巧利，皆崇本末之謂也。（《指
略》）〔註6〕

此言本末，母子之區分，非平面之區分，同前述之道與物，無與有一樣是超
越之區分。本、母指無，而末、子則指事功，有形有名、仁義之屬。本、母
和末、子之關係爲不同質之兩層。末爲本所生，而末不可以爲本；子爲母所
存，而子不可以爲母，譬猶形器爲匠制作而形器非可以爲匠。亦有以一多區
分兩層者：

一，數之始而物之極也。各是一物之生所以爲主也，物皆各得此一
以成。（〈三十九章注〉）

萬物萬形，其歸一也，何由致一，由於無也，由無乃一，一可謂無。
（〈四十二章注〉）

事有宗而物有主，途雖殊而同歸也。慮雖百而其致一也。（〈四十七
章注〉）

〔註5〕在《老子注》中言及無之篇章尚有：〈第八章注〉、〈十四章注〉、〈十六章注〉、
〈二十一章注〉、〈三十二章注〉、〈三十八章注〉、〈四十七章注〉等。

〔註6〕除《指略》外，《老子注》中言及本末、母子之篇章尚有〈二十二章注〉、〈三十
八章注〉、〈五十四章注〉、〈五十七章注〉、〈五十八章注〉、〈五十九章注〉。

> 王弼曰：演天地之數，所賴者五十也，其用四十有九，則其一不用
> 也，不用而用以之通，非數而數以之成。（韓康伯《周易繫辭傳》注
> 引）

> 夫眾不能治眾，治眾者至寡者也；夫動不能制動，制天下之動者，
> 貞夫一者也。故眾之所以得咸存者，主必致一也。動之所以得咸運
> 者，原必无二也。（《周易略例‧明象》）

一是無，是宗、是主、是至寡者，故是超越之存在與道同層。萬物是多、是
眾、是數是用；故是形而下的存在。

由以上徵引之材料可以證明王弼玄學兩層區分是非常明顯的。

三、辨名謂

王弼玄學根植於《老》學，有關《老》學的著作有《老子注》及《老子
指略》，其發明《老子》之義，則對於名號和稱謂的分際，頗致辨析之能，循
其文例則可由此掌握其注《老》之鑰，進而瞭解整個玄學系統。王弼將《老
子》之名言概念析爲名號、稱謂及無稱之言，各有所指。對名、謂區分之原
文分析，詳見於第四章「老子指略釋義」辨名謂的部份。在這裏，主要敘述
的是王弼如何透過稱謂、名號的辨析進而把握《老子》所言的道，換句話說，
也就是如何通過名言的區分來認識道。

《指略》是王弼《老子注》的一篇綱領式的總要敘述，環繞《老子》旨
義而出，故其文之血脈在《老子》，則毋用懷疑。王弼之所以要區分名號和稱
謂，其意本非在於純粹辨名析理的興趣，而在於指出若要理解《老子》的
道，則必需採取迥異於尋常之認識方法。《指略》指出對於尋常事物之名，是
根據客觀的事物來規定的，是與認識主體相對的客觀事物而產生的，由此而
規定之名，是「可道之道」「可名之名」，循此名所能認識的只是尋常的事
物，而非「常道」。所以王弼說「可道之道，可名之名，指事造形，非其常
也。」（《老子》一章注）名號原非爲表述常道而設，故想通過名號來認識常
道，必定失其旨趣。稱謂乃由乎我，從主觀之意謂，由之乎我之涉求。名號
不虛生，是因爲有客觀之事物作爲相應之指實對象，所以說不虛生，稱謂必
由於我主觀之有所涉求，由於我之有限，此涉求勢難以窮盡無限的常道之內
容，所以說未盡其極。故每一稱謂即一涉求，則僅僅是涉乎常道之一端，譬
猶「涉之乎無物而不由，則稱之曰道。」此道是道路、通路之義，是以具體

之通道而類比說明之，然而有形之道，則專為某物所由，或為某事而通，皆有所限，至於無所限而能夠使無物而不由之道，事實上則已經是落在不可名狀不可言說之層次，稱之曰道，只是方便借用，借形下有限之道路義來稱謂形上不可極之大道，也只能說是個擬議叚借之詞。非定名亦從而可知。又如「求之乎無妙而不出，則謂之曰玄。」此玄是深遠、玄奧而不可測度之義，萬物就在此妙用中得各遂其生，而不知其所以生；無所不為而不知其所以恃，各得其長而不知其所以主，然而萬物自生自成自長，莫知其所以然，出乎幽冥，所以說玄妙，玄妙也不是可道可名，可名妙則非玄妙。所以《指略》云：

> 名必有所分，稱必有所由，有分別則有不兼，有由則有不盡，不兼則大殊其真，不盡則不可以名，此可演而明。

> 老子之文，欲辯而詰者，則失其旨也；欲名而責者，則違其義也。

> 夫不能辯名，則不可與言理。不能定名，則不可與論實也，凡名生於形，未有形生於名者也。故有此名必有此形，有此形必有其分。

上所引三段《指略》之文，王弼指出名號產生根據在於客觀事物實，則名與實必有對應之關係。如果就名實發生之先後論，必先有此實而後有此名，非先造此名，而後以實隨名，由此義推之，則函有此實未必有此名，然有此名必有此實。揆諸宇宙間天地萬物，人事意念，所名者蓋寡，未名者實多，且混沌之世，名言未造，天地則互古以固存，其實雖逝，然徵諸當世亦當必在，必存而有其物事，只因文明未開，未能名之，故有此實未必有此名；其後文明漸進，名言既造，則得而名之，既有其名則必有其實，此必然之理。因此，在原則上，是肯定名言指實的功能的。此「實」之義根據引文「不能定名，則不可與論實也。」來瞭解，則「實」字之義與公孫龍「天地與其所產焉，物也，物以物其所物而不過焉，實也。」所言物無過差，各當其物之分的意思相同，所以並不是指的形上實體的「實」之義。所以名之則能盡其所名實，凡科學知識之名，外延真理之名皆指可盡之名。由此可以推知，在不能盡其所指者，則非名言所能施用，所以說「不盡則不可以名」，名號既無所施用，則有「稱謂」之起，以濟名號之窮。名號的另一性質就是有分不兼，王弼說「無所別析，不可為名。」（《老子》二十章注）「有形則有分，有分者，不溫則涼，不炎則寒。」「有聲則有分，有分別不宮而商矣。」（〈四十一章注〉）名各有所指之實是說不同之物則有不同之名，如此則甲形和乙形必

不同指，丙物和丁物必相異實。各物之分際也因爲名之具有分別性、獨占性而得以別析清楚，而不致於混淆。這是說明名的別析性。有分是從正面指出名的所當分位，釐清分際，不兼則是由反面指出名號不能統括，總彙群有的局限性、特殊性，所以王弼說「分則不能統眾」（〈四十一章注〉）不分則不足以爲名，也失去指實表義的功能，故不兼是作爲名的消極面之規定，名既具有分、不兼的性質，則其用勢不能統眾，而統眾亦不能以名，而必和名不同層，道是籠總萬有，必兼而不分，如果不兼則失其眞，名之而不能盡，所以名不能用來稱道。《指略》非措意於名實之理的討論，而是要藉此指出名言的使用對於了解《老子》的常道，有其功能上的限制。如此亦可涵兩層區分的義理。

和名言不同的是稱謂，稱出乎我，意爲出於主觀之意向涉求，此言「主觀」是取其繫於主體之義，而不必是劣義，所謂劣義之主觀，指的是待事但任一時情緒一己之好惡而不依事理而言。稱謂既然是出於我之意向所涉求，則對於超越的，形而上的常道而言，以名名之固不相宜，就是以稱謂謂之也只是暫時的。方便的表述方式而已。因爲所涉求之內容也不即是常道，只能說是對常道之某一面相的方便的說明，就「常道」自身言之，本無所謂「全體」「部份」之分，但是從王弼對於《老子》形上學的理解而言，《老子》既提出「不可道」之「常道」這樣一個方便設施的弔詭的名辭，王弼便得根據此而辨析其所屬的語言層次，俾能解除《老子》所以留下五千言，以言說方式層層反復表述「常道」的迷惑。王弼指出《老子》所使用的稱謂皆是意有所涉之辭。《指略》云：

> 其稱「道」則曰：「涉之乎無物而不由」「取乎萬物之所由也」；其稱「玄」曰：「求之乎無妙而不出」「取乎幽冥之所出」；「其稱「深」曰：「取乎探賾而不可究也」；其稱「大」曰：「取乎彌綸而不可極也」；「其稱「遠」曰：「取乎綿邈而不可及也」；其稱「微」曰：「取乎幽微而不可覩也」。

《指略》由是推論說：

> 然則「道」「玄」「深」「大」「微」「遠」之言，各有其義，未盡其極者。然彌綸無極，不可名細；微妙無形，不可名大，是以篇云「字之曰道」「謂之曰玄」而不名也。然則言之者失其常，名之者離其眞。

在《老子注》中，此名謂之辨亦往往隨文示例，清晰可辨，此不贅述〔註7〕。王弼對《老子》文中使用稱謂之文，可以說充分掌握其主觀稱謂之性質而爲之注。稱謂之所起，繫於主體之所可，我意所涉求，雖說由乎主觀，但一旦發而爲智慧，則亦必有所涉所可之理，此理之所歸當屬內容眞理，而非外延眞理。內容眞理亦謂之強度眞理，是生命通過實踐而體現的主體性眞理，也因爲是質的，且必通過主觀表述之眞理，以其無法被量化、外在化，也無法予以控制、實驗以檢證，所以和外延眞理不同，因而也不能以名號表述。王弼通過對名、謂的區分，則可以解釋《老子》用「字之」「謂之」而不用「名之」的原因。名用在指物，不可用於常道，稱謂對於不可以言論的常道，也是只有指路或點撥的作用，而無法充盡地予以表述。名謂均有限制，不能極盡道之眞實，王弼說「凡物有稱有名，則非其極也。」（〈二十章注〉），於是更提出超乎名號、稱謂層次的「無稱」來說明常道，王弼說：

> 自然者，無稱之言，窮極之辭也。（〈二十五章〉「道法自然」注）

> 四大，道天地王也，凡物有稱有名，則非其極也，言道則有所由，有所由然後謂之道，然則道是稱中之大也，不若無稱大也。無稱，不可得而名，道天地王皆在乎無稱之內，故曰域中有四大者也。（〈二十五章〉「域中有四大」注）〔註8〕

由上所示，王弼尋繹出《老子》使用語言的三個層次，由名號、稱謂以至於無稱之言、窮極之辭，最終還是回歸於「不言之教」的具體實踐，「無爲之事」「無物爲用，不言爲化」的境界，並且也可以看出名言（名號、稱謂）不能盡意（聖人之道）之理路的呈現。王弼所盛發「辨名謂」之玄學名理以展示《老子》義理之層次釐然可辨。

四、言意之辨

由王弼《老子注》所呈現名號、稱謂以至於無稱之言的思路，終指向「超言意」的道，則可進而觀王弼《周易注》對於「言意之辨」的論述。其最重要的文獻則見於王弼所著《周易略例‧明象》一文中，其言曰：

〔註7〕在《老子注》中有名謂之辨之篇章計有〈第一章注〉、〈第六章注〉、〈第十章注〉、〈十四章注〉、〈十七章注〉、〈二十五章注〉。

〔註8〕王注原文在「無稱不可得而名」句下有〔故〕「曰域也」三字，揆諸王弼無稱之義，「曰域也」三字於義不類，日人波多野太郎校注云：「『曰域也』三字宜刪，疑涉下而衍。」其說可從。

> 夫象者，出意者也；言者，明象者也。盡意莫若象，盡象莫若言。
> 言生於象，故可尋言以觀象，象生於意，故可尋象以觀意，意以象
> 盡，象以言著。

在《明象》中王弼明顯地也指出《周易》之意、象、言的三層結構。此中之
「意」當指聖人制象（指卦象或事物之取象）所賦予之意義，如乾卦所內含
之意義為剛健，坤卦所內含之意義為柔順等。聖人以卦象或取象來象徵或表
示同類事物之意義，故說「象者，出意者也。」此言象當指卦象或《周易》
中所取譬之物象如牛、馬之象，非如歐陽建所言「方圓黑白」之指物之外形、
顏色之屬性的形象，當是確定之解釋〔註9〕。泛言之，可以象徵事變之幾微，
可思可見之徵兆皆可名曰象，所以韓康伯《周易繫辭傳注》引王弼曰「兆見
曰象」。何以有象？是緣出於聖人主觀擬作，以象徵方式表述聖人心中之意。
《繫辭傳》上說：

> 夫象，聖人有以見天下之賾，而擬諸其形容，象其物宜，是故謂之
> 象。

象是聖人所擬作之者，其所擬之對象乃為天下之賾的形容，所以可以確定知
道不是歐陽建即物之形色所指外表之象的意思，也不是指客觀事物之象。象
的作用在聖人來說即在於作為同類事物所涵的意義之表示符號，每一意義即
函一普遍之理。象乃作為表述聖人心中意的一個通孔，此心中之意從主觀說
是意，客觀說就是理，此理當為同類事物所共有而內在於同類事物之中，則
盡意莫若象，意以象盡，此「盡」是指理上的窮盡，而不是事類的窮盡。就
事類言，則只是舉例、指點地盡，剋就當初聖人心中之意言，擬作以表示之，
所見於天下之賾者，也僅是一事例而已。物之宜即物類之理，宜者義也、理
也。此理方有普遍性，單一或若干事物之例則不足以言普遍性。聖人既擬象
以出意，出則可示於天下，通於後世，他人若欲覿聖人之意，必憑藉此象，
逆象以求意，故象有橋樑之工具作用，雖然肯定之象徵功能，然而象畢竟
只是一物象或卦象，就認識者而言，象徵可有多方向可能，儘可以憑個人主
觀想像而賦予不同之解釋，若欲直達而切中聖人意中所具的普遍客觀之理，
仍須著明象之義涵，用以定住其象徵之方向，於是乎需要有文字以說明卦爻
之變化歷程，此類解說卦爻象之文字即是卦辭、爻辭，象之義涵亦因為有卦

〔註9〕歐陽建〈言盡意論〉：「形不待名而方圓已著；色不俟稱而黑白以彰。」所言
　　　之象指具體物之形色，並不是王弼所言之卦象、物象。

爻辭之解說而得以著明，所以王弼說「言者，明象者也。」「象以言著」，以上是依文解義。

依王弼玄學名理言之，亦可以方便地比照其注解《老子》之方式，把言的內容再析為名和謂，《周易》卦爻辭中事實上亦同時含有此兩意思，一為記述客觀世界具體事物之言，一為聖人即此具體事物所涉之意而為之表述之言。前者如觀天地之象，鳥獸之文與地之宜者，遠紹旁蒐，所謂近取諸身，遠取諸物，舉凡所取之以為象之物象皆客觀而可見者，與之相應者，則為定名。後者則是聖人有見於天下之蹟而始作八卦，以通神明之德，以類萬物之情〔註10〕。所謂「神明之德」即聖人主觀所得，發而為意，制作以為象，著明之為卦爻辭，別而言之有名有謂，以上是說卦爻辭也可以函有名言，稱謂之兩重語言形式。卦爻辭之作用在於明象，明象之言既有兩重語言形式，則相應於其所著明之象，亦當隨聖人擬議之所出，可以有兩重之象，一為內在之意象，一為外在之法象。外在所法之象例如天地、寒暑、日夜、男女等〔註11〕；內在之意象，則為象物之宜之理，如陰陽、剛柔、吉凶、健順、上下、進退、君子小人等，此則為內容意義之所涉，由此和意相銜，聖人之心則天地之法象而有之意，而見之理，是由乎神明而有知，因而繫辭以告，以通神明之德，用類萬物之情。

接著王弼又說：

> 故言者所以明象，得象而忘言，象者所以存意，得意而忘象。猶蹄者所以在兔，得兔而忘蹄，筌者所以在魚，得魚而忘筌也。然則言者象之蹄也，象者，意之筌也。是故，存言者，非得象者也，存象者，非得意者也。象生於意而存象焉，則所存者乃非其象也。言生於象而存言焉，則所存者乃非其言也。然則忘象者乃得意者也，忘言者乃得象者也，得意在忘象，得象在忘言，故立象以盡意而象可忘也，重畫以盡情而畫可忘也，是故觸類可以為其象，合義可以為其徵，義苟在健，何必馬乎？類苟在順，何必牛乎？爻苟合順，何必坤乃為牛；義苟應健，何必乾乃為馬，而或者定馬於乾，案文責卦，有馬無乾，則偽說滋漫，難可紀矣。互體不足，遂及卦變，變

〔註10〕《繫辭傳》下第十一章、十二章。
〔註11〕《繫辭傳》上「是故法象莫大乎天地，變通莫大乎四時，懸象著明莫大乎日月。」

又不足，推致五行，一失其原，巧愈彌甚，縱復或值，而義无所
取，蓋存象忘意之由也。忘象以求其意，義斯見矣。(《周易略例‧
明象》)

王弼就在這段文章中提出他著名的「得意忘象」論。基本上，他的這一洞見
仍可推原於《老子》之「道可道，非常道，名可名，非常名。」，和由此一貫
而下的言不盡意論。王弼目的既在得意，由「存言者非得象者也，存象者非
得意者也。」看來，兩者皆非終極所求目的之意，其作用在於筌蹄，其工具
性亦由此而確定。溯求聖人初爲立象繫辭之時，當有具體事物作爲擬議之對
象，若所求者爲此特定時空下之具體事件或事物，並以此訓詁卦爻辭，則僅
止於《周易》的歷史知識而已，如此勢必流於瑣碎支離，僞說滋漫，反而令
義理隱晦，迷失其原，遂只是存象忘意，失魚兔而空守筌蹄，遺健順而空說
龍馬〔註12〕。一則陷於工具層面之雕琢，再而迷於義理旨趣之所歸。針對此
點，則王弼所拈出「忘」字的求意原則，其在方法論上的意義是非常重大的，
並且對於作爲工具的筌蹄之本質亦能有深刻之反省，在這一點上王弼雖說是
繼承《老》、《莊》不執的精神，然實更進一步。

《莊子‧天道篇》說：

世之所貴道者，書也。書不過語，語有貴也。語之所貴者，意也。
意有所隨，意之所隨著，不可以言傳也。而世因貴言傳書，世雖貴
之哉，猶不足貴也，爲其貴非其貴也。故視而可見者，形與色也；
聽而可聞者，名與聲也。悲夫，世人以形色名聲爲足以得彼之情，
夫形色聲名果不得彼之情，則知者不言，言者不知，而世豈識之
哉！

〈秋水篇〉云：

夫精粗，期於有形者也；無形者，數之所不能分也，不可圍者，數
之所不窮也。可以言論者，物之粗也；可以意致者，物之精也，言
之所不能論，意之所不能察致者，不期精粗焉。

《莊子》在〈天道〉篇中直斥書爲糟粕，語言亦不足貴，其作用在令人正視
道，意在於蕩相遣執，直指大道，雖然也可以說已將工具層之義隱含其中，
然畢竟並未指出工具層之正面價值所在，與道之關係亦未見說明，只重在遮
撥顯道。〈秋水〉篇則將存在之形式區分爲三層，和〈天道〉篇正可以參看，

〔註12〕邢璹《周易略例‧明象》注，見《周易王韓注》卷十，頁10，中華。

其間關係大致如下表所示：

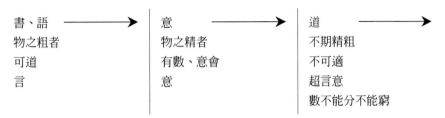

書、語 →	意 →	道 →
物之粗者	物之精者	不期精粗
可道	有數、意會	不可適
言	意	超言意
		數不能分不能窮

　　王弼之有進於《莊子》者，在於王弼雖指出言象之必忘始能得象意，而且最終在得意，但此「忘」非拋棄，取消之義，而是撥去、超越之義。所以王弼說「言者所以明象」「象者所以存意」「言者，象之蹄也，象者，意之筌也。」此爲能正視言象之作用，正視其工具價值，而對於求意者指明一方向及可把握之道，非如《莊子》之對於書、言，全在遣蕩，只凸顯一道而已。然而得道、得意正是二人之所同，然而如何可得？世人易拘執於言象，正惟《莊子》所譏者。於是乎可以說，言象固不可無，然而也不能滯陷之，所以言象的存在爲得意提供了一可能之條件，然而並不必然保證得意，得與不得則在乎能忘或不能忘，王弼兩者兼及，《莊子》只重後者。回到言象本身言，言象只相對於大道之時而顯其筌蹄之意義，就言象自身則仍有客觀獨立之知識意義，王弼在這一層上則顯有未足，此點則漢人能說之，然而漢人之重知識面，未必是自覺的，也就是說，表現在對《周易》的理解上，因爲迷了途而反而誤打誤撞，恰巧走上了重知識的路，因而漢人雖對言象有豐富的知識，卻仍以《周易》的卦爻形式表述之，嚴格說是兩面皆不著的，王弼就反省到漢人的這一層面所衍生的問題，即對於《周易》經傳而言，漢人重言象之知識這一面，於本質的義理實爲不相應，所以指爲「僞說」，至於言象本身所內具之知識意義。焉可視爲「僞說」而輕易打發，是必然存在且不可無者。因而說王弼掃象者並未知王弼所掃者爲何層面之象，而象自有其不可廢之理由，王弼固以〈明象〉說之，其大意在指出象在求意過程中所當呈現恰如其份的地位，那就是筌蹄。

　　王弼之作〈明象〉，非所以討論象，而是把象納入於得意的過程中，以「逆聖人之意」，即此過程而說象在其中居之地位。故不同於漢人在象上積極建構，遂有互體、卦變、五行之說。就「逆聖人之意」過程說，務先經過「尋言以觀象」，得象之後而後「尋象以觀意」。王弼又何以說「得象而忘言」「得意而忘象」？其用意在指出不可拘滯於言象，反而忽略最終之目的在於

「得意」，如果拘滯於言象則不能直抉本原之意，因爲那原是不同的兩個方向。王弼認爲「存言者，非得象者也；存象者，非得意者也。」其論證的理由是「象生於意而存象焉，則所存者乃非其象也。言生於象而存言焉，則所存者乃非其言也。」此意正指出因有意而後立象，因象而後繫辭，故若止於存言或存象，則恐淪爲無意之象或無象之言，不必能得象或得意，如此所存者乃「非其象」「非其言」，因失其本而令末無所歸〔註13〕。王弼說「得意在忘象，得象在忘言。」，此言在指出得意，得象之關鍵在於忘象、忘言。能否「忘」是成爲能否「得」之關鍵，惟能不執於言，不執於象者乃能得象得意，所以才說「忘象者乃得意者也，忘言者乃得象者也。」言象是逆求聖人之意的唯一憑藉，此憑藉實不可無，因此，王弼將其定位在筌蹄，就是肯定其工具層的意義。今既憑藉言象以求意，若拘滯於言象，則止於學究式的得到言象的特殊事件之歷史知識而已，且此歷史知識是否即爲聖人初爲立象繫辭時之歷史知識尚難確認，即使由此而得到知識層面的象、辭，也是「可道之道」，而非「常道」，換言之，即只得單一事件之歷史知識，而非貫通之理，然而聖人述作，后人逆求以學，本意當不在此，而在於求有體以應用，有本以存末，能活轉於生命之中，以應無窮，當不是只求一些有關言、象的個別的知識片斷而已。惟何以一定要「忘」，象何以可「忘」，其於義理必有可說者，以下請嘗試言之。王弼其實明白象何以可忘，他說「故立象以盡意，而象可忘也；重畫以盡情，而畫可忘也。」此處專論象而不及於言，蓋畫亦象也。象之本原在於意，揆當初聖人之欲表此意其實可以擬多象以表出之，今人視《易》之卦爻只如此而不如彼，遂以爲《易》爲定然不可改易，其實不然，《易》經卦爻之只如此取象而非如彼取象者，不必排斥有可以另取他象可能〔註14〕。即聖人當初立象所取或所作之象，除了此象之具有「可盡意性」是決定之條件外，則有歷史因素之機緣性，此機緣性並無必然性，即無理上（原則上）非如此取象或如此制象之定然不可改之必然性，如是可知

〔註13〕王葆玹《正始玄學》，頁359，云「王弼所謂的『尋言』『尋象』是指後人推求聖人之意不可脫離言象，否則就是棄末守本，有體而無用。」其說恐未得王弼之意。推求「聖人之意」王弼已明白說「得象在忘言」「得意在忘象」；若拘滯於言象，勢難以得象得意。所以在推求時固當尋言、尋象，然若終執之而不忘，亦難得意，豈有本、有體乎。

〔註14〕唐君毅先生《中國哲學原論》〈原道式〉，頁344，「象之原在意，而表一意者可有多象，則易經卦爻之只如此如此取象，即非無另取他象之可能之謂，故于易經之卦爻另繫他辭，亦不失其爲易經。」學生。

象之非定然不可改不可移者，故王弼云「是故觸類可爲其象，合義可爲其徵。義苟在健，何必馬乎？類苟在順，何必牛乎？爻苟合順，何必坤乃爲牛？義苟應健，何必乾乃爲馬。」王弼就在文中指出，凡物類相近者即可以之爲象，凡合於其義者則可以之爲徵。例如乾健坤順，其義也，馬牛，其象也，然而能象徵乾健或坤順之義的事類品物，並不定限於馬或牛。如〈大壯〉九三是乾亦言羝羊，〈坤〉无乾，〈象〉云牝馬。故一卦之中或無乾坤，而爻變中有健順之義者，亦不妨以馬牛爲象，例如〈遯〉卦中，无坤，然六二陰爻合於坤義，故以牛爲象；〈明夷〉无乾，六二亦稱馬。因此，由上面說明及所舉之例可知，就象之發生歷程說，取於象之盡意之作用言則有必然性，取於象之事類或物類言則無必然性。〈明象〉所闡明於象的，是象之工具性，在求意之過程中，象之工具意義不可無，如此則可以知何以得意則象可忘而亦當忘，因象是筌蹄，是住於有形，而意是目的是無形，是故象可忘，由此亦可通於《老子》之「大象無形。」

象之作用在於象徵，其所象徵之義則在於《彖》，王弼在〈明象〉篇說：

> 夫眾不能治眾，治眾者至寡者也；夫動不能制動，制天下之動者，貞夫一者也。故眾之所以得咸存者，主必致一也。動之所以得咸運者，原必无二也。物无妄然，必由其理，統之有宗，會之有元。

韓康伯《繫辭傳注》「大衍之數」引王弼曰：

> 演天地之數所賴者五十也，其用四十有九，則其一不用也，不用而用以之通，非數而數以之成，斯易之大極也，四十有九，數之極也。夫无不可以无明，必因於有，故常於有物之極，而必明其所由之宗也。

此言「貞夫一者也」「主必致一也」和「其一不用也」之一，王弼已指出是《易》之大極，也就是「無」，至眾之於至寡，萬物萬形之於一，四十有九之於一，有之於無，皆爲異質兩層。故〈明象〉雖論象，然其忘象論則直指「無象之象」而趨，唐君毅先生對於此義有清楚的說明：

> 按易卦爻所象，乃具體之事物，而意之向于具體事物，則必重知此具體事物之意義，而見此意義之後，亦可取其他具體事物爲象，可取而未取，則此其他事物之象爲虛象。一意義，有種種可能之事物爲象，則可涵種種虛象。一意義對於其所可能涵之虛象言，即亦如自凌虛，而浮於上層，初無一定之所著之象者。此時，人所知之意

義，即自具體事物之象或具體之象中解放游離，如自成一意義之世界，吾人觀易象，至得其意中之義，即升至此一意義之世界，而見一一卦象、爻象，皆各表現一意義，此意義，只是心意中之義，亦只對心意有所嚮往，而呈現，故亦不能離此心意之主觀以言。而此意義之世界，亦即可說只是此中心之境界或意境，此意境，即一方以其凌虛而浮於具象之上層，一方以不能離心意而呈現，加以界定。〔註15〕

討論至此，由言、象、意以至於無，由忘言、忘象之工夫之顯無之作用，終極目的亦趨於無象之象（《易》之大極），所以在《周易注》中所顯示之層次和《老子注》中的由名（具體客觀事物）而謂（心中主觀之涉求）以至於無稱之言的次第相符合，則王弼玄學方法思維之底蘊亦由此而得明，湯用彤云：

> 夫玄學者，謂玄遠之學，學貴玄遠而究心抽象原理，論天道則不拘於構成質料（cosmology），而進探本體之存在（ontology）。論人事則輕忽有形之粗迹，而專期於神理之妙用。夫具體之迹象，可道者也，有言有名者也。抽象之本體，無名絕言而以意會者也。迹象本體之分，由於言意之辨，依言意之辨普遍推之，而使之爲一切理論之準量，則實爲玄學家所發現之新眼光新方法，王弼首唱得意忘言，雖以解易，然實則天道人事之任何方面，悉以之爲權衡，故能建樹有系統之玄學。〔註16〕

湯氏此言指出王弼的「言意之辨」爲魏晉時代玄學之方法，不過湯氏言「王弼首唱得意忘言，雖以解易」，實則王弼注《老》解《易》皆基於此，其洞見之所本實來自於《老》，由前文之疏解，其中理論之脈絡誠清晰可辨。

以上是闡明王弼以注解方式建立「貴无論」玄學體系之方法論，是以玄學名理去理解教下名理，能掌握主觀性之本身及此主觀性映發所成之「內容的體會」〔註17〕以成就其玄學，此中由主體出發、兩層存有、名謂之辨，言意之辨，莫不歸向於主觀性之妙悟「無」的體會，進而由無作爲中心之觀念，以成就萬物，即所謂的「將欲全有，必反於無。」（〈四十章注〉），然而無不

〔註15〕同註14，頁345。
〔註16〕湯用彤《魏晉玄學論稿》〈言意之辨〉，頁23～26。
〔註17〕牟宗三先生《才性與玄理》第七章，頁235，學生。

可以無明，無又不可以訓，故必因於有而明無，此即爲「將欲明無，必因於有。」（韓康伯注語，用辭稍異）。綜合上述，可以說就是王弼玄學方法思維之大概。

第二節　道

　　道是中國哲學的重要觀念詞語，如果泛說道，則道只是一形式上的通名，爲各家所通用，並不作任何特殊內容之規定。也因此，各家可依其學說之不同，分別賦予其道以不同之內容。所以唐朝韓愈才說：「其所謂道，道其所道，非吾所謂道也。」〔註18〕若要正確了解某家所謂之道的內容爲何，則勢必要深入其學說，通曉義理而後能知之。通常作爲各家學說呈現其最高形式意義的道，也就是其終極關懷之所在。辨析道的內容，可以判知各家之異同，考察道的觀念的演變和多義性，亦從而可知人類思考發展的軌跡和當時思考所達到的高度。《老子》的道固然和《論語》中的道所指不同，就是和王弼所詮釋《老子》的道也不盡完全相同，前者是系統外的不同，後者則是系統內的不同，學者不可不知。

　　道，初非具有至高、普遍、終極等的形式意義，原其造字之本義，乃指人所走的具體可見之路。《周易》〈履〉卦九二爻辭說「履道坦坦」，就是說行的大路平平坦坦的意思。東漢許慎《說文解字》解釋道的形義說：「𧗟，所行道也。從辵首，一達謂之道。」也就是說通衢大路之義。春秋時已將道的涵義從行走的大路引申爲抽象的軌道或法則之意。如當時鄭國的子產曾說：「天道遠，人道邇，非所及也，何以知之？」（《左傳》昭公十八年）句中所言天道就是指天體遵行的軌道言，人道就是指人行爲當遵行之法則說。子產的意思是說天體運行的軌道和人所遵行的法則，一遠一近，兩者之間並沒有相干涉，人如何能通過天道而知曉人事呢？從人事、天道的抽象意義的道進而討論到兩者之間的關係，就已經具備了哲學的涵義。其後使用之範圍逐漸擴大，也逐步抽象，以至於道包含有人生至高之理，天地萬物生存之根據義，然而

〔註18〕韓愈〈原道〉：「其所謂道，道其所道，非吾所謂道也。其所謂德，德其所德，非吾所謂德也。凡吾所謂道德云者，合仁與義言之也，天下之公言也。老子之所謂道德云者，去仁與義言之也，一人之私言也。」韓愈之言，雖未必能相應了解於《老子》之義理，然其意識及各家所言道之內容各有不同，此不可易也。

先哲所言之道，僅管說到創生天地萬物，或作為萬物之生存依據的最高處，仍然不脫離實踐，踐行的性格，也就是道是行之而成，而不是純粹作為抽象思考，概念思辨的產物，這也是從道的涵義可以看出中國哲學之特質的一斑。後人理解前人學說時，這也是不可忽略的重點之一。以下試循王弼的注文以了解其所謂道之內容。

一、道之義涵

王弼對於道的規定，散見於《老子注》之篇章中，以下試尋繹其說。《老子》第一章「道可道，非常道；名可名，非常名。」王注云：

> 可道之道，可名之名，指事造形，非其常也。故不可道，不可名也。

王弼順經文「道可道，非常道。」之意區分道為「常道」和「非常道」，此為綱領之區分。依王注之意，凡是「可道之道，可名之名，指事造形。」者，則屬於非常道之列；常道是「不可道，不可名」者。如此則「常」之義繫於「不可道，不可名。」來規定。王弼舉「指事造形」作為說明非常道之例，正可以為「可道之道，可名之名。」指示一個方向，留一思考之線索，否則一直在說常道是不可道不可名，仍然無法讓人能對常道和非常道之間有一清楚的區分。「指事」「造形」為並列之兩句，事和形當是互文，可貫通解釋。細分之，則事必有過程，以時間義為主；形則以占有一空間為形。「指事」一義，許慎《說文解字·序》論六書云：「指事者，視而可識，察而見意。」〔註19〕即可以眼見而辨識之，審察而知其意旨，其所指所識者當屬一具體之事，一特定之對象言。指為指向、意向，其所向之對象則為事。「造形」之「造」，其本義為至，如造詣，即有所往至之義。和指事之指的指向義有關連，即所指者為有形之具體物，而不是製造或造作之義，因此不能解釋成製造或創作一物一形之義，若如此解，與「指事」則義不連類〔註20〕。依此，王弼以所指所至者若為一有形有象，具體之事物，就是注文所謂的「可道之道，可名之名。」也唯有具體的物事，才可以言詮，始得以名名之。因為可道可名，所以是非常道。然則常道若只消極的指出「不可道，不可名。」仍是不清楚其內容為何，因此便要檢視王弼對於常道如何詮釋即可明白。常之

〔註19〕段玉裁《說文解字注》卷十五許慎〈說文解字序〉，頁762，蘭臺。
〔註20〕牟宗三先生《才性與玄理》即釋「造」為「造訪」之義，頁129，學生。

字面義即庸常、固常、恆常、通常之義，那麼常道就是具有普遍性、恆久性、不變性的大道，有形之事物必在一定之時空內生滅，故有特殊性則無普遍性，有變滅性則無恆常不變之性，所以不能成為常道。不過，這樣的說明也只是形式上的解釋，常道之具體內容仍不得而知。且只以形式條件規定常道，則是否具備此形式條件之物事即可謂之常道？如數學、邏輯雖是可道之道，然亦具有上述之普遍性、恆久性、不變性，是否即可謂為常道？答案顯然是否定的。可見常道另有所謂，且看王弼對常道如何解釋？《老子》十六章「知常曰明」王注云：

> 常之為物，不偏不彰，無皦昧之狀，溫涼之象，故曰知常曰明也。
>
> 唯此復能苞通萬物，無所不容。

「常之為物」並不是說常道是一物質性的東西，只是藉以說明常道為一存在。此種造句法和《老子》二十五章「有物混成」之物同義。不偏者無所偏私之謂，即大公周普；不彰者並非否定昭然著明之謂，乃深藏隱晦之義。既沒有所謂明亮或昏暗的分別，表示非眼睛所能察見，以沒有所謂溫或涼的屬性，表示不是觸覺所能感知。揆其用意在舉例說明常道並不是感覺所能觸知，非視覺所能察見。因為常道不是一具體物事，因此也不具備任何具體之物事所有的屬性。《老子》十四章注也和此意相同，注云：

> 無狀無象，無聲無響，故能無所不通，無所不往，不得而知，更我
>
> 以耳目體不知為名，故不可致詰，混而為一也。

其實不論說耳、目、體之感官或是口、鼻等都是舉例以概括之意，表示常道無法以感官所把握。《指略》也對「常」有所說明，其文曰：

> 天不以此，則物不生；治不以此，則功不成，故古今通，終始同，
>
> 執古可以御今，證今可以知古始，此所謂常者也。

「天不以此，則物不生。」是指常道是天地生物之根據；「治不以此，則功不成。」指常道是人事功成的原理，合而言之，則可知常道指的是宇宙人生萬物所以生所以成存之根據和最高之原理，此其所以為大道，不是邏輯只作為思考之規則和數學只作為封閉式之運算律則，而不能生物存存者所可比擬。言至乎此，似乎仍是常道之通義，眾家之所同，只是稍作思路的釐清而已。至於王弼《老子注》中所謂之道的具體而真實之內容，當再進一步探求第一章注文下的意義。「無名，天地之始；有名，萬物之母。」（此處依王弼自無名，有名句讀），王注云：

> 凡有皆始於無。故未形無名之時，則爲萬物之始。及其有形有名之
> 時，則長之，育之、亭之、毒之，爲其母也。言道以無形無名始成
> 萬物。（萬物）以始以成，而不知其所以，玄之又玄也。〔註21〕

王弼以「無名」「有名」句讀，宋人司馬光，王安石等則以「無，名天地之始；
有，名萬物之母。」爲讀。其中問題之可否，可參閱本文第四章第二節的討
論，今說王注，則依其讀以尋其意。此段注文當承上文釋「常道」所爲之分
析的說明，即分解常道的內容。「凡有皆始於無」是王弼玄學的總綱。但有與
無究竟分屬不同之層次，抑同屬於道而同一層次？則當有所分疏，否則但依
一綱領式的句子，問題仍不明白。今暫不論其是是否洽愜《老子》之本意，
且順王注之思路疏解之。王弼說：

> 何以盡德？以無爲用。以無爲用，則莫不載也。故物無焉，則無物
> 不經；有焉，則不足以免其生。是以天地雖廣，以無爲心，聖王雖
> 大，以虛爲主。（〈三十八章注〉）

> 天下之物皆以有爲生，有之所始，以無爲本。將欲全有，必反於無
> 也。（〈四十章注〉）

> 夫無不可以無明，必因於有，故常於有物之極，而必明其所由之宗
> 也。（《周易繫辭傳》韓康伯注「大衍之數」引王弼曰）

由上引各注文中「故物無焉，則無物不經；有焉，則不足以免其生。」「天下
之物皆以有爲生」「將欲全有，必反於無。」「夫無不可以無明，必因於有。」
可以推知王弼將無歸於形上，與道同層；事實上，王弼也就是以無解釋《老
子》的道。而將有拉下來與物同層，因此才會說「有焉，則不足以免（久）
其生。」其意是說如果是有形之物，則必落入生滅之歷程，所以不能久其
生。有若與無同屬於道之層次，則有本身即是道的有向，當身必自全自足，
又何必反於無乃能全？由「將欲全有，必反於無。」可以推知有屬於物，唯
形而下物乃不能自全，必反於無乃全。此理甚明。無屬於道，並非一抽之死
無，即非掛空的說一無之存在，必因於有而明之，天下之物皆以有爲生，則
有之內容即天下之物，如此而抽象爲一萬物之總名，爲一大有之名，本亦可
上屬於道，如《老子》經文「常有，欲以觀其徼。」所表示的道之有性，然
而依王弼各注文所示，其連屬於物而與物同層，其理路甚明，此點也是王弼

〔註21〕以始以成當疊「萬物」，據陶鴻慶說校補。

和《老子》形上內容不盡相同之處。王弼將無和有分屬於形上和形下兩個不同的層次，這個思路和王弼所言的本末、母子、道物、靜、性情，一多的理論結構有一致性，因此雖和《老子》不盡同，又何必反於無乃能全？因此雖和《老子》不盡同，就其本身言，理論上並無矛盾之處。既已知王弼將無有分屬兩層，而不是作為展示道的有無雙重性，則亦可以得知何以王弼要在「無名」「有名」句讀，而不以「無」「有」為句讀的理由了。有、無之歸屬既已明白，則請回到前面的注文，「故未形無名之時，則為萬物之始，及其有形有名之時，則長之、育之、亭之、毒之，為其母也。」兩句。如果不經意，此注亦甚費解，便直接認為是以「未形無名」釋無，「有形有名」釋有。其實非是，依注文之意，若添加數字，以確定主詞之歸屬，則文義可較顯豁，其意大抵可釋如下：

> （當萬物處於）未形無名之時，則（道或無）為萬物之始，及其（萬物處於）有形有名之時，則（道或無）長之（之為代名詞，指萬物）、育之、亭之、毒之（道）為其（萬物的）母也。

注文「未形無之之時」「及其有形有名之時」則已落於時間系列中說，尤其是「及其」二字提醒吾人「未形無名之時」「有形有名之時」實同為表述萬物生成的不同階段，主詞是指萬物，是萬物在始生之時及生成之時的兩階段不同的狀態，而不是以「未形無名」說「無」，「有形有名」說「有」。由是可知，王弼並沒有依《老子》文本解作「無為萬物之始，有為萬物之母。」而將「無、有」同屬於道。王注下文便說「言道以無形無名始成萬物」，此處「無形無名」是指道之作用，也就是無的妙用，始萬物、成萬物皆在於道之作用，無的妙用。王弼前面說萬物生成的兩階段時，前一階段是始生時，他用「未形無名」而不用「無形無名」，因為「未形無名」是指萬物說，「無形無名」是指道的作用說，兩者不同，所以用語亦不同。後面說道始萬物是以「無形無名以始之」，道成萬物亦言「無形無名以成之」，而不言「有形有名以成之」，是因為道的妙用永遠是「無形無名」的，「有形有名」只能就形而下的萬物講，不能就道之作用講，可見王注雖簡略，但思路清晰，並無混淆之處。萬物由於無的妙用（即道的作用）以始以成，這也是解釋「凡有皆始於無」。無是無形無名，不可名狀，不可道，不可名的，所以說「不知其所以，玄之又玄。」

經文「無名，天地之始。」王弼注為「未形無名之時，則為萬物之始。」

以「未形無名之時」注釋「無名」，可見王弼之句讀和注解一致，其理由已如前述。另外，在注中以「萬物之始」注解經文「天地之始」，則是以「萬物」釋「天地」。當然，若深入掌握王弼本體宇宙論之體系，則天地與萬物可等同，而無疑慮。然細察王弼注中從不說「天地之始」或「始生天地」，而只云萬物有始，除首章外，〈二十一章〉注云「萬物以始以成，而不知其所以然。」和首章同，因此知王弼只云萬物之始，而不云天地之始〔註22〕。王弼在注解中避開兩漢以天地之始代表宇宙論的說法，改以萬物之始爲注，乃有其用心。因爲宇宙論問題，康德（Immanuel kant 1724～1804）早已指出其爲純粹理性之背反，即是既可證明：宇宙在空間和時間中有一起始；也同時能證明：宇宙並無一起始，而是無限的〔註23〕。同時現在的學者也認爲宇宙論問題已經是科學史所探討的對象，而不是一哲學問題。王弼納諸於本體論，以沖虛之玄境消解客觀宇宙論的疑惑，固然是義理上的必然，同時也是一哲學上之洞見。

經文「故常無欲，以觀其妙。」王注云：

> 妙者，微之極也。萬物始於微而後成，始於無而後生，故常無欲，
> 空虛（其懷），可以觀其始物之妙。〔註24〕

經文「常有欲，以觀其徼。」王注云：

> 徼，歸終也。凡有之爲利，必以無爲用，欲之所本，適道而後濟，
> 故常有欲，可以觀其終物之徼也。

王注以「常無欲」「常有欲」句讀，乃承上文「無名」「有名」而來。或以王弼句讀有誤，其實王弼之句讀未始全無根據，觀經文：

> 常無欲，以名於小。（《老子》三十四章）

> 常使民無知無欲。（《老子》第三章）

> 無名之樸，夫亦將無欲（《老子》十七章）

〔註22〕王葆玹《正始玄學》，頁201～202，齊魯。

〔註23〕見牟宗三先生譯《康德「純粹理性之批判」》下冊〈純粹理性底背反〉第一節〈宇宙論的理念底系統〉，頁165～202，李明輝先生《康德〔純粹理性批判〕導讀》，頁106～115，聯經。

〔註24〕嚴靈峰〈陶鴻慶老子王弼注勘誤補正〉：「道藏河上公等四家集注本，劉惟永道德眞經集義本，「空虛」下並有「其懷」二字。「空虛其懷」四字，乃爲「常無欲」足句；當據以補正。」嚴說是，今據補。見《無求備齋老子集成》《讀老子札記》後附，頁2，藝文。

　　我無欲而民自樸。(《老子》五十七章)

根據以上徵引之經文，若以「無欲」爲句，於經文實爲有據，至於「有欲」爲句，則於經文未見文例，縱使蔣錫昌頗爲迴護，亦難爲其圓說。但是論者動輒站在《老子》之立場，認爲《老子》反對有欲，咎莫大於欲得，有欲是害者，必去之而後快，所以斥王弼以有欲爲句不當。在此處當有一問題先待澄清，若是研究王弼玄學，當先客觀分疏王注本身之義理，就玄學本身的義理去理解這段注文，且予以定位，至於是否切合經文之旨，則另外一個問題，不必混爲一談。且王弼之注《老》本非爲尅應章句而爲之注，落實於章句之解釋，亦容或有謬誤，然大義歸宗，則不可誣也，王弼之注《老》，確能有透宗而相應之心靈。若是研究《老子》本身，立足於《老》學之立場以觀王注，並非斥其謬誤則可以了事，必當知王弼何以誤之根由，畢竟今日之研究《老子》義理，王注仍稱善注，千古以來，仍未有能替代之者，且自成義理。所以，無論以上述何種立場，客觀理解王弼義理之所指是第一步，而後再據以對照經文之意，釐清其差距，換句話說，王弼之《老子注》縱使於經文注解有差距，其實自成義理，也就是其誤亦誤得成理，並非荒謬妄說之誤。茲再回到「常無欲」句以觀其注文。妙，爲妙用，微之極，即無也。王注凡言「之極」者，必與無或道同層，故萬物始於微而後成，即始於無而後成之意，與「始與無而後生」同一句法，生、成有別而已。此義乃承前文「道以無形無名始成萬物」而說，其義明白暢達，可以無疑。然而道如何顯發其「無」之妙用，依王注之意，道之內容即無。如此則可問：是否有一客觀之道，憑空而顯一抽象之無？掛空之無？此則涉及王弼注《老》所依據之進路爲何的問題，若依王注自「無欲」「有欲」爲句讀推知，則王弼注必從主觀性這一面入，以理解繫於主體實踐所開出之內容眞理，欲由心（成心）上生，無之工夫亦由心（道心）上做，有欲無欲皆由心上說，由主體開，此道家義理之通義，《老》《莊》皆本自然，無可改易，所以王弼在進路上是相應於《老子》者。注云「故常無欲，空虛其懷。可以觀其始物妙。」無就是一「空虛其懷」之工夫。也是沖虛玄冥之妙用，無欲而欲以之始，欲即下文「始物」之物義。無即在始物顯其妙用，欲就在此妙用中爲始，始爲一物事，欲之始爲一物事就是有，此義亦上接綱領「凡有皆始於無」之義。「無」乃「沖虛玄德」之謂，乃一不執不宰、不造不爲之心境，微妙是形容此沖虛玄德所顯的作用相。故「無」之義，非在同一平面上，作爲相對之反對，否定之義，苟如此誤解，則「無

欲」之結果，勢必使生命成爲一空無，一不起心動念之軀殼，而爲一純理之存在，然此理亦將無所表現，生命亦將如死水，又如何得觀其始物之妙？又有何事物可爲之始，而可得觀？故道家所言「無欲」，並不否定存有層上之欲，此欲乃人生所本有，也就是說欲之存在有其義理之必然性，不可取消而必存之者，人類之文化亦由欲而展現其豐富之內容，此乃欲之勝義，至於道家所必去之「欲」，乃是「欲」之負面的、價值異化之欲，即此欲已成爲負累，執著而言。明乎此，以下注文則義更顯豁，其注曰「徼，歸終也。」言人常於有欲之際，以觀道終物義，歸趨之趣。徼即欲之所向，是一方向、定向，然此定向之成，亦有無作爲其超越原則。「凡有之爲利，必以無爲用。」此注文乃本於《老子》十一章「有之以爲利，無之以爲用。」辭稍改易，其義則同。王注此句曰：

> 言無者，有之所以爲利，皆賴無以爲用。（〈十一章注〉）

「利」之義爲用之善巧，《老子》十九章「絕巧棄利」，王弼注云「巧利，用之善也。」則所謂「凡有之爲利」即凡有之能爲效用、定用之善者，必當以無爲本，不能離無之妙用，方能成就此有的效用之善，無的妙用，是道之作用的成全；有是是效用、定用，是指物之實用層面的功能，由此亦可證明王弼將無有分爲兩層之又一明證。「欲之所本，適道而後濟。」欲即有欲，必本之於道，即本在無爲之意，能無爲然後欲乃能成其所以爲欲，濟是成就義。若將「欲」解爲有無之有，且與道同層，則又何待適道而後濟，此解誠窒礙難通，故知有欲和道爲不同層。欲本自然而有，非必劣義，王弼「聖人有情」說即發明此義，應物而有情，此即有也，有情而能無累，是聖人之情有其本，本在體無，應物而不累於物，有情而不累於情，即所謂「適道而後濟」之義，如此，則聖人之喜怒哀樂愛惡欲之情皆得其所，所以說成濟。《老子》經文中，欲多作負面解，必去之而後可，王弼則能正視欲之勝義，正面之價值，積極予以成全之。〈三十八章注〉亦嘗表示這個意思：

> 用夫無名，故名以篤焉；用夫無形，故形以成焉。守母以存其子，崇本以舉其末，則形名俱有而邪不生，大美配天而華不作，故母不可遠，本不可失。

「適道而後濟」也就是「守母以存子」之義。故首章注「常有欲」「欲之所本」之欲，也就是和道相對之物，同時也是守母以存子之子，崇本以舉末的末。「故常有欲，可以觀其終物之徼。」終物之徼，即物之終成，物之能成其爲自己

之物。此常有欲之欲，如注所言，必適道而後能成其爲欲，此順王注解，當可其義。

> 「此兩者同出而異名，同，謂之玄，玄之又玄，眾妙之門。」王注云：
>
> 兩者，始與母也，同出者，同出於玄也。異名，所施不可同也。在首，則謂之始；在終；則謂之母、玄者，冥也，默然無有也，始母之所出也。不可得而名，故不可言「同，名曰玄。」而言「（同），謂之玄。」者，取於不可得而（名），（而）謂之然也。謂之然，則不可以定乎一玄而已。〔則〕是名（名之），則失之遠矣。故曰「玄之又玄」也。眾妙皆從同而出，故曰「眾妙之門」也。〔註25〕

王注說「兩者」是「始」與「母」，而不說是「無」與「有」者，乃承前文一貫作注，因王弼已分無與有爲兩層，無屬於道，有則屬於萬物。經文是說兩者同出於玄，玄之義依第十章「玄，物之極也。」王弼注文之例與《指略》說「玄也者，取乎幽冥之所出也。」玄都是形容道之深不可識之義，故是狀道之辭，與道同層，如此言之，王弼所區分之無固然與道同層，當無問題；但是有屬形而下與物同層，而不與道同層，如果說兩者是無與有，玄是形容道之作用者，有的解釋在理論上必發生困難，所以王弼不說此兩者是無與有，而說是始與母，因爲始與母在王注中皆注解爲道之始萬物成萬物之作用，況且前面注文說「萬物以始以成，而不知其所以，玄之又玄也。」王弼已先用「玄」注解道之始成作用，亦可由此看出注文之義理有一貫性。王弼將始與母皆注解爲道之階段性的作用，此階段性自物上言，不從道上說。在《老子》經文亦實有據，五十二章云：

> 天下有始以爲天下母，既得其母以知其子。既知其子，復守其母，歿身不殆。

此章始母皆自道而言，故王注非憑空自造。異名，指始與母，何以有不同之名，是因道之作用於萬物的生成歷程中無所不在，方便因著萬物之終始予以階段性之區分，因爲表現於萬物，故而予不同之名，並不是道本身有分裂。道固是一，而是在萬物生成的不同階段中，道也顯其不同之作用。「所施」是道即於萬物所生起之作用言，此作用乃即萬物而得見，萬物在歷程中，故可

〔註25〕 此段注文頗費校改，陶鴻慶已言此注文多謬誤，唯陶氏、樓宇烈諸家所校改易甚多，且未見得義。若參讀《指略》名謂之辨則知其義例之根據，今從牟宗三先生《才性與玄理》中之校改，其說改易少且保持原文之暢通，義理亦明白，見該書，頁 136～137，學生。

以說有首始，有終成。道作用於萬物首者則謂之始，道於終成萬物之作用者，則謂之母。始與母都是指道之作用，故「同，謂之玄。」「玄者，冥也，默然無有也。」冥是深遠義，玄是形容道之作用深奧不可識，萬物以始以成而不知其所以，因為不知其所以才謂之玄。「默然無有」也是形容道之作用玄深，靜默而不見其作用之痕跡之謂。以下注文皆藉著玄之一義以發其名號稱謂之例，名號稱謂之分別見於《老子指略》，亦可視為此注文之理論根據。其詳細之分疏請參見本文〈方法進路〉中相關之討論，以及〈老子指略釋義〉文中論名謂之篇章。此處僅順解注文而不詳為之說。始與母本為道之作用，渾然為一而不可辨識，以其渾然為一故為「同」，以其作用之深不可識故謂之曰玄，依名謂例，玄之義只可謂而不可以名，與道相涉而為主觀之所涉求者，只可用「稱謂」，凡與物同屬，從客觀之事物者始可予名號定名。因此，玄是道之作用，不能施以定名，以其非客觀之物故。玄只是稱謂，《指略》云「玄也者，取乎幽冥之所出。」「玄，謂之深者也。」稱謂則未盡其極，未盡其極則不可以定名，因此不可定於一玄之名，不可以一「玄」之名定則定矣，如果用定名則大失其旨，於是注文說「是名名之，則失之遠矣。」所以說「謂之」玄之又玄，在義上說則是玄深而不可極，在過程之意義上說，亦必予以辯證之超越，始不致令人誤以為定名。「眾妙皆從同而出，故曰：眾妙之門也。」妙是主觀心境沖虛玄冥所表現之神用，無限之作用，是基於常無欲，空虛其懷的修養工夫上所呈現的作用，妙即指作用之神用無方言，萬物也就在此妙用中以始以成，此萬物並非自始就指宇宙間客觀存在，如山河大地、日月星辰、花鳥蟲魚之品類眾物，王弼不喜言天地，縱使偶然言之，此天地之義亦非純就研究科學所對之天地，亦非客觀宇宙論式所言之天地，而是順著個人生命之成長和所拓展之生活空間，在聖證之工夫下所開顯之生命領域及事務而言天地萬物。換言之，非開始即由客觀之世界入，聖證生命主觀性之修養當然不可能離開客觀世界而單獨言修養，而是由我之生命作主，將客觀實存之天地萬物收攝涵融於我主觀沖虛之玄境觀照玄覽，由此玄覽觀照而說此主客合一之天地萬物，由工夫說修養，由修養之歷程而有所涵之物事，故而說眾物，眾物遂在無為之心境下以始以成，此妙用是即眾物之始成而顯，事物是眾，故妙用之呈現亦隨物之眾於是乎而有眾相，所以也可以說是眾妙，其實道仍是一，道之作用仍是玄，妙用皆出於道，是同出於玄，所以說是眾妙之門。

二、道之生物

《老子》三十四章「大道氾兮，其可左右。」王注云：

> 言道氾濫無所不適，可左、右、上、下週旋，而用則無所不至也。

此言道之普遍性，其作用爲絕對地廣被，無所不適即說明其遍在性，絕對性、左、右、上、下周旋是說明道之妙用無外，這也和「周行無所不至而免殆」（《老子》二十五章注）同義。

「萬物恃之而生，而不辭，功成不名有，衣養萬物而不爲主，常無欲，可名於小。」三十四章王注云：

> 萬物皆由道而生，既生而不知所由，故天下常無欲之時，萬物各得
> 其所，若道無施於物，故名於小矣。

「萬物皆由道而生」是指出道爲萬物存在的根據，既已存在而又不知其所從來，前面說由乎道，而又說不知所由，是由於無也。由於無欲沖虛之作用保存，令萬物各得其所，在無之妙用下，萬物如其自己而存在，道之施用無執無爲，以無施爲施，以不用爲用，若道無施於物，道心之妙用，施而無施相，萬物也於是乎在道心無限妙用下，成就其如其自己之自在之物，物而無物相，非主、客認知之對象物。是一價值之存在物，而非一客觀實物。「故名於小」直引經文爲注，「名」在此非名號稱謂命名義，也就是說不是以小名道之用，名在此當作名狀義，形容道之施而無施相，小是細微而難以察見之義，《指略》云「微者，取乎幽微而不可覩。」即此義也。

三十四章「萬物歸焉而不爲主，可名爲大。」王注云：

> 萬物皆歸之以生，而力使不知其所由，此不爲小，故復可名於大
> 矣。

萬物歸宗於道而生，而不知其主，惟不知其主，故雖力使而不知其所由，道以不主爲主，萬物皆歸焉，此形容道用遍施於萬物，以無爲用，故力使不知其所由，萬物由之以生，此道之用實不爲小，「故復可名於大」，從道之施用若無施用之狀而名其小，從道之用實宏大，萬物皆由之以生而名其大，前注已名小，故曰「復名於大」。《指略》云「取乎彌綸而不可極」也就是形容道用之大。

《老子》五十一章「道生之，德畜之，物形之，勢成之。」王注云：

> 物生而後畜，畜而後形，形而後成。何由而生？道也。何得而畜？
> 德也。何由而形？物也，何使而成？勢也。唯因也，故能無物而不

形；唯勢也，故能無物而不成。凡物之所以生，功之所以成，皆有
所由，有所由焉，則莫不由乎道也，故推而極之，亦至道也，隨其
所因，亦各有稱焉。〔註26〕

此章言道與物之關係，經文「道生之，德畜之，物形之，勢成之。」的「之」
指的是萬物，簡稱物，是說明萬物生成之根據，形成其實其體之因由。故王
注先敘物之生畜形成之理論上之次序，事實上之具體之物，其實一生則生畜
形成一時並具，同時而成，無所謂次序也。萬物由何而生？由道而生也，然
而王注所謂「生」之義和一般所言之生成或生出義不同，當另有規定。其注
第十章「生之」云：「不塞其原也。」注「畜之」云：「不禁其性也」。王注明
白地顯示道生物，乃以「不塞其原」之方式生之，即以「不生之生」作爲實
現萬物之方式（一般的生出義生成義則落在萬物自生自成的層面上說），道之
生物則只是以沖虛不執之不生之方式生之，其實是令物自生，而不以己執
之，扭曲之而已。至於物之自生自成，並非王弼關懷所在，在理論上萬物是
已在，其「是什麼？」並非王弼所重，王弼所重者在於萬物如何得以成其爲
萬物自己之方式，此「如何」即落在第二序上發問，而不問第一序既有之存
在如何出現，如何發生之問題。說不塞其原之生萬物，其義已函第一序上之
生另有其原，例如具體物之生出乃氣上之事，非道上之事，此理王弼雖未明
白說出，實爲其說所函。接下來說「何得而畜？德也。」道之於萬物而言，
是客觀的，超越的及共同的實現原理，此理如何作用於萬物，內在於萬物，
而對於各物起作用，乃由於德，德如何而有？具體的意義爲何？〈三十八章
注〉云：

德者，得也。常得而無喪，利而無害，故以德爲名焉。何以得德？
由乎道也。何以盡德？以無爲用，以無爲用，則莫不載也。

注中明白指出，德是個體物之有得於道者，是道之內在於物者而謂之德，是
說明道的主觀面，內在面。「常得而無喪」是說德是物所永恆保有，不失去者，
「利而無害」，利就是有之以爲利的利，是物具體顯其實用性，效用性和定用
性，如車宜行之於陸路，舟宜浮之於江河，馬宜行馳，牛可載負，德是能使
物具體實現其自己而成一定用、效用，而又能無害此定用、效用之實現之者，
無害則能使物充分發揮其本具之性分，而實現各物之自己，也就「不禁其性」

〔註26〕何由而形？「由」字當據下文「唯因也，故能無物而不形。」據陶鴻慶説校
改。

之義。至於性和德如何區分？王弼說：

> 萬物以自然爲性，故可因而不可爲也，可通而不可執也。（〈二十九章注〉）

> 明物之性，因之而已。（〈四十七章「不爲而成」注〉）

萬物以自然爲性，此義固含有物之自己如此，自在自如之形而上的意義，然而就物之性的具體而眞實的內容而言；則可以說爲形而下結構之理的意義，此結構之理之性正惟可因而不可爲者。因此，性和德如何區分？順物之自然而因之，明其結構之理而因之，所因者是物之性，就性之具體內容而明其結構之理，可進一步下開科學知識，但道家或王弼均未往下再進一步。就其不爲、无執以成其用，因其性之作用言是德，因此，德仍是由於道之無爲無執而下貫內在於物。換言之，物之上達於道如何可能？乃由於德，何以盡德，由於無也，以無爲用。由是言之，性大體是往下屬以言其內在的結構之理者，德是上達而爲道之實現萬物之超越的實現之理。

其次說到「何由（因）而形？物也。」此言具體之事物何因而形，是因於物，形是形具之義，因是因順，物之形具自有其內在之理，如種豆必然長成豆苗，而不會長成松樹，物既實存，則隨其物質之性分而自成一機括，只可因順，而不可造爲，此義就是注文「惟因也，故能無物而不形。」由因而形，機括自形之，此機括即前言之結構之理，以今之語言之，是科學層面的事，王注在此只提及，並未展開加以說明。「何使而成？勢也。」物之具體之完成，是何者使物完成？此有兩義可言：一義是上屬於道之作用而言無勢而勢成之。一義是直下就勢而言其內容意義。前依首章注「道以無形無名始成萬物，萬物以始以成而不知其所以，玄之又玄也。」如果「何使而成？」之「成」義同於「以始以成」之「成」，則「勢」亦可解爲道之妙用下的「無勢之勢」的作用形勢之勢，而非直下就「勢」之內容言客觀具體之勢。此解雖似曲折，然實爲王注一貫之義，且由後面注文說「凡物之所以生，功之所以成，皆有所由，有所由焉，則莫不由乎道也，故推而極之，亦至道也，隨其所由，故各有稱焉。」可以知之。由注文知勢是道之作用的名稱，推而極之，亦至道也，是說明勢仍屬於道妙用下之無勢之勢之義。若徵之於《老子》五十一章經文下文只言道、德，而不言物、勢，則王注並非無據。後者之勢義則直接就勢而言成，是內在地說，第一序上說，無論學者對「勢」說解爲內

在之力，或是客觀之環境〔註27〕，皆非重點之所在，要爲第一序之義則不謬，此是一般解《老》之學者所採取之進路。王注亦非無此義，或是否定第一序上的「勢」義，而是重於如何使第一序之勢充分發揮而使物成，如此則是第二序上所言之勢義，由無爲乃能無不爲，從作用上說，如此則將第一序之勢回歸於「因勢而成之」，所以此兩義並無矛盾，前義可函後說，王注此解其義理亦得以明。

五十一章「是以萬物莫不尊道而貴德」王注：

> 道者，物之所由也；德者，物之所得也。由之乃得，故（曰）不得
> 不失（尊）；（失）尊之則害，不得不貴也。〔註28〕

道是萬物之所由，是形式上說，眞正的內容則是「無形無名，始成萬物。」「不塞其原」。「德者，物之所得也，由之乃得。」德是物之所得於道者，是由於道乃得，是謂「由之乃得」。何以得德？由於無也。道是沖虛無爲，德之內容也是無，所以是道之沖虛無爲成爲物之內在之無，而使物自形自成之內在根據者謂之德。「不得不尊，失之則害，不得不貴也。」此發揮經文何以尊道而貴德之義。萬物不由乎道則不生，不得乎道則不成，若失無之用，則爲失母之子，失本之末，則必有不濟。王弼說：

> 本在無爲，母在無名，棄本捨母而適其子，功雖大焉，必有不濟，
> 名雖美焉，僞亦必生。

此釋何以要尊道貴德之故，亦甚貼切。

五十一章「長而不宰，是謂玄德。」王注云：

> 有德而不知其主也，出乎幽冥，是以謂之玄德也。

此注同於〈第十章注〉：

> 不塞其原，則物自生，何功之有？不禁其性，則物自濟，何爲之恃？
> 物自長足，不吾宰成，有德無主，非玄如何？凡言玄德，皆有德而
> 不知其主，出乎幽冥。

玄德是無之妙用，自作用層上說，若自存有層說，必言生之、爲之、主之、得之、宰之、長之、成之、有之。玄之作用，即以不生生之，無爲爲之，不

〔註27〕陳柱即註「勢者，力也。」見其選註《老子》，頁52，商務人人文庫，蔣錫昌認爲「勢」指各物所處之環境而言，如地域之變遷，氣候之差異，水陸之不同是也。《老子校詁》，頁316，東昇。

〔註28〕此段注文「失」「尊」二字誤倒，依陶鴻慶說校改。曰字衍，樓宇烈按：「此處非複述經文，不當有曰字。」樓說是，見《王弼集校釋》，頁137，華正。

主主之，不得得之，不宰宰之，不成成之，不長長之，不有有之。注文之義
大抵就此義理環繞經文而出。「不塞其原，則物自生，何功之有？」是注解經
文「生而不有」。道之生物，以不生爲生，是以無爲之方式而令物自生，自生
是物之自然，「自生則與物爭，不自生則物歸之也。」（〈第七章注〉）此雖說
道不自生，實亦函物之自生義。物之本原不受壅塞，其原暢則自生，道如何
能不塞？是以作用上之無心暢之，無心即虛其心，虛心無爲則物乃自生。生
是物之自生，有是物之自有，非吾所有，則無有而有，是謂常有。「不禁其
性，則物自濟，何爲之恃？」是注解「爲而不恃」。道之爲物是以無爲爲之，
「不閉其原而濟其事」（〈五十二章注〉），無爲才能與不爲（〈二十七章〉「無
爲而無不爲」注）無不爲則物自濟，萬物在存有層上本具有自成自濟之功
能，道只是以無爲方式成之濟之，是因而不爲，因是因物之自然本性，不爲
是不禁，「因物爲用，功自彼成」（〈第二章注〉）功自彼成即由物自成，自存
有層上說，功乃自成之，非道主宰使成，故無功可恃〔註29〕。「物自長足，不
吾宰成。」是注解「長而不宰」。宰是宰制主宰之義，物自長自足，何以能之？
道以不宰長之。所以道之長物，雖言「長之、育之、亭之，毒之、養之、覆
之。」〔註30〕其實是以不長長之。所謂「衣養萬物而不爲主」（《老子・三十
四章》），不爲主就是「長而不宰」之義。「有德無主，非玄如何？」是注解「玄
德」，「玄德」是沖虛之妙用，深不可識，有德而不知其主，不知即不可識，
何以不知其主？因爲以不主主之，此主乃不主之主，故不知其主，其主之方
式不是存有層上之施爲執割宰制之主，而是作用層上之不主之妙用。玄德的
這個不主之義，牟宗三先生有更清楚深入之說明：

> 此沖虛玄德之爲萬物之宗主，亦非客觀地置定一存有型之實體名曰
> 沖虛玄德，以爲宗主。若如此解，則又實物化而爲不虛不玄矣。是
> 又名以定之者矣。此沖虛玄德爲宗主實非「存有型」而乃「境界型」
> 者，蓋必本於主觀修證（致虛守靜之修證），所證之沖虛境界，即由
> 此沖虛境界，而起沖虛之觀照。此爲主觀修證所證之沖虛無外之客
> 觀地或絕對地廣被。此沖虛玄德之「內容意義」完全由主觀修證而

〔註29〕 牟宗三先生說：「不有，是不佔有；不恃，是不恃功，王注混不分明。」依注
文析義，此言甚是。見《才性與玄理》，頁141，唯《老子》三十四章經文說
「功成不名有」是就功而言有，經文原來如此，王注亦非無典據。

〔註30〕 《老子》第一章、五十一章皆有「及其有形有名之時，則長之、育之、亭之、
毒之，爲其母也。」之義。

證實，非是客觀地對於一實體之理論的觀想。故其無外之客觀的廣
被，絕對的廣被，乃即以此所親切證實之沖虛而虛靈一切，明通一
切，即如此說爲萬物之宗主。此爲境界形態之宗主，境界形態之體，
非存有形態之宗主，存有形態之體也。〔註31〕

總之，王弼玄學之所謂道，乃是一作用層上，境界型態的道，其生物之方式
非創生義，亦非形而下之生出義，而是以不生之方式令萬物自生，是作用上
地不塞不禁之生。道和德之關係是，道是超越的，德是內在的，所謂超越、
內在都是就萬物言。至於道之以何型態爲萬物之宗，以何內容下貫於萬物，
德又以何得之於道，皆由於無，由主觀修證言是無爲沖虛，至極之而顯一沖
虛玄冥之境界而謂之無。所以道在王弼玄學體系中，形式之意義大，責其內
容意義則在於無。

第三節　自　然

自然是道家思想的核心觀念。也是精神修養造極之境界，這是道家言自
然之根源義，第一義。自然之本義依字面解即「自己如此」，如「莫之命而常
自然」（《老子》五十一章）在句中主詞指的是萬物，其義是：沒有誰來命令
萬物，而萬物本來如此。「莫之命」即是無超越之主宰，自然之形式規定就是
不能依待任何條件，而自己本來如此。《老子》也說「道法自然」（二十五章）
王弼注說：「於自然無所違，自然者，無稱之言，窮極之辭。」違或訓背，或
離，也就是道不離自然，道即自然，委之於在其自己，令其自己本來如此。
如何能不離自然，不悖自然？也就是無爲。《莊子》說「莫之爲而常自然」
（〈繕性篇〉）「常因自然而不益生」（〈德充符〉）就是說不以人爲的方式去增
益物之所無者，也不造作物之所本不如此者。王弼也說「自然已足，爲則敗
也。」（〈第二章注〉），「天地任自然，無爲無造。」（〈第五章注〉），郭象對自
然的定義也是說「自然者，不爲而自然者也。」（《莊子‧逍遙遊注》）由此可
知道家對於自然義的規定，是透過無爲無造的精神修養以達於沖虛無執之玄
境，所呈顯一萬物自己如此之理境。《莊子》對此精境界稱之爲逍遙，逍遙即
一自由自在，無所依待的精神狀態，也就透過無己、無功、無名之後，達到
「乘天地之正，御六氣之辯，以遊於無窮，彼且惡乎待哉！」的無待玄冥之

〔註31〕牟宗三先生《才性與玄理》，頁141，學生。

境。因此，在道家系統中，自然之精義不能理解為自然科學研究之對象義的
自然，或理解為西方哲學中自然主義（Naturalism）之自然。自然界無論指的
是宇宙萬物，客觀具體的存在，或指的是與人的精神世界相對的物質世界，
皆不合於道家所謂之自然義，至於西方哲學中之自然主義，則近同於唯物
論，且認為精神是物理之延續，所以主張一切精神之表現及人類之歷史皆不
出於自然科學之範疇及理則，宇宙全體皆可藉自然科學的研究來闡明它。換
言之，自然主義是用機械原理說明宇宙現象，而將宇宙現象視為物質的盲目
運動，或以機械之因果律規範生物及人類的活動。機械之因果法則是一條件
之串系，相依相待而有條件者，它可藉之說明物理現象，極成之以成功科學
知識，但是，自然義如依此說，必將使精神的逍遙自在成為不可能，因為機
械因果，條件串系正好和道家自然義之無待相反。再從西方宗教上說，西方
宗教所言之自然界是上帝所造，因此自然界成一被造物，被造物就是有所待
而他然的，此立義之精神和道家之「莫之命而常自然」的方向亦不相同。以
上是先對自義作一些觀念上的廓清〔註32〕，由此再進而探討王弼玄學的自然
義。王弼之自然義是道家一貫之內函。以下權分為客觀義、無為義和無目的
義三者，分述如後。

一、自然之客觀義

　　所謂自然之客觀義，在王弼的著述中所顯示的意義就是自然之質，不事
人為之義。王弼說：

> 自然之質，各定其分，短者不為不足，長者不為有餘，損益將何加
> 焉？（《周易・損掛・彖注》）

> 不學而能者，自然也，喻於學者，過也，故學不學以復眾人之過。（〈六
> 十四章注〉）

> 居中得正，極於地質，任其自然而物自生，不假脩營而功自成，故不
> 習焉而无不利。（《周易・坤卦》〈六二〉「直方大不習无不利」注）

> 然則學求益所能而進其智者也，若將無欲而足，何求於益？不知而
> 中，何求於進？夫燕雀有匹，鳩鴿有仇，寒鄉之民，必知旃裘，自
> 然已足，益之則憂，故續鳧之足，何異截鶴之頸！畏利而進，何異

〔註32〕牟宗三先生對於「自然」一義的說明，亦有詳盡的闡述。見於《才性與玄理》，
　　　　頁144～145，學生，《中國哲學十九講》，頁90，學生。

畏刑！唯阿美惡，相去若何，故人之所畏，吾亦畏焉，未敢恃之以
爲用也。(〈二十章注〉)

上引之文所表示之自然義，確有客觀之面相，如引文中「自然之質，各定其
分，短者不爲不足，長者不爲有餘。」「不學而能者，自然也。」「任其自然
而物自生」「燕雀有匹，鳩鴿有仇。寒鄉之民，必知旃裘。」皆不可否認地有
本來自存，物之本來如此之客觀面相。王弼之言自然固未離此而說，然此義
非王弼所言自然之第一義。換言之，此客觀面之自然義，其實是收攝於第一
義沖虛無爲之玄冥境界的觀照中，此自然仍不離主觀之心境說，言其客觀者
是因其爲外在實存之一對象，就此對象言客觀，說它是自然，仍不離主心境
之照，照見物之如其自己如此存在而規定，否則以自然科學之義解釋上述之
自然，仍是有條件依待而爲他然者，非必物之自己如此也。王弼即客觀對象
而顯自然義，類於〈《莊子・逍遙遊》〉所言「若夫乘天地之正，御六氣之辯。」
以顯一自然逍遙之境，天地之正，六氣之辯原屬客觀面之存在，至人通過無
爲之修證，主觀地乘御之而不被客觀面之存在所決定，就是以主觀脩爲綜攝
客觀事物，以成就其無對而逍遙〔註33〕。王注之大義亦是如此，故王弼非積
極地建立客觀面之自然義，而是藉以說明不事人爲之主觀義，如前面引文「損
益將何加焉？」「不假營脩而功自成」「自然已足，益之則憂。」皆是藉客觀
事物作爲主觀修爲之呈現的一個說明，最終的用意，仍是極成一超越的精神
上之自由自在的境界之自然，以下順此檢視其第一義之自然，也就是從無爲
而規定之自然。

二、自然的無爲義

王弼之言自然，是從無爲來說。《老子》三十七章「道常無爲」王注云：
　　順自然也。
十七章「悠兮其貴言，功成事遂，百姓皆謂我自然。」王注云：
　　自然，其端兆不可得見也，其意趣不可得而覩也，無物可以易其言，
　　言必有應，故曰「悠兮其貴言」也。居無爲之事，行不言之教，不
　　以形立物，故功成事遂，而百姓不知其所以然也。
自然就是道的內涵，所以知道一樣能成就萬物，然而自然並非一實體概念，

〔註33〕郭象《莊子注》〈逍遙遊〉「不爲而自能，所以爲正也，故乘天地之正者，即
　　　　是順萬物之性也，御六氣之辯者，即是遊變化之塗也。」頁18，藝文。

亦非一事件，故無端兆，則不可得而見，亦無意趣，則亦無意趣可覩。「上德之人，其端兆不可覩，德趣不可見。」（〈十五章注〉）是指的一種爲無心的修養心境，自然原非指實之概念，以其「貴言」「希言」，故無物可以易其言。言必有應是順物之性，不造不施，故能無爲而無不爲，無不爲故能有應，故能功成事遂，以無爲而治，故不以刑檢物、以政齊民，如此雖治百姓，而百姓不知其治，不知其所以然而自遂其生，自己如此，故曰：「百姓皆謂我自然。」《老子》二十三章王注云：

> 聽之不聞名曰希。下章言，道之出言，淡兮其無味也，視之不足見，
> 聽之不足聞，然則無味不足聽之言，乃是自然之至言也。

注中云：「自然之至言」乃「道之出言」，自然與道同，故非能以感官感覺之，雖云淡而無味，此無味乃是超越地說無味，而非相對地說淡之有鹹淡之有味無味，視之不足見，聽之不足聞亦同此意，非道有形體在，有音聲在，視之不足及，聽之不足聞，而是道本無形無聲，非感官經驗所能及之義，如此故其妙用無窮。此言道之形式條件，自然也都具備，以道和自然原是一，不是不同之兩者故也。《老子》二十二章「少則得，多則惑，是以聖人抱一爲天下式。」王注：

> 自然之道亦猶樹也，轉多轉遠其根，轉少轉得其本，多則遠其眞，
> 故曰惑也，少則得其本，故曰得也，一，少之極也；式，猶則之
> 也。

此以樹喻自然之道，少則得其本，本在自然，即道、即眞。就自在自如說自然，就其共通之形式說道，就其純至無累說眞，多則遠其根，離其本，此註與四十八章「爲學日益，爲道日損，損之又損，以至於無爲，無爲而無不爲。」之義可以相發明。王弼注解「爲道日損」說「務欲反於虛無也」，是自然之道即是反虛無，爲道日損的工夫，聖人之所以爲聖人，即是以無爲作爲聖人之內容，也就是「聖人體無」的意思。所以說聖人抱一，一即無，少之極，即損之又損，以至於無爲，而至於道。故自然與道爲一，以無爲爲用，其成就萬物，亦猶道之生物，以不生之方式，順萬物之性，以始以成。《老子》二十七章「善行無轍迹」王注曰：

> 順自然而行，不造不始〔註34〕，故物得至而無轍迹也。

〔註34〕陶鴻慶據下節注「此五者皆言不造不施，因物之性。」而將「不造不始」之「始」改爲「施」。意以爲王注「不造不始」之「始」並無誤。王弼注文亦有

「順自然而行」是注解「善行」，善行者莫過於無爲，順自然而行即是無爲之義，非云有一自然之實物之如今順之而言，而是自然之道而言，如何方爲自然之義？又如何依順？即不造爲不始制，無爲而行，能無爲而行，則物得以至其所當至，事得以至其所當處之所，而無造爲之痕迹。二十七章下文「善閉，無關楗而不可開；善結，無繩約而不可解。」王注云：

> 因物自然，不設不施，故不用關楗，繩約，而不可開解也，此五者
> 皆言不造不施、因物之性，不以形制物。

所以善閉善結者，是能因物自然，不設不施之故，而非在於智巧之便給。無關楗、無繩約之無字，不是和有相對而言之沒有的「無」之義，而是指不設不施之「無爲」，即不用之義。不用關楗、繩約而不可開解，以其因物自然順道而行之故，故無不開無可解，皆言不設不施之義。此五者指經文之「善行無轍迹，善言無瑕讁，善數不用籌策，善閉無關楗，善結無繩約。」句中「無」或「不用」即王注「不造不施」之義，因物之性即順自然之道，無爲而行，則物皆不失其母，不失其本，「不以形制物」即「不以刑立物」「聖人不立形名以檢於物」之意。王弼主張以道成物，守母以知子，崇本以舉末，故不以形制物，若以形制物，棄其母以守其子，失其本而攻其末，必治絲益棼。此亦言自然無爲之義。二十七章又說「是以聖人常善救人，故無棄人。」王注說：

> 聖人不立形名以檢於物，不造爲進向（尚）以殊棄不肖，輔萬物之
> 自然而不爲始，故曰「無棄人」也。〔註35〕

「不立形名以檢於物」「不造爲進向以殊棄不肖」，「不爲始」皆云聖人無爲之義，形名即刑名，檢是勘驗之義，若以形名以勘驗物事，則是治末，治末則不效不彰〔註36〕。造爲進向就是立標準之意，標準立則物類以殊，不及於標

「輔萬物之自然而不爲始」。此「始」義當與《老子》三十二章「始制有名」王注曰「始制爲樸散，始爲官長之時也。」《老子》三十章「其事好還」注「爲始者，務欲立功生事」之始制、施立之義相同，和首章注「未形無名之時，則爲萬物之始。」之義不同。

〔註35〕 不造爲進向之「向」疑作「尚」。《老子》二十四章「企者不立」，王注「物尚進則失安」。三十八章注「載之以大道，鎮之以無名，則物無所尚，志無所營。」「載之以道，統之以母，故顯之而無所尚，彰之而無所競。」然王注原文「進向」亦非不可通。

〔註36〕 《老子》五十八章「其政察察，其民缺缺。」王注「立刑名，明賞罰，以檢姦僞，故曰察察也。殊賴分析，民懷爭競，故曰其民缺缺也。」亦可作爲此

準者必遭摒棄於外，故有棄人。不爲始就是不造不施，不始制造立之意，如此則無被殊棄之虞，皆可順其自然以生，這是由聖人無爲以說明自然生物之義《老子》二十九章「天下神器，不可爲也，爲者敗之，執者失之。」〔註37〕王注說：

> 萬物以自然爲性，故可因而不可爲也，可通而不可執也，物有常性，
> 而造爲之，故必敗也，物有往來，而執之，故必失矣。

萬物以自然爲性，自然如何理解？是萬物自己如此云云，如何斯可謂萬物自己如此？故以是知自然非一實稱，而是通過聖人不執不爲之無爲心境而遮顯。所謂可因、可通，仍是使物如其自己而生而成，所以自然之義是透過不爲不執以顯物之在其自己的不主主之，不生生之的修養沖虛心境，在王注中，如何表現「不主之主」「不生之生」？就是以「因」「隨」「任」等令萬物如其自己而成之生之。王弼之言例如下：

> 明物之性，因之而已。故雖不爲而使之成矣。（《老子》四十七章「不爲而成」注）
>
> 動常因此。（《老子》四十八章「取天下常以無事」注）
>
> 大巧因自然以成器，不造爲異端，故若拙也。（《老子》四十五章「大巧若拙」注）
>
> 大辯因物而言，己無所造，故若訥也。（《老子》四十五章「大辯若訥」注）
>
> 因物而用，功自彼成，故不居也。（《老子》第二章「成功而弗居」注）
>
> 隨物而成，不爲一象，故若缺也。（《老子》四十五章「大成若缺，其用不弊」注）
>
> 不盈沖足，隨物而與，無所愛矜，故若沖也。（《老子》四十五章「大

義之佐證。

〔註37〕劉師培曰：「王註：『萬物以自然爲性，故可因而不可爲也，可通而不可執也，物有常性而造爲之，故必敗也；物有往來而執之，故必失矣。』故據王註觀之，則本文『不可爲也』下，當有『不可執也』一語。文子引老子曰：『天下，大器也，不可執也，不可爲也；爲牙之，執者失之。』」故經文「不可爲之」之後，「爲者敗之」之前可補「不可爲也」之後，「爲者敗之」之前可補「不可執也」，語義語氣皆較完足。見余培林先生《新譯老子讀本》，頁57，三民。

盈若沖，其用不窮」注）

隨物而直，直不在一，故若屈也。（《老子》四十五章「大直若屈」注）

天地任自然，無爲無造，萬物自相治理。（《老子》第五章「天地不仁，以萬物爲芻狗」注）

棄己任物，則莫不理。（《老子》第五章「多言數窮，不如守中」注）

所謂因、隨、任皆與「無爲」對顯，唯能具無爲之心境故能因、能隨、能任，亦唯能因，能隨、能任而反顯沖虛無爲之心境。《老子》二十九章「故物，或行或隨，或歔或吹。或強或羸，或挫或隳。是以聖人去甚，去奢，去泰。」王注云：

凡此諸或，言物事逆順反覆，不施爲執割也。聖人達自然之至，暢萬物之情，故因而不爲，順而不施。除其所以迷，去其所以惑，故心不亂而物性自得之也。

此諸或指物性，物性常相反相對，往來相通，不必以人爲宰制，施爲執割，唯聖人能達於無爲，無爲故不迷不惑而心不亂；因順物性，故物性自得，此自然之無爲義。《老子》二十五章「道法自然」王注云：

道不違自然，乃得其性，法自然者。在方而法方，在圓而法圓，於自然無所違，自然者，無稱之言，窮極之辭也。

前節已說王弼之道生萬物之生乃不生之生，道是一沖虛之玄德，一無爲之心境，此就主觀說道。若道之生物，雖以不生之方式生之，不即於物，畢竟仍有萬物，道之作用即在以沖虛之心境觀照以顯萬物之在其自己。換言之，若從萬物言，物皆能如其自己而存在，相對而言亦反顯一沖虛無爲之超越之觀照心在，心亦自然、物亦自然則是一心物如如之自然，心物相泯而爲一。因此，道之內容即自然，萬物之性亦在自然作用中乃得其性。「在方而法方，在圓而法圓」此方圓不是認知意義的方圓，此方圓是物之如其自己之爲方，如其自己之爲圓，是物之自然之性，自己本來如此，自爲目的之方圓，不接受任何外加之規劃，造立施爲，而是物本身自具之矩矱。故無主而自爲其自己之方，無主而自爲其自己之圓，此法自然之本義。如果落入認知意義之方圓，則焉知物之自己之爲方是認知之現象意義之方？亦焉知物之自己之爲圓即是認知之現象意義之圓？認知意義之方圓正是以人之識心執物之一端，而非令物之如其自己而存在，正是造立施化，施爲執割，非還給物如其自己

而存在，而有違自然。由此進而說到自然之無目的義而以自己爲存在之目的
義。

三、自然之無目的義 〔註38〕

　　此言「目的」是借西方哲學目的論之名義來說明王弼玄學之自然之旨趣。
西方哲學所謂目的論即主張宇宙全體或其部份皆有共同之目的，且其存在即
爲此目的而存在，此目的也就是宇宙或萬物之所以能實現其自己的原因。此
說恆與機械論對反而言，若從機械論之說，則一切事物悉從機械之因果法則，
只有盲目之作用往下滾去，且皆無意志無目的的，不由人從中作意志之自由
抉擇，只依機械法則而行，宇宙人生並不存在任何意義於其間，直視宇宙人
生爲毫無旨趣者，此說可以極成自然科學中之物理學知識，實難說明人之精
神活動。目的論則視宇宙人生恆向一目的而趨。以此意義衡諸中國哲學史，
並未有如機械論之說者，取其類似者大概如陰陽五行說而已。儒家可極成一
道德宇宙之存在，可類比於目的論者，道家在形式上亦有道作爲宇宙人生形
而上之原因，似亦可視爲有目的者，然若細察之，甘王弼之以「不生之生」「無
爲」「自然」爲道之內容，則又不然。茲藉《老子》第五章王弼注文以闡明斯
義。第五章「天地不仁，以萬物爲芻狗。」王注：

> 天地任自然，無爲無造，萬物自相治理，故不仁也。仁者必造立施
> 化，有恩有爲，造立施化則物失其眞，有恩有爲，則列物不具存，
> 物不具存則不足以備載矣〔註39〕。地不爲獸生芻而獸食芻；不爲人
> 生狗而人食狗。無爲於萬物而萬物各適其所用，則莫不贍矣。若慧
> 由己樹，未足任也。

此言自然之無爲義，由無爲以成天地萬物。「天地任自然」即天地自己如此，
從氣上說，當然是道生天地，或自然生天地，然就其眞實之內容言之，道是
以不生生之，自然是以無爲爲之。所以說是天地自生自存，自己如此。「萬物
自相治理」，此言「任」「自相治理」即函物自長足，自生自濟，而無爲無造

〔註38〕 此義牟宗三先生於民國 76、77 年間講康德《第三批判》時嘗言及，今順其義
　　　　而誌於此，是否得義，筆者當自負此責。

〔註39〕 「備載」陶鴻慶說當爲「被載」之誤。「被，覆也。」陶說雖可通，然恐有
　　　　誤。按「備」者，全備之意，王注文中「具存」「備載」相對爲文，其爲全之
　　　　義甚明，仍毋須校改。日人波多野太郎說「備載」即「全載」之義。其說
　　　　是。

只是說明一「不禁不塞」之意。「天地不仁」，此「不」非對正面「仁」之存有層面作否定之義，而是由無為無造所顯之無為之作用，無為則超越正反雙邊所顯一絕對之境，王注乃循正反以立說，其言「仁者必造立施化，有恩有為。」一切之造立恩為，皆有所進尙而為之施設，如此則別殊類，而棄不肖，故必有棄人棄物〔註40〕。而致令物失其眞。物可因而不可為，如今殊棄之，則必非物之眞，造施故失其眞。有所殊棄；則物不具存矣！物不具存，則不足以為備載。且唯有用一方能致仁，棄仁而後仁德厚，非用仁而能仁。仁不能為仁，恩為造施不能成其恩為造施，要皆以不仁而後能仁，不為不施而後能為能施，不恩不為而後能有恩有為，守其母而後知其子，崇其本方能舉其末，母在無為，本在自然，這是王注的大義。

地非為獸生芻，乃芻之自生也，然而獸竟食芻；亦不為人生狗，是狗之自生也，而人竟食狗。芻、狗之自生，不為獸，不為人而生，是萬物自遂其生而生，然而獸竟食芻，人竟食狗，亦言萬物之各適其所，說明天地之生物原非有既定之關係或目的，其間固無所謂之機械因果，亦無既定之目的。無為於萬物，而萬物自然而生而存。地非為獸之需食而生芻，乃芻自生；亦非為人之欲食而生狗，乃狗自生，是萬物自己生，不為他生，此是天地任自然之意。然而獸竟食芻，人竟食狗，是為自相治理，此中無必然之關係，所以非機械之因果，盲目的運動或生滅，亦非趨一宇宙之目的，此自然之意即以物之自生其生，自在自如為最高目的，沒有任何高於物本身自生自存之目的，固亦反對任何之施為執割。萬物各自生即是道，能如此則莫不充分自足，所以說「莫不贍」。「若慧由己樹，未足任也。」慧字同於惠，二字皆有解，若從下文「未足任也」，則慧當作「智慧出，有大偽。」之智慧的慧解。《老子》二十七章「不貴其師，不愛其資，雖智大迷。」王注：

　　雖有其智，自任其智，不因物，於其道必失，故曰雖智大迷。

此注說明一已之智慧不足任，「慧由己樹」即造立施化，立形名之義，如此則任一己之智。「未足任」之「任」，當作用解。若慧作「惠」解亦可通。此惠即指有恩有為之恩為，作恩惠解，若恩惠由己樹，於萬物必有遠近親疏以致於厚彼薄此，甚且掛一而漏萬，則萬物未必能贍足，故不足任，此不足任之任，作「當」字解。

〔註40〕《老子》二十七章「是以聖人常善救人，故無棄人。」王注「聖人不立形名以檢於物，不造進尙以殊棄不肖，輔萬物之自然而不為始，故曰無棄人也。」

由以上之陳述可知王弼玄學自然義之大概。要之以無為沖虛之心境觀照，令萬物如其自己而本來如此，其就客觀物所言之自然亦是透過沖虛之心境收攝於主觀中而言自然，所謂無目的義，就是萬物以自己如其自己而生而成作為最高之目的，就人而言，是人各遂其自己，自我實現。其外別無目的，此亦函萬物當身既是目的，而不另立其他之目的。自然非一實指概念，而是一超越之精神境界，唯其超越，又為道之內容，故可作為名教超越的根據。

第四節　名　教

名教之原義是名分之教，依名責實，盡其倫常，故具有德性之意義，其後推其義施於為政，以名為教，遂逐漸演為完全是政治手段之運用。原名教之初義，與儒家之禮樂教化有密切之關係。《論語》記載孔子正名之說云：

> 齊景公問政於孔子，孔子對曰：「君君，臣臣，父父，子子。」公曰：
> 「善哉！信如君不君，臣不臣，父不父，子不子。雖有粟，吾得而
> 食諸？」（《論語・顏淵》第十一章）

正名之內容即是責其居君位者成其為君，在臣位者盡其為臣，為父者成其為父，為子者成其為子，各因其名而盡其倫分之實。其內容乃在於、親親的制度倫理規範的建立，君、臣是政治制度下客觀化的尊卑關係，父、子是血親宗法制度下家庭倫理的關係。在當時也就是家庭倫常和政治秩序之所以建立的樞紐。治國之首務，就在於建立此尊卑倫常之序。外在地說是建立此制度規範，內在地說就是要在其位其盡其分。於是《論語》就有正名的說法：

> 子路曰：「衛君待子而為政，子將奚先？」。子曰：「必也正名乎！」。
> 子路曰：「，有是哉，子之迂也，奚其正？」。子曰：「野哉！由也。
> 君子於其所不知，蓋闕如也。名不正，則言不順。言不順，則事不
> 成。事不成，則禮樂不興。禮樂不興，則刑罰不中。刑罰不中，則
> 民無所措手足。故君子名之必可言也，言之必可行也。君子於其言，
> 無所苟而已矣。（《論語・子路》第十三章）

正名關係著言語行事之準則，是禮樂是否能興，刑罰是否切中之關鍵，禮者，乃定名分，別同異；樂者治人心，移風俗，刑罰所以懲姦罰惡以杜防不軌，使民得以措手足，是為政首要之務，在政治上就是以名為教之濫觴。然而在

孔、孟處，此禮樂，名教原有內在於人心之根源，所以孔子說「人而不仁，如禮何？人而不仁，如樂何？」（《論語·八佾》第三章），然而若施諸於政治，以風教天下，則必依附於體制，其內在之大本反而忽略，成為政治的一環，且範圍也不限於孔子所言之內容，漢興之初，賈誼就是推行禮制正名的重要人物，《漢書·賈誼傳》云：

> 賈誼以為漢興二十餘年，天下和洽，宜當改正朔，易服色制度，定官名，興禮樂。乃草具其儀法，色尚黃，數用五，為官名悉更，奏之。（《漢書》卷四十八，〈賈誼傳〉）

其後經過公孫弘建議武帝立太學，透過博士官制度，作為選士選吏之張本，到董仲舒提出「天人三策」，發揚禮樂教化，董仲舒云：

> 道者，所繇適於治之路也，仁、義、禮、樂，皆其具也。故聖王已沒，而子孫長久，安寧數百歲，此皆禮樂教化之功也。王者未作樂之時，乃用先王之樂宜於世者，而以深入教化於民。教化之情不得，雅頌之樂不成，故王者功成作樂，樂其德也。所以變民風化民俗也，其變民也易，其化民也著。（《後漢書》卷三十九，〈董仲舒傳序〉）

董仲舒已將仁義禮樂作為政治教化之工具，而完全著眼於政治之功能上，而不在個人之修養和擴充其本心上作工夫，是名教外在化明顯的例子。至於君臣父子尊卑之序的發展，到了東漢的《白虎通》則提出了「三綱六紀」之說：

> 三綱者何謂也？謂君臣、父子、夫婦也。六紀者，謂：諸父、兄弟、族人、諸舅、師長、朋友也。〔註41〕

何以謂之三綱？《白虎通》則有進一步之說明：

> 君臣、父子、夫婦，六人也，所以稱三綱何？一陰一陽謂之道。陽得陰而成，陰得陽而序，剛柔相配，故六人為三綱。〔註42〕

《白虎通》成學在東漢章帝之世，屬於今文學家之著述，先秦儒家並未有如《白虎通》以陰陽之思想和倫常相配的說法，而只有正名之義。此三綱配以

〔註41〕《白虎通》卷三下〈三綱六紀條〉，頁204，《叢書集成簡編》，商務。

〔註42〕同註41，頁204《白虎通》對三綱有進一步的說明，其文云：「三綱法天地人，六紀法六合。君臣法天，取象日月屈信，歸功天也；父子法地，取象五行，轉相生也；夫婦法人，取象人，合陰陽，有施化端也。」其不及於「孝弟也者，其為仁之本與。」（《論語·學而》）之內在道德性之說法甚明。

陰陽之說，將倫常的精神定在外在的天命，是隨著漢世思想外在化發展的結果，《緯書‧含文嘉》解釋三綱說：

> 君爲臣綱，父爲子綱，夫爲妻綱。

至此，正名定分之思想轉爲上下關係之絕對化，定在天命是尋求客觀的形上的根源，上下關係之絕對化則是由天命發展出以配合政治現實的解釋，一爲外在化，一爲絕對化，此兩者即規定了漢以降至魏晉時期之綱常名教的性格。這種情形和孔子時以仁心爲內在根據，透過禮樂制度之運作，以生命之具體實踐著明禮樂之精神者實有不同。在漢世之天命亦非《中庸》之義理內容之天命，而是人格神的氣化感應之天命，因而失落了內在於人心的眞實生命的根源。孔子之正名只要求各在其位以盡其分成其職分，是一內在的要求，而非向外轉成上下、尊卑、從屬的要求。定在氣化人格神之天命的倫常只有生物學上的意義，眞實倫常之精神必於人心有其內在之根源，而內聖修身亦必本於此內在之仁心，眞實無妄的生命上，否則一切外在客觀制度都將只是落空的形式，成了桎梏生命的虛文，也就是《中庸》所說的「不誠無物」，此爲漢世名教綱常和《論語》正名之說最大的不同所在。以上是就名教觀念之取義，發生及轉變作歷史發展之概述。在歷史上，正式提出「名教」一詞，並且以「名教」作爲反映時代之重要觀念而從事著述者，殆始於東晉的袁宏，其於所著之《後漢紀自序》曰：

> 夫史傳之興，所以通古今而篤名教也。……名教之本，帝王高義，
> 韞而未敘，今因前代遺事，略舉義教所歸，庶以弘敷王道。

將名教用作弘敷王道，是承襲漢以來以政治爲主導的教化觀念，袁宏又說：

> 夫君臣父子，名教之本也。然則名教之作，何爲者也？蓋準天地之
> 性，求自然之理，擬議以制其名，因循以弘其教，辯物成器，以通
> 天下之務者也。(《後漢紀》卷二十六，〈孝獻皇帝紀〉)

以「君臣父子」作爲「名教之本」，乃顯示由此出發，進而籠罩一切，成爲通天下事務者之所本，也就是說以君臣、父子之倫常關係推衍之而成爲奠定政治及社會秩序的基石。袁宏並探求名教之所爲作之形上根據，其根據乃在於「天地之性，自然之理。」，名教即以之爲擬議的對象，明白揭示其根據並無內在於人心之基礎，是沿襲兩漢以來說天地、自然皆爲氣化之性，仍外在於人心而說。「名教」一詞王弼著述中並未提及，何以說明王弼玄學亦有名教之論題？若依立名分，定名目、號名節，建制度以爲尊卑之序，作爲政治之張

本，謂之爲「名教」的通義，則王弼實已論及之〔註 43〕。依此義以討論王弼之名教觀，則凡有關制度節文，仁義道德，尊卑高下，人倫秩序等等的見解，都可以概括於名教的名義下討論，而王弼的名教以自然爲本，這也是王弼名教論的綱領。

一、仁義本於自然

首先討論「仁義本於自然」，《老子》三十八章王弼注云：

> 仁義，母之所生，非可以爲母；形器，匠之所成，非可以爲匠也。

「母之所生」之「生」字義已詳於前，凡王注中論及道之生物，皆作「不生之生」義，而不可解釋爲一般之生出或創生義。換言之，只要作用上之保全義，王注中常說「守母以存其子」「母在無爲」（〈三十八章注〉）皆可以證成比義。「非可以爲母」是說「仁義」是母之所生，是子而非母，固不可以爲母。因此，依王弼玄學之義理，仁義之能篤實正當，非行仁義之當身所可至，而是在於不能失其母，捨其本。〈三十八章注〉又云：

> 棄其所載，舍其所生，用其成形，役其聰明，仁則誠焉，義其競焉，禮其爭焉，故仁德之厚，非用仁之所能也，行義之正，非用義之所成也。禮敬之清，非用禮之所濟也。載之以道，統之以母，故顯之而無所尚，彰之而無所競，用夫無名，故名以篤焉，用夫無形，故形以成焉，守母以存其子，崇本以舉其末，則形名俱有而邪不生，大美配天而華不作，故母不可遠，本不可失。

接著下文又說：

> 苟得其爲功之母，則萬物作焉而不辭也，萬事存焉而不勞也。用不

〔註43〕王弼固然未言「名教」一語，然就「名教」之實而論，王弼實已有之，且後世解釋名教，皆從漢朝始。研究魏晉史之學者大都持此看法，如陳寅恪說：「故名教者，依魏晉人解釋，以名爲教，即以官長君臣之義爲教，亦即入世求仕者所宜奉行者也。」（見〈陶淵明思想與清談之關係〉今收入《陳寅恪先生論文集》台北：九思，1977 年增訂二版，頁 1013）陳氏所云魏晉人之解釋，並未明確指出即是王弼，余英時則確指陳氏之說乃據王弼對《老子》三十二章「始制有名」之注語而加以推論之說。（見〈名教危機與魏晉士風的演變〉，收於余英時著《中國知識階層史論・古代篇》，台北：聯經，頁 331）唐長孺亦云：「王弼以自然爲本，名教爲末，名教即是自然之體現。」（見〈魏晉玄學之形成及其發展〉，唐長孺《魏晉南北朝史論叢》，頁 326，不著出版社）歷史學者大抵自歷史或學術思想之發展著眼，本文論王弼之名教則從內部之義理分析，王弼玄學確已論及「名教」之問題。

以形，御不以名，故仁義可顯，禮敬可彰也。夫載之以大道，鎮之
以無名，則物無所尚，志無所營，各任其貞，事用其誠，則仁德厚
焉，行義正焉，禮敬清焉。

由注文之義可以確定者是：仁義是子而非母，仁義之所以能成篤厚正當，非
仁義本身所能致，而是由無爲之母作用而成。因此可推知，王弼玄學中仁義
只是用而非體，仁義只是一形而下現實之存在，至於如儒家所言之仁義的形
而上之道體、仁體、乾體、誠體都隱沒不見，王弼也未交待仁義之是否由仁
體之流行，以直貫之創造爲其本原，則原來儒家之實體實理即成爲「沖虛」
之作用的無。實有層被忽略，只存一作用層在起沖虛之成全的作用，而失落
其道德創造意義。所以仁義只是跡，只是節文，只是一權假，必待無作爲其
母方能保住其本質。在此，即顯出玄學之對「變」的消極的看法，凡事之變
只從形而下之形勢解釋，而無法觸及其創造之義，《周易》〈革〉象注曰：

凡不合而後乃變生，變之所生，生於不合者也，故取不合之象以爲
革也。

二、仁義是子而非母

王弼於其注中不止一次言及「仁義發於內」「爲仁由己」〔註44〕，則其所
謂之「發於內」「由己」究竟所指何義？和《孟子》之「仁義內在」又有何分
別？在此，首先要辨明王弼及《孟子》所謂「內在」之意義。《孟子·告子
上》云：

惻隱之心人皆有之，羞惡之心人皆有之，恭敬之心人皆有之，是非
之心人皆有之。惻隱之心，仁也；羞惡之心，義也；恭敬之心，禮
也；是非之心，智也。仁義禮智之心非由外鑠我也，我固有之也。
弗思耳矣。故曰：求則得之，捨則失之。……詩曰：天生烝民，有
物有則，民之秉彝，好是懿德。孔子曰：爲此詩者，其知道乎！故
有物必有則，民之秉彝也，故好是懿德。

《孟子》以仁義禮智乃我固有之，非由外鑠，而說內在，是爲道德實踐立一
人性之內在根據。其內在於心，此心是仁義禮智之心。且《孟子》又說：「仁，

〔註44〕王弼《老子》三十八章注：「夫仁義發於內，爲之猶僞，況務外飾而可久乎？」
頁79，藝文，《易·訟卦》〈四九〉爻辭注：「處上訟下，可以改變者也，故其
咎不大，若能反本理，變前之命，安貞不犯，不失其道，爲仁由己，故吉從
之。」《周易王韓注》卷一，頁12，中華。

人心也；義，人路也。」「仁義禮智根於心」〔註45〕故仁義內在於心，然則心之確定義為何？其引《詩》曰：「天生烝民，有物有則。」又說「心之官則思，思則得之，不思則不得也，此天之所與我者。」〔註46〕則是說明仁義所根源之本心，從主觀說內在，然於天道面亦有其超越之根源，亦有其客觀面，既超越又內在。如此則仁義本身即是一道德創造之根源，創生之實體。若套用王弼的詞語說，《孟子》所言的仁義，不只是子而已，也可以是母：不僅是表現於外的道德行為，於內在超越亦皆有其創生之實體實理。因此，王弼所言之母子，本末的架構並未能極盡《孟子》所言仁義之內涵。

三、仁義屬下德

《孟子》之「仁義內在」大義如前面所言，而王弼之言仁義既只為子而不可以為母，則其仁義究竟為何種層面之仁義？其所說的「內」又為何義？茲先考察其仁義歸屬如何，再確定其所言「發於內」「由己」的意思。〈三十八章注〉云：

> 是以上德之人，唯道是用，不德其德，無執無用，故能有德而無不為。不求而得，不為而成，故雖有德而無德名也。下德求而得之，為而成之，則立善以治物，故德名有焉。求而得之，必有失焉。為而成之，必有敗焉。善名生則有不善應焉。故下德為之而有以為也。無以為者，無所偏為也。凡不能無為而為之者，皆下德也，仁義禮節是也。

王弼在此指明凡不能無為而為之者，是屬於下德，即《老子》所云「下德不失德」之下德。故有德名，仁義禮節既有德名，所以在下德之列。下德是「求而得之，為而成之。」求而得之，則有所得亦必有所失；為而成之，則有所成亦必有所敗，善名立則有不善應焉。這也就是《莊子》所言「道隱於小成，言隱於榮華。」「彼出於是，是亦因彼，彼是方生之說也。」〔註47〕下德之所以為下德，乃在於無可避免的有一困境，即凡所為之事，必然演成是非兩行，而無法保證「無往而不存，無往而不是。」明乎此，故不由，而照之

〔註45〕《孟子‧告子上》十一章，孟子曰：「仁，人心也；義，人路也。舍其路而弗由，放其心而不知求，雖大行不加焉，雖窮居不損焉，分定故也，君子所性，仁義禮智根於心，其生色也，睟然見於面，盎於背，施於四體，四體不言而喻。」

〔註46〕《孟子‧告子下》十五章，大人小人之辨。

〔註47〕《莊子‧齊物論》。

於天，莫若以明。仁義既是下德，亦不可免於此兩行之困境，王弼明乎此，必然要推至「絕聖而後聖功全，棄仁而後仁德厚」（《指略》語）將仁義歸本於無為，唯有無為才能保證無不為，無求才能無失，無為才能無敗。由此分析，則可知王弼並未反對存有層上之仁義，而是提出一個如何方能使仁義「無往而不厚，無往而不篤。」的保證，這個保證就是以「無心無為」作為仁義之母，不止於仁義，於一切皆然，如果就這點作用之保存上說，孟子亦無可反對，仁義在儒家言是超越之實有層及存有層直貫而下之創造，《孟子》之內在義即為之指點一既超越又內在之根源，《中庸》則為仁義提出客觀之天命，作為超越的實體，然而檢視兩漢歷史的演變，既失落了《孟子》內在於人心的根源，又將《中庸》、《易傳》具有道德意義的創生實體的天命，太極轉為氣化的或人格神意義的天，在歷史的時空背景下，仁義的實踐的確出現真偽混淆，王弼之反省及指證確鑿，無法否認。然而就儒家所言之仁義，其本具超越之實體，王弼並未觸及形上之實有層，這也是事實。如此言之，則仁義之真正本源不顯，直貫之創造自亦無從說起，仁義則只成平舖之應迹。

四、作用成全

　　經由以上的分析，王弼雖亟言仁義之母在於無為，無為方能保住聖功全、仁德厚。然如果其真正之本原實體不能挺立，則終是虛歉，也就是說「無為」之作用的成全只是仁義充分完成之之必要條件，而非充分條件，仁義之必要且充分之條件，本在於仁義之實體，即天道本心，也就是直貫創造之根源所在。王弼玄學體系中，仁義之歸屬既明，則其所謂之「仁義發於內」即可確知其義旨。〈三十八章〉注云：

> 以無為用，德其母，故能己不勞焉而物無不理。下此以往，則失用之母。不能無為而貴博施，不能博施而貴正直，不能正直而貴飾敬，所謂失德而後仁、失仁而後義、失義而後禮也。夫禮也所始，首於忠信不篤，通簡不暢。責備於表，機微爭制。夫仁義發於內，為之猶偽，況務外飾而可久乎？故夫禮者，忠信之薄，而亂之首也。

王弼依《老子》之分判說「失德而後仁，失仁而後義，失義而後禮。」德是以無為用，失德即是失用之母，不能無為的意思。仁義皆是失德而後有者，仁義超越之心體不顯，則其所謂之「由己」「發於內」終是模糊，不必是發自《孟子》之本心，而只是成心。如此言之，其所謂由己只恐是事實意義之描述，在理論上未必有必然性。其所謂發於內，此內心只是心理學意義下之情

意心，而非超越之心體。

　　既如上述，則是否據此推論王弼有賤有之說，所謂賤有，舉例言之，即是貶抑仁義之價值。統而言之，也就是貶抑萬物，貶抑存有層，而只重視超越之作用層。此賤有之說亦恐未必能成立，揆王弼玄學之體系，王弼之所以積極建立形上之無的作用層，其旨即在全有，〈四十章注〉說「將欲全有，必反於無。」就是此義，其欲全有，認為有之不足以自全，真偽相雜，是非淆亂是否就是貶抑輕賤呢？吾恐非是，而王弼之對於有，只作一事實義觀之，所謂事實義就是中性、本然的、材料意義的存在，於此間並未輕賤之，有所貴者在無而已，有所賤者失無而已，則有之存在，得其母，失其母者皆有之，然則王弼何賤來有之說乎？如此說來，王弼何以招致人誤解有「賤有」之嫌？推求其說之所由，蓋起因於王弼陳述失本之末，捨母之子不能自全之意，有之不能自全，必賴得無而後能全，遂以此為賤有之論。其實王弼並無賤有之意，《指略》末段陳述此旨甚明，其文云：

> 夫聖智，才之傑也；仁義，行之大者也；巧利，用之善者也。本苟不存，而興此三美，害猶如之，況術之有利，斯以忽素樸乎？故古人有歎曰：甚矣，何物之難悟也。既知不聖為不聖，未知聖之不聖也；既知不仁為不仁，未知仁之為不仁也。故絕聖而後聖功全，棄仁而後仁德厚。夫惡強非欲不強也，為強則失強也；絕仁非欲不仁也，為仁則偽成也。

王弼所念茲在茲者，皆在全有，則又何賤有之論乎。以上所述名教，以仁義作為舉例，亦澄清其中若干觀念，至於制度，節文者，亦可作如是觀。

　　王弼之論名教，是承於兩漢學化，讖緯化之名教，並未上接孔、孟之論名教，從思想發展的軌跡考察，清晰可辨；從內在的義理分析，則可以確立其論仁義為下德，是子而非母，故有賴於無為以保存之，歸本於自然以貞定之，作用保全之意明白若揭，至於名教中有關禮義節文制度之詳者，多在《周易註》中，宜另著篇章展開，此章但言其原則而已。

第五節　無與有

　　王弼玄學。在當時即被稱為「貴无論」〔註48〕。「無」固為王弼玄學之核

〔註48〕「貴无」一辭之所由，蓋起於《晉書》，〈王衍傳〉云：魏正始中，何晏、王

心觀念，無可否認其重要性。然自其內部義理觀之，王弼之所以言無，其旨在全有、存有，故其言無必函有。在玄學體系中最高之形式意義的道，和終極內容的自然，其內函必通過無來理解，始能深切著明之。然而无又不可以无明，必因於有以明，无亦不可以訓，故必即有以表述之。本節之重點，在於據王弼之文以明無與有之內涵，並說明兩者之關係。

一、無

　　對於王弼的「無」之意義的理解，歷來即眾說紛紜，因此，先要對此觀念之意涵作一廓清的工作。首先，不能將「無」理解為數學上所謂「空集合φ」的概念，即是說其內容空無所有，一無內容。〈三十八章注〉說：

　　　　是以天地雖廣，以無爲心；聖王雖大，以虛爲主。

《周易・復卦・彖注》云：

　　　　然則天地雖大，富有萬物，雷動風行，運化萬變，寂然至无，是其
　　　　本矣。

王弼明白指出「無」是天地之心，天地之本，是有具體而眞實之內容者，故不可說是一無所有。其二、無也不是自然數「零」的概念。王弼的「無」是一形上學的概念，固然不能類比於數學上的「零」。何況，就數而言數，王弼說：

　　　　演天地之數，所賴者五十也，其用四十有九，則其一不用也，不用
　　　　而用以之通，非數而數以之成，斯易之大極也。（韓康伯《繫辭傳注》
　　　　引）〔註49〕

〈四十二章注〉說：

　　　　萬物萬形，其歸一也，何由致一，由於無也。由無乃一，一可謂无。

無是非數，但由數權表之則謂之一，所以不能以數學上的零之概念理解無。

　　其三、無也不是「闕如」的意思，即不是原有一物，而今消失不見則謂

　　　　弼等祖述《老》《莊》，立論以爲：天地萬物皆以无爲本，无也者，開物成務，
　　　　无往而不存者也。陰陽恃之以化生，萬物恃之以成形，賢者恃之以成德，不
　　　　肖恃之以免身，故无之爲用，无爵而貴矣。〈裴頠傳〉引〈崇有論〉說：眾家
　　　　煽起，各列其說，上及造化，下被萬事，莫不貴无。

〔註49〕《周易王韓注》卷七，頁7。韓康伯注《繫辭》「易有大極，是生兩儀。」說：
　　　　夫有必始於无，故大極生兩儀也。大極者，无稱之稱，不可得而言，取其有
　　　　之所極，況之大極者也。王弼說一是大極，韓康伯則直接指出太極是无。大
　　　　極是道，是本體，是天地萬物生成及實現的根據。

之無，即不能從事物層面之有沒有的「沒有」「缺席」來理解無，晉代的裴頠當時就曾經有這樣的誤解，他在〈崇有論〉中說：

> 夫至無者無以能生，故始生者自生也。自生而必體有，則有遺而生虧也。生以有爲己分，則虛無是有之所謂遺者也。故養既化之有，非無用之所能全也；理既有之眾，非無爲之所能循也。心非事也，而制事必由於心，然不可以制事以非事，謂心爲無也；匠非器也，而制器必須於匠，然不可以制器以非器，謂匠非有也。是以欲收重泉之鱗，非偃息之所能獲也；隕高墉之禽，非靜拱之所能捷也；審投弦餌之用，非無知之所能覽也。由此而觀，濟有者皆有也，虛無奚益於已有之群生哉？（《晉書》卷三十五〈裴頠傳〉）。

裴頠將「無」理解爲「有之所謂遺者」，即是以事物之闕如狀態釋無。其以下之文皆是針對王弼所發，但只站在實在論之立，對王弼所言之無並不能有相應之了解，在本論文第一章已辯之。

其四、無也不能說成是思惟之虛構，只承認物質世界的存在，經驗世界一層論，而否定精神生活，絲毫沒有存在之實感，也無超越面可言。張岱年在其所著《中國哲學史方法論發凡》說：

> 魏晉時代，「有無」問題突出起來。王弼「貴无」，裴頠「崇有」，相互對立，「有」指物質的存在，「无」是抽象的絕對，從唯物論的觀點來看，所謂「无」乃是思維的虛構。

張氏的說法正可以代表唯物論者對王弼的「無」的精義一無所知。王弼玄學中的無是工夫義境界義，是通過生活中的實踐體會而得，眞實的生命感受，這是道家的通義，不是抽象思辨的概念，更非思維上的虛構。

其五、王弼的無固然是無形體的存在，但是卻不能只因此而以知識層面之概念之抽象性來理解無，不具任何事物之屬性，只是形式意義，何況王弼的無不是一知識性之概念，馮友蘭在其《中國哲學史新編》第四冊第三十七章第一節〈通論玄學〉中就是持這一觀點，馮氏說：

> 中國哲學稱天地萬物爲「群有」或「眾有」。「有」是一個最大的類名，它的內涵就很難說了。因爲天地萬物除了它們都「存在」以外，就沒有別的共同性了。所以這個最高類，就只能稱爲「有」，這個最高類的規定性，就是「沒有規定性」。所以「有」這個名的內涵也就是沒有規定性，實際上沒有，也不可能有「沒有任何規定性的東西」，

　　這就是說實際上沒有、也不可能有不是任何東西的東西，這樣也就
　　是無了，直截了當地說，抽象的有就是無。

馮氏的說法以「沒有規定性」理解玄學的「無」，並且說「抽象的有就是無」，
不但於王弼之無之本義完全不相應，他自己也墮入概念思考的遊戲中，而混
淆不清。例如馮氏在同書中理解《老子》四十章王弼的注「將欲全有，必反
于无也。」則說成：

　　如果要對于「有」有全面的了解，那就要回到无去。例如，如果要
　　對方的東西有全面的了解，那就要充分了解方之所以為方之理。
　〔註50〕

將抽象的概念認為是無，具體之事物才是有，則所謂之概念思維都是無，這
是馮氏由概念之抽離具體物象上而說明無，概念具有抽象性，則凡概念都是
無。這種了解王弼玄學中的無之方式，無異是南轅北轍，因而他把「將欲全
有」的「全」，強解為「全面」的全，也就不再是令人驚訝的事了。也和馮氏
以同樣的思路誤解王弼之無的人，還有湯一介，在他著的《郭象與魏晉玄學》
第二章中說：

　　王弼的本體之「無」，實際是把事物的一切屬性抽空了的「無」，把
　　無內容的概念作為本體，也就是說，把沒有內容的抽象存在形式（純
　　形式）作為本體，這當然是唯心主義的觀點。〔註51〕

這一思路所犯的錯誤，就是使用知識進路，建立概念的思維方式，一步步往
上抽象，至於最大的存在，此最大之存在既可名有，又以其無內容，故可名
無，以此意義的無去理解王弼玄學的無，可說是完全不相契的，不止是理解
王弼，就連同先秦道家也無法作同情相應的理解。有部份的學者也都陷於同
類思考模式的盲點中，和馮、湯二人之觀點大同小異，在此僅以此二人作代
表，餘不贅述。〔註52〕

〔註50〕馮友蘭《中國哲學史新編》第四冊第三十八章〈王弼・何晏的貴无論──玄
　　　　學的建立及其發展的第一階段〉，頁60，人民。
　　　　馮氏還用一般的說明無，用特殊的說明有，他說：「一般是特殊的『所由之宗』，
　　　　可見他（王弼）認為一般是第一性的，特殊是第二性的。這就是貴无論之所
　　　　以為貴无論，也就是貴无論所以為唯心主義。」馮氏完全以知識之觀點理解
　　　　王弼之無，此為不切，又以第一性說無，此又以理解具體物之方式分析無，
　　　　明顯是不相應的理解。
〔註51〕湯一介《郭象與魏晉玄學》，頁47～48，湖北人民。
〔註52〕認為王弼的無是思維的虛構者，尚有許杭生之《魏晉玄學史》，頁90，肖萐父、

其六、不能將無看成是「悖論」，也就是互相矛盾、無法解答的問題，任繼愈在其所編之《中國哲學發展史‧魏晉南北朝》卷三〈王弼的貴无論〉中說：

> 王弼的最高哲學範疇是「无」。究竟「无」是什麼？從邏輯上看，這個問題的本身就是一個明顯的「悖論」，是根本無法正面回答的，如果說出它是什麼，它就不再是「无」而變成「有」了，如果不說出它是什麼，又很難把它確定爲整個哲學體系的理論基礎。〔註53〕

任氏的觀點是從邏輯觀點將王弼的無看成是悖論（paradox），悖論就是否定之其會導出一矛盾，肯定之眞也會導出一矛盾。悖論之義在《莊子》書中謂之弔詭，〈齊物論〉說：「丘也與女皆夢也，予謂女夢亦夢也。是其言也，其名爲弔詭。」然而王弼的無果眞是語言羅輯上的矛盾現象嗎？王弼之無是依實路進路而說的作用義，是境界義，是不可以言說窮盡，但並非它就是矛盾的，若將之窄化到語言範圍中去討論，其實是不相應的。

其七、亦不可理解爲佛教「緣起性空」下之「空」義。佛教自性空之義，乃依因緣生起的一切法，無永恆不變的本質，是在解脫煩惱的宗義下，所說的「空其自性」的無自性義。王弼不是討論這個問題，雖然王弼注解《老子》二十一章「孔德之容，惟道是從。」說「孔，空也，惟以空爲德，乃能動作從道。」王弼所言之德與道皆以無規定其內容，故「以空爲德」亦是「沖虛」「空掉」「損去」之德，是由工夫上說，而非自緣起說一切法皆無自性之空義。王弼的「無」或「無爲」，其另一面所涵的是「自然」，萬物如其自己之自然，是具有無限豐富含義的概念，而不是佛教緣起義下所說的空。

通過上述，把對於理解王弼之無的雲霧撥開之後，便可進一步認識正確之意義而不致有混淆之嫌。以下將王弼之「無」分爲（一）工夫義。（二）境界義。（三）本體義。（四）作用義。分別論述之。如此歸納分述是基於由主觀之實踐，透過工夫修證而呈現沖虛玄冥之境界，由此而透出一境界形態之本體，方能對萬有之存在作一說明，而其存物、生物之方式是以不執、不宰、不持、不有之方式存，以不禁其性，不塞其源之方式生，是名爲作用之成全。

李錦全主編之《中國哲學史》上卷，頁375，田文棠《魏晉三大思潮論稿》第六章，頁110。

〔註53〕任繼愈主編《中國哲學發展史》魏晉南北朝，在論及「王弼的貴无論」（頁144）及「郭象的獨化論」（頁226）都持相同的說法，將王弼的无看成是「悖論」。

如果說「道」之一詞爲各家所通用之形式詞語，則王弼之《老子注》、《周易注》所展現之玄智玄理之全幅內容，其幾乎可以說是通過「無」來著明其涵義的，亦從而可知「無」之概念王弼玄學中之重要性。

（一）工夫義的無

王弼之《老子注》和《老子》，在開發智慧的形態上當有不同，簡單地區別之，《老子》的智慧是原創性的，王弼的玄學雖說也有其創造，然而在大方向上並沒有越出先秦道家的藩籬。就原創性說，《老子》的智慧是自生命體驗而出，而王弼的玄學是由智解中顯。就著述形式上說，《老子》是空無依傍之原典，而王弼則是一依附經典而述作的詮釋形態。王弼的《老子注》向被稱爲善注。其最主要的因素就是能對《老子》的智慧有相應的了解，也就是由智解之詮釋進路去把握原創性的實踐底智慧學，而不曲解、不附會，此中必賴極高的解悟力，此其過人之處。理所當然，王弼也確切地掌握到《老子》文中的無是通過修養在工夫上所顯的義涵。以下便據引文以析論之。

由工夫義所顯示的無，並不是單純的說一個「無」而已。無只是一總持的概念，它必帶著生命上的私念、欲望、迷惑、造作、執著、愛矜、競尚等種種情緒現象而說，如此，則「無」的工夫義即非常顯豁，就是要將上述種種去除，消解、淨化，放下之義，如《老子》第二章「聖人處無爲之事」王注云：「自然已足，爲則敗也。」王弼對「無爲」的注釋就是要讓人知道人爲的造作，矯情僞飾終歸敗事，此事不必皆向外涉及一對象物而爲事，要之在心上做工夫則不誣，也就是無論是一己之貪念，爭心，偏見、執著、競尚、或外在之立形名，制法度，皆涵攝於一虛靜無爲之心以袪除無謂之負累，此袪除負累即是工夫義，王注又說：

> 萬物始於微而後成，始於無而後生，故常無欲，空虛其懷，可以觀其始物之妙。（〈第一章注〉）

> 賢，猶能也；尚者，嘉之名也，貴者，隆之稱也。唯能是任，尚也曷爲？唯用是施，貴之何爲？尚賢顯名，榮過其任，爲而常校能相射〔註54〕，貴貨過用，貪者競趣，穿窬探篋，沒命而盜，故可欲不見，則心無所亂也。（〈第三章注〉）

〔註54〕爲而常校能相射，疑「爲而常」字下有脫文，道藏集注本及道藏集義本，此七字均作「下弃而競，效能相射。」見樓宇烈《王弼集校釋》，頁9，華正。

無私者，無爲於其身也，身先身存，故曰能成其私也。（〈第七章注〉）

言至明四達，無迷無惑，能無以爲乎，則物化矣。（〈第十章注〉）

無欲競也。（三十七章「無名之樸，夫亦將無欲。」注）

大盈沖足，隨物而與，無所愛矜，故若沖也。（〈四十五章注〉）

貪欲無厭，不修其內，各求於外，故戎馬生於郊也。（〈四十六章注〉）

不德其德，無所懷也。（〈四十一章注〉）

無物以損其身，故能全長也。言含德之厚者，無物可以損其德，渝其眞，柔弱不爭，而不摧折者，皆若此也。（〈五十五章注〉）

赤子無求無欲，不犯眾物，故毒蟲之物無犯之人也。含德之厚者，不犯於物，故無物以損其全也。（〈五十五章注〉）

無爭欲之心，故終日出聲而不嗄也。（〈五十五章注〉）

除爭原也，無所特顯，則物無所偏爭也。無所特賤，則物無所偏恥也。（〈五十六章注〉）

以上引文所述之重點在於去欲、去私、除迷除惑，無所愛矜，無所偏尙，使能空虛其懷，心宜無有。所謂「欲」，本是中性義，但是〈六十四章注〉云「好欲雖微，爭尙爲之興，難得之貨雖細，貪盜爲之起。」則主弼對於欲的看法以並非立判爲負面義，而是指出其可能流爲爭尙，貪盜之原。凡是爭賢、爭名、爭尙、爭榮、貪貨、貪利皆從欲所出。所謂「惑」，是惑於躁欲；所謂「私」，是我身之執，殊其已而有其心，凡事以己爲先，所以說「身先身存，以成其私。」所謂「愛」，即有所特尙特顯，致有所偏爭，既有所尙所顯，則亦有所賤有所恥，此顯尙賤恥就是一價值之分判，若順此分別起執，則易流於爭心起，私意存、貪欲競，凡此諸般，皆是要令其回歸於生命之自然，所必去除務盡者，此修養工夫自心上做，爲內聖之起點，是就個人說。其次再就聖王治國治民說無爲。

大人在上，居無爲之事，行不言之教，萬物作焉而不爲始，故不知有之而已，言從上也。（〈十七章注〉）

居無爲之事，行不言之教，不以形立物，故功成事遂，而百姓不知

其所以然也。（〈十七章注〉）

失無爲之事，更以施慧立善，道進物也。（〈十八章注〉）

聖人達自然之至，暢萬物之情，故因而不爲，順而不施，除其所以迷，去其所以惑，故心不亂而物性自得也。（〈二十九章注〉）

以無爲用，德其母，故能己不勞焉而物無不理，下此以往，則失用之母，不能無爲而貴博施，不能博施而貴正直，不能正直而貴飾敬，所謂失德而後仁，失仁而後義，失義而後禮。（〈三十八章注〉）

夫載之以大道，鎮之以無名，則物無所尚，志無所營，各任其貞，事用其誠，則仁德厚焉，行義正焉，禮敬清焉。棄其所載，舍其所生，用其成形，役其聰明，仁則誠（薄）焉，義其競焉，禮其爭焉。（〈三十八章注〉）〔註55〕

以無事則能取天下也，上章云：其取天下常以無事，及其有事又不足以取天下也。（〈五十七章注〉）

此皆言聖人治國當以無爲，雖然「萬物無不由爲以治以成」〔註56〕自存有層上說，治國成事必由乎有爲方克有功，物必由乎形而立，慧必施，善必立，取（取是治理之義）天下必以有事，然而從王弼看來，存有層上的一有爲若要成立，必得以無爲作爲其超越之實現原理，就是以「無爲」做爲「無不爲」之根據，以「無爲」爲母，作用地成全一切「無不爲」。在王弼玄學體系中，如果純任「有爲」則不能「無不爲」。前引〈三十八章〉注已明白表示此義，其言曰：

棄其所載，舍其所生，用其成形，役其聰明，仁則（薄）誠焉，義其競焉，禮其爭焉，故仁德之厚，非用仁之所能也，行義之正，非用義之所成也。禮敬之清，非用禮之所濟也。

〈三十九章注〉也有類似的說法：

清不能爲清，盈不能爲盈，皆有其母以存其形，故清不足貴，盈不足多，貴在其母。

此兩段注文皆揭示「無不爲」之根據乃在於「無爲」，然自治國之外王事業上，

〔註55〕王注原文作「仁則誠焉」，揆上下文義，「誠」當作「薄」，與前文「仁德厚焉」之「厚」相對爲言，義方可通。

〔註56〕《老子》三十七章「道常無爲而無不爲」王注「順自然也，萬物無不由爲，以治以成也。」《老子注》，頁73，藝文。

無爲之於無不爲是一體用關係。「無爲」作爲「無不爲」之體，如同「無」作爲「有」之體，同一形式脈絡。

（二）境界義的無

透過工夫義上的無，在主體之修養上直接浮於上層而超越地呈現者乃一沖虛之心境，在此心境上所映發的一切內容眞理，就是境界義的無所具有的內容。此境界乃一精神修養之根念，非外在地指一實體名曰境界，如〈十六章注〉所云：

> 無之爲物，水火不能害，金石不能殘。用之於心，則虎兕無所投其
> 齒角，兵戈無所容其鋒刃，何危殆之有乎。

「無之爲物」，並非說「無」是一具體物之存在，若如此解豈非犯了語意上之悖論。也不能望文生義地解釋成「無製造一切」。而是說「無之作爲其自己之存在」，物之義當凌虛抽象以解，不能著實解成具體之形物，王弼在注中經常使用這種造句法，當通貫其義方得正解〔註57〕。若失明察，則易滋生誤解。「水火不能害，金石不能殘。」是描述無乃非物質性之存在，故外力無所施用。「用之於心」即明白指出是透過修養而在心上所呈現之無爲沖虛的境界，任何凶利之器無所加焉，則是遮撥無所顯之境界義。亦有正面描述無之精神境界者，王弼說：

> 言我廓然無形之可名，無兆之可舉，如嬰兒之未能孩也。
>
> 若無所宅也。
>
> 我獨廓然無爲無欲，若遺失之也。
>
> 絕愚之人，心無所別析，意無所美惡，猶然其情不可覩，我頹然若
> 此也。（以上皆〈二十章注〉）

修養能達於無爲者則是聖人，王弼也說「聖人體無」，就是彰顯一無爲沖虛之精神境界，故能無執無累，有情而不累於情，〈四十九章注〉曰：

> 聖人之於天下，歙歙焉心無所主也，爲天下渾心焉，意無所適莫
> 也。

〔註57〕《老子》十六章「知常曰明」王注：「常之爲物，不偏不章，無皦昧之狀，溫涼之象，故；知常曰明也。」〈三十二章注〉云「樸之爲物，以無爲心。」「常之爲物」、「樸之爲物」造句法與「無之爲物」全同，且常、樸、無皆與道同層。《指略》也說：「甚矣！何物之難明也！」此「物」字皆指抽象之理、道而言，而非具體之物。

所謂：渾其心，無所主，無所適莫，凡此皆是無爲所執滯的沖虛玄冥之精神
境界，此時之心並非死寂之狀態，而是以一虛靈玄冥之心玄應玄覽萬物，而
令萬物自生自長，自成自濟，聖人無心而成化，即是此義。

（三）本體義的無

　　無雖由主體而發，且不離主觀心境以說觀照玄覽，由此而成一「境界形
態」之玄理哲學，一切內容之體會均不離主觀性本身，及此主觀性之映發。
然而此主觀性畢竟只是一通孔，從通孔處說它有特殊性及主觀性，然而一旦
由玄智照見而發出之玄理，則此理必有其客觀性，普遍性。因此，「無」在聖
人心中的內容體會亦必展現爲一客觀之本體義，或者說是「無」的客觀姿態、
或客觀義的描述，何以言之，因爲「無」本非一客觀之實有故。只是一沖虛
觀照之心靈而已，故本段所述的本體義的無，則可說是無之客觀面之描述，
王弼在注中此一方面的描述相當豐富，茲列舉說明云：

　　　　凡有皆始於無，……萬物始於微而後成，始於無而後生。（〈第一章
　　　　注〉）

　　　　復者，反本之謂也，天地以本爲心者也，凡動息則靜，靜非對動者
　　　　也，語息則默，默非對語者也，然則天地雖大，富有萬物，雷動風
　　　　行，運化萬變，寂然至无，是其本矣，故動息地中，乃天地之心見
　　　　也，若以有爲心，則異類未獲具存矣。（《周易・復卦象注》）

　　　　天下之物皆以有爲生，有之所始，以無爲本，將欲全有，必反於無
　　　　也。（〈四十章注〉）

上引各注文是說無爲萬物之始，這是王弼之總綱領，無是本，有必反於無以
全其爲有，無即顯一超越之本，此本即說明其本體性格，由此本體而透顯─
─「理」的意義。

　　　　無狀無象，無聲無響，故能無所不通，無所不往，不得而知，更以
　　　　我耳目體不知爲名，故不可致詰，混而爲一也。（〈十四章注〉）

　　　　欲言無邪，而物由以成；欲言有邪，而不見其形，故曰無狀之狀，
　　　　無物之象也。（〈十四章注〉）

此言無之存在，是超越於物象之存在，又如「無形無名者，萬物之宗也。」（〈十
四章注〉）說明「無」不是具體之存在，且作爲萬物之宗，宗有至高至先之客
觀義。又說：

> 與天合德，體道大通，則乃至於極虛無也。（〈十六章注〉）
>
> 窮極虛無，得道之常，則乃至於不有極也。（〈十六章注〉）
>
> 寂寥無形體也。無物之匹，故曰獨立也。返化終始，不失其常，故
> 曰不改也。（〈二十五章注〉）

此以道表出無之形式意義，並言無之獨立，唯一與恆常性，此永恆、獨立，
對都是表示客觀形式的描述。

（四）作用義的無

　　無既表述爲客觀姿態的本體，亦必有隨本體而始物成物，生天生地之實
現性，而無之展現其實現性，是以「作用」之形態表出之，而非以一實體之
創生形態表現之。此所言「作用」之義和具體形物之限於某種用途之「定用」
之義不同，無的作用是作爲實現物之超越原則的大用，是無限之妙用，神用。
器物的定用是形而下地就器物本身說經驗的用途。是有限的定用。如此分別
是王弼根據《老子》十一章「有之以爲利，無之以爲用。」所作的區分，王
弼說：

> 有之所以爲利，皆賴以無爲用也。（〈十一章注〉）
>
> 凡有之爲利，必以無爲用。（〈第一章注〉）
>
> 道以無形無爲成濟萬物。（〈二十三章注〉）
>
> 高以下爲基，貴以賤爲本，有以無爲用，此其反也。動皆知其所無，
> 則物通矣。故曰，反者道之動也。（〈四十章注〉）

無是道之同義辭，故其實現物，皆是以作用之方式成全之，是無的作用義。
此處有之以爲利，此利即是定用，功用之義，即有之以能成其如此之有的定
用，必有賴於形上的超越的無之作用方能成全之，此爲「凡有之爲利，必以
無爲用」之諦義。

二、有

　　王弼對於有的詮釋和歸屬，恐未必盡合於《老子》。依第一章「無，名
天地之始；有，名萬物之母。」從王安石之句讀，顯然較符《老子》之本
義，且〈四十章〉云：「天下萬物生於有，有生於無。」則《老子》經文區
分無、有、物三層甚明，無與有均屬於道，分別爲道之無性和有性，也就
是說無、有是道之雙重性、兩面性，萬物是形而下的，道和物是超越之區分

〔註58〕。若依此言，則無、有之於萬物亦是超越之區分。此大略陳述《老子》有、無之歸屬。若依王弼玄學之體系言之，也就是依注文檢視之，王弼所言之無本屬於道，與道同為超越之本體，此點與《老子》同，當無疑慮。然而王弼之論有則下屬於萬物層次，而為萬物之總名，此點若與《老子》之論有相較，則王弼之有失去其超越面。部分論證已見於本章第二節之論述。即王弼於首章注以「無名」「有名」，「常無欲」「常有欲」句讀之外，亦將「此兩者同，出而異名。」之兩者明白地指出是始與母，而不是無與有，此點已與《老子》原文之語意不盡相合，可見其無，有分層之端倪。茲再引他注以說明之。

> 徼，歸終也。凡有之為利，必以無為用。欲之所本，適道而後濟。
> 故常有欲，可以觀其終物之徼也。（〈第一章注〉）

「有之為利」句中之有，王弼解作物講，屬形而下「欲之所本」之欲，也就說明「有之為利」的有；如此，則「適道而後濟」即相當於「以無為用」，道即無。「故常有欲」王弼在此句讀，明白說出「有」，唯有才能終物，雖然有之為利必以無為本，必適道而後濟，即是說作用的保存必賴於道或無（道和無原是一、不是二），然欲之徼向定用，物之內容意義，仍然是待形而下之欲之本身自己完成之。所以此注文之有是指欲，常有欲，物事之層面。

> 有，有其事。（〈十四章注〉）

王弼在此注中則明白指有是事物層面之有。

> 天下之物皆以有為生，有之所始，以無為本，將欲全有，必反於無也。（〈四十章注〉）

王弼將經文「天下萬物生於有」注解作「天下之物皆以有為生」，經文「天下萬物生於有」明顯是物、有兩層，王注「物皆以有為生」則是物、有同層。物是以有形有名之樣態存在，此存在義非靜態的，而是動態的，故以生說存在。天地萬物皆以有為存在之樣態，此義實函道是以無之樣態存在，無、有是道、物之兩層區分。「有之所始，以無為本。」即是「凡有皆始於無」之義，

〔註58〕《老子》四十二章：「道生一、一生二、二生三、三生萬物，萬物負陰而抱陽，沖氣以為和。」此章《老子》明顯地是將道和物予以超越之區分。至於道之超越層可以分析出少內容都不是重要的問題，如牟宗三先生將一、二、三解為無、有、玄，又說無與有為道之雙重性，皆當於《老子》。若王弼則不然，王弼明顯地是將道之內視為無，玄則是無之作用而言，而有則屬於物，此為王弼和《老子》兩層結構之小異處。

也是「道（無）以無形無名始萬物」之義，「將欲全有，必反於無。」此注中所顯示有義，依王弼玄學系統觀之，只有物，形下之屬方有待無以成全、保存、若屬於道之有無雙重性之有，其自身己自全自足，毋須待無方得以全之，揆諸王注之文例，凡言「反」者，皆自物之層面往後反於超越之層次言，如「有以無為用，此其反也。」（〈四十章注〉），《老子》六十五章「與物反矣」，王注曰「反其真也。」「凡物之所以存，乃反其形；功之所以尅，乃反其名。」（《指略》）「此道與形反也」（《指略》），由此推證，「全有反無」就是有、無不同層。韓康伯《周易繫辭傳注》「大衍之數」引王弼曰：

> 夫无不可以无明，必因於有，故常於有物之極，而必明所由之宗也。

此言「明无必因於有」，而不說「明无必即於有」者，「即於有」則有、無同屬於道，「因於有」則有、無分屬兩層。下文「有物」是有，「之極」是指向超越之無，所由之宗即無也。由以上之分析，大體可知王注將「有」下屬於萬物，是形而下的。前文多次論證，可以確定。

三、無有之關係

無與有之關係除了上述超越之區分外，在王注中因落實於各層面，則有不同之關係名環繞無與有而展開，可以更清楚二者之關係，而王弼玄學之架構亦因此而得以撐開，以不同之名目表示之，茲略舉於後。

（一）迹本關係

本之一詞為王弼所常用，其內容即无。迹乃借自《莊子・天運篇》：「夫六經，先王之陳迹也，豈其所以迹哉！」在王注中之本，正合於「所以迹」之函義，故而稱為「迹本關係」。前云「夫无不可以无明，必因於有。」王弼以无為本之說《指略》及《老子注》中已屢言之，自王衍以降，已成定論。然而无之存在，無形無名，不可為象，又不可以訓，因此聖人不說，無亦不可以無而自為顯現，必因於有，「有」者即凡可見之事物，凡人文之一切活動皆可謂之迹。何晏王弼之「聖人有情無情」之討論也可以迹本之關係說明之。何劭《王弼傳》云：

> 何晏以為聖人無喜怒哀樂，其論甚精，鍾會等述之，弼與不同，以為聖人茂於人者神明也，同於人者五情也。神明茂，故能體沖和以通無；五情同，故不能無哀樂以應物。然則聖人之情，應物而無累

於物者也。今以其無累，便不復應物，失之多矣。

五情乃表現於外之可見者，是爲迹，此聖人與眾人之所同者，然而聖人體無故有本，能迹本圓融，應物而無累，凡庶有迹而無本，故易爲俗情所累。

（二）本末關係

有關王弼注中的本末義較詳細的討論，請見於本文第四章第一節〈老子指略釋義〉一文，此處僅舉例以明無與有之關係而已。王注中論及本末之文，大多在政治方面，如〈三十八章注〉云：

> 用夫無名，故名以篤焉，用夫無形，故形以成焉，守母以存其子，
> 崇本以舉其末，則形名俱有而邪不生，大美配天而華不作，故母不
> 可遠，本不可失。仁義，母之所生非可以爲母；形器，匠之所成，
> 非可以爲匠也。捨其母而用其子，棄其本而適其末，名則有所分，
> 形則有所止，雖極其大，必有不周，雖盛其美，必有憂患，功在爲
> 之，豈足處也。

用夫無名，用夫無形是說明「以無爲用」的崇本之義，而「名以篤，形以立」之名，形就是萬物之有，也是末，雖言末，與本其實爲一體，且末之存在有必然性，非可以其爲末則輕賤之，甚或認爲王弼否定末之存在的重要性〔註59〕。王弼之言「明无必因於有」，「无又不可以訓」，故知王弼重本乃在於舉末。末在王弼而言是不可以取消的，然而何以又有「息末」之說？蓋因爲有的層面本來就是紛紜複雜的，大致言之可分爲守本之末和失本之末，守本即守住其無，則有其本，本在則末舉，末則成就其末之自己，有則實現有之自己，而失本之末則反之，本失則邪生而華作，崇本則可息末，然末實不可息，其所當息者在於末所滋生之邪華，末所衍生的流弊，即所謂之「去病不去法」也。

〔註59〕樓宇烈《王弼集校釋》〈前言〉，頁8～9說：「王弼『以無爲本』、『舉本統末』思想的實質，就是於把天地萬物的多樣特性和作用都歸結爲由一個共同的，最根本的原則——無所統攝，從而根本否定客觀物質世界及其運動變化之真實性。」樓氏此說對於王弼之言本末、母子、無有，其實是不相應的，依王弼玄學之義理，從主觀出發，而精神的活動必即著客觀之物質世界，此理之必然，說王弼未就客觀物質世界作知識之討論則可，然據此而指責王弼否定客觀物質世界及其運動變化，則非王弼玄學義理之所涵。且王弼言因物、隨物、任物、順物者又作何解？明无必因於有，全有必反於无，皆可證明樓氏之說值得商榷。

（三）母子關係

以母子之名說明無和有之關係在王注文中常與本末同時出現，如前段所引〈三十八章注〉文即是一例。同樣在三十八章另一段注文也有類似的情形，其文云：

> 本在無爲，母在無名，棄本捨母而適其子，功雖大焉，必有不濟，名雖美焉，僞亦必生。

> 母，本也；子，末也。得本以知末，不舍本以逐末也。（〈五十二章注〉）

引文所示：母是本，是無爲無名，屬於無；子是末，是功是名，歸於有。

（四）一多關係

《周易繫辭傳》韓康伯注「大衍之數」引王弼曰：

> 演天地之數，所賴者五十也，其用四十有九，則其一不用也；不用而用以之通，非數而數以之成，斯易之大極也，四十有九，數之極也。

〈四十二章注〉云：

> 萬物萬形，其歸一也，何由致一，由於無也……。

> 萬物之生，吾知其主，雖有萬形，沖氣一焉，百姓有心，異國殊風，而得一者王侯主焉，以一爲主，一何可舍？

不用之一是無，一是主，其主之方式仍不主之主；多是說明萬物、眾形，則是屬於有。

（五）道學關係

《老子》四十八章「爲學日益」王弼注曰：

> 務欲進其所能，益其所習。

「進其所能」「益其所習」是落在有的層次上說，是學之本質，可以通過經驗，知性以建立知識系統，亦唯有落在經驗的層次方說知識。同章王注「爲道日損」說：

> 務欲反虛無也。

反虛無，是指道而言，《老子》說「爲道日損」是重在「損」之工夫上以別於學之「益」。王注不言工夫，但言本體，即無也。

（六）眾寡關係

《周易略例·明象》云：

> 夫眾不能治眾，治眾者，至寡者也。夫動不能制動，制天下之動者，
> 貞夫一者也。故眾之所以得咸存者，主必致一也；動之所以得咸運
> 者，原必无二也。物无妄然，必由其理，統之有宗，會之有元，故
> 繁而不亂，眾而不惑。

「夫眾者不能治眾」其義和〈三十九章注〉云：「用一以致清，非用清以清
也。」相同，也就是「清不能爲法，盈不能爲盈。」之義。也就是「清不能
爲清，盈不能爲盈。」之義，也就是有不能以有當身成其爲如此之有，必也
無始能成之。「治眾者，至寡者也」此至寡即一，即「貞夫一」之一，「萬物
得一以生，侯王得一以爲天下貞。」（《老子》三十九章）之一，此一即無也，
至寡者即指無而言。

　　以上所舉無與有之關係，只是概略言之，然其大端已盡在其中，當仍有
未盡之處，此處所舉，要在明其大義而已。〔註60〕

第六節　聖人論

　　王弼玄學義理雖根源於《老子》，然而於圓滿人格的典型，則是推尊孔子。
曾經以無和有品次孔子和老子的人生境界，並且主張聖人有情。先秦之時，《莊
子》亦嘗論孔、老，並未認爲孔子高於老子，而王弼與之不同，由此看來，
這裏面值得注意的問題有下列三點：

　　（一）緣何王弼玄學宗《老》，而品次孔老和《莊子》不盡同，其間理趣
　　　　　之轉折如何？

　　（二）王弼所謂之聖人究竟是何種內容的聖人？也就是說王弼所理解的
　　　　　孔子的內容爲何？又分判老子處於有，其於義理或歷史之事實有
　　　　　根據否？

　　（三）其主張聖人有情，和聖人體無說是否有所牴牾？

　　本文嘗試就上述問題尋繹其理，以通觀主弼所謂聖人之內容爲何？

〔註60〕　湯一介《郭象與魏晉玄學》將「意和言」、「理和物」之關係解釋無和有，雖
　　　　　非不可，然必加以詳細之界定，審慎用之方可，如此則無概括性可言。如「理」
　　　　　字在王注中有多義，必明理之爲至極之理，其內容爲無，則此說方不易滋性
　　　　　歧義。意和言亦然，意有可盡，不可盡者，唯不可盡者方可通於無，可通於
　　　　　無而非即是無，故不可不辨，以意說無，仍待商榷。湯氏之說法見該書頁268
　　　　　～279，湖北人民。

一、孔老品次之升降

品論人物，自古已有之，雖未必如王弼以一言品其高下，然載於典冊，訴諸言表，稍事爬梳，便見端倪。如根據典籍所載，孔子曾問禮於老聃〔註61〕，縱使不追究老聃和老子是否爲同一人的問題，也只能說明它是一件事實，或許大體上從中可以推論出孔老之年齒長幼，或知見之先後，恐怕難以據此論斷二者聞道之深淺，境界之高低，更遑論品次其高下〔註62〕。反而是《莊子》之內、外篇多言及孔老，雖其言率多爲重言、寓言之性，且語亦多空言無事實，卻可由此看出《莊子》或外篇之道家人物對孔老之品次。換言之，品次本身非歷史事實之判斷，而是一價值判斷，也就是說，孔老品次是一識見問題，儒道間的義理命題，而非歷史故實之考據問題。此點必須有所簡別，方不致混淆論題的層次。

茲先就《莊子》內篇〈德充符〉兀者叔山無趾踵見仲尼一段討論之。眾所周知。《莊子》藉孔子之言說方式，本爲重言以寄，非所以討論孔門之義理，所以就孔子與叔山无趾之對話的內容看來，孔子之言於儒家之典籍既尋無所據，即義理言之亦與儒家不相契應，自非得於孔子之本懷。惟《莊子》何以喜用孔子託以重言，從而可以推知孔子在《莊子》心目中自有其相當之地位，其緣由委實難以究知。不過，細審內篇中有關孔子出現之場合及地位之安排，似無特意尊崇，亦無故予貶抑之意。例如孔子不與老子作對照之場合，孔子亦言辯滔滔，頗示大道，然此際所託於孔子的通達腳色，及和孔子同時出現之人物，大率爲孔子門人或曾在《論語》中出現過而並非道家型態的人物，如〈人間世〉之「顏回見仲尼」、「葉公子高將使於齊，問於仲尼」，〈德充符〉之「魯哀公問於仲尼」，〈大宗師〉之「子貢反，以告孔子」;「顏回問仲尼」及與顏回論坐忘等幾段文字所顯示之孔子均聞道通達，出拔群倫，而所論之道的內容則純粹是《莊子》自家之義理，此不必疑。唯在其他場合出現之孔子，其所造之境界，以《莊子》義理衡之，輒未必高過其所相對出現之人物，亦未明示孔子是個已通大道之人，如〈齊物論〉之瞿鵲子與長梧子對話中之孔子，〈人間世〉「孔子適楚」〈德充符〉之兀者王駘，子反與

〔註61〕記載孔子曾經問禮於老子之古代典籍有:《史記·孔子世家》、《史記·老子列傳》、《孔子家語》、《禮記·曾子問》、《莊子·天道篇》、《莊子·天運篇》等。
〔註62〕韓愈〈師說〉:「弟子不必不如師，師不必賢於弟子。聞道有先後，術業有專攻，如是而已。」況孔子之問禮於老子，並非師弟之關係。

子琴張、張三人相與爲友」幾段文字中，相對於長梧子、楚狂接輿、王駘、哀駘它等人，《莊子》所描述孔子之境界則未必高於前述人物。因此，大體言之，內篇對孔子境界之描述，固未見貶抑，亦未見其將孔子提升於老子之上，至於〈德充符〉之「天刑之，安可解？」及〈大宗師〉孔子自道「丘天之戮民也。」郭象注爲圓聖〔註63〕，似高於老子，則其說何故？究其原因，除《莊子》表達方式之詼詭滑稽外，實乃魏晉玄學調和自然與名教之課題出現，王弼以道家玄理凸顯孔子，提出「聖人體無」之圓型後，郭象始承之而有此圓融之解。

　　至於《莊子》外篇之〈天地〉、〈天道〉、〈天運〉、〈田子方〉、〈知北遊〉等皆論及孔老，揆其言之所示，則是以老子爲聞道得道之士，〈天下篇〉亦稱老聃爲古之博大眞人，外篇中亦明白指出老子自述已達至人之境。至於對孔子之描述，則乃徬徨歧路未聞大道，且以後學謹爾之態問道於老子，而老子儼然以前輩先知之態，泰然爲孔子解惑傳道，道家之立場甚爲鮮明。此可以代表《莊》學另一階段品次孔老之觀點，則以老子高於孔子。

　　其次降至兩漢，西漢司馬遷對於儒道之問題及品次孔老雖未嘗作成篇之討論，但是從所著述之《史記》中可得知其中消息。司馬遷之家學和思想實和《老子》有深厚之淵源，故其稱述老子之道深遠矣。不過，若從《史記》之筆法論，其推尊孔子殆無庸置疑，將孔子以一布衣而居世家，位等侯國，老子則只居列傳，並且併在〈老子韓非列傳〉中，猶未能獨列一傳，從這點看來，自可意識到司馬遷品次人物之識見，〈孔子世家贊〉言：

　　　　孔子布衣傳十餘世，學者宗之。自天子王侯，中國言六藝者，折中
　　　　於夫子，可謂至聖矣。

由此可推知，司馬遷確予孔子較諸老子更高之推崇。

　　班固《漢書・古今人表》將歷史人物區分爲上中下三品，每品再細分爲

<hr />

〔註63〕郭慶藩《莊子集釋》〈德充符第五〉郭象注曰：「今仲尼非不冥也，顧自然之理，行則影從，言則響隨，夫順物則名跡斯立，而順物者非爲名也。非爲名則至矣，而終不免乎名，則孰能解之哉？故名者影響也，影響者形聲之枉梏也，明斯理也，則名跡可遺，則尚彼可絕，尚彼可絕，則性命可全矣。」頁93，世界。
　　〈大宗師〉「天之戮民」郭注曰：「以方內爲枉梏，明所貴在方外也。夫遊外者依內，離人者合俗，故有天下者，無以天下爲也。是以遺物而後能入群，坐忘而後能應務，愈遺之，愈得之。苟居斯極，則雖欲釋之而理固自來。斯乃天下之所不赦者也。」頁123，世界。

三等。班固將孔子列居上上之第一等的「聖人」之位。今本《漢書》老子則居於中上的四等之位。張晏說：「老子玄默，仲尼所師，雖不在聖，要爲大賢。」〔註64〕故將孔子列爲聖人，而老子位居四等，此爲兩漢推崇儒家教化，班固以儒家思想爲標準之論斷，從東漢邊韶的〈老子銘〉所言亦可得知，其銘文曰：

> 班固以老子絕聖棄智，禮爲亂首，與仲尼道違。述《漢書・古今人表》，檢以法度，抑而下之，老子與楚子西同科，材不及孫卿、孟軻。〔註65〕

可見將老子列爲四等，是班固有意抑下，並且將與孟子、荀子同爲先秦諸子之一的莊子列居於五等之位，更下老子一等，僅及中中之列〔註66〕。從而可知班固之品次，無疑的是孔子至聖，老子大賢，高下定矣。

至魏晉學術漸變，祖述《老》、《莊》，何晏於《老子》獨有所鍾，因注《道德論》、《老子講疏》、《老子雜論》，於是認爲老子和聖人同，而不沿班固舊說，《世說新語・文學篇》第十條劉孝標注引〈文章敘錄〉曰：

> 自儒者論以老子非聖人，絕禮棄學。晏說與聖人同，著論行於世也。〔註67〕

唯《弘明集》所載周顒〈重答張長史（融）書〉則說是：「王何舊說，皆云老不及聖。」王指的是王弼，王弼說老不及聖，已有定論。然何晏說老不及聖，與〈文章敘錄〉所言不同。按何晏思想崇老。《魏氏春秋》說：「晏少有異才，善談易老。」〔註68〕且何晏之著述，亦以和《老子》相關者爲多，由此推論，〈文章敘錄〉的說法不是不可能。徵諸載籍，王弼每於聞何晏之言後，輒能獨出新意，例如何晏嘗說聖人無情，王弼遂能發明聖人有情之義，而精闢過之。故或有可能何晏嘗說老子與聖人同，王弼於是乎而有「聖人體無，老子是有」的思考。唯今所存文獻不足徵，周顒之說亦不知所據出，故未宜遽下論斷，暫存兩說可也。晉孫盛有〈老聃非大聖論〉更是將老子由四等上賢之

〔註64〕班固《漢書》卷二十〈古今人表〉，頁230，標校本，鼎文。

〔註65〕同註64，頁247，楚子西列於四等；頁250，孟子列於二等；頁252，孫卿（即荀子）亦列於二等。

〔註66〕《漢書・古今人表》並無莊子之名，只有「嚴周」，按「嚴周」即莊子（莊子名周），爲避東漢明帝諱，將「莊」改爲「嚴」，與申子、慎子、惠施同列於中中之位。頁251標校本，鼎文。

〔註67〕楊勇《世說新語校箋》，頁154，正文。

〔註68〕同註67，頁151。

位降至中賢五等〔註 69〕。魏晉人士對於孔子爲聖人，大體已有共識，對於老子的品位則仍有爭議，或昇或黜，不一而足，唯皆認爲老不及聖，則爲當時之人一般之論調。

　　與漢朝之尊孔抑老相對的，唐朝因爲政治或宗教之因素而特重老子，唐朝因姓李，故崇老，兼行三教，致力提昇道教的地位。雖仍然尊崇孔子，且贈孔子以太師，文宣王之封號，但是更上尊老子爲帝〔註 70〕。玄宗並下詔在各州置玄元皇帝廟，崇尙玄學，置生徒，令習《老》、《莊》之文，尊莊子爲眞人，崇其書曰《南華眞經》，還親自註解《老子》，已明顯將老子之地位提昇到不下於孔子之列，然這些舉措大多屬於政治、宗教的成份濃，而義理思想之意味淡。在這種空氣籠罩之下，學者也不免會受到影響，陸希聲就主張孔老並爲聖人說。〔註 71〕

　　以上概述先秦漢唐孔老品次昇降的大體趨勢。《莊子》內篇雖尊老，然未抑孔，外篇以下明顯地以老爲高，孔子其次，降至兩漢，史遷以書法寓褒貶，雖未抑老，而實尊孔。班固〈古今人表〉出，孔子爲至聖幾已成定論，後世再無可議；然其深抑老子，則留予後人聚訟紛紜之資。魏晉雖大暢玄風，聖人之地位亦無可動搖，老不及聖之說已成爲一般之看去。唐室因政教之故，雖仍尊孔，然特崇老子，實則政治宗教之氣味重，而哲學理趣少矣。自此而後，所論大都不出於上述，且鮮再有措意者。

二、聖人體無

　　王弼以玄學之義理獨尊聖人，認爲孔子在老子之上，和《莊子》頗異其趣，究其原因，雖不無受到班固之影響及當時政治背景所左右。不過，除卻外緣之歷史政治因素，其於義理內部之邏輯亦必有它可循之理路，如此，「聖人體無」才有內容的意義。王弼的主張，典出於《三國志・魏志・鍾會傳注》引何劭《王弼傳》曰：

　　　裴徽爲吏部郎，弼未弱冠往造焉，徽一見而異之，問弼曰：「夫無者，
　　　誠萬物之所資也，然聖人莫肯致言，而老子申之無已者何？」弼曰：

〔註 69〕《廣弘明集》卷五，頁 4～6，中華。
〔註 70〕據《舊唐書》所載：唐高宗乾封元年追贈孔子爲太師，而老子則追號爲太上玄元皇帝。玄宗開元二十七年追贈孔子爲文宣王，同此前後，更是屢上老子尊號，崇敬備至。
〔註 71〕唐陸希聲〈道德眞經傳序〉，《無求備齋老子集成》初編，藝文。

「聖人體無，無又不可以訓，故不説也。老子是有者也，故恆言無
所不足。」〔註72〕

在討論「聖人體無」「老子是有」的內容意義之前，必先掌握相應之理解進路，
也就是明白王弼所據以品次的標準乃立足於主觀性所映發之內容真理，而非
探索研究科學知識之外延真理的領域。此內容真理是發自道家之智慧，即《老
子》所發之洞見，是建立在吾人個體生命對生活中「有爲」的造作，與價值
觀所作的深刻之反省和批判上，聖人、老子是兩個不同的生命體，通過主體
之修養所達到的主觀境界──無和有，就是王弼品次的重點，此無與有並非
對一客觀對象研究所得之抽象的知識概念，而是實踐有得具體之生命境界。
對於每一生命主體及其實踐所經歷的每一事物而言，雖然都是屬於特殊的，
但終極所呈現「無」或「有」的境界，則是道家之洞見，而由此玄智所對顯
之理就是玄理，是具有普遍性之真理，是在主體實踐過程中從動態的辨證的
發展中呈現的，雖非由歸納或抽象所得之知識性概念，但也有它的普遍性，
此之謂「具體的普遍性。」〔註73〕此言具體是繫屬於生命主體，不可以挂空
去了解，也不可以當成抽象的空無，實有。所以王弼說「無責於人，必求諸
己」(《指略》)「故常無欲，空虛其懷，可以觀其始物之妙。」(〈首章注〉)，
所謂之「求諸己」「無欲」「空虛其懷」都是實踐性的觀念，是落在生命上說
的它所要去除和超越的就是對生命自由所造成的一切束縛，條件依待，虛僞，
有心的造作及外在化，形式化的事物。在修養上說，也必定得通過對於這些
衍生的負面意義的價值都去除殆盡之後，方能自在逍遙，而達到自然的境界。
此義實上接《莊子》所云「以空虛不毀萬物爲實」(《莊子·天下篇》語) 王
弼說：

道以無形無爲成濟萬物，故從事於道者，以無爲爲君，不言爲教。
(〈二十三章注〉)

故滅其私而無其身，則四海莫不瞻，遠近莫不至。殊其己而有其心，

〔註72〕《世說新語·文學篇》第八：「王輔嗣弱冠詣裴徽，徽問曰：『夫無者，誠萬物
之所資，聖人莫肯致言，而老子申之無已，何邪？』弼曰：『聖人體無，無又不
可以訓，故言必及有；老莊未免於有，恆訓其所不足。』」〈何劭傳〉文作：「老
子是有者也，故恆言無所不足。」何文句義較晦，若據《世說》校改爲「故恆
言其所不足」則義較明白曉暢。見楊勇《世說新語校箋》，頁152，正文。
〔註73〕牟宗三先生《中國哲學十九講》，第二講〈兩種真理及其普遍性之不同〉，頁
19～43，學生。

則一體不能自全，肌骨不能相容，是以上德之人，唯道是用，不德
其德，無執無用，故能有德而無不爲。（〈三十八章注〉）

《老子》三十七章云「道常無爲」，王注說「順自然也」，由此可知「無爲」
是自覺地作修養之工夫所達至的高度精神生活之境界，因此，無爲並非存有
層上消極意義的無所做爲，而是作用層上的具有積極意義的去除凡是對生命
自由有所妨礙，對生命之眞實有所桎梏的虛僞和造作。王弼所言「滅其私而
無其身」「無執無用」；「損之至盡，乃得其極。」（〈四十二章注〉）正是這個
意義的詮釋。由工夫義的無爲，則上達自然可函境界義的無，而此境界義之
內容體會終必對顯出一客觀之本體義的無，自本體義之無而講實現萬物，由
此說作用義的無。這些層面的無之涵義前節已言之甚詳，皆爲王注所函。

　　據此，則王弼所言之「聖人體無」，依此進路來理解則大體不誣。「體」
是實踐，體現義，「體無」即「聖人修養達到無爲的境界」或「聖人體現無的
道理」，當然也可以函著講「聖人本體是無」的意思。不過，若尅緊文獻講，
則前兩義已足，因爲在王弼注中所見之體字的意義，或作動詞講，如體現義；
或作名詞講，仍停在具體的形物上說，並未上昇到形而上的「本體」義〔註74〕。
這是說「體」字依文解義，即使如此，並不礙於「無」本身原具之本體義。
既然循著實踐義理解，則落實於聖人之日用言行亦必具體可徵。吾人當然無
法在道家之典籍中去考徵孔子的生活言行，那麼，儒家之典籍中是否也含有
王弼所說的「體無」義，即成爲王弼之說能否成立的關鍵，否則更成爲王弼
只是以道家之義去說聖人，如此，只淪爲一般學者所習慣指責的「陽尊儒
聖，陰崇老莊。」，也就是說王弼的說法就只是他個人的意見，而不具客觀性。
是否果眞如此？且看以下的考察：

子曰：「君子之於天下也，無適也，無莫也，義與之比。」（《論語‧
里仁》第十章）

子絕四：毋意，毋必，毋固，毋我。（《論語‧子罕》第四章）

顏淵曰：「願無伐善，無施勞。」（《論語‧公冶長》第二十六）

子曰：「二三子以我爲隱乎？吾無隱乎爾，吾無行而不與二三子者，
是丘也。」（《論語‧述而》第二十四章）

〔註74〕王弼文獻中有關「體」字的涵義，王葆玹曾有詳盡的討論，見《正始玄學》，
頁273～277，齊魯。

子曰：「予欲無言。」子貢曰：「子如不言，則小子何述焉？」子曰：「天何言哉！四時行焉，百物生焉，天何言哉！」（《論語·陽貨》第十七章）

逸民：伯夷、叔齊、虞仲、夷逸、朱張、柳下惠、少連。子曰：「不降其志，不辱其身，伯夷叔齊與！謂柳下惠、少連，降志辱身矣！言中倫、行中慮，其斯而已矣！謂虞仲、夷逸，隱居放言，身中清，廢中權。我則異於是，無可無不可。」（《論語·微子》第八章）

子曰：「大哉！堯之為君也，巍巍乎！唯天為大，唯堯則之。蕩蕩乎，民無能名焉。」（《論語·泰伯》第十九章）

以上所引篇章未必全是孔子所言，然義理則必為孔子首肯。撰其義或在於行事之不必——無適也，無莫也；無可無不可。或不執——毋意、必、固、我。或無私——吾無隱乎爾。或不恃——無伐善，無施勞。或在於對無之體現——蕩蕩乎民無能名焉，天何言哉！四時行焉，百物生焉，天何言哉！凡引文中之無或無執，或無私，或無必，或不恃，皆可解為道家之工夫義之無，無名無言則是無的形式規定，縱使儒聖所體內容不同，於無之體現亦可謂已函之。所謂無執、無私、無必、無恃，統而言之就是無為的意思，也就是《尚書》上所說「無有作好，無有作惡」〔註75〕之意，此作好、作惡之「作」當「作意」解，是蓄意、有心為喜好，為惡斥，非自然而行之，如此則不能保住好、惡之純粹性，有心作好，則失其為純粹之好，有心為惡斥，則不是無心之厭惡，好惡不得其正。所以凡是作意都要化去。此化除之義便是無，化除不必皆針對負面之執貪欲私講，若是有執，即使是正面意義的聖智仁義也都要化去，《孟子》說「大而化之」，孔子嘗云「若聖與仁，則吾豈敢。」〔註76〕化除，忘卻，則不驕不滯，這是由無的工夫致極處所達到的無作意、無計慮、無擬議的無執無滯的自然境界，此無為正是保住一切價值本然之純粹性的守護神。「聖人體無」之玄學內容的詮釋至此而極，「無」的作

〔註75〕 語出《尚書·周書·洪範·皇極》，其原文是「無偏無陂，遵王之義；無有作好，遵王之道；無有作惡，遵王之路。無偏無黨，王道蕩蕩，無黨無偏，王道平平，無反無側，王道正直。」屈萬里《尚書釋義》，頁97，中國文化大學出版。

〔註76〕 《孟子·盡心》「可欲之謂善，有諸己之謂信，充實之謂美，充實而有光輝之謂大，大而化之之謂聖，聖而不可知之謂神。」《論語·述而》子曰：「若聖與仁，則吾豈敢，抑為之不厭，誨人不倦。則可謂云爾已矣。」

用義亦由此而顯。

　　以上是引《論語》篇章證之，然此中有一問題必須說明白，吾人固如此徵引，如此解釋，似亦順遂可通，然而此意是否爲王弼之意向，換言之，此種思路是否爲王弼玄學之思路，或爲其義理所必函？爲消除詮釋方法上的疑慮，茲引王弼《論語釋疑》之言作爲說明，前所引「予欲無言」章，王弼說：

> 予欲無言，蓋欲明本。舉本統末，而示物於極者也。夫立言垂教，將以通性，而弊至於湮；寄旨傳辭，將欲正邪！而勢至於繁。既求道中，不可勝御，是以修本廢言，則天而行化。以淳而觀，則天地之心見於不言；寒暑代序，則不言之令行乎四時，天豈諄諄者哉。（《論語・皇侃義疏引》）

「蓋欲明本」，「示物於極」之「本」或「極」，毫無疑問是指的「無」而說，所謂「天地之心見於不言」，亦見於《復卦・彖注》「寂然至无，是其本矣，故動息地中，乃天地之心見也。」「天地以本爲心者也」，因此天地之心見於不言，亦是指的無而言。如此則與前述「是對無的體現」完全相合，可知並無曲解之處。

　　即使《論語》中可證明「聖人體無」之說不同，則吾人可再問：僅以「體無」之義是否可窮盡聖人之內涵？也就是說：從道家或玄學之立場看聖人，則孔子似乎正合於玄學中所謂體無的要求，若從儒家而言聖人，是否切確？此便是涉及儒道之判教問題，以聖人體無所以爲玄學中之聖人而言，若從儒家義理言之，則非聖人之所以能爲聖人之本質義，儒家聖人人格自有其本質之內容，並不是以「體無」作爲其本質內容，儒聖之本質內容是仁，主觀地言是仁體、心體、誠體，客觀地言爲性體、乾體、道體。此形上實體是一健行不息，純亦不已之道德創造實體，恆能使生命在日新其德之歷程中達到主客爲一之境，繁興此大用者即是此實有層之「仁」體，而非作用層之「無」體。所以《論語》中說，「君子之於天下也，無適也，無莫也。」在無所適莫之作用中，仍有一「義」與之比，此義即仁心之外在化、客觀化的方式，也就是在無所適莫之作用中，仍有一形上實體之「仁」爲主宰，而非純任無所適莫，徒爲一不定向、虛無、無可而無不可。簡單地說，純亦不已之仁體之實踐，其造極之境界亦恆有一作用層之「無」在其中，且不可無之，然若只任一作用層之「無」所造極之境界，則只顧一沖虛玄冥之境界，並不必然顯

實有層之仁體於其中，此即儒家教下名理和玄學名理之不同，牟宗三先生曾對此作分辨，其說云：

> 教下名理乃依宗起教，有定向者。而哲學之玄學名理則可不爲定向所圍。依此，其内容的層次同，教下名理，在境界上，並不高於哲學之玄學名理。而於外延的層次上，則哲學之玄學名理比教下名理爲超越而普遍。〔註77〕

何以哲學之玄學名理比教下名理爲超越而普遍？其原因在於哲學之玄學名理可不爲定向所圍，可以涉及之內容不爲此定向所限，而教下名理之依宗起教，恆有一宗作爲定相，於儒家言之即孟子所言之「聖人之於天道也，命也，有性焉，君子不謂命也。」（《孟子・盡心》下）此性命天道即爲宗，聖人之體無即爲一相，此定相定宗之「定」，舉例言之乃有別於涅槃寂靜之宗，釋迦之相；上帝之宗，耶穌之相。雖然各宗終極之理境亦將是絕對之普遍而無外，此理境正惟道家之玄理所辯示者，然而透過一具體之生命，及從文化之特殊性所發展成一固定型態之道，此道實際上只是玄學名理所辯示之絕對無外無所規定之道之某一示例，通孔而已〔註78〕。此理義可藉《莊子・大宗師》之言以明之，其言云「其一也一，其不一也一；其一與天爲徒，其不一與人爲徒。」「其一也一」是絕對而普遍之一，「其不一也一」是由一聖人具體之生命，從文化之特殊性所發展成之一固定型態之宗或教，與天爲徒，必爲絕對之渾一整全，此從理上說：其不一與人爲徒，乃從具體特殊性上說。儒家造極之境界，亦是上下與天地同流，《中庸》便對此有生動之描述：「小德川流，大德敦化。」「肫肫其仁，淵淵其淵，浩浩其天。」也就是描寫天德流行自然無礙之境界。《中庸》又說：

> 君子之道：本諸身，徵諸庶民，考諸三王而不謬，建諸天地而不悖，質諸鬼神而無疑。百世以俟聖人而不惑。

本諸身同求諸己皆通過主體性之道德實踐，是由主觀出發，徵諸庶民，考諸三王，建諸天地，質諸鬼神，則不僅說明其德之客觀性，亦揭示其普遍性。百世以俟聖人，即言其永恆性，前聖後聖，此心同此理同，其揆一也。此仁體流行之「德」才是聖人人格之諦詮，具體而眞實之規定。王弼所謂「聖人體無」之境界，就是通過聖人生命之主觀聖證，而達於自然流行之境界，王

〔註77〕牟宗三先生《才性與玄理》，頁281，學生。
〔註78〕同前註，頁281。

弼即以此「無」規定爲聖人之本，凡盡倫立教，皆以無爲本〔註 79〕。殊不知純以無爲本，而以仁義爲迹，終有虛歉，必也兩者同體，終必如明儒王龍溪之〈四無〉說，方爲極圓之聖證模式，其說云：

> 無心之心則藏密，無意之意則應圓，無知之知則體寂，無物之物則用神。天命之性，粹然至善，神感神應，其機不容已，無善可名，惡固本無，善亦不可得而有也。〔註 80〕

如此則知之，儒聖原有大本，其本固不在無也。雖然如此，亦不妨王弼之說聖人體無，王弼之如此說亦不與儒家相悖，只是玄學名理中之無，無所定向，更爲凌空而超越，而成爲凡是依實踐進路所建立之大教之「共法」而無可反對者。甚而落實於生命的才性、事業、學問、藝術的實現，皆賴無才能登峰造極。

然而，無實不可訓，故聖人不說。凡一切有關無的言說，都只是一稱謂，而不是一定名，稱謂是出乎我，從主觀之涉求，對「無」的表述而言，「名之不能當，稱之不能既。」（《指略》語）名號，稱謂也都是一時的方便稱呼而已，即使《老子》也說是「強爲之名」。誠然，溯求其本質，非言說之可致。《論語·公冶長》篇子貢說「夫子之文章可得而聞也，夫子之言性與天道不可得而聞也。」由此可知，天道性命造極之境，所以描述此境之言語，王弼皆撥之，只爲一方便而已。在孔子處則是罕言，雖親炙夫子如子貢者亦不可得而聞。因此，王弼說無又不可以訓，也是儒道共同的意思。不過，王弼說聖人不說，細察斯言，亦頗堪玩味。孔子確實未在「無」上措意立說，則屬歷史之事實。至於無可說或不可說，就孔子而言，此不可說之義，是不可說？不必說？或者是不能說？皆有理趣可講。若論不必說，因屬實踐義，只求身體之，力行之，誠無爲之事，不言之教，行之已足又何必言，正十分貼切。如果是「不可說！不可說！」說即不中，也不是不切於道理，而是理本如此。或者說一定要逼問聖人，且認爲聖人即使說之，也未必就能如《老子》道出五千言精闢之論，以此唐突聖人，其義也並非不可通。聖人事實上是沒說，歷史考證可以爲據，原則上應是能說，因爲能知不必能行，能行者必能知，孔子是能行者，故必能知之。然而，究竟說得出說不出，則很難有定論。

〔註 79〕《指略》：「聖行五教，不言爲化。」「五教之母，不皦不昧。」
〔註 80〕《王龍溪全集》卷一「天泉證道紀」，頁 90，華文。

三、老子是有

相對於聖人體無，王弼判老子處於有境。若說無是生命能沖虛無碍，則「老子是有」之義應當是說老子的生命境界未能達沖虛無累之玄境，仍未免於有所執，有所累。果如此言，老子《道德經》五千言盛發無的道理，又該如何解釋？難道就讓王弼一句「恆言其所不足」就說定了？還是說五千言僅僅是立言，並非老子實踐有得，只是「不行亦能知」的智測紀錄？當然，如此解釋亦非無理，因爲「不知必不然，有知不必然。」王弼將老子判爲知者，智及之而行不必至，亦不爲無見。不過，五千言究竟是智及抑或行至之紀錄，一時之間恐怕尚難找到合理的答案，如果將這個命題擲回王弼之時代背景觀察之，「自然與名教」之衝突的解決問題或可以作爲一個思考的線索。王弼認爲名教出於自然，自然是名教之本，形上之根據。聖人體無，故仁義俱存，所以聖人是名教之典型，此順王弼的思路說。然而將仁義視爲外飾、末飾乃《老》、《莊》之通議。老子之於聖智仁義，徒見其外飾華僞，爲文不足之負面義，縱使說其棄絕之工夫是想以作用地方式保存之，但造極之也只顯一沖虛之境，生命之淳眞素樸，至於對名教所屬之仁義禮節，雖非抱持反對的態度，卻也沒有予以積極之肯定。換言之，老子之於名教，只見其累而未能正視其必要性，王弼非徒視之爲外飾華僞，而將之定於「子」「末」，欲全而存之，已正視其存在之價值，積極地以道家玄理予以肯定，俾使生命有定向，教化有可循，所以提出「守母存子」「崇本舉末」的說法。至於王弼之玄學理論之架構能不能開出名教，也就是在理論上有無必然性，可暫不討論，至少王弼已能正視名教之爲必要，定之於末，非如老子之視名教爲可有可無，或僅於作用上言棄絕，而不聞問存有層上其有無存在之必要，於是乎見知：仁義聖智於老子處，其存在並無必然性，只視爲浮文華飾，徒見其累，而未見其本原大用，據此而論，王弼之視老子爲有，其實非無見地。

《史記・老子列傳》有云：

> 老子脩道德，其學之自隱無名爲務。居周，久之，見周之衰，迺遂去，至關，關令尹喜曰：子將隱矣，彊爲我著書。於是老子迺著書上下篇，言道德之意五千言而去，莫知其所終。

老子之政治理想乃小國寡民，使民重死而不遠徙。然其人歷周之衰，迺遂去而莫知所終。就事實層面言之，理想與現實畢竟有一間之隔，如果在理想未臻，現實困屯之際，老子所選擇飄然遠引之態度，無疑的只是消極避世之途。

嘗試問之，若天下滔滔者皆是，則子將安往？在同樣的時空背景下，孔子的抉擇顯然不同於老子，聖人一生亦不免有顛沛之時，陳蔡之困，且在道之不行的窮途之際，亦嘗有浮桴於海，將之夷狄之感慨，雖然遭遇如此，聖人終究還是選擇知其不可而爲之，其生命表現出朝乾夕惕，於穆不已的陽剛精神，還曾說：「鳥獸不可與同群，吾非斯人之徒與而誰與？」(《論語‧微子》第六章)，其選擇民胞物與，積極入世的人文關懷作爲人生最後之歸宿，非選擇隱遯而安於天地之間也。莊子所表現之態度較諸老子，顯然有所不同，莊子已認爲人間世即逍遙場，無所可逃，〈人間世〉云：

> 天下有大戒二：其一，命也；其一，義也。子之愛親，命也，不可解於心；臣之事君，義也，無適而非君也，無所逃於天地之間，是之謂大戒。是以夫事其親者，不擇地而安之，孝之至也；夫事其君者，不擇事而安之，忠之盛也。自事其心者，哀樂不易施乎前，知其不可奈何而安之若命，德之至也。

莊子知義命之不可解於心，亦無所逃於天地之間，故其處忠處孝也，以不擇事而安之，不擇地而安之，雖仍然不似孔子之積極立身仁義，踐形以知性知天，實則已正視孝親事君之無可逃，無所擇，較諸老子之隱遯避世，似乎又更趨近於儒家之態度。由此觀之，老子仍處於有身之患，故有保身之累，遯世之執，果如此，王弼視老子爲有，不亦宜乎。東晉孫盛已發同調，其於所著〈老聃非大聖論〉云：

> 盛又不達老聃輕舉之旨，爲欲著訓戎狄，宣導殊俗乎？若欲明宣導殊類，則左衽非玄化之所，孤遊非嘉遯之舉。諸夏陵遲，敷訓所先，聖人之教，自近及遠，未有譸張避險如此之遊也。若懼禍避地，則聖門可隱，商朝魯邦，有無如者矣！苟得其道，則遊刃有餘，觸地元吉，何違天心於戎貊？如不能然者，得無庶於朝隱而神仙之徒乎？〔註81〕

同責老聃遠引遯世爲未達大道，實爲魏晉人士所認同之看法。

其次，在玄學的方法論上，王弼繼承了《老子》「道可道，非常道。」之統緒，以常道爲非可以言說而致，《老子》五十章亦嘗言：「知者不言，言者不知。」《莊子‧知北遊》亦有同義之寓言，其文云：

> 知北遊於玄水之上，登隱弅之丘，而適遭无爲謂焉。知謂无爲謂曰：

〔註81〕同註69。

「予欲有問乎若，何思何慮則知道？何處何服則安道？何從何道則
得道？」三問而无爲謂不答也，非不答也，不知答也。知不得問，
反於白水之南，登狐闋之上，而睹狂屈。知以之言也問乎狂屈，狂
屈曰：「唉！予知之，將語若。」中欲言而忘其所言。知不得問，反
於帝宮，見黃帝而問焉，黃帝曰：「無思無慮始知道，無處無服始安
道，無從無道始得道。」知問黃帝曰：「我與若知之，彼與彼不知也，
其孰是邪！」黃帝曰：「彼无爲謂眞是也，狂屈似之，我與汝終不近
也。夫知者不言，言者不知，故聖人行不言之教。」

知謂黃帝曰：「吾問无爲謂，无爲謂不應我，非不應我，不知應我也。
吾問狂屈，狂屈中欲告我而不我告，非不我告，中欲告而忘之也。
今予問乎若，若知之，奚故不近？」黃帝曰：「彼其眞是也，以其不
知也；此其似之也，以其忘之也；予與若終不近也，以其知之也。」
狂屈聞之，以黃帝爲知言。

王弼蓋有承於此義而論言意之旨，以爲常道常名並非名言所可議論，在《指
略》中頗發明此中旨趣，例如「言之者失其常，名之者離其眞，爲之者則敗
其性，執之者則失其原矣。是以聖人以不言爲主，則不違其常，不以名爲常，
則不離其眞，不以爲爲事，則不敗其性，不以執爲制，則不失其原矣。」若
以王弼對名言之觀點看老子之著五千言，老子固喜於用「正言若反」以遮爲
詮，姑無論老子如何善用語言表達之藝術，畢竟已落言詮，於常道而言，即
落於第二義，此爲不可諍之事實，《莊子·齊物論》已說得很很白：「聖人懷
之，眾人辯之以相示也。」聖人體無，落於言詮以論道，則已離道，老子顯
然已落入眾人之列，所以王弼說「老子是有」，非無根據。

王弼《周易略例·明象》云：「忘象者乃得意者也，忘言者乃得象者也；
得意在忘象，得象在忘言。」韓康伯承王弼之玄旨注《繫辭傳》云：「夫非忘
象者則無以制象，非遺數者無以極數。」聖人雖體無，然無不可以言說，當
具體實踐於人倫日用，制作禮樂之無執無滯，毋意必固我，無私意造作之生
活行事中，故凡聖人日用行事，表面所見者皆是「迹」，如此則體無之無則是
「所以迹」。王弼在調和自然與名教之前提下，揭示「聖人體無」之迹本圓融
的圓教模式，在這個模式下，孔子一生之言行，一部《論語》，一部《春秋》，
化育三千，天子王侯庶人布衣皆折中之，凡此種種，皆在名教範圍之內，皆
可作爲名教之典型。此名教即是王弼所說之末或迹，而聖人則是所以迹。若

據此以論老子，則老子只見五千言，雖盛言道德之旨，而所言者實在於本，其持論則在於無，意在於辯示「所以迹」之理，而未見其迹之制作、教化，其一生智慧凝聚而著成五千言，則是其知在於無，用示其本，至如名教之迹，則未見於行事。即於迹而可以知其有本，此聖人也；雖知本而晦於迹，此老子也。王弼據此而判老子處於有，亦玄學義理之所涵者也，在莊子處，一切禮樂仁義皆可忘，以其無可奈何而處之，其意在銷融一切，超越一切以達於逍遙之境，用之達到生命自由自在之境界，逍遙而能至於孝之盛、忠之盛，知天下之大戒，無可奈何而安若命，此其說已然涵有圓融天人，自然與名教之義理，然而在莊子處，禮法名教和自由逍遙是否能毫無衝突，或者隱藏著永恆的衝突，實為一值得討論的問題，若兩者果有衝突，莊子必以無為本，此可演而明也。因此視孔子未若老子之知本，就知本而論，遂以為孔不如老，實不足為怪，自從王弼盛發「去仁而後仁德厚」「絕聖而後聖功全」之「作用的保存」義後，以自然為名教之本，視名教為不可廢者，立聖人體無有情，發明本末一如之論，則孔子理所當然成為圓教之模型，居於老子之上，此亦由《莊子》以至於玄學，義理發展之必然者也。

聖人體無，其於仁義禮節，自是安而行之，樂以踐之，大用流行，自然無礙。老子之所以欲絕棄聖智仁義，意在於追求沖虛無礙之道本，俾能得聖知仁義之厚實純粹，由此觀之，完美之聖智仁義理當為老子所嚮往，雖未著於論，而理實必函。王弼由是以知孔老之高下，其所用以品次之理據大體可得而言者已如前述。王弼之說，降至郭象注《莊》，亦鳴同調，於是乎魏晉至南北朝近四百年間，乃玄言之高唱，學者皆宗之，梁朝阮孝緒有一段精闢之論可以作為「孔老之論」的總結，其文云：

> 夫至道之本貴在無為，聖人之迹存乎拯弊。弊拯由迹，迹用有乖於本；本既無為，為非道之至。然不垂其迹，則世無以平；不究其本，則道實交喪。丘、旦將存其迹，故宜權晦其本；老、莊但明其本，亦宜深抑其迹。迹既可抑，數子所以有餘；本方見晦，尼丘故是不足。非得一之士闚彼明智，體二之徒獨懷鑒識，然聖已極照，反創其迹；賢未居宗，更言其本。良由迹須拯世，非聖不能，本實明理，在賢可照。若能體茲本迹，悟彼抑揚，則孔、莊之意，其過半矣。〔註82〕

〔註82〕見《梁書》卷五十一列傳第五十四，文學下處士〈阮孝緒傳〉，頁739，標校

聖已極照,即言體無而得一,故能反創其迹,指孔子、周公能制禮作樂,垂教天下者,以其能有本之故,此義未離王弼「聖人體無」之義。賢未居宗更言其本,賢指老、莊,未居宗者,以其體二而未能爲一,未達迹本圓融之境,獨懷鑒識,鑒識者乃智及之事,以其智及,所以能言;又未居宗,所以更言,嚮往之也。此義正可與王弼所言之「老子是有者也,恆言其所不足」相互發明斯義。

四、聖人有情

何劭《王弼傳》云:

> 何晏以爲聖人無喜怒哀樂,其論甚精,鍾會等述之。弼與不同,以爲:聖人茂於人者,神明也;同於人者,五情也。神明茂,故能體沖和以通無;五情同,故不能無哀樂以應物。然則聖人之情,應物而無累於物也。今以其無累,便謂不復應物,失之多矣。

又云:

> 弼注《易》,潁川人荀融難弼〈大衍論〉,弼答其意,白書以戲之曰:夫明足以極幽微,而不能去自然之性。顏子之量,孔父之所預在,然遇之不能無樂,喪之不能無哀,又常狹斯人,以爲未能以情從理者也,而今乃知自然之不可事。是足下之量,雖已定乎胸臆之內,然而隔逾旬朔,何其相思之多乎?故知尼父之於顏子,可以無大過矣。

此兩段文字是王弼討論「聖人有情」的主要資料。此中情之內容即指喜怒哀樂,以王弼的說法指「喜怒哀樂欲」五情。依據何劭所述:何晏以爲聖人無喜怒哀樂,其論甚精。一般稱何晏之說爲「聖人無情」說,與王弼所主之「聖人有情」說相對而言。王弼說「聖人有情」,是說聖人能應物而無累於物,王弼也指出何晏亦說聖人無累,但不復應物。何晏說法的詳細內容已無法盡知,唯據何劭之文觀之,其中有若干疑點待分疏。

(一)何晏之說「聖人無喜怒哀樂」,此「無」是存有層面之無,抑指作用上之無,有待釐清及作進一步之確定。

本,鼎文。文中「體二之徒」各本「二」譌作「之」,義則難通,今據標校本改。「體二」與上文「得一」相對爲文,駢文故也。得一之士指孔、旦;體二之徒指老、莊。體二者,言其未能得一,其於體仍有隔,知無而尚未能體無者也,故言體二也。

　　（二）依何劭述王弼之言，何晏亦主「聖人無累」，若說無累，則已函應物矣，今又說「不復應物」，究竟意旨為何？

　　（三）王弼說聖人之體沖和以通無，故能應物而無累於物。形式上之體用觀之，似亦圓融，然而此說能盡聖人之情否？

　　聖人的內容的探討，一直是魏晉一代清談和玄學的主要問題之一，例如聖人之美，聖人之才，聖人之境界，以至於現在所討論的聖人之情的問題。何謂情？《荀子·正名篇》說：「性之好惡喜怒哀樂謂之情。」王弼在文中提及五情，是在喜怒哀樂之外，還函著說欲〔註83〕，一般而言，情和欲是分開說的，欲是指男女聲色貨利之欲，情是指喜怒哀樂愛惡懼之情。情和欲對舉，不必將欲包含在情裏面說。如依何劭之傳文所示，只簡單的說「喜怒哀樂」和「五情」，當是概括性的說法。在此，並不準備詳談情的內容如何的問題，而在於聖人無情，有情的究竟內容為何？何晏、王弼都祖述《老》、《莊》，當不致於不知道《莊子》也有「無情」的說法〔註84〕其說是：人之不以好惡內傷其身，常因自然而不益生，此之謂「無情」。即依循自然，不因好惡之情對自然之本性有所損益，這是原則性的規定，《莊子》還有更具體之說明：

> 死生存亡，窮達富貴，賢與不肖毀譽，飢渴寒暑，是事之變，命之行也；日夜相代乎前，而知不能規乎其始者也，故不足以滑和，不可入于靈府。（《莊子·德充符》）

> 且夫得者，時也；失者，順也；安時而處順，哀樂不能入也，此古之所謂懸解也。而不能自解者，物有結之。（《莊子·大宗師》）

懸解則哀樂不能入，此即《莊子》所謂「無情」的具體說明。成敗得失、死生存亡、富貴窮達、賢不肖毀譽，並不由乎己，不是自己所能掌握者，屬於事之變，命之行。此皆客觀因素重，無法為主觀意志改變多少者，是因為人心對之起執，有執而後情緒生，所以「人心」才是關鍵，無執則哀樂不能入。

〔註83〕王弼以為「聖人茂於人者神明也，同於人者五情也。」「五情」指的是喜、怒、哀、樂、欲。

〔註84〕《莊子·德充符》指的是喜、怒、哀、樂、欲。
　　　　惠子謂莊子曰：「人故無情乎？」莊子曰：「然！」惠子曰：「人而無情，何以謂之人？」莊子曰：「道與之貌，天與之形，惡得不謂之人？」惠子曰：「既謂之人，惡得無情？」莊子曰：「是非吾所謂情也。吾所謂無情者，言人之不以好惡內傷其身。常因自然而不益生也。」

人之爲情所困所苦，譬猶倒懸，如能認識得失之爲時命，而任之自然，則哀樂不能入我胸臆，謂之哀樂不能入。哀樂不能入則不致內傷其身，凡事則可以任之自然，自然而得，自然而逝，無所用歡喜悲怨。如此理解《莊子》之「無情」其實是一種境界，是無執的境界，達到此境界則世俗之喜怒哀樂已無所施用，如此則能應物而不藏，勝物而不傷。此言「不以好惡內傷其身」，並未明示好惡之必內傷其身，因爲好惡本不可無，自有其獨立之意義，如《大學》所云「好好色，惡惡臭。」，道德上之好惡，如《論語・里仁》第三章所云「唯仁者能好人，能惡人。」所欲無者在人心之執，只要透過工夫以知，常因自然而不益生，則可矣。可見內篇並未把情視爲完全負面之價值。外篇則不然，視情爲人心自然之流失，所以要完全摒除。〈刻意〉篇云：

> 悲樂者德之邪，喜怒者道之過，好惡者德之失。

何以視情爲道德（此道德乃道家意義之道德）之過失？外篇作者之意乃認爲喜怒之情是緣於外物所引起，非由我主宰，〈山木〉篇云「物物而不物於物。」要能不爲外物所役使。此物物，是御使萬物，所謂御使非宰制之御使，而是以和爲量，因順道德，不爲外物左右。〈知北遊〉也有類似的說法：

> 山林與！皋壤與！使我欣欣然而樂與！樂未畢也，哀又繼之，哀樂之來，吾不能御，其去弗能止。悲夫！世人直爲物逆旅耳！

哀樂之情起伏無常，來不能御，去弗能止，相推相代，載浮載沈，皆由於物來物去，所謂「直爲物逆旅耳！」誠有深切之存在的感受。〈繕性〉篇云：

> 物之儻來，寄也；寄之，其來不可圉，其去不可止，故不爲軒冕肆志，不爲窮約趨俗。其樂，彼與此同，故無憂而已矣。今寄去則不樂，由是觀之，雖樂，未嘗不荒也。故曰：喪己於物，失性於俗者，謂之倒置之民。

此處已將情視爲喪己失性，所言「倒置之民」與〈大宗師〉之「懸解」，其義有相通之處，皆視哀樂之入人亦猶人之倒懸之不自然。內篇主張安時處順，因順自然，外篇則視哀樂之本質爲道德之過失，非可由我，乃物於物者，則情之存在並無獨立之意義。若道德之全者，其無喜怒哀樂亦從可知矣，馮友蘭對《莊子》的「無情」說解釋爲「以理化情」，其說云：

> 照莊子的說法，人的感情，如喜怒哀樂等，起於對事物的不了解。聖人對事物有完全底了解，所以「哀樂不能入」（《莊子・養生主》），哀樂不能入，就是無哀樂，也就是無情。聖人所以無情，並不是冥

　　頑不靈，如所謂槁木死灰，而是其情爲其了解所融化，此所謂以理

　　化情。〔註85〕

馮氏以知識問題來理解情，可能已經忽略了道家本有心齋坐忘、澡雪精神的工夫。在道家言，聖人是一充極圓滿人格的典型，達到聖人之境界是無名，無己、無功的工夫致極所顯的精神境界，如果只說「聖人對事物有完全底了解」則「了解」顯然只是智上底事，由知及之的了解並不能保證必然達到「哀樂不能入」的境界，原則上，工夫論中可函有智上底知識，而知識底了解不必含工夫論，且馮氏所云之「理」並未指明是「道理」或「事理」，揆其前說「了解」之意，恐怕指的是「事理」而非道理，因爲道家之「道理」是要通過體踐，而非了解的。何晏的說法，因文獻不足，難以稽考，馮氏認爲何晏的說法大約即《莊》學中此說〔註86〕。湯用彤的說法亦近似之：

　　聖人爲人倫之至，自則天之德，聖人得時在位，則與寒暑同其變化，

　　而未嘗有心於寬猛，與四時同其推移，而未有心於喜怒。不言而民

　　信，不怒而民感，聖人不在其位，固亦用之則行，舍之則止，與時

　　消息，亦無哀怨。〔註87〕

湯氏又說：

　　推平叔（何晏）之意，聖人純乎天道，未嘗有情；賢人以情當理，

　　而未嘗無情。至若眾庶固亦有情，然違理而任情，爲喜怒所役使而

　　不能自拔也。〔註88〕

從《莊子》「哀樂不能入」「不以好惡內傷其身」而說「無情」，則「情」的本質顯然未被肯定，而無獨立存在之意義。何晏之說果如馮友蘭說「以理化情」，或即如馮氏所云「聖人純乎天道，未嘗有情。」今再從何劭傳文中王弼之語脈及何晏本身的學說中去了解。

　　回到王弼之論何晏，從王弼口中檢視何晏之說，王弼述何晏之說爲「今以其無累，便謂不復應物。」則何晏之「聖人無情」即「聖人無累，又不復應物。」而規定的，再試追問，何晏所說的「無累」是何意？是應物而不爲物累？抑是因不復應物，不應物，故亦無物爲之累？依王弼所述推之，恐爲後者之可能爲大，然則不應物之聖人之內容如何？是一純理，挂空而無喜怒

〔註85〕馮二難（按即馮友蘭）《中國思想群論》第七章：玄學，頁117，天華。

〔註86〕馮友蘭《中國哲學史》第五章〈南北朝之玄學〉上，頁607，坊間翻印本。

〔註87〕湯用彤《魏晉玄學論稿》，頁72，盧山。

〔註88〕同註87，頁73。

哀樂之人？因此王弼不認爲何晏之說已達圓融，王弼雖也主張「無累」，然對外物則持「應物而不累於物」，何以能夠？是因爲聖人「體沖和以通無」，故能不累，即體無而有情。如此說來，何晏之說則以應物便爲或恐爲物所累，所以不應物則必無累，此說誠未達圓融。王弼則以應物若爲物所累爲有累，以應物若不爲物所累爲無累。何晏之說爲免於累則不應物，則理事打爲兩橛，體用不能圓融，此恐爲王弼所反對之主要原因，再看何晏他處之主張，《論語·雍也篇》第三章，顏回「不遷怒」，何晏集解曰：

> 凡人任情，喜怒違理，顏淵任道，怒不過分。遷者，移也。怒當其理，不移易也。

此段文字未申明爲引他人之言，必是何晏之語〔註89〕。此處雖論顏回，而非討論聖人，然亦可由此推求其思路。凡人任情，喜怒違理，是純從情之負面義說情，實則任情亦不必不合理，顏淵是喜怒當於理，顏淵雖然未達聖人之境，但其爲仁人已有定評〔註90〕。何晏以情，理對舉，並以理作爲情之準則，如此則可推言聖人純乎天理者，是理即情，情即理，情理爲一，若如此，又何以說是「不應物」或是「無情」呢？如果說聖人純乎天道，天道之內容爲何？可試循何晏之思想脈絡尋找可能之解釋，《論語·述而》「志於道」句下何晏注云：

> 志，慕也，道不可體，故志慕之而已。

《論語·公冶長》第十三章「夫子之言性與天道不可得而聞也。」何晏注云：

> 天道者，元亨日新之道也。深微，故不可得而聞也。

《列子·仲尼篇》「蕩蕩乎，民無能名焉。」張湛注引何晏〈無名論〉曰：

> 夫道者，惟無所有者也。自天地以來皆有所有矣；然猶謂之道者，以其能復用無所有也。

《列子·天瑞篇》「無知也，無能也，而無不知也，無不能也。」張湛注引何晏〈道論〉云：

> 有之爲有，恃無以生，事而爲事，由無以成。

〔註89〕皇侃《論語集解義疏》卷第一，學而「人不知而不慍，不亦君子乎！」註：「慍，怒也。凡人有所不知，君子不慍之也。」皇疏：「凡註無姓名者，皆是何平叔語也。」頁1，新安鮑氏知不足齋本，古經解函第二十一。

〔註90〕班固《漢書》卷二十〈古今人表〉第八，顏淵和冉伯牛、仲弓同列二等仁人之列，頁246標校本。

何晏又引夏侯玄曰：

> 天地以自然運，聖人以自然用。自然者，道也。道本無名，故老氏
> 彊爲之名。

由以上所引之文可知何晏之「聖人無情」或「聖人之純乎天道」，此天道乃指道家之「自然」「無所有」之義，就是以「無」爲本，以「情」爲有，有之爲有，恃無以成，依何晏之說法推之，情固在其中矣，所以湯氏說「聖人未嘗有情」恐未必即爲何晏之意。唯一可能的解釋是：何晏所說的「聖人無情」是道家意義的無情，如此則和《論語》中聖人的哀樂無法印證，也就是王弼認爲其說不同處，如《莊子・養生主》有這麼一段記載：

> 老聃死，秦失弔之，三號而出。弟子曰：「非夫子之友邪？」曰：「然！」
> 「然則弔焉若此，可乎？」曰：「然。始也，吾以爲其人也，而今非
> 也。向，吾入而弔焉，有老者哭之，如與其子；少者哭之，如哭其
> 母。彼其所以會之，必有不蘄言而言，不蘄哭而哭者，是遁天倍情，
> 忘其所受，古者謂之遁天之刑。適來，夫子時也；適去，夫子順也。
> 安時而處順，哀樂不能入也，古者謂是帝之懸解。

《論語・先進》篇云：

> 顏淵死，子曰：「噫！天喪予！天喪予！」
>
> 顏淵死，子哭之慟。從者曰：「子慟矣！」曰：「有慟乎？非夫人之
> 爲慟而誰爲？」
>
> 孔子哭子路於中庭，有入弔者，而夫子拜之，既哭，進使者而問故，
> 使者曰，使者曰：「醢之矣！」遂命覆醢。（《禮記・檀弓》）

由《論語》及〈檀弓〉所載看聖人之喜怒哀樂，固是有情矣！而且其哀樂之表現於「哭之慟」誠不同於〈養生主〉之三號而出，孔子未嘗不知死生是命行〔註91〕。然而遇之卒不能無哀慟者，是有情之具體說明，此亦當爲王弼所說之「有情」。何晏則以聖人之道在無，是落在道家義理中理解孔子，而將孔子視爲方外，而不知聖人之遊於方內者也〔註92〕。何晏的說法聖人固無累矣！然而遊乎方外，所以王弼視之爲「不應物」。「應物」和「不應物」之分別標

〔註91〕《論語・顏淵篇》第五章，子夏曰：「死生有命，富貴在天。」《論語義疏》
　　　　皇侃在〈學而〉第一章疏曰：「或是弟子之言，或有時俗之語，雖非悉孔子之
　　　　語，而當時皆被孔子即可也，必被即可乃得預錄。」
〔註92〕《莊子・大宗師》篇語。

準則在於合於名教否！何晏之說純自道體上看聖人，聖人固無累，然而名教亦不存焉！故何晏之論脫離名教而未肯定名教〔註93〕。王弼的說法較何晏有新義者則在於「應物而無累於物」，應物則與名教相涉，肯定名教（至於其義理之理論能否肯定得住是另一問題）。聖人之所以能無累於物者，在王弼的看法並非「不復應物」才能無累，而是聖人能「體沖和以通無」，眾庶有情，聖人亦有之，聖人茂於人者神明也，神明茂才是聖人不同於眾庶者，何以聖人獨能茂於眾庶？王弼並未說明，若從王弼玄學之理論中去尋求答案，大體可作下面之解答。也就是說聖人是「智慧自備，自然已足。」所謂神明即智慧之義，「自備」也就是非後天積學所能致，而是出於「自然」，所以聖人是天成的，此正是王弼之思路，按「體沖和以通無」原義亦當函有工夫論之意義，神原來就屬於工夫論的概念，工夫致極乃能為神，所以謂之神明者，是唯有致極之工夫後乃能明，工夫是智慧能否明通之關鍵。不過，王弼對於聖人之理解，似乎較偏於漢人以降的才性聖人觀〔註94〕。因此較忽略工夫論的闡發，聖人遂成為不可得而致。「智慧自備」之原義也不必解釋為不可學，不可致之義，而當釋為實踐之內在根據，不假外求之義。王弼的說法雖然是在境界義上言聖人，由於聖人體沖和以通無，且神明茂於凡庶，如此則可「應物而無累於物」，凡庶雖五情同於聖人，叵奈無聖人之神明，故應物而有累。王弼視情為聖凡之所同，而不可去者，「情」乃自然之性，此自然非境界義之自然，乃與生俱來之自然，所以不可革，其說較何晏確乎較為圓融。既不可革乃要使情成其為情，就是遇之而不能無哀樂，不壓抑，不執著，而不是要否決情之存在而無情，由此說之，聖人體無和聖人有情正相融相合而見聖人之性情，並不牴牾。

〔註93〕湯用彤的說法雖然以漢人性靜情動之說，解釋何晏性靜而情不動，或是純乎天道，未嘗有情，但是這些說法都和何晏的〈無為論〉、〈道論〉相牴牾，而無法自解，所以本文嘗試提出另一種方式予以說明。

又，何晏之說無法肯定名教，湯一介在《郭象與魏晉玄學》，頁42，即嘗說：「蓋何晏還沒有真正了解聖人的人格，如果把聖人看成是在現實世界之外和一般人毫無共同之處的『神人』，這樣就把聖人和一般人完全割裂開來，對立起來，那麼聖人和一般人就會無法溝通，也就是說把理想境界和現實社會生活，自然和名教視為兩截，有體而無用了。

〔註94〕《老子》十九章「絕聖棄智」王注曰：「聖智，才之善也」，《老子指略》亦云：「夫聖智，才之傑也。」如此和劉劭《人物志‧序》所云：「聖人之美，莫美乎聰明。」從才性品聖人的觀點相當一致。

第四章 文獻的基礎分析
——《老子》部份

第一節 《老子指略》釋義

何劭《王弼傳》云：「弼注老子，爲之指略，致有理統。」這是記載有關王弼《老子注》及《指略》最早之文獻。陸德明《經典釋文敘錄》亦著錄有《老子指略》一卷，《新唐書・經籍志・子略》著錄《老子指略例》二卷，卷數雖不同，然作者均載爲王弼所作。《通志・藝文略》亦作王弼著，《舊唐書》雖載有書名、卷數，然不知何故未載作者〔註1〕。宋末以來，史籍未載。近人王維誠及嚴靈峰均稱發現在《雲笈七籤》中的《老君指歸略例》及《道藏》中的《老子微旨略例》，並且認爲就是王弼所作之《老子指略例》〔註2〕。而將之輯成《老子指略》。雖然在考證上尚無直接之證據可以確定爲王弼所作，然就其義理與語言之脈絡言，則與王弼之《老子注》一貫且相吻合。今之學者大都接受此文即爲王弼所作之看法，本文亦同此立場。考據誠不可廢，倘一時之間，文獻不足徵，恐亦只有俟諸來日，殆非可立決，而義理之切合與否才是本文之重點所在。因《老子指略》文約旨遠，義理精湛，爲《老子注》之綱領，故擬全文予以討論，討論之方式，先逐段徵引原文，其次語譯以見

〔註1〕 有關卷數及作者之考訂，雖尚未有確定之結論，迄今較爲詳盡的考訂文章可參閱王葆玹《正始玄學》，頁173～176，齊魯書社。

〔註2〕 王、嚴二人之發現孰爲先後，尚難定論，王文載於《北大國學季刊》第七卷第三號。嚴文見於其所集《老子集成》中《王弼老子微旨例略》，中載〈雲笈七籤「總敘」校「微旨例略」附記〉。

其文義，繼之以辨析，以明其統緒所歸及涵蘊之問題所在。

一、道存在之形式

> 夫物之所以生，功之所以成，必生乎無形，由乎無名。無形無名者，
> 萬物之宗也。不溫不涼，不宮不商，聽之不可得而聞，視之不可得
> 而彰，體之不可得而知，味之不可得而嘗。故其為物也則混成，為
> 象也則無形，為音也則希聲，為味也則無呈。故能為品物之宗主，
> 苞通天地，靡使不經也。若溫也則不能涼矣，宮也則不能商矣。形
> 必有所分，聲必有所屬，故象而形者，非大象也；音而聲者，非大
> 音也。

物所以能存在，功勞所以能成就，一定是生於無形，由於無名而保存之，
而成就之。無形無名的道是萬物（包括萬事）的宗主，它（指無形無名之宗
主）不溫不涼，不宮不商。用耳朵聽，無法聽到它；用眼睛看，也無法看見
它；用身體去感觸，也無法知覺它；用口去嚐食，也無法品嚐到它的味道。
所以，它是渾然存在的狀態，在形象上說是無形，在聲音上說是無聲，在味
道上說是無味。所以能作為眾物的本體和主宰，涵蓋天地之間，沒有一樣事
物能不通過它而存在。這個宗主，如果是溫的，那麼它就不是涼的了，如果
是宮調，那麼就不是商調了。具體事物的形狀一定有它的分限，聲音也一定
有它所專屬的調律，所以說若是具體的形象，那就不是超越的大象了，有所
專屬調律的聲音就不是超越的大聲了。

《指略》開宗明義的在第一段就點出道為萬物之所以存在的根據，並指
出道與萬物之不同。「物之所以生，功之所以存。」物除訓為具體物之外，亦
可訓為事，由事而言功成，此言物生功成，則是分說。「物之所以生」是說萬
物所以出現和存在，「功之所以成」是指事功所以能成就，兩者都不就物及功
本身言，而是要追溯其所以生所以成之根源，此所以然之根源就是物生功成
超越之根據，此超越之根據就是「無形無名」之道。《指略》直接說出「無形
無名者，萬物之宗也。」與〈十四章〉王注文相同，然並未論證。吾人須知
《指略》根源在於王弼的《老子注》，王注的義理血脈在於《老子》，《老子》
的道則是出自於道家人物形而上的洞見。至於「宗」之義可訓最早、最尊、
歸趨、主宰諸義，合此諸義而說道，也是規範道的形式條件。既已指明道的
存在，繼而說明和萬物之區別。「不溫不涼，不宮不商。」或「聽之，視之，
體之，味之」皆不可得者，旨在於以舉例方式指點出道和物的不同，指明道

和物不同層，因此也不具備物之任何屬性，沒有物之屬性，所以也就不能以耳、目、體、口的感覺去把握它。換言之，以把握物象的感官直覺的方式是無法觸及道的。既無法以感官直覺之，則統覺亦無所施用，當然也無法形成知識上的概念，因而也不能以下定義的方式規定它。只能用描述的手法，以遮撥的方式來指點道的存在，所謂遮撥的方式是：它不作正面的宣示或說明「道是什麼」，只側面的說「什麼不是道」或「道不是什麼」。下文「故其為物也混成，為象也無形，為音也希聲，為味也無呈。」的陳述就是遮撥的詮表方式。值得注意的是：「其為物也混成」的句義，有人即質實的將《老子·二十五章》「有物混成，先天地生。」的「物」字解釋為物質，並由此指證《老子》之道是物質性的存在，是「有」﹝註3﹞。此誠泥於章句，而未能掌握義理血脈的說法，「物」之解釋，前文已述，有具體物之義，也有抽象之事理義，《老子》已明言「道可道，非常道。」《王注》說「可道之道，可名之名，指事造形，非其常也。」則此處當取抽象之事理義，而非具體物之義。如作具體物解，與首章之義扞格而難通。故說「其為物也混成」，王弼在〈二十五章注〉說「混然不可得而知，而萬物由之以成，故曰混成也。」﹝註4﹞混然是形容詞，形容道之不可得而知之狀，雖道不可得而知，卻可從萬物由之以成而推知其存在，此存在方便以物事擬議，切不可泥於字面作解。且在王注他處有例可證，如《老子·十六章》「復命曰常」，王注：「常之為物」，意為常道之存在，而非說常道是某種物質性的東西，其義甚明。至於「為象也無形」「為音也希聲」「為味也無呈」則是指出道之徧在於物，而舉「象」「音」「味」為例說之，然道並非此諸事物之當身，當然更不可理解為同一層次相對而言的有象無象，有聲無聲，有味無味，譬如：桌子為有象，空氣為無象；厲風為有聲，和風為無聲；醇酒為有味，白水為無味等。因而對於句中的「無形」「無聲」「無味」的理解，皆須有異質的超越，唯如此才能由相對之萬物層達到絕對的道之層次。唯道為絕對而又徧在，既超越又內在，所以能為萬物的宗主，彌綸天地，無物不經。接著又加以補充說明，如果道是一具體物之存在，則必然是有限的，若是此物則不能是彼物，凡具體物皆有其屬性，因屬性之不同得以分門別類，自然界分門別類的知識即由此逐步建立。而道則無任何屬

〔註3〕嚴靈峰，《老子達解》第二十五章釋此句云：「氣形質具而未相離」，頁123，華正。又《老莊研究》〈老子的道之新解釋〉說「道即是混成之物」，頁344。

〔註4〕王弼此注將混然屬於道，成屬於物，恐非《老子》之原義，見牟宗三先生《才性與玄理》，頁148，學生，此處順王注之義說。

性，由此而推論出凡是有形象、有音聲的存在都不是道。關於「大象」「大音」之「大」義，其訓解亦同前說，當非現象界相對大小之大，而是超越的、絕對之至大。以上是順文義逐句順通，其次論及方法的問題。

有人指出《老子指略》開頭這段文字「完全是就從具體上升到抽象的過程立論，並且運用了『辨名析理』的方法。」〔註5〕粗看此話亦無不妥，然而若從建立自然科學知識的途徑看，亦可以說是由具體特殊的事物，經由分類、歸納，而上升至抽象的概念。因此，僅作「從具體上升到抽象」的說明，顯然無法區分不同層次知識的本質，容易混淆知識的層級，遂令自然科學和形上學不分。最主要的是「從具體上升到抽象」是一切學問建立之共同模式，它不能說明科學何以是科學，玄學何以是玄學的道理。說到「抽象」，在《指略》的體系中，必涵有一異質的超越，方能進入玄學的領域。至於「辨名析理」則是任何一家思想建立之最基本之要求，如荀子之〈正名〉，名家之論「離堅白」「合同異」，〈墨辯〉之論名謂，魏晉之論才性，皆須以「辨名析理」爲基礎，因此說作爲王弼玄學的基本方法可，若直以爲其特有之方法論，恐有商榷之餘地。至於王弼玄學之方法進路問題，已見於第三章，茲不贅述。

二、道與萬物

> 然則，四象不形，則大象無以暢；五音不聲，則大音無以至。四象形而物無所主焉，則大象暢矣；五音聲而心無所適焉，則大音至矣。故執大象則天下往，用大音則風俗移也。無形暢，天下雖往，往而不能釋也；希聲至，風俗雖移，移而不能辯也。是故天生五物，無物爲用；聖行五教，不言爲化，是以「道可道，非常道；名可名，非常名。」也。五物之母，不炎不寒，不柔不剛；五教之母，不皦不昧，不恩不傷。雖古今不同，時移俗易，此不變也。所謂「自古及今，其名不去。」者也。天不以此，則物不生；治不以此，則功不成。故古今通，終始同，執古可以御今，證今可以知古始，此所謂「常」者也。無皦昧之狀，溫涼之象，故「知常曰明」也。物生功成，莫不由乎此，故「以閱眾甫」也。

此段文字是就道而說萬物，並論述兩者之關係，茲將文句順通如下：

〔註 5〕任繼愈主編《中國哲學發展史・魏晉南北朝》，頁 119，人民。

　　但是沒有「金、木、水、火」的具體物象，那麼大象的作用也就不能暢通，沒有「宮、商、角、徵、羽」的五聲，那麼大音的作用也就無從達到。（萬物）雖通過四象顯現具體的形象，但是並不以四象中任何一象作為宗主，那麼大象就暢通無阻。聲音雖通過五音具體的表達出來，但是我心並不歸向於五音中任一音，如此大音才能通暢。所以聖人守住大象，則天下的人都歸向他，用大音就能移風易俗了，聖人通曉了無形的大道，天下的人雖然歸向他，但是並不知其所以然；聖人用大音，風俗雖然改易了，但是人民無法辨知其中的奧妙。雖然天生五物（金、木、水、火、土）形成萬物，但是必須以「無」為作用才能生成；聖人敦行五倫的教化，必須以「不言之教」才能化民成俗。所以《老子‧第一章》說：「道可道，非常道；名可名，非常名。」五物生成的根據，不屬於炎熱，不屬於寒冷；五倫之教的終成原理，沒有明晦的分別，不施惠澤也不加妨礙。雖然古今時代不同，世代更替，風俗變易，道是不變的，即所謂「從古至今，無名的名不會改變的。」的意思。上天不因順常道，則萬物無法存在，聖人治理天下不因順常道，則事功無法成就。所以道理是古今相通，終始相同的。執守古之道可以統御今之有，上古雖遠，其道常存。所以雖在今世而可以推知古始，這就是所謂「恆常」的道理。它沒有明亮晦暗的樣子，沒有冷熱的現象，所以了解這個常道可以稱為明智，萬物的存在，事功的成就，沒有不經由這個常道，所以常道總聚萬物的始源。

　　「四象不形，則大象無以暢；五音不聲，則大音無以至。」是指出離開萬物也就無所謂道的存在，這是理解王弼玄學的一個重要原則，道和萬物雖然不同層次，但是兩者的關係不即不離。換言之，道不即是物，以文中之例說明之，就是大象不即為四象，大音不即為五聲，此理甚易明。惟道雖非事物，然亦不能離開事物而說道的存在。或說離開萬物而有個孤懸的道在。也就是說：不能說離開了四象之形還單獨有個大象存在，或離開了五音之聲還單獨有個大音存在。道是即著萬物作用於萬物，才能證明它的存在的。韓康伯《周易‧繫辭傳注》引王弼〈大衍論〉說：「夫无不可以无明，必因於有，故常於有物之極，而必明其所由之宗也。」〔註6〕這段引文的意思正可以說明前面的道理：无的常道，無法由它自身彰顯自己，必藉著萬物（有）才能彰顯。那麼，大象大音又如何才能彰顯呢？就是即著四象之形，五音之聲而又

〔註6〕《周易王韓注》，卷七，頁6～7，中華四部備要本。

不能滯於任何一物，執於任何一聲，使四象之形自形，五音之聲自聲，而能不主於任何一物，使眾物皆形；能不適於任何一聲，使各聲皆聲。而由此不主、不適之作用，而使四象形、五音聲遂知此大象、大音之存在。四象五音是就著自然事物之自形自具，而說以無為用，指點道的存在。若就人類的政治及社會言，常道是人類終極的歸趨，聖人以常道治天下，則天下皆歸向他，所以說「執大象而天下往」。然而，大象如何可執？而是以無所主，无所適，不執之執的方式執之，如何斯謂「不執之執」？也就是聖人必須有「无」的工夫修養〈二十九章注〉說：

> 聖人達自然之至，暢萬物之情，故因而不為，順而不施，除其所以
> 迷，去其所以惑，故心不亂而物性自得也。

「不執之執」指的就是因順，不施不為，除迷去惑的工夫。移風易俗，教化天下，正是要聖人去甚去泰去奢，虛靜無為，使民不爭。如此則天下雖往而不能釋，風俗雖移而不能辯，所謂不能釋、不能辯就是百姓日用而不知其所以然的意思，〈十七章注〉說：

> 居無為之事，行不言之教，不以形立物，故功成事遂而百姓不知其
> 所以然也。

不知其所以然就是說明常道之深不可測，難以究知。以上是由自然物而說到人事，即人事而說道，皆是透過聖人而說的，然而聖人如何能體現大道？此中必然涵著「工夫論」，所以，說聖人必有工夫，也唯有透過工夫方能修為聖人。常道雖然古今通終始同，自古已固存，然若不透過聖人「知常」之「明」的工夫和智慧，則這種永恆的真理，不變的常道仍然是隱而未彰的，所以《指略》說「天不以此，則物不生；治不以此，則功不成。」天本來自然無為，何以說「天不以此」？自然界之萬物本來自生自長，又何以說「物不生」？此義即說明常道雖然亙古固存，仍必通過聖人實踐以體現之，此常道乃是通過主體之實踐而收攝於主觀的心境上說的常道，而不是科學知識所講的外延性的真理，也不是指一客觀實存的上帝或天道。聖人用之於政治教化，由此而物生功成，捨常道則無它途。「无」也就不再是抽象的空無內容的無，而是極具妙用的無。吾人似亦可質疑，政治之教化，移風易俗，直能以「无」而治而化否？苟如此，儒家之仁政，禮樂之教化豈非虛設，一切之政治制度、教化設施豈非多餘？即如〈第五章注〉說的：

> 天地任自然，無為無造，萬物自相治理，故不仁也。仁者必造立施

化，有恩有為。造立施化則物失其真，有恩有為則物不具存，物不
具存則不足以備載矣。

故此中有一觀念亟待說明者，王弼注《老子》，道家之基本精神一脈相承，皆
不在正面立言，而在作用上說，換言之，不正面樹立「是什麼」？而只問「如
何可能」？「如何才是最佳的實現？」當然，不論王弼或老子，就道而言物
生功成莫不由之，乃在於實現原理，形上的根據說，而非落在形下的知識層
面上說。那麼，上引注文的大義是說，如果不能具備「無為」的常道，聖人
的教化施為有什麼結果呢？依吾人的常識是「仁者造立施化則物不必失其
真，有恩有為則物不必不具存。」依儒家之義則是「唯仁者能造立施化而物
乃得其真，唯有恩有為而物乃得具存。」依王弼之意則認為「仁者造立施化
則物失其真，有恩有為則物不具存。」由此看來，王弼純就仁者外在化之造
立施化、有恩有為上說，直視此造立施化、有恩有為是對物之自然的分割、
扭曲和傷害。那麼要如何方能保證物不失其真，物皆獲具存呢？只有「自然
無為」。

三、名言之限制

夫奔電之疾猶不足以一時周，御風之行猶不足以一息期。善速在不
疾，善至在不行。故可道之盛，未足以官天地，有形之極，未足以
俯萬物，是故歎之者不能盡乎斯美，詠之者不能暢乎斯弘，名之不
能當，稱之不能既，名必有所分，稱必有所由。有分則不兼，有由
則有不盡；不兼則大殊其真，不盡則不可以名，此可演而明也。夫
「道」也者。取乎萬物之所由也；「玄」也者，取乎幽冥之所出也；
「深」也者，取乎探賾而不可究也；「大」也者，取乎彌綸而不可極
也；「遠」也者，取乎綿邈而不可及也；「微」也者，取乎幽微而不
可覩也。然則「道」「玄」「深」「大」「微」「遠」之言，各有其義，
未盡其極者也。然而彌綸無極，不可名細；微妙無形，不可名大。
是以篇云：「字之曰道」「謂之曰玄」而不名也。然則，言之者失其
常，名之者離其真，為之者敗其性，執之者失其原矣。是以聖人不
以言為主，則不違其常；不以名為常，則不離其真；不以為為事，
則不敗其性；不以執為制，則不失其原矣。然則，老子之文，欲辯
而詰者，則失其旨也；欲名而責者，則違其義也。故其大歸也，論
太始之原以明自然之性，演幽冥之極以定惑罔之迷。因而不為，損

而不施；崇本以息末，守母以存子；賤夫巧術，爲在未有，無責於
人，必求諸己，此其大要也。

　　此段文字甚重要，指出道之本質非名言可盡其實，並提出《老子》文中
形容道的名詞概念，說明其取義之內容。同時點出老子義旨之大歸在崇本以
息末，守母以存子的綱領。茲先順通章句再釋其義。

　　雖然像閃電一般的快速也還不能在頃刻間周徧宇內，乘風而行也不能在
瞬息間到達目的地。善速者在於不疾而速，善至者在不行而至。所以，可以
言說的最盛大的事物也無法統御天地。可見的有形事物的極大者，也不足以
涵蓋萬物。所以，讚歎它也不能極盡道的美德，歌頌它也不能表達道的弘大。
用名號不能切當的表述道的內容，用稱謂也不能充盡道的義蘊，名號所指的
事物一定有所分際，稱謂所涉的意求一定有所依循。有所別析就不能兼容其
他，有所依循就不能充盡所有，不能兼容並畜則和道的眞實大異其趣，不能
充盡道的內涵則無法予以定名，這是可以推論而知的道理。所以謂之「道」
的理由是：取其萬物之所從來之意；所以謂之「玄」的理由是：取其幽遠深
奧之所從出之意；所以謂之「深」的理由是：取其探求幽深而不能窮盡之意；
所以謂之「大」的理由是：取其充滿宇內而吾人無法窮盡之意；所以謂之「遠」
的理由是：取其恆久而吾人無法達到之意；所以謂之「微」的理由是：取其
幽渺細微而吾人無法見到之意。那麼「道」「玄」「深」「大」「微」「遠」的詞
語都有它各具的含義，未能涵蓋道所有的內容。因爲各有其義，所以既然說
道是彌綸無極則不可同時用來形容道的細微；既然說道是微妙無形也不可同
時用來形容道的廣大。因此《老子》說「字之曰道」「謂之曰玄」而不用名號
給它定名。這樣說來，用語言去描述它的就會失去它的經常，以名號給予定
名的就會違離它的眞實，刻意去經營的就會傷害它的本性，執著於某一點的
就會失去它的根原。所以聖人不以語言爲宗主，就不會失去道的恆常性；不
用定名來作爲固定的稱號，就不會違背道的眞實；不刻意去經營從事，就不
會傷害道的本性；不固執於如何制作，就不會失去道的根原性。如此說來《老
子》的文章，想用辯解來質問它的，就失去它的要旨，想因名號來責求它的，
就會違背它的大義。所以《老子》的根本思想，在於從萬物的始源處來說明
萬物自然的本性，推演幽冥之極來釐清疑惑和迷惘，因順物性而不造作，不
施爲執割。尊崇道本而令萬物蕃息，守住大道則能讓萬物自生自存，輕賤巧
術，在邪淫浮華未始生時就先防止，不責求別人，而只反求於自己，這就是

《老子》意旨的大端。

　　本段文字首四句即以物事類比而說明大道和萬物之不同。奔電之疾固已速疾，猶且不若大道之周徧；御風之行固稱速達，尚且不如大道之徧在。善速在不疾而速，善行在不行而至。《指略》對大道的本質已有清楚的觀念，大道是不落在時間空間關係上說的，大道本來周普徧在，故其周為本來周普，其在為本來徧至；疾而無疾相，故說不疾；至而無行相，故說不行，若說疾或行則已落於時空上言之。可道之盛，有形之極，同屬於萬物，雖言盛極仍是同質的比較而非異質的超越；只有大道才能官天地府萬物，王弼在《周易略例・明象》也表示相同的意思，其文曰：

　　　　夫眾不能治眾，治眾者至寡者也；夫動不能制動，制天下之動者，
　　　　貞夫一者也。〔註7〕

接著說明道的本質非語言所能盡，讚歎歌頌皆不能盡道的美善弘大，此亦莊子所謂「天地有大美而不言」之義。語言在表述道時有局限性。因此，不論是名號，稱謂都無法整全地表述道的內容。關於名謂的問題在下文有更詳盡的討論，在此暫時擱下。既然語言的表述功能有所限制，有不能窮盡者，那麼在《老子》經文中所使用來描述道的詞語，其所表述者是何涵義？取乎道之某一隅之義，當該予以說明。《指略》和《老子》對於大道之於語言的關係所持的態度，是抱持一積極的態度。和近代西方哲學家維特根斯坦（Ludwig Wittgenstein 1889～1951）的態度不同，維氏說：「凡可說者即能清楚地被說，凡我們所不能說者，我們必須在沈默中略過。」〔註8〕這裏所云「可說與不可說」之區分約略同於「可道與不可道」之區分，所不同者，維氏只承認在現象中的經驗事件為可說，形上學的部份皆屬不可說，在《老子》而言，則積極地以詭辭方式表述不可道之道。在維氏之觀點說，凡屬於形上學之命題，如康德（Immanuel Kant 1724～1804）所說的智思物（noumena），儒家所肯定的天命不已的天命、仁體、道家的玄智玄理，佛家所肯定的如來藏自性清淨心、般若智、解脫、法身，三德秘密藏，都是處於經驗世界之外的價值意義，都是不可說的。凡不能用符號形式，以概念定義的方式來陳述者即是不能被說者，因為不如此則不能清楚地被說，因此，凡屬於道德、審美、人生底意義，世界底意義價值，皆在不可說之列。老子恰好和維氏相反，它用了許多

〔註7〕　《周易王韓注》，卷十，頁2，中華，四部備要本。
〔註8〕　維特根斯坦《名理論》，牟宗三先生譯，〈譯者之言〉，學生。

詞語描述不可道的常道，如〈第一章〉「玄之又玄，眾妙之門。」〈二十五章〉「有物混成，先天地生，寂兮寥兮，獨立不改，周行而不殆，可以爲天下母。吾不知其名，字之曰道，強名之曰大，大曰逝，逝曰遠，遠曰反。」〈十五章〉「微妙玄通，深不可識。」〈指略〉所舉的例子如道、玄、深、大、微、遠的詞語，皆屬不可名之名，都是各有其義，未盡其極之名，所以《老子》說「強爲之名」王弼在〈二十一章注〉云：「至眞之極，不可得名，無名，則是其名也。」因此知「取乎萬物之所由」而曰「道」《老子‧二十五章》「字之曰道」，《王注》「道取於無物而不由也。」這是道的通義，各家所同。道本義爲人所行之路，東漢許慎的《說文解字》就是把道解釋爲一條通路，此義在實踐上即含有「行之而成」的活動義，引申之則可以解釋爲任何存在物所遵循的通路，皆可謂之道，則道之一義遂具有超越而無限的意義。道是最大的存有，又不爲存有所限，在西方哲學中，存有和虛無相對，變化和恆常相對，活動和寂靜相對，但是「道」之一義，凡此相對相成之義，總而有之〔註 9〕。《指略》雖僅以「取乎萬物之所由」說明道之涵義，然前述諸義實兼賅而有之。所謂「萬物之所由」包括兩重涵義，一爲發生論的意義，即起源義，原始義，類似西方哲學的宇宙論的意義。二是本體論的意義，即作爲萬物實現之根據義，憑藉義，類似西方哲學存有論的意義。從原始，本源義，萬物所從出，世界本始這一涵義上理解本原，道之一義便在此發生義上反映萬物的整全性，由道而化生萬物。從本體論上說，萬物之實現必有一超越之根據或原理，作爲萬物賴以存在及實現的共同基礎。

「取乎幽冥之所出」而謂之「玄」義，幽冥謂幽深而不可測知其原之義。〈第一章注〉云：「玄者，冥也。默然無有也。始母之所出也。不可得而名，故不可言：『同名曰玄』；而言『謂之玄』者，取於不可得而（名而）謂之然也。謂之然，則不可定乎一玄而已，是則名之，則失之遠矣。故曰『玄之又玄』也。眾妙皆從玄而出，故曰『眾妙之門』也。」〈第十章注〉：「玄，物之極也。」「物自長足，不吾宰成，有德無主，非玄如何？凡言玄德，皆有德而不知其主，出乎幽冥。」〈第十五章注〉：「其情不可得見之貌也。」玄是稱謂而不是定名，眾妙皆從玄而出，而不知其主，其情不可得而見，而謂之玄，這是王注對玄的概述，故玄之義乃是描述道之作用深奧難識，其情不可得見，

〔註 9〕 關於道的名義，唐君毅《中國哲學原論‧原道篇弍》有較詳盡的論述，見該書頁 28，學生。

其原深不可測上說。無的作用分別在萬物之始生終成處顯，而爲始爲母，而爲萬物生成根據及實現原理，萬物雖由之以始以成，卻不知其所以然，所以謂之玄者也。所以「玄」不偏在道體上說，而偏在始與母之作用上點撥，在道上說作用，在工夫上說神明。《老子‧第十章》「滌除玄覽，能無疵乎！」《王注》：「玄，物之極也。言能滌除邪飾至於極覽，能不以物介其明，疵（之）其神乎，則終與玄同也。」〔註 10〕凡言物之極，則非與物同層可知，滌除至極而神明出，神明者，能不以物介其明疵其神者也，則終與玄同，云「終」則知在工夫過程上說。

「取乎探賾而不可究」而謂之「深」是說深奧不可究。

「取乎彌綸不可極」而謂之「大」，《老子‧二十五章》「吾不知其名，字之曰道，強謂之名曰大。」是以大物容道體，《老子》已經說是「強爲之名」，則非定名可知也。《王注》說：

> 夫名以定形，字以稱可，言道取於無物而不由也，是混成之中可言之稱最大也。吾所以「字之曰道」者，取其可言之稱最大也。責其字（定）之所由，則繫於大，夫有繫，則必有分，有分則失其極矣，故曰：「強爲之名曰大。」〔註 11〕

「大」作爲稱謂之義，既有取於「混成之中可言之稱最大」，則其取義繫於一「大」矣，大之義固彌綸無極，苞通天地而無外，然其不可以名細也亦從可知，所以《王注》云：「夫有繫，則必有分。」〈三十四章注〉云：

> 萬物皆由道而生，既生而不知所由，故天下常無欲之時，萬物各得其所，若道無施於物，故名於小矣。

同注又說：

〔註 10〕　「之」字衍，見陶鴻慶《讀老札記》頁 6，《無求備齋老子集成》初編，藝文；樓宇烈，《王弼集校釋》，頁 25，華正。

〔註 11〕　注文「字定之所由」義亦可通，即責求它以「大」字道所以如此決定之理由。惟若有「定」字，其義似有違《老子》說「強名之」，《王注》用「字」「稱」而不用「名號」之名理，故疑「定」爲衍，今依石田羊一郎《老子王弼注》，頁 34，樓宇烈《王弼集校釋》，頁 66 改，「大有繫」義雖可通，依文氣之勢當連下文作「夫有繫，則必有分」據陶鴻慶《讀老札記》，頁 9 之校改，「字以稱可，言道取於無物而不由也。」石田羊一郎以「字以稱可言」句讀，義雖可通，辭氣未暢，似宜於「可」斷句爲當，其義既與下文「稱出乎我」「稱謂出乎涉求」相一致，「言道取於無物而不由也」辭氣方暢。至於下文「取於可言之稱最大也。」於此句中「可言」自當連讀，不必與前說強同。

萬物皆歸之以生，而力使不知其所由，此不爲小，故復可名於大
矣。

由所引之注文可知「道」不可定於一大而已，道固可名於大，亦可名於小。
字之曰大，繫於一大則有分，有分則失其極，道當無所繫，亦不可分，凡《老
子》或《王注》之文有關乎道而以「大」言之者，皆以「無」之義解釋之，
可佐證道之無繫不可分性。如《老子・二十八章》「大制無割」《王注》曰：

大制者，以天下之心爲心，故無割也。

《老子・三十五章》「執大象」《王注》曰：

大象，天象之母也，不寒不溫，（不炎）不涼，故能包統萬物，無所
犯傷。〔註12〕

《老子・四十一章》「大方無隅」《王注》云：

方而不割，故無隅也。

又「大器晚成」《王注》云：

大器成天下，不持全別，故必晚成也。

又「大音希聲」《王注》云：

聽之不聞名曰希，不可得聞之音也。有聲則有分，有分則不宮而商
矣，分則不能統眾，故有聲者，非大音也。

又「大象無形」《王注》云：

有形則有分，有分者不溫則炎，不炎則寒，故象而形者非大象。

從上引注文觀之，大之義並非指現象界相對的大小之大，非落於比較串系中
所說的大，而是與道同體之義，諸如「大制無割」「大方無隅」「大器免成」「大
音希聲」「大象無形」「彌綸而不可極也」等皆是此義。

「取乎幽微而不可覩也」謂之「微」。幽微是精妙深遠不可知之義，微之
本義原即形容道體無形無狀，微訓爲「無」，古己有之，如《論語・憲問》「微
管仲，吾其被髮左衽矣。」朱熹《集注》曰：「微，無也。」〔註13〕《老子・
十四章》「視之不見名曰夷，聽之不聞名曰希，搏之不得名曰微，此三者不可
致詰，故混而爲一。」《王注》云：

無狀無象，無聲無響，故能無所不通，無所不往，不得而知，更以

〔註12〕天象則有定象，如四時寒暑，冬寒春溫，夏炎秋涼，大象爲天象之母，故無
形無象。且《老子・四十一章》「大象無形」《王注》云：「不溫則炎，不炎則
寒。故《王注》之文本缺「不炎」二字，今依其義補。
〔註13〕見朱熹《論語集注》卷七，頁153，點校新編，鵝湖。

　　我耳、目、體不知爲名，故不可致詰，混而爲一也。

《老子》經文以道體無形象，無聲響，故亦不可知。以目曰視，以耳曰聽，以體搏之曰知。知者，知覺也。此言道之不可以感覺把握。《王注》誠得此意。又《老子‧十五章》「古之善爲士者，微妙玄通，深不可識……猶兮若畏四鄰。」《王注》云：

　　　　其情不可得見之貌也。……上德之人，其端兆不可覩。（意）趣不可
　　　　見。〔註14〕

王弼以「取乎幽微而不可覩」說「微」，以「體不知」釋「搏之不得名曰微」，以「其情不可見」「其端兆不可覩，意趣不可見。」釋「微妙玄通」，雖曰覩，曰見，曰知，感取不同，其旨趣則不異。皆說明道體不能以感官把握之義，非認知概念，乃實踐體證概念。

　　以上概述《指略》提出《老子》經文「稱之不能既」之幾個重要稱謂語，如「道」「玄」「深」「大」「微」「遠」皆有所取一偏之義而不能盡。由此以釋《老子》何以對道體之描述用「字之」「謂之」而不用「名之」的理由，此爲《王注》之玄學名理，且對《老子》實有相應之理解者方能道也。

　　繼而《指略》又說「言之者失其常，名之者離其眞，爲之者則敗其性，執之者則失其原矣。」文中所言「常」「眞」「性」「原」皆指向道，相對於大道，前二句說明名言之限制，後二句說明關於行道者之失。由是而推論出：聖人不以言爲主，則不失其常；不以名爲常，則不離其眞。不以言爲主，不以名爲常，則當以行爲實踐處之之義，《老子》之道本自實踐而發，《老子‧四十八章》說「爲道日損」，〈二章〉說「是以聖人處無爲之治，行不言之教。」不以爲爲事，則不敗其性；不以執爲制，則不失其原。不以爲爲事者非自存有層上說不作爲無所事事，而是作用層上的以「無爲」爲之，才是合乎大道，因順事理，唯如此方能不敗其性，不以執爲制者亦非自存有層上說其不事制作放任恣肆，自存有層上言之，凡制作必有軌範歸屬，此事理之當然，然仍

〔註14〕《集唐字古逸叢書本老子注》注文作「德趣不可見」。揆《王注》之意，「德趣」當承上文「上德之人」而注，義亦可通，唯陶鴻慶引〈十七章注〉云：「自然，其端兆不可得而見也，其意趣不可得而覩也。」與此同。「德趣」不成辭，今據陶說校改，「意趣」者，指心之思想活動，意向所歸也。「搏之不得名曰微」句中「搏」字《古逸》本〈四十七章注〉引作「搏」，然《四部備要》本及《四庫》本皆作「搏」。按：搏義爲「以手搏物」，搏義爲「搏捉」「攫取」之義，版本既不可恃，取義以決，「搏」字較長，此處考證可見余培林先生《新譯老子讀本》，頁36，三民。

必以作用上的「無為」制之，方能普遍恆久，不失其原。凡有所為大制作，
為存有層上之必然，無論其所為所作以何種方式表現，蓋為人類文化所不可
或缺者，《老子》自無反對之理，亦無可反對，如果從這一層面上去理解《老
子》的無為是不作為，且說《老子》是反智，則是誤解。《老子》關懷之重點
在於：無論存有以任何方式表現，如何方能使之以最佳之方式具體呈現之。
王弼之於《老子》堪稱達解，是真能把握老子無為之義者，所以陸德明《經
典釋文敘錄》說：「王輔嗣妙得虛無之旨。」可稱知言。《老子》所重在不言
之教，則其運用語言乃以詭譎地方式表達，在「道可道非常道，名可名非常
名。」的綱領下以指點，啟發的方式說，對於《老子》這種運用語言之方式，
牟宗三先生有精闢之見，其說云：

> 非分解地說雖指點不可說，然並非不清楚，亦並非不理性，乃只是
> 玄同地說、詭譎地說。凡詭譎地說者是詭譎地清楚的。詭譎地說者
> 概念無所當，用之即須撥之，撥之以顯示如相之謂也。如「其上不
> 皎，其下不昧，迎之不見其首，隨之不見其尾。」即是詭譎地說。
> 凡詭譎地說者是一遮顯之歷程。此一歷程不能成為構造的平鋪者，
> 因此，它總須詭譎地被棄掉。及其一旦被棄掉，則圓教的圓滿中之
> 如體便圓滿地朗然呈現，此則是一體平鋪，全體是迹，亦全體是冥，
> 即全體是如也。一切聖人皆如也。〔註15〕

於是乎知老子之文不可辯詰，不可以名責。名言之於老子非不重要。《指略》
乃在於說明《老子》名言運用之點撥性質，欲得《老子》旨意，切不可執著
於名言的理由。《指略》指出《老子》的中心思想在於「論太始之原以明自然
之性，演幽冥之極以定惑罔之迷。」於是提出了「崇本息末」「守母存子」的
綱領，以把握《老子》旨意。《王注》在「崇本息末」之外，另有「崇本舉末」
的說法，稍後有較詳盡的論述，在此暫略。雖然「崇本息末」和「守母存子」
文字不同，所指則一。《老子》不言本末〔註16〕但言母子。《老子·五十二章》：

〔註15〕 見牟宗三先生譯，維特根斯坦《名理論》〈譯者之言〉部份（十一），頁11。
文中引《老子·十四章》經文章句稍異，王弼本作：「其上不皦，其下不昧。」
「迎之不見其首，隨之不見其後。」「皎」「皦」、「尾」「後」字異而義同。

〔註16〕 《老子》文中提到「本」字者有三處，〈二十六章〉：「輕則失本」本之義為重，
文中與輕相對為言。《老子》文義指身言。又〈三十九章〉：「故貴以賤為本，
高以下為基，是以侯王，自謂孤寡不穀，此非以賤為本邪？」而言及「末」字
者上有一處，〈六十四章〉：「合抱之木，生於毫末。」由此可知《老子》並未
以本、末對言，《老子》所言本、末之義與《王注》本、末之義亦自有別。

「天下有始，以爲天下母。既得其母，以知其子。既知其子，復守其母。」《王注》云：

> 母，本也；子，末也。得本以知末，不舍本以逐末也。

「以知其子」「既知其子」「得本以知本」句中之「知」字皆訓「主宰」義，和《易‧繫辭》「乾以易知」之「知」同義。「崇本息末」「守母存子」雖非《老子》之言，然其義理要爲《老子》所涵則不誣。

「無責於人，必求諸己。」《指略》指出此言爲《老子》義理性格之大方向。其對於老子思想立足於主體性確有相應之理解。王弼雖以虛靈之玄智來理解《老子》，然並未因純從理論思辯入手因而忽略《老子》智慧的出發點是來自主體之實踐。而能夠將老子文中一切有關道的形上表達，皆涵攝於主體之實踐性格所發出的洞見之下，進而提煉爲具有客觀姿態的究極表達，拋棄了漢人對《老子》的道從客觀實有的宇宙論式的理解進路〔註17〕。也就是至王弼始恢復以「求諸己」之實踐理解進路，以沖虛之玄德開玄學理境來理解《老子》。

四、對各家的反省

> 而法者尚乎齊同，而刑以檢之；名者尚乎定眞，而言以正之；儒者尚乎全愛，而譽以進之；墨者尚乎儉嗇，而矯以立之；雜者尚乎眾美，而總以行之。夫刑以檢物，巧僞必生；名以定物，理恕必失；譽以進物，爭尚必起；矯以立物，乖違必作；雜以行物，穢亂必興。斯皆用其子而棄其母。物失所載，未足守也。然致同塗異，至合趣乖，而學者惑其所致，迷其所趣。觀其齊同，則謂之法；觀其定眞，則謂之名；察其純愛，則謂之儒；鑒其儉嗇，則謂之墨；見其不係，則謂之雜。隨其所鑒而正名焉，順其所好而執意焉。故使有紛紜憒錯之論，殊趣辯析之爭，蓋由斯矣。
>
> 又其爲文也，舉終以證始，本始以盡終；開而弗達，導而弗牽，尋而後既其義，推而後盡其理，善發事始以首其論，明夫會歸以終其文，故使同趣而感發者，莫不美其興言之始，因而演焉；異旨而獨構者，莫不說其會歸之徵，以爲證焉。夫途雖殊，必同其歸；慮雖

〔註17〕見《淮南子‧天文訓》、〈精神訓〉、〈俶眞訓〉引《老子》四十章及四十二章之解釋。

百，必均其致。而舉夫歸致以明至理，故使觸類而思者，莫不欣其
思之所應，以爲得其義焉。

　　法家推崇齊同，用刑法來檢查約束一切；名家擅長於使名實相符，用正
名的方式使一切歸之於正；儒家嚮往孝親之德的完成，以美譽來勸進士人；
墨家崇尙儉省保守的生活，克制自己的情欲來立己修身；雜家尊重各學派之
所長，涵容並用各家學說的長處。法家以刑法檢束一切，則巧黠詐僞一定滋
生，名家以名言責定實物，以理推之必有所疏漏，以令譽誘進人們，爭奪矜
伐之心必定萌生；用強制的方式來修身，背戾不合情理的事情也必定會發
生；糅雜各家學說來行事，瑣碎紊亂的情形必定伴之而起。以上的各種情況
都是只用事物而忽略了它的根據，事物失去了它的憑藉依據，就無法完成它
本份。然而各家學說歸趣相同而方法各異，目的一樣而塗轍不一，於是學者
或者對目標產生疑惑，或者迷失在道路上。有見於施行統一的刑法，就認爲
是法家；有見於以名責實，就認爲是名家；有察於純然的愛親，就認爲是儒
家，有得於儉省淳朴，就認爲是墨家；有見於不拘於任一家學說的方便，就
認爲是雜家。隨著自己所觀察到的而給它定名，順著自己的好尙而執意如
此，所以使得有眾多雜亂的學說，不同方向的議論爭訟，都是由此而起的
啊！再談到《老子》的文章，以結果來推證本源，根據原因來窮盡結果，注
重啓發而不直接宣示，引導而不牽逼，探索然後得其大義，推求然後窮盡道
理，擅長於揭示事物的根源作爲論述的開端，能夠清楚的理出事物的綱領來
作爲結論，因此，使得旨趣相同而興起感應之人，沒有不讚歎它興發言論的
開端，從而以此推衍。觀點不同而有獨到的見地之人，也沒有不欣悅它總彙
同類的事實，以之作爲論證。所走的路雖各有不同，歸終必然相同；思慮雖
然眾多，旨趣必定都一致。於是以終極的旨趣來彰明至高的道理，因而令能
自此端而能推知其他道理的人，沒有不歡然欣悅他所思考的都能有所相應，
並且認爲得到要義了。

　　《指略》在本段反省各家學說之短長得失，歸結於各家乃「斯皆用其子
而棄其母」之故，只有《老子》能達到「守母存子」。各家馳論紛紜的結果導
致學者惑其所致，迷其所歸，也就是說有些人迷失在方法手段上，有些人則
失去了終極的方向目標。都是因爲執用末梢而拋棄根本的做法，「物失所載」
也就是棄其母，如此則物也不足守，只有「崇本」才能「息末」，在《指略》
看來，各家皆失其本徒騁其末，則難免有失。然則本苟安在？曰：「在於道。」

《指略》乃在反省法、名、儒、墨、雜等諸家之後，而提出道家作爲統攝各家的依據，此無異宣示道家在理論的層次上高出各家。《指略》的說法是否能盡得各家之實，下文將作探討。唯在此首先要明瞭的是它所論及的各家學說，名目雖沿襲先秦諸子，論其本實則異，而是反映了魏晉時代的思想面貌。順便一提者，自先秦《莊子》有〈天下篇〉以來，《淮南子》的〈要略〉，司馬談的〈論六家要旨〉都是立足在道家的理論基礎上批判各家，《指略》亦充分繼承這個傳統，究其原因，不外是《老子》以下，其所重在於作用層上發言，而作用層次又是各家之共法而無可反對者，又可以避開存有層上正面立言的紛爭，此實道家之系統性格使然。如果在存有層上說，雖《莊子》亦不免於《荀子》「蔽於天」之譏〔註18〕。以下回到本題。

　　《指略》指法家主張齊同，而刑以檢之，其失在於刑以檢物，巧僞必生，其實法家正面的主張，無可反對也不必反對，是建立社會秩序最基本的一種方式。落在王弼的時代背景中，也是在朝代更替，名教崩隳，戰禍頻仍，動盪不安的時代裏，主政者思欲恢復社會秩序，整頓朝綱所優爲的方法。諸葛亮〈前出師表〉有一段話最足以說明法家尚齊同，檢刑法的主張，其文云：

> 宮中府中，俱爲一體。陟罰臧否，不宜異同。若有作姦犯科及爲忠
> 善者，宜付有司論其刑賞，以昭陛下平明之治，不宜偏私，使內外
> 異法也。〔註19〕

所謂「宮中府中，俱爲一體；陟罰臧否，不宜異同」即是尊重刑法之一致性，不論尊卑、上下、內外賞罰之標準均依法而行，「不宜偏私，使內外異法。」即說明在刑法的一致性之前，不能滲雜絲毫之私情和有所偏袒之情形，以致於破壞刑法的公平性。這也就是《管子·任法》所說的「任法而不任智」「任公而不任私」〔註20〕。〈君臣〉篇也說：「有道之君，善明設法而不以私防者也。而無道之君，既己設法，則舍法而行其私者也。爲人君者棄法而好行私，謂之亂。」〔註21〕諸葛亮本人便是恪守制度的人物，他在街亭兵敗，揮淚斬馬謖以肅軍紀外，且上疏自貶，即是任法無私精神之表現〔註22〕。所以《蜀

〔註18〕《荀子·解蔽》：「莊子蔽於天而不知人。」
〔註19〕《三國志·蜀志·諸葛亮傳》見《三國志》卷三十五，標校本，頁919，鼎文。
〔註20〕見《管子·商君書》〈任法〉篇，頁255，世界。
〔註21〕同前註。
〔註22〕《三國志·蜀志·諸葛亮傳》見《三國志》卷三十五，標校本，頁922，鼎文。

志》本傳評曰：

> 諸葛亮之爲相國也，撫百姓，示儀軌，約官職，從權制，開誠心，
> 布公道，盡忠益時者，雖讎必賞；犯法怠慢者，雖親必罰。服罪輸
> 情者，雖重必釋；游亂巧辯者，雖輕必戮。善無微而不賞，惡無纖
> 而不貶，庶事精錬，物理其本，循名責實，虛偽不齒，終邦城之內，
> 咸畏而愛之，刑政雖峻而無怨者，以其用心平而勸戒明也。〔註23〕

諸葛亮可以作爲當時尚刑法的正面例子。同時代魏之尚刑名者不在少數，鍾
會、劉邵等皆有法家思想〔註24〕。而眾所周知的曹操便是其中的代表，《三國
志》評曹操說：「擥申商之法術，該韓白之奇策。」〔註25〕可見曹操所用並不
止於法，且謀術兼之，遂致於矯情，任算。傅玄嘗云：「魏武重法術，而天下
貴刑名。」〔註26〕曹操用刑法，又任謀術，但不識遵法之良〔註27〕，換言之
已破壞刑法制度之精神，甚而導致巧偽滋生，劉大杰在其所著《魏晉思想論》
便指出曹操的詐偽，其言曰：

> 曹操是一個有野心的人，無時無刻不在培植自己的權力，想坐上皇
> 帝的椅子，若奉公守法，那如何可行？因此，他的法令全是治人的
> 私法，不是正直無私的公法，禁誹謗，復肉刑，嚴敗軍，求逸才的
> 種種詔令，都是統制思想，統制僚屬的重要文獻，於是在那種嚴刑
> 峻法之下，許多反對他那種陰謀的智識階級，全都冤枉的送了性
> 命，他自己卻用陰謀的手段，把地位佈置妥當，讓後代的兒孫安坐
> 皇位。〔註28〕

〔註23〕 同前註，頁935。

〔註24〕《三國志·魏志·鍾會傳》云：「會死，得書二十篇，名曰《道論》，而實刑
名家也。」見《三國志》卷二十八，頁794，標校本，鼎文。又劉邵作《都官
考課》七十二條和《述法論》。《人物志·流業》云：「建法立制，彊國富人，
是謂法家，管仲、商鞅是也。」四部備要本卷上，頁6，中華。

〔註25〕《三國志·魏志·武帝紀》卷一，頁54，標校本，鼎文。

〔註26〕《晉書·傅玄傳》〈上晉武帝疏〉云：「臣聞先王之臨天下也，明其大教，長
其義節，道化隆於上，清議行於下，上下相奉，人懷義心，亡秦蕩滅先王之
制，以法術相御，而義心亡矣。近者魏武好法術而天下貴刑名，魏文慕通達
而天下賤守節。」卷四十七，列傳第十七，標校本，頁1317～1318，鼎文。

〔註27〕劉邵《人物志·接識第七》云：「法制之人，以分數爲度，故能識較方直之量，
而不貴變化之術；術謀之人，以思謀爲度，故能成策略之奇，而不識遵法之
良。」卷中，頁5，四部備要，中華。

〔註28〕劉大杰《魏晉思想論》，頁65，中華。

由上可知曹操正是《指略》所說的「刑以檢物，巧偽必生。」所指巧偽人物的例證。

「名者尚乎定眞，而言以正之。」是當時名家人物的主張，其缺失則在於「名以定物，理恕必失。」名之作用起於指實，有實則眞。而當時所謂名實，大抵是順應時代需求人才而起，因此特重人物的考察，亦間接形成對人物才性之內在的品鑒，而成爲品鑒的人學，從許劭郭泰之月旦人物，至劉邵《人物志》之論才性名理，李豐、鍾會等人的《才性四本論》，都是環繞在人的才德上討論。《隋書》卷三十四〈子部·名家類〉有魏文帝《士操》一卷、姚士《士緯新書》十卷、《姚氏新書》二卷、盧毓《九州人士論》一卷、《通古人物》一卷，均已亡佚，然而皆一併將此考察人物的著作列入名家，其實這些討論才性名理之內容與先秦名家所談之形名、名實之內容並不相同，甚至可以說是本質上的不同〔註29〕大概只能說是較諸先秦名家又一大轉進。以下徵引當時名家之言以見其指。徐幹《中論·考偽》云：

> 名者，所以名實也。實立而名從之，非名立而實從之也。故長形立而名之曰長，短形立而名之曰短，非長短之名先立，而長短之形從之也。仲尼之所貴者，名實之名也。貴名乃所以貴實也。〔註30〕

王符《潛夫論》主張職守與才德相當，有其位則當盡其職，其言曰：

> 有號者必稱典，名理者必效於實，則官無廢職，位無非人。〔註31〕

當時名家雖論名實，辨同異，皆以治國爲依歸，因任而授官，循名而貴實，是其要也。和先秦名家專論名言之形式，定義抽象思辨，未必切於時用者，在本質上已經有很大的不同。時魯勝所著〈墨辯序〉云：

> 名者，所以別同異，明是非，道義之門，政化之準繩也。孔子曰：「必也正名乎，名不正則事不成。」墨子著書作辯經，以立名本，惠施、公孫龍祖述其學。以正刑名顯於世。……名必有形，察形莫如別色，故有堅白之辯。名必有分明，分明莫如有無，故有無序之辯。是有不是，可有不可，是名兩可；同而有異，異而有同，是之謂辯同異，至同無不同，至異無不異，是謂辯同辯異，同異生是非，是非生吉

〔註29〕牟宗三先生《才性與玄理》第七章〈魏晉名理正名〉有詳細的論證。見該書頁 231～243，學生。

〔註30〕徐幹《中論·考偽第十一》見《漢魏叢書》明，陳榮刻本，第四本，頁 1264，新興。

〔註31〕王符《潛夫論·考績第七》卷二，《漢魏叢書》第四本，頁 1148，新興。

凶，取辯於一物而原極天下之隆污，名之至也。〔註32〕

依魯勝之說，名本定物，對於客觀事物之名作純粹思辯之學，原為名家之所長，然而將之納於社會政治之中，其用亦大，可原極天下之隆污。乃基於時代現實之要求，以辯名之法考察名與實之關係，作為在政治上推行正名和循名覈實的張本，依此原則決定選擇人才和考覈人與職位配合與否的標準。然而王弼說：「名以定物，理恕必失。」顯然王弼所指的名家之失，已非先秦名家之即名與實之關係所作的反省而言其失，恐亦非就品鑒才性之內容以論名言盡或不盡之失，而係基於現實政治任用人才所依據的選舉標準因真偽難辨所導致之失。正如徐幹《中論·考偽》所云：

> 今為名者之異乎聖人之微，視之難見，世莫之非也；聽之難聞，世莫之舉也。何則？勤遠以自旌，託之乎疾固；廣求以合眾，託之乎仁愛；枉直以取舉，託之乎隨時；屈道以弭謗，託之乎畏愛；多識流俗之故，麤誦詩書之文，託之乎博文；飾非而言好，無倫而辭察，託之乎通理；居必人才，遊必帝都，託之乎觀風，然而好變易姓名，求之難獲，託之乎能靜；卑屈其體，輯柔其顏，託之乎溫恭；然而時有距絕，擊斷嚴厲，託之乎獨立；獎育童蒙，訓之以己術，託之乎勤誨；金玉自待以神其言，託之乎說道。〔註33〕

又云：

> 其智調足以將之，便巧足以莊之，稱託比類足以充之，文辭聲氣足以飾之，是以欲而如讓，躁而如靜，幽而如明，詖而如正。考其所由來則非堯舜之律也。核其所自出，又非仲尼之門也，其回適而不度，窮涸而無源，不可經方致遠，甄物成化，斯乃巧人之雄也，而偽夫之傑也。〔註34〕

值漢末魏初，交替之際，世亂方殷，於是乎名實未符，名實淆亂之情形益形嚴重，東晉葛洪《抱朴子·名實篇》即反省這種狀況，其文云：

> 漢末之世，靈獻之時，品藻乖濫，英逸窮滯，饕餮得志，名不準實，賈不本物，以其通者為賢，塞者為愚。〔註35〕

以上為論名家之「名以定物，理恕必失。」

〔註32〕《晉書，隱逸·魯勝傳》卷九十四，標校本，頁2434，鼎文。
〔註33〕同註30。
〔註34〕同註30。
〔註35〕見葛洪《抱朴子·名實篇》。

　　《指略》論儒家則謂之「尚乎全愛，而譽以進之。」「察其純愛，則謂之儒。」論其失則謂之「譽以進物，爭尚必起。」至於何謂「全愛」？何謂「純愛」？又何必和「譽」關連，要確切明其所指，則必須納之于漢以來重視孝親爲儒的時代背景來理解，尤以光武以降砥礪名節，特重孝廉，孝之具體表現則在於禮，《論語・爲政》孟懿子問孝，孔子答說：「生，事之以禮；死，葬之以禮，祭之以禮。」人之事親，父母親在，固當奉菽水之歡，甘旨之養，此孝之常，然而若親歿之時，親喪乃人子盡孝思最後機會，所謂孝之終，於是漢人重孝，又特重喪禮，夫三年之喪，天下之通喪，子生三年然後免於父母之懷，故親喪之禮，用報三年之愛於其父母，全其對父母之愛，而謂之「全愛」。王弼《論語釋疑》釋〈學而〉有子曰：「孝弟也者，其爲仁之本與。」說：「自然親愛爲孝，推愛及物爲仁。」能盡自然親愛於其父母則謂之「純愛」。愛指愛親事親之義〔註36〕。喪而守喪三年，用此成名受祿，朝廷亦據以進用其人，用以勸進天下，而謂之「譽以進之」〔註37〕，其原則必推至漢武之世，緣起於教化政治進用人才之需要。若論孝親之本質，乃人之天性，必推至誠以爲行，仁義內在方爲儒家之本然，義理固如此，求之於凡庶行孝於親，果能否不蔽於欲利，衷心湧之，沛然莫之能御，易時易地皆然，則又另當別論，於是乎教化之士，欲致天下風俗之淳，乃獎誘以功名利祿，循外資以致純愛。俾化成天下，斯亦無可厚非。稍溯史實即可知自漢武之世，公孫弘議立博士學官，董仲舒在獨尊儒術之政策下，以仁義禮樂爲教化題材，儒生行於天下，培養人材，誘以爵祿，凡此誘進皆可謂「譽以進物」。因此，漢武以降所言之

〔註36〕《指略》所謂「全愛」之義，蓋指爲人子者全其對父母之愛，尤特見重於喪禮，其義取於《論語・陽貨》第十九章，宰我問：「三年之喪，期已久矣，君子三年不爲禮，禮必壞；三年不爲樂，樂必崩，舊穀既沒，新穀既昇，鑽燧改火，期可已矣。」子曰「食夫稻，衣夫錦，於女安乎？」曰：「安。」「女安則爲之，夫君子之居喪，食旨不甘，聞樂不樂，居處不安，故不爲也，今女安，則爲之。」宰我出，子曰：「予之不仁也，子生三年，然後免於父母之懷，夫三年之喪，天下之通喪也，予也有三年之愛於其父母乎？」

〔註37〕《後漢書》卷三十九，列傳第二十九〈劉趙淳于江劉周趙列傳〉序文云：「毛義，家貧，以孝行稱，……及義母死，去官行服，數辟公府，爲縣令，進退必以禮，後舉賢良，公車徵，遂不至，張奉歎曰：『賢者固不可測，往日之喜，乃爲親屈也，斯蓋所謂家貧親老，不擇官而仕者也。』建初中，章帝下詔褒寵義，賜穀千斛。安帝時，薛包亦以至孝聞，建光中，公車特徵至，拜侍中，包性恬虛，稱疾不起，以死自乞，有詔賜，告歸，加禮如毛義。」范曄評之曰：「若二子者，推至誠以爲行，行信於心而感於人，以成名受祿致禮，斯可謂能以孝養也。」標校本，頁1295，鼎文。

儒，實不上搭《孟子》《中庸》之儒，而徒存一爲政治所用，儒術教化之用的儒生而已。故《指略》對當時儒家作如此看，蓋源遠而流長。在此一背景下，所謂儒家思想，既早失去「由仁義行」之自覺，上焉者只能「行仁義」，下焉者則競尚於名位利祿之塗，對此競尚之風，太史公早有憂虞，並在《史記·儒林傳》已發其端：

> 余讀功令，至於廣屬學官之路，未嘗不廢書而歎也。〔註38〕

清人方苞也嘗對以利祿勸進之學官及選舉制度作嚴厲之批判，其言曰：

> 而弘之興儒術也，則誘以利祿，而曰：以文學禮義爲官，使試於有
> 司，以聖人之經爲藝，以多誦爲能，通而比於掌故。由是，儒之道
> 污，禮義亡，而所號爲文學者，亦與古異矣。〔註39〕

方苞所指斥者，即公孫弘之崇儒選士選吏之法，認爲一言以敗天下，所以又說：

> 子長所讀功令，即弘奏請之辭也。自孔子以來，群儒相承之統，經
> 戰國秦漢孤危而未嘗絕者，弘乃以一言敗之。而其名則曰：「屬賢材，
> 悼道之鬱滯。」不甚可歎乎！嗟夫！漢之文學雖非古，猶以多誦爲
> 通經也，又其變，遂濫於詞章，終沈冥而不返焉，然子長之所慮，
> 其遠矣哉！〔註40〕

儒術自此丕變，應是漢朝大一統專制政治之前提下，用儒術教化籠絡士人所發生的變化，遂使董仲舒等人解釋經典，也環繞政治而出，美其名曰通經致用，實則已淪爲習藝習技以要名爵利祿，自儒家義理之內部觀之，已與《孟子》《中庸》心性天命之學違離甚遠，失落了仁義內在於人心的內在根源性，直所謂逐外而不返，成了天人感應，求取藝技利祿之學，儒學也因而異化，只見用綱常名教，利祿之勸以敦屬人心，汨沒於枝節，而忘其大本，遂致於一離其原，治絲益棼。光武中興後，乃鑒於「王莽專僞」之際，師儒雖盛而大義未明，以致於新莽居攝，而頌德獻符者徧天下〔註41〕。是爲了崇尚氣節，砥礪士操，除舉用經明行修的儒者外，更增設諸科，以譽勸進，獎掖士風，期由此更化時代風氣，《後漢書·左雄傳》論曰：

〔註38〕《史記·儒林傳》卷一百二十一，列傳第六十，標校本，頁3115。
〔註39〕方苞《方望溪先生全集》卷二讀史〈書儒林傳後〉，《四部叢刊》本，頁40，同註39。
〔註40〕同註39。
〔註41〕顧炎武《日知錄》，卷十三〈兩漢風俗〉，黃汝成集釋本，頁305，中文。

> 漢初詔舉賢良，方正，州郡察孝廉，秀才，斯亦貢士之方也。中興
> 以後，復設敦朴，有道、賢能、直言、獨行、高節、質直、清白、
> 敦厚之屬。〔註42〕

放是乎已失其原的名教，竟爾由藝技利祿一變而爲崇名修譽之爭尚風氣，其餘烈則演爲「竊名僞服」欺世盜名之流弊。《後漢書・左雄傳》論云：

> 榮路既廣，觖望難裁，自是竊名僞服，浸以流競，權門貴仕，請謁
> 繁興。〔註43〕

清人趙翼在《廿二史剳記》中亦嘗批評東漢之世風：

> 當時薦舉徵辟，必採名譽，故凡可以得名者，必全力赴之，好爲苟
> 難，遂成風俗。〔註44〕

嚴格說，西漢武帝以降，立學官用選舉，雖也可以解釋爲「以譽進物」，究其實則以利祿勸誘的成份居多，比較符合《指略》所言以名譽勸進者當是東漢以來，光武用名節獎勵士風，於是世人由重禮的守禮，逐漸演成過禮以要名，終而虛飾以盜名。東漢之制，使天下誦《孝經》，選吏則舉孝廉〔註45〕。其中又以喪禮最能表示對父母親全愛之德，天下之通喪爲三年，二十五月而畢，於是過焉者而爲六年，甚至有行服至於二十餘年者，此因守禮於是乎演爲過禮。《後漢書》卷三十九，列傳第二十九〈序文〉云：

> 安帝時，汝南薛苞孟嘗，好學篤行。與母，以至孝聞。及父娶後妻
> 而憎苞，分出之，苞日夜號泣，不能去，至被毆杖。不得已，廬於
> 舍外，旦入且洒掃，父怒，又逐之乃廬於里門，昏晨不廢，積歲餘，
> 父母慙而還之，後行六年服，喪過乎哀。〔註46〕

當時由於風氣如此，於是以孝行標榜，競尚爲奇《後漢書・申屠蟠傳》說：

> （蟠）九歲喪父，哀毀過禮，服除，不進酒肉十餘年。每忌日，輒
> 三日不食。〔註47〕

申屠蟠之例雖也可說是個案殊例，然而九齡之童子猶且「哀毀過禮」，則時代

〔註42〕《後漢書・左雄傳》卷六十一，頁2042，標校本，鼎文。

〔註43〕同註42。

〔註44〕趙翼《廿二史剳記》，卷五〈後漢書東漢尚名節〉，頁89，《國學基本叢書》，
　　　　商務。

〔註45〕《後漢書・荀爽傳》卷六十二，頁2050，標校本，鼎文。

〔註46〕《後漢書》，卷三十九〈劉趙淳于江劉周趙〉，列傳第二十九序文，頁1293，
　　　　標校本，鼎文。

〔註47〕《後漢書・申屠蟠傳》卷五十三，頁1751，標校本，鼎文。

之風尙如何也亦從可推知大概。因爲朝廷之提倡，選舉亦由斯途，於時爭尙之烈，未止於此《後漢書‧陳蕃傳》有這樣的記載說：

> 民有趙宣葬親而不閉埏隧，因居其中行服二十餘年，鄉邑稱孝，州郡數禮請之。郡內以薦蕃，蕃與相見，問及妻子，而宣五子皆服中所生。蕃大怒曰：「聖人制禮，賢者俯就，不肖企及，且祭不欲數，以其易黷故也。況乃寢宿冢藏，而孕育其中，誑時惑眾，誣污鬼神乎！」遂致其罪。〔註48〕

這則記載說明時風不僅過禮，且由是以盜名，史家因故實以說，以此爲勢之所趨，罪乃由競尙之風所煽。究竟察之，實乃失其本心之仁，中無心原，則人而不仁如禮何？終將以禮爲外飾，成爲要譽進祿之階，若察其用心也則浸浸乎名利之欲心也哉，於是乎「竊名僞服」，凡可以要名致利者則無所不用其極。當時有識之士已爲此憂，王符《潛夫論》云：

> 烈士者，以孝悌爲本，以交遊爲末。孝悌者，以致養爲本，以華觀爲末。……今多務交游，以結黨助，偷世竊名，以取濟渡，夸末之徒從而尙之。此逼眞士之節而衒世俗之心者也。養生順志所以爲孝也。今多達志，儉養約生以待終，終末之後，乃崇飾喪紀以言孝，盛饗賓旅以求名，誣善之徒，從而稱之。〔註49〕

徐幹也抨擊當時競尙末流的風尙，《中論‧考僞》說：

> 苟可以收名而不必獲實，則不去也；可收獲實而不必收名，則不居也。……孔子曰：「不患人之不己知」者，雖語我曰：吾爲善，吾不信之矣！何者？以其泉不自中涌而注之者，從外來也。苟如此，則處道之心不明，而執義之意不著，雖依先王，稱詩書，將何益哉？以此毒天下之民，莫不離本趣末，事以僞成，紛紛擾擾，馳騖不已。其流於世也，至於父盜子名，兄竊弟譽，骨肉相詒（紿），朋友相詐，此大亂之道也。〔註50〕

由以上之引文可證《指略》所說時儒之失於「爭尙必起」，誠信而有徵，而當世俗儒亦難逃此一批判。王符和徐幹之論皆對舍本趣末之風大張撻伐，非無

〔註48〕《後漢書》卷六十六，〈陳王列傳〉第五十六，頁2159，標校本，鼎文。

〔註49〕王符《潛夫論》〈務本第二〉，《漢魏叢書》第四本，明陳榮刻本，卷一，頁1141，新興。

〔註50〕徐幹《中論‧考僞》，《漢魏叢書》明陳榮刻本第四本，頁1265，新興。「體肉相詒」之「詒」疑刻本誤，當爲「紿」，義方可通。

故也。

　　除了上述法家、名家和儒家之外，墨家和雜家亦嘗論及。其論墨家「墨者尙夫儉嗇，而矯以立之」「鑒其儉嗇則謂之墨」，論其則曰「矯以立物，乖違必作。」依《指略》所言，似乎墨家至魏晉仍有相當之發展，其實不然，墨學除了魯勝嘗作《墨辨序》之外，則別無傳人。魏晉時雖常見儒墨並稱，如《三國志・魏志》卷十一〈管寧傳〉載〈陶立一等薦寧表〉，稱寧「韜韞儒墨」，《晉書》卷四十九〈向秀傳〉稱「儒墨之迹見鄙，道家之言遂盛。」諸如此類之言「儒墨」者，皆因道家寖盛而沿用《莊子》之語辭〔註51〕。非儒墨仍似先秦之中分天下。《指略》論雜家則曰「雜者兼乎眾美而總以行之」「見其不係，則謂之雜。」而論雜家之失則謂「雜以行物，穢亂必興。」然所謂雜家者，不係屬於任何一家，又不成統類，而乃自謂兼擅眾美，總以行之者皆可視同之，自《呂氏春秋》、《淮南子》以下，學者或以爲其所論兼各家之長，足可經國安邦，因無一貫之思想脈絡，其極也則淪於支離破碎。《指略》指陳各家之利弊也大抵如此。

　　《指略》又討論《老子》的文章。「舉終以證始」者，如〈第四十章〉：「天下萬物生於有，有生於無。」萬物之存在是道之終，而道是萬物之所以存在之始，所以說是舉萬物之存在以證「無」始物之作用，又《老子第七章》：「天長地久，天地所以能長且久者，以其不自生，故能長生。」亦是「舉終以證始」之例。「本始以盡終」者如〈第二章〉：「是以聖人處無爲之事，行不言之教，萬物作焉而不辭。生而不有，爲而不恃，功成而弗居。夫惟弗居，是以不去。」無爲，不言是始，是道之道之妙用，萬物作焉是終成。不有，不恃，弗居亦皆爲道之作用，是始，是以不去，不去者是生而有，爲可恃，功可成，是道之終，是「本始以盡終」之例。「開而弗達，導而弗牽。」是說老子之文重在指點啓發，而不做安排，令人自己感悟，而無受牽逼之累。例如〈第十三章〉：「吾所以有大患者，爲吾有身，及吾無身，吾有何患？」《老子》只說「有身」爲「患」之源，「有身」者，即有我執，自我本位，然每人之我執不盡同，我執只是生命病痛的源頭，《老子》開示此大患之源，要在令人各自啓悟而能超越之。又如〈三十三章〉：「知人者知，自知者明，勝人者有力，自

────────────

〔註51〕《莊子・齊物論》：「道隱於小成，言隱於榮華。故有儒墨之是非。」故「儒墨」之稱《莊子》已有之，魏晉人沿用其稱，說見唐長孺《魏晉南北朝史論叢》〈魏晉玄學之形成及其發展〉，頁316，出版社不詳。

勝者強。」其重點在自知知人，皆是開示一個方向，一個原則，而不作詳盡之說明，也不立教路戒律，挾持人以從之，使人自己如此，不爲而成。「尋而後既其義，推而後盡其理。」如〈四十七章〉：「不出戶，知天下；不開牖，見天道。其出彌遠，其知彌少。」不出戶而可知天下，行萬里而所知愈少，凡此說法皆違反常識，若不尋其義理之脈絡，解其詭辭爲用，則不能充分了解其內容，於是若能合以〈四十八章〉之義觀之「爲學日益，爲道日損。」則可知所重在道，而前〈四十七章〉所謂「知」者，是沖虛之玄智之謂，亦莊子所謂「嗜欲深者，天機淺。」之類也。爲道貴在不執，在去病；爲學貴在執，在積累，是不同之兩種方向，然道是本，學是末，道與學皆重要，只是有本末先後主從之分耳，故其中之義理俱在，要在推而後能盡。「善發事始以首其論」者，即善於發端，此事始之義非文章之始，而是事理，本原之始，〈三十七章〉：「道常無爲而無不爲，侯王若能守之，萬物將自化。」〈四十四章〉：「名與身孰親，身與貨孰多，得與亡孰病，是故甚愛必大費，多藏必厚亡，知足不辱，知止不殆，可以長久。」無爲才能無不爲，此萬物之始。「孰親，孰多，孰病」之發端即是首其論。「明夫會歸以終其文」者，如〈三十七章〉：「化而欲作，吾將鎮之以無名之樸，無名之樸，夫亦將無欲，不欲以靜，天下將自定。」《老子》之義本在無爲，無爲亦爲萬物之所歸，文之終亦爲義之歸，「無欲則天下將自定」即是最好的說明。

五、實現原理

凡物之所以存，乃反其形，功之所以尅，乃反其名。夫存者不以存爲存，以其不忘亡也；安者不以安爲安，以其不忘危也。故保其存者亡，不忘亡者存；安其位者危，不忘危者安。善力舉秋毫，善聽聞雷霆，此道之與形反也。安者實安，而曰非安之所安；存者實存，而曰非存之所存；侯王實尊，而曰非尊之所爲；天地實大，而曰非大之所能；聖功實存，而曰絕聖之所立；仁德實著，而曰棄仁之所存。故使見形而不及道者，莫不忿其言焉。夫欲定物之本者，則雖近而必自遠以證其始。夫欲明物之所由者，則雖顯而必自幽以敘其本。故取天地之外，以明形骸之內；明侯王孤寡之義，而從道一以宣其始，故使察近而不及流統之原者，莫不誕其言以爲虛焉。是以云云者，各申其說，人美其亂，或迁其原，或譏其論，若曉而昧，若分而亂，斯之由矣。

凡物之所賴以存在的根據，乃是和形體對反的本體；事業成功所依賴的原理，乃是和名言對反的大道，存在的事物不以眼前的存在作為真正的存在，因為它並沒有忘記也有不存在的時候。寧靜者的心中不以短暫的安寧作為真正的安寧，因為他並沒有忘記還有危險的存在。以致於刻意保住眼前存在的事物者反而喪失了它自己，了解到自己也可能消逝者反而真正的存在著；安逸於其位的人反而有危險，居安思危的人反而能真正的安於其位。善於使力的人恰好表現在他之能舉起秋毫，善於聽的人恰好表現在他之能聽到雷霆的聲音，這是大道和形體對反的緣故。安處的人其實是安處著，反而說不是安處本身使他所以能如此安處；存在的事物其實是存在著，反而說不是存在本身使它所以能如此存在；侯王其實是尊貴的，反而說不是尊貴本身使他所以能如此尊貴；天地其實是大的，反而說不是大的本身使天地所以能如此之大；聖王的功業其實是具備的，反而說是絕棄了聖功之後才保住的；仁德其實是純厚著明的，反而是說絕棄了仁德之後才能純厚著明。於是使得只看表面具體事象而不明白大道的人，沒有不對這些話忿然不滿的。想要確立事物的根本者，則事物雖切近也必定要自綿邈不可及的大道來推證它的根源；想要著明事物的原因，則雖然顯著也要從幽深奧妙的大道來論述它的根據。因此，取天地之外的大道，來說明萬物和人形骸內部生存的原因，要明白侯王所以自稱孤寡的道理。就要從大道來窮盡它的本意。於是使得只見到近處而不明白流派統緒的根源的人，沒有不認為這些話是虛妄荒誕的。所以各學派的人各自申論自家的學說，都認為自己的持論為最美好，有些人認為老子的話不合時宜，有些人取笑老子的學說：看似明白易懂其實是不清楚，看似條理分明其實是紊亂的，都是這樣的原因啊。

本段大意在申說事物所以存在的根據，是超越於事物之外而非事物本身的存在。物之所以存，乃以不存為存，〈第十章〉：「生而不有，為而不恃，長而不宰，是謂玄德。」此言反其形者即玄德，王弼注曰：

> 有德無主，非玄如何？凡言玄德，皆有德而不知其主，出乎幽冥。

「功之所以尅，乃反其名。」者，以其弗居所以功成。其言《老子》並非在形下層次討論如何成功之方法，即非落在現象界平鋪的討論成功之道為何。若是平鋪的討論，則所謂功之所以尅之方法，必不止於一種，然而就形上之實現原理說，只是一，而《老子》之一即是「無」，也可說「無為」，所以〈第二章〉說：「功成而弗居，夫惟弗居，是以不去。」「弗居」就是有功而不居

功，於功而無為。「道與形反」即點出道的存在和具體的事物之不同，若不能悟入「形之反」的道，而只執守於事物本身，反而不能保住事物本身的存在。然而對於道的了悟又不能執於事物本身去求索，必須逆推有形事物的背後，超越有形事物方能把握道的存在。換言之，也就是說能使得「物存、功尅、安者安，侯王尊，天地大，聖功存，仁德厚」等的形上根據，乃是：不存以存，不居以尅，不安以安，非尊以尊，非大所能大之，絕聖所立之，棄仁所著之之沖虛玄德，而非事物之本身，所以〈三十八章注〉王弼說：

> 故仁德之厚，非用仁之所能也，行義之正，非用義之所成也；禮敬之清，非用禮之所濟也，載之以道，統之以母，故顯之而無所尚，彰之而無所競，用夫無名，故名以篤焉，用夫無形，故形以成焉。

〈三十九章注〉又說：

> 用一以致清耳，非用清以清也，守一則清不失，用清則恐裂也，清不能為清，盈不能為盈，皆有其母以存其形，故清不足貴，盈不足多，貴在其母。

然而這箇道理在於若執著於有形事物，只看事物表面的人，即所謂執於經驗的人是不容易明白的，因而對前述的道理也難以接受，於是《指略》明白指出若無超越的玄思之人是很難把握大道，所謂「見形而不及道」「察近而不及流統之原」之人就是太著實，不能虛靈其心智以超越物象而把握大道，所以認為《老子》之言是虛誕。〈二十章〉也曾指出世俗之心態，見形察近而不及於道，「眾人熙熙，如享太牢，如春登臺」「眾人皆有餘」「俗人昭昭，察察」「眾人皆有以」，凡庶皆止見於有所施用，有所別析，有志盈胸，迷於美進，惑於樂利，欲以進，心以競，而無視於沌沌，悶悶，若昏若遺而頑鄙之大道，因而皆中人以下，〈四十一章〉云：「中士聞道，若存若亡；下士聞道，大笑之，不笑不足以為道。」以大道為不實、誕妄、故而笑之。《指略》所去正是承此意而說。所以，凡庶之人志意盈胸，昭昭察察，於是各申其說，人美其辭，如《莊子》所說的一曲之士，皆以其有為不可加矣，多得一察焉以自好。〔註52〕

六、名號和稱謂

> 名也者，定彼者也；稱也者，從謂者也。名生乎彼，稱出乎我。故

〔註52〕《莊子·天下篇》語。

涉之乎無物而不由，則稱之曰道：求之乎無妙而不出，而謂之曰玄・妙出乎玄，眾由乎道。故「生之畜之」，不壅不塞，通物之性，道之謂也。「生而不有，爲而不恃，長而不宰。」有德而無主，玄之德也。「玄」，謂之深者也，「道」，稱之大者也。名號生乎形狀，稱謂出乎涉求，名號不虛生，稱謂不虛出。故名號則大失其旨，稱謂則未盡其極。是以謂「玄」則「玄之又玄」，稱「道」則「域中有四大」也。

名號是規定客觀事物的；稱謂是跟隨主觀意向的。名號是依據客觀事物而產生的，稱謂是出於主觀的涉求。因此，關連到無物而不經由者，就稱它作「道」；尋之於無妙而不從之所出，就稱它作「玄」。眾妙出於玄，萬物由道而來，「創生萬物，畜養萬物。」不壅滯不禁塞，而使萬物自己本性暢通，就是所謂的道。生養萬物而不據爲己有，作育萬物而不自恃其能，長成萬物而不主宰萬物，有德而不知其所主，這就是深奧微妙的玄德。「玄」就是深奧微妙的意思。「道」是可稱之中最大的。名號基於客觀事物的形象而確定，稱謂基於主觀意向的關懷要求而產生。名號不是憑空而產生的，稱謂也不是沒有根據而發生的。所以，若用名號（給大道定名）就違背了道的原義，用稱謂（來云謂大道）也無法窮盡地表達道的內容。因爲如此，所以當說到「玄」時，就要說「玄之又玄」：稱謂「道」時，就要說「宇宙中有四大」。

本段所討論的主要是名號和稱謂的不同，及相對於大道時，作爲描述道的語言有何局限。其中有關「玄」、「道」稱謂之所由己見於本文第二段及前章方法論的解說。

名號是因應客觀事物而產生，既因應客觀事物而產生，則名號和客觀事物之間必定有著對應的關係，此對應關係爲你我所共認，這就是所謂「約定俗成」的意思。所以一個名號的產生，是因爲已有客觀事物先存在然後爲之制定的，而不是先制定一名號之後，再去尋找與此名號相符應的實物，苟非如此，萬一先制定了名號而徧尋不著與之相應的事物，則名號豈非虛生？再進一步說，所謂「生乎彼」「生乎形狀」，是指名號始制之初，必有客觀事物作爲依據，進而由此客觀事物類化歸納，抽象出來的概念語言，由這個「概念」而可以統攝同類的事物，也可用以指稱一特殊個物，故名號生乎彼而又可定乎彼，此「彼」之所指不必與原來之物同一，可指涉同類之事物，如此知識才有建立的可能，經驗才有傳遞的可能，舉凡科學語言皆爲名號之屬。

由此可知，凡名號的使用皆在經驗層次說，凡與我所對之彼，及存在時空中之具有形狀之物皆屬於現象界，經驗層，凡此皆和道不在同一層次。此義王弼在《老子》首章注便已發其端緒，其注「道可道，非常道，名可名，非常名。」說：

> 可道之道，可名之名，指事造形，常其常也。故不可道，不可名也。

王弼所說的「指事造形」，即指乎有事，造乎有形，所指所造皆有一定之對象，可道可名即因此對象而具體落實，然而亦因此而為彼此一定之事與物所限定。有所限定則不是道，因為道是無限，是無所限定，有所限制則非其常，牟宗三先生對此有清楚的解說：

> 「指事」意即指陳一具體之物事，指述一特定之對象。……造形者即尋形、循形之謂。言可道之道，可名之名，皆指乎事，尋乎形，故非恆常不變之大道。指乎事，則為事所限；循乎形，則為形所定。自非恆常不變之至道。而亦唯事與形始可以言詮，始可以名名。以言詮者，用今語言之，即可用「一定概念」去論謂之之意也。以名名者，用今語言之，即可用量名、質名、關係名等一定之名去指示之之謂也。涉事造形，而可為言詮所表現之道理，即可道之道也。涉事造形，而可以名名所成之「定名」，即可名之名也。至於恆常不變之至道、大道，則無事可指，無形可造，即非涉事造形之道，故不可道也。既非涉事造形，故其為道亦不為事所限，亦不為形所定。不為事所限，則其本身無分限。不為形所定，則其本身無定體。無分限，無定體，即其本身非一物也。非一物，故其本身亦不可說，不可名也。〔註53〕

以上是對名號所作的說明。至於「稱謂」《指略》云「稱也者，從謂者也。」「稱出乎我」又說「稱謂出乎涉求」。出乎我者，就是不離主觀的意思，出於主觀的涉求，這個「涉求」就是我心中的「意向」，這個「意向」非泛言「意念欲求」之意，而是指向不可道，不可名之意，是不可言傳，言所不能盡之意。「涉」即「涉之乎無物而之由」之涉。「求」即「求之乎無妙而不出」之求〔註54〕。為常道本身不可道不可名，而《老子》又名之曰「道」。此「道」

〔註53〕牟宗三先生《才性與玄理》，第五章〈王弼之老學〉，頁129，學生。
〔註54〕同註53，頁138。

之名，依《老子》之旨意乃「強爲之名」之名。故非一定名，爲不可說而權
宜說之之名，此「道」雖是強名之之名，畢竟是由我心中之涉求，而指向常
道，故《老子》文中亦將此涉求之意向以「稱」或「謂」表述之，唯亦不甚
謹嚴，也沒有人注意到這個地方〔註55〕。王弼的《老子注》則特別注意到此，
並且將它提煉成一個意思，盛辨「名號」和「稱謂」的分別，藉此可以進一
步釐清《老子》義理的重要觀念，也可說是王弼的玄學名理。以下則引《老
子》經文和《王注》注文對照來說明。

1. 《老子》首章「此兩者同出而異名，同謂之玄，玄之又玄，眾妙之門。」
  《王注》云：

  > 兩者，始與母也。同出者，同出於玄也。異名，所施不可同也。在
  > 首則謂之始，在終則謂之母。玄者，冥也，默然無有也。始母之所
  > 出也，不可得而名，故不可言：「同名曰玄」而言「謂之玄」者，取
  > 於不可得（而名）而謂之然也。謂之然，則不可以定乎一玄而已。
  > 則是名（名之）則失之遠矣。故曰「玄之又玄」也。〔註56〕

此段注文可與《指略》對照參看，「名」「謂」之辨在首章注便發端緒，始、
母皆由道而言，與道同體，而非形下之事物，道不可名，事物可名，名不可
加於道，而道用謂，所以《王注》說「謂之始」「謂之母」而不說「名之始」
「名之母」。始母同出於玄，所以玄當然與道同體，《王注》於是說「不可名
曰玄」而言「謂之玄」，是取其不可得而名不可定名之義。如此「名」「謂」
之分判然有別。

2. 《老子》第六章「谷神不死，是謂玄牝，玄牝之門，是謂天地根，緜
  緜若存，用之不勤。」《王注》說：

  > 谷神，谷中央無谷也。無形無影，無逆無違，處卑不動，守靜不衰，
  > 谷以之成而不見其形，此至物也。處卑而不可得名，故謂天地之根。
  > 緜緜若存，用之不勤，門，玄牝之所由也。本其所由，與極同體，

〔註55〕《老子》經文使用「謂」字其實並無嚴謹之義例，也不是專用來稱謂道體與
　　　表示和名號有所分別。例如〈十三章〉「何謂寵辱若驚」「何謂貴大患若身」，
　　　此處用「謂」即和道體無涉。〈十四章〉「視之不見名曰夷，聽之不聞名曰希，
　　　搏之不得名曰微。」文中「夷」「希」「微」顯然是作爲道體的形容詞，然而
　　　《老子》用「名」而不用「謂」。
〔註56〕本段《王注》文有脫誤，然陶鴻慶、樓宇烈兩家改易原文過多，仍難得義，
　　　劉國鈞之《校記》則不成義，故皆無所取，今依牟宗三先生之校改，見所著
　　　《才性與玄理》，頁137。

故謂之天地之根也。

此段注文以「此至物也,處卑而不可得名,故謂天地之根。」「與極同體,故謂之天地之根也。」注解《老子》「是謂玄牝,玄牝之門,是謂天地之根。」《老子》經文是以「玄牝之門」「玄牝」「天地之根」形容道體,因為是描述道體,故行文則用「謂」,《王注》就順用這個「謂」,並釋其義云「此至物也」「與極同體」,所言「至物」或「極」都是描述道體之言〔註57〕。凡與道同體者,皆不可得而名,此與老子首章同義。

3. 〈第十章〉「是謂玄德」,《王注》說:

> 凡言玄德,皆有德而不知其主,出乎幽冥。

4. 〈十四章〉「是謂無狀之狀,無物之象。」《王注》云:

> 欲言無邪,而物由以成;欲言有邪,而不見其形,故曰「無狀之狀,無物之象」也。

「是謂惚恍」《王注》云:

> 不可得而定也。

「能知古始,是謂道紀。」《王注》曰:

> 無形無名者,萬物之宗也。雖今古不同,時移俗易。故莫不由乎此以成其治者也。

5. 〈第十六章〉「歸根曰靜,是謂復命,復命曰常。」《王注》云:

> 歸根則靜,故曰靜,靜則復命,故曰復命也,復命則得性命之常,故曰常也。

6. 〈十七章〉「功成事遂,百姓皆謂我自然。」《王注》云:

> 居無為之事,行不言之教,不以形立物,故功成事遂,而百姓不知其所以然也。

7. 〈五十九章〉「夫唯嗇,是謂早服,早服謂之重積德。」《王注》云:

> 早服,常也。唯重積德不欲銳速,然後乃能使早服其常,被曰早服

〔註57〕《王注》文中言「極」之義,例指形容道體之言,如〈第十章〉「滌除玄覽」注:「玄,物之極也。」〈二十五章〉「逝曰遠,遠曰反。」注:「遠,極也,無所不窮極。」「域中有四大」注曰「曰大,道天地王也,凡物有稱有名,則非其極也。」〈三十九章〉「昔之得一者」注,「一,數之始而物之極也。」〈二十二章〉「聖人抱一以為天下式」注曰「一,少之極也。」〈四十二章〉「道生一,一生二,二生三。」注曰「萬物萬形,其歸一也,何由致一?由於無也。」〈八十一章〉注曰「善者不辯,辯者不善,知道不博。」注曰「極在一也」。上引諸注文所言極,一之義皆可證。

謂之重積德也。

由以上所檢索《王注》之例，可知《老子》用「謂」，大體言之，其義皆指和道同層而言，例如凡言玄德，無狀無象、惚恍、復命、自然、常、重積德等皆描述與道同體或是道的某一面相，所以說不知其主，不知其所以然，不可得而定，故不名之而謂之然也。

其次，再討論「稱」，《指略》說「稱也者，從謂者也。」以謂釋稱，故當屬同義。《王注》之例言「稱」，而《老子》之文不言稱，其例見於〈十五章〉注：

「字之曰道」《王注》：

> 夫名以定形，字以稱可。言道取於無物而不由也。是混成之中，可言之稱最大也。

「強為之名曰大」《王注》：

> 吾所以字之曰道者，取其可言之稱最大也。

「域中有四大」《王注》：

> 四大：道、天、地、王也。凡物有稱有名，則非其極也。言道則有所由，有所由然後謂之道，然則是道，稱中之大也，不若無稱之大也。無稱不可得而名曰域也。道、天、地、王皆在乎無稱之內，故曰：域中有四大者也。

「道法自然」《王注》云：

> 自然者，無稱之言，窮極之辭也。

《指略》和《王注》皆以「稱」為對道而言未盡其極之辭，對於不可道之道言，取於無物而不由則稱之曰「道」，字以稱可，稱則非其極，可則為差堪形容之義。而可以注意的是：《指略》只說「稱」，《王注》則將之別為「可言之稱」和「無稱之稱」。凡言「取乎」者，皆可言之稱之類。如《指略》前文所舉之例：

> 「道」之者，取乎萬物之所由也。
> 「玄」也者，取乎幽冥之所出也。
> 「深」也者，取乎探賾而不可究也。
> 「大」也者，取乎彌綸而不可極也。
> 「遠」也者，取乎綿邈而不可極也。
> 「微」也者，取乎幽微而不可覩也。

凡言「稱」則是心中有取乎，有所涉求之義，皆形容常道之某一面相。都是說明不可究極之義，而非常道當身，常道固不可窮極，然而唯有通過「稱」的方式，才可以探測常道內容之一蠡。例如取乎萬物之所由曰「道」，萬物由乎道而生而畜，所以說「生之畜之」是不壅不塞，通物之性之義。〈第十章注〉云：「不塞其原，則物自生。」「不禁其惟，則物自濟。」道常無為，則萬物自生自濟自化。故稱道者，乃「無」之形式意義，無或無為才是道之具體內容。凡有德而不知其主，是謂「玄德」，玄德深遠且不知其所自出，所以說它「出乎幽冥」。然而諸如此類的可稱之言皆含於無稱之稱中，如道、天、地、王皆在「域」中，何謂域？無稱不可得而名曰域。萬物自生自濟自化自長自足自成，而不知其所主，此不知其主之主名曰「自然」。自然者，無稱之言，窮極之辭。常道的內容，歸終之則可以統之於「自然」。是以凡言「稱」者皆表示未盡其極之辭，而有所取乎之義，因此常道不能定住於一稱而已，謂之「玄」則必至於「玄之又玄」，必通過辯證之發展以化解所稱之玄，然其深奧永不可極，故曰：「繩繩不可名」。

七、崇本息末

> 老子之書，其幾乎可一言而蔽之。噫！崇本息末而已矣。觀其所由，尋其所歸，言不遠宗，事不失主。文雖五千，貫之者一，義雖廣瞻，眾則同類，解其一言而蔽之，則無幽而不識，每事各為意，則雖辯而愈惑。嘗試論之曰：夫邪之興也，豈邪者之所為乎！淫之所起也，豈淫者之所造乎，故閑邪在乎存誠，不在善察；息淫在乎去華，不在滋章，絕盜在乎去欲，不在嚴刑；止訟存乎不尚，不在善聽，故不攻其為也，使其無心於為也；不害其欲也，使其無心於欲也。謀之於未兆，為之於未始，如斯而已矣。故竭聖智以治巧偽，未若見質素以靜民欲，興仁義以敦薄俗，未若抱樸以全篤實；多巧利以興事用，未若寡私欲以息華競，故絕伺察，潛聰明，去勸進，剪華譽，棄巧用，賤寶貨。唯在使民愛欲不生，不在攻其為邪也。故見素樸以絕聖智，寡私欲以棄巧利，皆崇本以息末之謂也。

《老子》這本書，幾乎可以用一句話來涵蓋它的道理。噫！那就是「崇本息末」了。觀察事物之所從來，尋繹事物之所歸終，所論謂的能夠不遠離大道，所從事的也都不悖離宗主，文章雖說有五千言，其中卻有一貫的大道，涵蓋雖然廣大豐富，所舉的眾多的事例也都是同類的道理，解悟到《老子》

五千言的「崇本息末」之根本道理，那麼任何深奧的事理也都能知曉。如果每從事時各執一己之見，則雖然愈作辯析但是疑惑愈多。我曾經作過這樣的討論；乖戾的事物之興起，難道是乖戾的事物本身所造成的嗎？淫邪不正的事之起因，難道是淫邪的事物本身所導致的嗎？所以，防止邪淫之事的發生，要在於保存內心的淳樸，而不在精於察鑒；抑止邪淫的事態漫衍，要在於去掉浮華僞飾，而不在於增益刑罰，彰明法令；根絕盜賊的發生，要在於去除其貪欲之心，不在於刑法的嚴苛；止息訴訟的爭端要在於不求陵越他人，而不在於善能聽斷訟事。所以說不在勤習精研其所作所爲，而是要使其無心於作爲，不是要去除欲望，而是要使人無心於欲望。計畫在事情未見兆端的時候就開始，預先處理在事情還沒有發生之際。如此而已罷了。因此，聖人竭盡智慮才能來處理伎巧僞作，還不如表現純眞質樸以虛靜人民的欲望。提倡仁義以敦厚磽薄的風向，還不如保住內心的天眞淳朴以化成民風的淳厚質實，以眾多且精緻的機巧貨利來興盛事務的用度，不如降低私欲來停止競尚浮華。所以說要棄絕偵察，隱藏聰明，不要勸進，除去浮華的名譽，絕棄機巧的運用，只要使人的貪嗜欲求的念頭不生起，而不在於處理他所作的僞邪，所以表現純眞質樸來絕聖棄智，減少私心降低欲求以棄絕機巧貨利，都是所謂「崇本息末」的意思。

　　本段要旨在以「崇本息末」綜括《老子》一書的大義。王弼《老子注》還另外提出「崇本舉末」的說法，也一併在此討論。本末對舉起源甚早，至少在《左傳》、《論語》已經出現，其後散見在百家典籍中，逐漸形成一套日常使用的觀念詞語。然而各家各言其本，各述其末，涵義不盡相同，唯皆止於一般之論述，並未將它作爲一家思想的綱領，直到王弼才提出來作爲其《老子注》的重要觀念詞，並用之來統攝老子思想。王弼以本末詮釋《老子》，其說見於其《老子注》及《老子指略》，茲先概述王弼之前本末一詞使用情形以見其原。

　　許愼《說文解字》釋「本」曰「木下曰本」，「末」曰「木上曰末」〔註58〕王弼注《老子》七十六章「強大處下」云：「木之本也。」，注「柔弱處上」云：「枝條是也。」即是沿用《說文》本義。至於《老子》經文在行文時尚未將本末對舉，揆其義則實已涵之〔註59〕。〈三十九章〉云「故貴以賤爲本，高

〔註58〕段玉裁《說文解字注》，頁251，蘭臺。
〔註59〕《老子》經文中用「本」字者見於〈二十六章〉「輕則失本」〈三十九章〉「貴

以下爲基。」〈二十六章〉云:「重爲輕根,靜爲躁君。」又云「奈何萬乘之主而以身輕天下,輕則失本,躁則失君。」以貴賤高下互文,則可推知《老子》之義以高者貴者爲末,下者賤者爲本,以末爲輕,以本爲重。王弼注解亦不離此義:「曰重必爲輕根」「以重爲本」。〈四十章〉「反者道之動」《王注》:「高以下爲基,貴以賤爲本。」然而究竟王弼所謂的「本」之內容爲何?由〈四十章〉「天下萬物生於有,有生於無。」《王注》即可知曉,其注曰:

> 天下之物皆以有爲生,有之所始,以無爲本。將欲全有,必反於無也。

〈三十六章注〉云:「本在無爲」,與〈四十章注〉之「以無爲本」對照,「無」可視爲「無爲」的進一步的提煉的說法,可證王弼所說的「本」就是「無」。

《莊子·天下篇》亦嘗以本末對舉。其文曰:

> 古之人其備乎!配神明醇天地,育萬物和天下,澤及百姓,明於本數、係於末度,六通四辟,小大精粗,其運無乎不在。〔註60〕

又描述關尹、老聃之學說爲:

> 以本爲精,以物爲粗,以有積爲不足,澹然獨與神明居,古之道術有在於是者,關尹、老聃聞其風而說之,建之以常無有,主之以大一,以濡弱謙下爲表,以空虛不毀萬物爲實。〔註61〕

以《莊子·天下篇》對《老子》之詮釋,其「以本爲精」,精者就是大一,常無有。《成玄英疏》云:

> 本,無也;物,有也。用無爲妙道,爲精;用有爲事物爲粗。〔註62〕

《莊子·天道篇》云:

> 虛靜恬淡,寂寞無爲者,萬物之本也。

司馬談〈論六家要旨〉其述道家亦云「以虛無爲本」,由是而知,自《老子》《莊子》以至於王弼大抵皆認爲「以物爲末」「以無爲本」,此乃道家一貫之義理。

以賤爲本」兩處皆獨用。用「末」字者止一見〈六十四章〉:「合抱之木,生於毫末。」前面用「本」之義當涵有「重爲本,輕爲末」「賤爲本,貴爲末」之義,唯《老子》並未明言。後面使用「末」字則義指微細,與合抱相對,而不涵本末之義。

〔註60〕《莊子集釋》,頁472,世界。
〔註61〕郭慶藩《莊子集釋》,頁472,世界。
〔註62〕同註61。

《論語》亦言本末,〈子張篇〉第十二章云:

> 子游曰:「子夏之門人小子,當洒掃、應對、進退則可矣,抑末也,本之則無,如之何?」

以本末對舉,將日常禮儀之行,生活之節視爲末,然其本之義爲何?《朱熹註》認爲即如《大學》誠意正心之事,亦無不當〔註63〕。不過,《論語》中出現之「本」的涵義,如果由「君子務本,本立而道生,孝悌也者,其爲人之本與!」及「林放問禮之本」審其義,則「本」當釋爲「仁」或「仁德所發的效應──孝弟」。至《孟子》則將本與心連言而說本心,何謂本心?即仁義禮智四端之心也。與《論語》相當一致。至《荀子》所用之本末義則較爲廣泛,如〈禮論〉云:

> 若夫斷之繼之,博之淺之,益之損之,類之盡之,盛之美之,使本末終始莫不順比,足以爲萬世則,則是禮也。非順孰脩爲之,君子莫之能知也。故曰:性者,本始材朴也;僞者,文理隆盛也。無性則僞之無所加,無僞則性不能自美。性僞合,然後成聖人之名,一天下之功於是就也。〔註64〕

〈大略〉篇云:

> 禮者,本末相順,終始相應。禮者,以財物爲用,以貴賤爲文,以多少爲異。
>
> 君子處仁,以義然後仁也。行義以禮然後義也,制禮反本成末然後禮也。〔註65〕

〈君道〉篇云:

> 知隆禮義之爲尊君也,知好士之爲美名也,知愛民之爲安國也,知有常法之爲一俗也,知尚賢使能之爲長幼也,知務本禁末之爲多材也。

《荀子》所用本末之義顯然比《論語》、《孟子》廣泛。「制禮反本成末,然後禮也。」則本在仁義,末指禮文之節目而言。「使本末終始莫不順也」「本末相順,終始相應。」此兩句文字相類,其義亦同,文中之本指眞實的感情,指內而言;末指文理文貌,飾外而言。「知務本禁末之爲多材也」,此句所言

〔註63〕朱熹《四書章句集註》,頁190,鵝湖。
〔註64〕《荀子新注》〈禮論〉,頁386,里仁。
〔註65〕同前註〈大略〉。

之本指農桑業，末則指工商業，全句義爲：明白從事農桑耕作，抑止工商是
爲了增加國庫的財富。已顯示以本爲重，以末爲輕之義。而前二者之言本末
則只分內外，而無輕重之別，也就是合本末爲一，同其重要，制禮時必須反
本成末始謂之禮，行禮時亦必使本末相順，終始相應，始成其爲禮，涵有本
末內外相需相成，表裏一致的要求。然後者顯然表示出以本爲重，以末爲輕，
所以才說「務本抑末」，而有重本抑末之義，如此則知現實上的本末可能有相
牴牾之情形。

　　《大學》云：「物有本末，事有終始，知所先後，則近道矣……自天子以
至於庶人，壹是皆以脩身爲本。其本亂而末治者否矣。」此言本則以脩身明
德言，末則指的是齊家新民之事言，在涵義上有本先末後，以本貫末之義。
表示有本方能成末，大學之道以修本爲始，以成末爲用，以本末一貫爲終，
如果失其本，則末亦不成其末，亦說明在實踐上的先後次第之義，此爲儒家
義理。

　　下至秦漢各家立言，亦多言本末，其義大抵不出上述，茲不再細說，今
僅舉時代較近於王弼者言之，其用法大致上和《荀子》、《大學》不異〔註66〕。
王符《潛夫論・務本篇》云：

> 凡爲人之大體，莫善於抑末而務本，莫不善於離本而飾末。夫爲國者，
> 以富民爲本……夫富民者，以農桑爲本，以游業爲末；百工者，以致
> 用爲本，以巧飾爲末；商賈者，以通貨爲本，以鬻奇爲末。三者守本
> 離末而民富，離本守末則民貧，貧則阨而忌善，富則樂而可取。教訓
> 者，以道義爲本。以巧辯爲末；辭語者，以信順爲本，以詭麗爲末；
> 列士者，以孝弟爲本，以交游爲末；孝弟者，以致養爲本，以華觀爲
> 末；人臣者，以忠正爲本，以媚愛爲末。五者守本離末則仁義興，離
> 本守末則道德崩，慎本略末猶可也，舍本務末則惡矣。〔註67〕

王符所謂「爲人之大體，當務本而抑末。」此中所謂本之義有層次之不同，
其所言大本則在於仁義道德，散在百業則各有其當行之本，苟捨離其本則易
流衍爲浮華之末。爲政者當行之本者在富民，在農桑在致用，在道義、在信
順、在孝弟、在致養、在忠信、其所謂末者、在游業、在巧飾、在鬻奇、在

〔註66〕王葆玹《正始玄學》第七章，亦嘗討論及此題可供參照。本文對息末之解與
　　　　王說不同，王說見該書頁269～271，齊魯。
〔註67〕王符《潛夫論》〈務本〉篇，《漢魏叢書》明陳榮刻本，頁1140～1141，新興。

巧辯、在詭麗、在交游、在華觀、在媚愛。王符所言本末之義與《荀子》之「務本禁末」相通，而與《大學》之「本末一貫」不類，只崇本而抑末。徐幹《中論‧考僞》亦云：

> 孔子曰：不患人之不己知者。雖語我曰：吾爲善。吾不信之矣！何
> 則？以其泉不中涌而注之者，從外來也。苟如此，則處道之心不明，
> 而執義之道不著，雖依先王，稱詩書，將何益哉？以此毒天下之民，
> 莫不離本趣末，事以僞成，紛紛擾擾，馳騖不已。〔註68〕

徐幹論本末之義不盡同於王符，揆徐幹之意，苟道心明，仁義著，則事不僞，是謂守本成末；反之，則離本趣末，事以僞成。其義法大抵同於《大學》而不類於王符。

綜合上述使用本末一詞之源流，可知在王弼之前已爲各家所習用，惟其具體之內容則隨其終極關懷之不同而各異，如道家之本在於無，儒家之本在於仁等。惟用法之形式意義則可歸納爲二：其一爲重本抑末，如《荀子》之務本禁末，王符之務本抑末等。其二是以本貫末，如《荀子》之本末相成，《大學》之修本成末等。這兩種形式之發展皆爲王弼所繼承，而王弼之「本」的具體之內容則係直承道家之傳統而不替。有以上的認識之後，以下則討論王弼之本末說法。

王弼所言「本」之涵義，除前述見於〈三十八章注〉的「本在無爲」及〈四十章注〉的「以無爲本」之外，《指略》前文亦嘗提及，今再分析之，《指略》云：

> 故其大歸也，論太始之原以明自然之性，演幽冥之極以定惑罔之迷，
> 因而不爲，損而不施，崇本以息末，守母以存子，賤夫巧術，爲在
> 未有，無責於人，必求諸己。

此言太始之原，自然之性，幽冥之極，不爲不施，求諸己，皆爲王弼所言本之義，而所言惑罔之迷，巧術，責於人等則屬所欲息之末。《老子‧五十七章》「以正治國，以奇用兵，以無事取天下。」《王注》即有清楚之說明：

> 以道治國，崇本以息末；以正（政）治國，立辟（刑法）以攻末，
> 本不立而末淺，民無所及，故必至於（以）奇用兵也。〔註69〕

〔註68〕徐幹《中論‧考僞》，卷下第十一，《漢魏叢書》，明陳榮刻本，頁1264，新興。

〔註69〕《王注》之文無「以」字，今據東條弘說校補，其說據《老子》經文「以奇

「吾何以知其然哉？以此。天下多忌諱而民彌貧，民多利器，國家滋昏。」
《王注》云：

> 利器，凡所以利己之器也，民強則國家弱。

「人多伎巧，奇物滋起。」《王注》云：

> 民多智慧則巧偽生，巧偽生則邪事起。

「法令滋彰，盜賊多有。」《王注》云：

> 立正欲以息邪，而奇兵用。多忌諱欲以耻貧，而民彌貧；利器欲以
> 強國者也，而國愈昏多〔註70〕。皆舍本以治末，故以致此也。

「故聖人云：我無爲而民自化，我好靜而民自正，我無事而民自富，我無欲
而民自樸。」《王注》云：

> 上之所欲，民從之速也，我之所欲唯無欲，而民亦無欲而自樸也，
> 此四者，崇本以息末也。

在上引〈五十七章注〉中，共出現兩次「崇本以息末」，「立辟以攻末」「舍本
以逐末」各一次，可以藉此分析出王弼所云「本」「末」義之確指爲何？如此
則得以明白何謂「崇本息末」。將「以道治國」和「我無爲」「我好靜」「我無
事」「我無欲」併觀之，二者皆言「崇本以息末」，則知本在於道，道之內容
是「無爲，好靜，無事，無欲」，與前面所說的「以無爲本」「本在無爲」結
論相同。而《王注》將「立正」「多忌諱」「利器」歸之於「舍本」適可以反
證「以無爲本」之確切不移。至於「末」義如何確定？注云：「以道治國，崇
本以息末」，道即是本，則治國爲末，道在理論上有優先性，然何以崇本，爲
要治國。如此道爲本，治國爲末，國所屬之末乃與道相對之末，其存在有必
然性，即此末不可廢，然而此末之性質非邪而能滋生邪，是否滋生邪事之關
鍵則在於是否有本，有本則邪不生，無本則邪生。例如「立辟以攻末，本不

〔註70〕 用兵」故增「以」字。見樓宇烈《老子周易・王弼集校釋》，頁150，華正。
《王注》「昏多」兩字，陶鴻慶《讀老札記》據經文「國家滋昏」《王注》「民
強則國家弱」爲證而校改「昏多」爲「昏弱」。日本學者波多野太郎說，認爲
「多」字疑衍。樓宇烈及石田羊一郎皆依陶說校改。近藤元粹《王注老子標
釋》則以「而國愈昏，多皆舍本以治末。」爲句讀，將「昏」「多」分句。以
上諸家皆未細味王弼造句之意，其注用「昏多」者，蓋有取於《老子》經文
「國家滋昏」之「昏」，以及經文「人多伎巧」「盜賊多有」之「多」而注，
各爲一詞，獨立成義，用以概括《老子》經文之義，不必強解爲複詞，且《注
文》云：「利器，欲以強國者也。」和經文「民多利器」相對照，如此參照則
知《王注》並不誤。「多忌諱欲以耻貧」之「耻」字，波多野太郎說：「恐爲
『止』之誤」。此說可信。

立而末淺。」即非以道治國而以法治國，則爲失本之末，因失本故其末淺，
民無所及，故必至於以奇用兵。由是知《王注》之意，奇兵之起不起於有本
之末而起於無本之末。「立正欲以息邪，而奇兵用。」卻以正息邪而邪適以之
生；欲以忌諱止貧而民因之彌貧，欲以利器強國，而國適以致昏多，何以故？
《王注》指出答案在於「皆舍本以治末，故以致此也。」以正息邪，以忌諱
止貧，以利器強國三者皆舍本以治末，失本之末所以導致於奇兵用，民彌貧
而國昏多。又，經文云：「我無爲而民自化，我好靜而民自正，我無事而民自
富，我無欲而民自樸。」《王注》曰：「此四者，崇本以息末也。」此四者之
本義固當指無爲，好靜、無事、無欲而無庸置疑，其息末義則當指民自化、
民自正、民自富、民自樸方洽。〈三十八章注〉云：

> 用夫無名，故名以篤焉：用夫無形，故形以成焉，守母以存其子，
> 崇本以舉其末，則形名具有而邪不生，大美配天而華不作，故母不
> 可遠，本不可失。仁義，母之所生，非可以爲母：形器，匠之所成，
> 非可以爲匠也。捨其母而用其子，棄其本而適其末，名則有所分，
> 形則有所止，雖極其大，必有不周，雖盛其美，必有憂患，功在爲
> 之，豈足處也。

無名而名以篤，無形而形以成，守母以存子，崇本以舉末。無名無形爲本，
名以篤形以成爲舉末，名以篤形以成則形名具有，如此是邪不生華不作，由
是而知，末爲形名而不是指邪事浮華而言，邪之生華之作是由乎形名之有名
有形，而不由乎形名之無名無形。由乎形名之有名有形是謂之棄其本而適其
末，形名爲末，末固非本，故不可以爲本，所以《王注》說：「仁義，母之所
生，非可以爲母；形器，匠之所成，非可以爲匠。」末如果不失其本則末必
舉，末亦必成其爲末，有本之末則邪不生華不作。苟棄其本而適其末，則必
有不周，而憂患必生。由此可知，本和末相對言而不與邪相對言。就末而言，
末不失本則與本相對言，失本之末則邪生華作，此際則末與邪相對言。有本
之末的本末關係是上下兩層，本是超越的存在，失本之末而邪生華作的末和
邪的關係是平鋪的同層的，並無超越面之本存在，因此末也不成其爲末，而
是邪是華。本固不與邪相對，然而邪之滋生實基於末之失本，所以可以說邪
生華作與能否崇本守本有直接之關係，於是《指略》說：

> 夫邪之興也，豈邪者之所爲乎？淫之所起也，豈淫者之所造乎？故
> 閑邪在乎存誠，不在善察；息淫在乎去華，不在滋章；絕盜在乎去

　　欲，不在嚴刑，止訟在乎不尚，不在善聽，故不攻其爲也，使其無
　　心於爲也，謀之於未兆，爲之於未始，如斯而已矣。

邪淫之起，盜訟之興，並非邪淫盜訟當身之所爲造，而在於失其大本之所致。
依《王注》之旨義觀之，苟欲閑邪、息淫、絕盜、止訟，而以察察、滋章、
嚴刑、善聽等方式爲之，就是舍本以治末、立辟以攻末，立正以息邪，如此
非但不足以息邪止淫，反而適足以致之，必須存其本以舉其末，始能令邪淫
不生而盜訟絕止。存其本之道在於謀之於未兆，爲之於未始，其工夫在於存
誠、去華、去欲、不尚。同理可知，竭聖智以治巧僞，興仁義以敦薄俗，多
巧利以興事用，也都屬於舍本治末之流，結果只有治絲益棼，還不如見質素
以靜民欲，抱樸以全篤實，寡私欲以息華競，反而能保其末，故云絕、潛、
去、寡、棄、賤都是爲道日損的工夫，損之又損以至於無爲。相反的，竭聖
智，興仁義，多巧利則屬於爲學日益，文甚不足，故不幾於道。

　　由以上之分疏可知，王弼之所謂本者，即是無；所謂末，在國在心。在
眾則曰國，包括一切眾事之屬；在己則曰心，此心非孟子本心之義；乃情欲
心，知識心之屬，統而名曰識心。此雖云未然實不可廢，而可以轉化，透過
損之又損的工夫可轉此識心而爲道心，此中即有工夫歷程，如果極識心以爲
用，則雖竭聖智，興仁義，多巧利亦不足以保其末，終必崇本方足以舉末。
所以，王弼所論的末義可上可下，崇本則末舉，此爲有本之末，與道上行；
捨本以治末，立辟以攻末，這是失本之末，如此則邪淫生盜訟作，與邪下墮。
故言「舉末」則由崇本而直接全末，言「息末」，則由崇本而間接息邪，然後
始復其末之爲末，由下墮之末復爲上行之末，去病不去法，此中有一曲折在，
非謂兩事。

八、絕聖棄智

　　夫素樸之道不著，而好欲之美不隱，雖極聖明以察之，竭智慮以攻
　　之，巧愈思精，僞愈多變，攻之彌甚，避之彌勤，則乃智愚相欺，
　　六親相疑，樸散眞離，事有其奸，蓋舍本而攻末，雖極聖智，愈致
　　斯災，況術之下此者乎！夫鎭之以素樸，則無爲而自正；攻之以聖
　　智，則民窮而巧殷，故素樸可抱，而聖智可棄。夫察司之簡，則避
　　之亦簡；竭其聰明，則逃之亦察。簡則害樸寡，密則巧僞深矣。夫
　　能爲至察探幽之術者，匪唯聖智哉！其爲害也，豈可記乎！故百倍

之利未渠多也。

　　若夫眞淳朴的大道不著明，則以好欲爲美的風尚就不會退息，雖窮盡聖智聰明去偵察它，竭盡才能思慮去治理它，機巧就愈來愈精密，虛僞巧飾也就愈變花樣愈多，愈是精心去治理，逃避者也愈用心。像這樣就是以智愚互相欺瞞，骨肉血親互相猜嫌，淳朴的本質沒有了，天眞的本性也失去了，事情的奸宄必定發生。實在是因爲舍棄了根本的大道而去追逐枝節的末事，雖然窮盡傑出的才能智慮，愈推求則弊病愈多，何況是所用的方法並不傑出的呢？如果以天眞淳朴的本性遏止它，則以無爲爲之，而天下之事將自己歸之於正，精勤於智慮才能，則人們將困窮而滋生機巧，因此要持守天眞淳朴的大道，精巧的智慮就可以不要。如果偵察疏略，那麼逃避的事情也會減少，若竭盡聰明去偵察，那麼逃避的方法會更加智巧，疏略的智巧也就已經傷害淳朴寡欲，何況智慮精密就使得機巧詐僞更甚了。但是能做到極盡詳審且探索隱微的方法的人，不是只有傑出的才智的人嗎？那麼他之危害大道，那裏可以勝計呢？所以《老子‧十九章》說：「絕聖棄智，民利百倍。」並不算是誇大之言。

　　本段大義仍在繼續申說「崇本息末」的道理。主旨在論述失道舍本之害。〈第十章〉「憂民治國，能無知乎？」《王注》曰：

　　　任術以求成，運數以求匿者，智也。玄覽無疵，猶絕聖也，治國無
　　　以智，猶棄智也。能無以智乎！則民不辟而國治也。

〈十七章〉「其次侮之」，《王注》云：

　　　不能以正齊民，而以智治國，下知避之，其令不從，故曰侮之也。

〈十八章〉「大道廢，有仁義。」《王注》云：

　　　失無爲之事，更以施慧立善，道進物也。

同章「智慧出，有大僞。」《王注》：

　　　行術用明，以察姦僞，趣覩形見，物知避之。故智慧出則大僞生
　　　也。

素樸之道不著，就是樸散爲器，失無爲之事，如此則施慧立善，失道而進於物也。進於物其勢必愈巧愈積，愈僞愈變，彌避彌勤。若施惠立善，極聖明之智以察，竭智慮以攻，必至於趣覩形見，眾人由是而知避之，以致於智愚相欺，樸散眞離，六親相疑，事有其奸，智慧出而有大僞，察司簡則其避之者亦簡，雖簡猶有害於樸，況竭其聰明以察者乎！竭智用明，察司愈密，而

避之者巧僞亦深，所以用大聖智則有大巧僞。《老子‧十九章》「絕聖棄智，民利百倍；絕仁棄義，民復孝慈；絕巧棄利，盜賊無有，此三者以爲文不足。故令有所屬，見素抱樸，少私寡欲。」《王注》云：

> 聖智，才之善也；仁義，人之善也，巧利，用之善也，而直云絕。
> 不令之有所屬，無以見其指。故曰：此三者以爲文而未足，故令人
> （之）有所屬，屬之於素樸寡欲。〔註71〕

王弼所云聖智，是以才性之美者規定之，所以注說「才之傑也」「才之善也」。而不同於儒家以德性爲內容。所以其說仁義，雖云「人之善」，其義實指「人之美行」，其於善心之根源並無交待，故其言善不同於《孟子》之本心之善，而是自外在行事之美說善，因此其言仁義也是無根的。〈三十八章注〉說：「夫禮也（之）所始，首於忠信不篤，通簡不陽（暢），責備于表，機微爭制，夫仁義發於內，爲之猶僞，況務外飾而可久乎？」〔註72〕此云「仁義發於內」是否和《孟子》之「仁義內在」同義？王弼並無清楚的說明，蓋「發於內」，自《孟子》言之爲行爲出於本心之自我立法，屬道德義，內則從超越之本心之心體上說，王弼之發於內似指自內心發出之感情，是屬於非道德的成份，且《王注》所論「心」的本質內容原和《孟子》之言「本心」不同，下文又說「爲之猶僞」，揆其注義，旨在於說明「無爲」乃仁義之本，「自然」方爲仁義之母。仁義只淪爲形下之存在，而無《孟子》「本心」的超越之道德根源。依儒家言，王弼之論仁義而不能歸于本心，則仁義之內容終不充份。王弼以「無爲」作爲天下之統本。《老子‧四十九章》「聖人皆孩之」《王注》說：

> 夫以明察物，物亦競以其明應之；以不信察物，物亦競以其不信應
> 之，夫天下之心不必同，其所應不敢異，則莫肯用其情矣。甚矣！
> 害之大也，莫大於用其明矣！夫在（任）智則人與之訟，在（任）
> 力則人與之爭。〔註73〕

〔註71〕波多野太郎引一說曰：「故令人有所屬」之「人」字當作「之」。按此說是。因爲上文云「此王者以爲文而未足」，則其義當指「此三者」即聖智、仁義、巧利，而非指「人」，改「人」爲「之」校改有理。波氏之說見樓書頁46。

〔註72〕「通簡不陽」文義不明，「陽」字，道藏集註本作「暢」，故疑「陽」恐爲「暢」。樓宇烈又改「通」爲「易」，說亦可從。見樓書頁103。

〔註73〕兩「在」字疑爲「任」之誤。（惟「在」字義亦可通。）據陶鴻慶引王念孫說校改。見陶氏《讀老札記》，頁13，樓書頁132。

行術用明，以察姦僞，則人皆知避之，智術極聰明竭，則眾人亦極深密巧僞以避之。無論用何智術物皆有以應之，用簡則應之以簡，用明則應之以競，而能爲至察，能極聰明，能竭智慮者，唯聖智之人能之，故《指略》申述《老子‧十九章》「絕聖棄智」之旨，意在於反求無之本母。此云棄絕，亦是作用上之棄絕，非存有上之棄絕之，《指略》末段云「絕聖而後聖功全，棄仁而後仁德厚。」可以爲證。《老子‧四十八章》「損之又損以至於無爲，無爲而無不爲。」《王注》云：

> 有爲則有所失，故無爲乃無所不爲也。

〈二十九章〉「爲者敗之，執者失之。」《王注》曰：

> 萬物以自然爲性，故可因而不可爲也，可通而不可執也，物有常性，
> 而造爲之，故必敗也；物有往來，而執之，故必失矣。

由是而知王弼申明《老子》絕棄之旨，在己爲工夫義，在物爲作用義。終極之乃在於成就無所不爲，聖功全，仁德厚。然而其所以能成就之者，不在於存有層開示如何之法門，苟如此恐亦不免於墮入有心有爲，而爲執割之譏。〈二十九章〉「是以聖人去甚、去奢、去泰。」《王注》云：

> 聖人達自然之至，暢萬物之情，故因而不爲，順而不施，除其所以
> 迷，去其所以惑，故心不亂而物性自得之也。

聖人知萬物以自然爲性，可因而不可爲，故知所以暢萬物之情者在於因而不爲順而不施，聖人之所以爲聖人，恰在其能絕聖智而棄仁義，絕聖而後能全聖，棄仁而後能存仁，以至於無爲然後能無不爲。

九、絕仁棄義

> 夫不能辯名，則不可與言理；不能定名，則不可與論實也。凡名生
> 於形，未有形生於名者也，故有此名必有此形，有此形必有其分。
> 仁不得謂之聖，智不得謂之仁，則各有其實矣。夫察見至微者，明
> 之極也；探射隱伏者，慮之極也。能盡極明，匪唯聖乎？能盡極慮，
> 匪惟智乎？校實定名，以觀絕聖，可無惑矣。夫敦樸之德不著，而
> 名行之美顯尚，則修其所尚而望其譽，修其所道而冀其利，望譽冀
> 利以勤其行，名愈美而誠愈外，利彌重而心愈競，父子兄弟，懷情
> 失直，孝不任誠，慈不任實，蓋顯名行之所招也。患俗薄而名興行，
> 崇仁義，愈致斯僞，況術之賤此者乎？故絕仁棄義以復孝慈，未渠
> 弘也。

不能辨別名號的性質，就無法跟他談論事物的條理，不能決定名號，就無法和他談論事物的具體內容。大凡名是基於有形體的物而產生，沒有聽說有形體的物是基於名而產生的。因此，有這個名就一定有這個名所指的形體，這個名所指的形體就一定有它的分際分位。如仁者不能稱他作聖人，智者也不能稱他為仁人，是因為各有自己的內容啊！能夠詳細審視到極精緻的道理的人，就是有極高智慧的人，能探求偵測隱晦潛伏而未發的道理之人，是能窮盡思慮的人。能窮盡智慧的人，不就是有傑出才能的人嗎？能極盡思慮的人，不就是聰明的人嗎？如果從考覈聖智的內容和名號，來看「絕聖棄智」的論斷，可以說是無可置疑的了。若內在敦厚淳朴的玄德不能著明，只務於崇尚顯揚外在的名聲和節操之美，眾人就會從事他所尊尚的而期望得名聲，從事其所主張的而冀求貨利。期望聲譽冀求貨利而勤勉所行，外在的名聲愈好而內在的真誠愈遠離，貨利愈多則爭心愈是競尚，如此則骨肉手足的親人，各懷私意而失去真摯的情誼，孝順而沒有真誠，慈愛而沒有真情，實在是過份凸顯名聲節行所導致的結果啊！耽憂風俗磽薄而崇尚名聲節操，推尊仁義，就愈會導致偽詐生起，更何況是等而下之的方式呢！所以《老子・十九章》說：「絕仁棄義，民復孝慈。」並不是過份誇大的話。

本段文字是繼前段講「絕聖棄智」後，接著討論絕仁棄義。聖智是就聰明才智上說，仁義是美行節操的行為上說的，這是王弼當時的解釋。

首先《指略》以「辯名」「言理」及「定名」「論實」相對。此處主要之意旨則已不再是發揮其名理學，而是重在論證「絕仁棄義」之玄旨。然而有關名和理，仍有先澄清的必要。王弼《老子注》使用「理」字首凡八處，其義則可大別為三：

（一）治理、處理義

> 物樹其惡（慧），事錯其言，不濟不言不理，必窮之數也。（〈第五章注〉）〔註74〕

> 棄己任物，則莫不理。（〈第五章注〉）

> 夫晦以理物則得明，濁以靜物則得清，安以動物則得生，此自然之道也。（〈十五章注〉）

> 利器，利國之器也。唯因物之性，不假刑以理物，器不可觀而物各

〔註74〕「惡」字改為「慧」，據陶鴻慶說校改。見《讀老札記》，頁5。

得其所。(〈三十六章注〉)

不明，理其契以致大怨，(大怨) 已至而德 (以) 和之，其傷不復，
故有餘怨也。(〈七十九章注〉) 〔註75〕

（二）條理義

得物之致，故雖不行而慮可知也，識物宗，故雖不見而是非之理可
得而名也。(〈四十七章注〉)

（三）道理義

事有宗而物有主，途雖殊而同歸也。慮雖百而其致一也。道有大常，
理有大致，執古之道可以御，雖處於今而可以知古始，故不出戶窺
牖而可知也。(〈四十七章注〉)

我之非強使人從之也。而用夫自然，舉其至理，順之必吉，違之必
凶。(〈四十七章注〉)

其第一義爲動詞性，是「治理」義，第二義是名詞性，是「條理」「事理」義
〔註76〕。第三義是「至理」「道理」義〔註77〕。條理、事理是物事之理，屬形
而下，是多；至理道理爲本然之理，爲形上，是一。《指略》云：「夫不能辨
名，則不可與言理。」以前文名號稱謂之區分原則，此言「辨名」，而不曰「辯
稱」。下文又言：「不能定名，則不可與論實。」「名生於形」，故依此「辨名」
而言之理，其義當指事理較洽。合下文辨仁、智、聖之名實，校實定名之說，
亦從而可知。以聖人傑出之聰明才智，固能竭其明以察至微之事，盡其慮以
探射隱伏，然而竭智盡慮行術用明的結果，徒然導致奸僞滋生。《老子・六十
五章》「故智治國，國之賊。」《王注》云：

以智術動民，邪心既動，復以巧術防民之僞，民知其術防，隨而避
之，思惟密巧，奸僞益滋，故曰「以智治國，國之賊也。」

〔註75〕「大怨」下疑當補「大怨」二字，又「德」上當有「以」字。據嚴靈峰〈陶
鴻慶老子王弼注勘誤補正〉，頁55校改，見《讀老子札記》附文，《無求備齋
老子集成》續編，藝文。

〔註76〕《論語釋疑》，〈里仁〉，子曰：「參乎，吾道一以貫之哉。」王弼《釋疑》：「貫
猶統也，夫事有歸，理有會，故得其歸，事雖殷大，可以一名舉，總其會，
理雖博，可以至約窮也。譬猶以君御民，執一統眾之道也。」此言「理雖博」
當是事理。

〔註77〕錢穆《莊老通辨》〈王弼郭象注易、老、莊用理字條錄〉，頁341～377，三
民。

《老子·五十八章》「其政察察，其民缺缺。」《王注》說：

> 立刑名，明賞罰以檢姦僞，故曰察察也。殊類分析，民懷爭競，故曰其民缺缺也。

由是而知「絕聖棄智，民利百倍。」之說可以無惑。若復歸於無爲素樸而治，則民各得其所。《老子·五十八章》「其政悶悶，其民淳淳。」《王注》云：

> 言善政治者無形無名，無事無政可舉，悶悶然卒至於大治，故曰其政悶悶也。其民無所爭競，寬大淳淳，或曰其民淳淳也。

王弼論證「絕仁棄義」和論證「絕聖棄智」相同，聖智在《老子注》及《指略》中的涵義皆屬於才質之美者，而仁義則屬於人倫日用之美善者，〈十九章注〉曰：「仁義，人之善也。」善之義，依〈第二章注〉「善不善，猶是非也。」則仁義也是道家所肯定者，王弼《論語釋疑》〈學而·有子曰章〉「孝悌也者，其爲仁之本與。」《王注》云：

> 自然親愛爲孝，推愛及物爲仁。

〈三十八章注〉云：

> 夫仁義發於內，爲之猶僞，況務外飾而可久乎。

《王注》既以仁義爲是，不行仁義者爲不是，則其基本之立場是肯定仁義的，人人當如是的。仁爲推愛及物，孝是自然親愛，則仁、孝之內容皆爲愛，愛則是自然而發的，其間的區別只在於孝的行爲對象是父母，仁的行爲對象則推及於物，而所謂「物」之內容爲日用所及之人與事皆屬之。自然爲萬物之性，仁義由內發，且由心出，然王弼所言之心非孟子之本心，不過，循其大本，則在於自然，當無疑義，在《老子·三十八章》「失道而後德，失德而後仁，失仁而後義，失義而後禮。」的判教下，道德仁義禮依序在生命中即著人間世中展開，失德以下，即失用之母，不能無爲。所以仁義之本雖在自然，而爲之猶僞，即猶不可有心造作。僞者，人爲之義，所謂「僞」或「造作」義，在此稍作分疏，即「僞」或「造作」不必是負面義，而是說明行爲時的心境，以儒道相類比，若安而行之擬於自然而行，則勉強而行之可比之於有心爲之。故就造作言，它仍具有效性，無論是無心爲之或有心爲之，就外在之效驗而言，及其成也則一，何況世事多有勉強而行造作而成的。不過，這並不是《老子》或王弼所關懷之重點，其所關懷者則在於一旦有心爲之，則不是最好的、最自然實踐方式，所謂有心爲之即落於條件系列中，有所待而

為，或逐欲或逐名或逐利者不一而足。道家此一關懷其實萬聖同證，千古不易，誠無可反對者。仁義一旦失其「無為」之母，則外在化，外在化則造為之，造為之則不自然。此不自然者正是《老子》所要絕棄者，所要超越者，故絕仁棄義不是對正面的仁義否定講，而是超越有為的層次上講。綜合以上的分疏，可以得到下列的結論：

1. 仁義是人倫日用，王弼基本上是肯定仁義之存在的。
2. 仁義由內發，但非發自孟子所言之本心處，尋其大本，必歸於自然。
3. 《老子》或《王注》所反對的仁義，是不合自然的仁義。

因此，進一步說，亦惟有達到自然無為的境界，一切所為之事之本質方得以保住，方得以純粹，才可以盡去糾纏，越過條件系列，保住其自己即是目的的最高原則。反之，若落於有為之中，則偽詐滋生，豈可勝數，故《指略》特別指陳這一點，敦樸之德不著，即失其素樸之德，而名行之美顯尚，以名行之喜怒為所尚，即以之作為行事之條件，則是功利主義者，修其所尚在要其譽，修其所道而冀其利，名譽聲望即名行之所寄，凡所修所為皆為追逐此令譽，其所修之道乃非大道，而是利祿之道，推而極之，愈演愈烈，則凡可以要此譽，致此利者之術則無不為。「望譽冀利以勤其行，名彌美而誠愈外，利彌重而心愈競。」此言正是外在化、有所待所可能且所涵之義。無所待者，即仁義本身即目的，不為名行，不為利祿。然而顯名尚譽冀利，適足以外其誠而望其譽，競其心以致其利，若父子兄弟骨肉血親，動輒以此道相待，必失其直道而行自然親愛之質，而捲入名利之旋渦，如此則孝不任誠，慈不任實，責備其表，徒務外飾，失其所本，蓋以外表之文備，正可炫人耳目，外飾之用具，正惟人人可見，凡可以注人耳目者，則無不鋪張具備，至於心之誠敬或簡慢，則在文飾之後，苟非聖德睿知者，其誰能辨知？凡此皆顯名尚行之所可能招致者，內無誠敬而只務外在之文飾，正猶相濡之德。故《老子・十八章》「六親不和有孝慈，國家昏亂有忠臣。」《王注》云：

> 若六親自和，國家自治，則孝慈忠臣不知其所在矣，魚相忘於江湖之道（失），則相濡之德生也。〔註78〕

〔註78〕《王注》此文引《莊子・大宗師》：「泉涸，魚相與處於陸，相呴以濕，相濡以沫，不如相忘於江湖。」又「魚相造乎水，人相造乎道……故曰：魚相忘乎江湖，人相忘乎道術。」依其義則當作「魚相忘於江湖之道（失），則相濡之德生也。」當補一（失）字，文義方足。諸家均未見校補。注文所引亦見於《莊子・天運》。

大道之中自有仁義孝慈，而不特言仁義孝慈，若離大道而言仁義孝慈，終則流於外飾造為。《老子·第五章》「天地不仁，以萬物為芻狗。」《王注》云：

> 天地任自然，無為無造，萬物自相治理，故不仁也。仁者必造立施化，有恩有為，造立施化則物失其真，有恩有為則物不具存，物不具存則不足以備載矣。

自然無為則仁義孝慈之真實自在其中，而不必特別凸出仁義孝慈之名，萬物自相治理，六親和而國家治，不必標榜仁義孝慈之名，其真實皆在自然之中具備，此實有必然性，且不虞偽詐滋生，故不知其所在，一旦道喪而仁義孝慈標出，有恩有為，造立施化，現實上固亦可以有其功有其實，然而無必然性，且亦恐不免流於矯飾偽詐。故自然之方式才是根本，徒務造立之方式畢竟不是究竟，道家唯在求以最究竟之方式呈現生命，此實境界義所必涵，也是圓教所必至，故凡未達於終極之境者，皆在過程之中，凡過程中之所有，皆要通過辯證的歷程以超越之，由此理解《老子》「絕仁棄義」，而說其「絕仁棄義，民復孝慈。」並非故作驚人之語，虛誇之言，也唯有如此理解，才能免於滋生誤會。

十、作用的保存

> 夫城高則衝生，利興則求深。苟存無欲，則雖賞而不竊；私欲苟行；則巧利愈昏。故絕巧棄利，代以寡欲，盜賊無有，未足美也。

> 夫聖智，才之傑也；仁義，行之大者也；巧利，用之著也。本苟不存而興此三美，害猶如之，況術之有利，斯以忽素樸乎？故古人有歎曰：甚矣！何物之難悟也，既知聖之為不聖，未知聖之不聖也；既知不仁為不仁，未知仁之為不仁也。故絕聖而後聖功全，棄仁而後仁德厚。夫惡強非欲不強也，為強則失強也；絕仁非欲不仁也，為仁則偽成也。有其治乃亂，保其安乃危。後其身而身先，身先非先身之所能也；外其身而身存，身存非存身之所為也。功不可取，美不可用，故必取其為功之母而已矣。篇云：「既知其子」，而必「復守其母」，尋斯理也，何往而不暢哉！

城牆堆高則攻城的衝車因此產生，崇尚貨利的風氣興起則欲求的心理也深。如果沒有了欲求，則雖獎賞他也不願去行竊。私欲如果流行，則智巧貨利愈導致迷亂。所以絕去求機巧和貪貨利的欲心，而以寡欲取代之，使得盜

賊絕迹，並不是溢美之言。〔註79〕

聖智就是指聰明才智傑出的人，仁義是操行美好的人，機巧便捷就是用度之善巧者。如果沒有了根本，而提倡上述的三件事物，那麼它的弊害也就跟隨著發生，何況怎麼可以因為講究方法之用就可以忽視根本天真淳樸的玄德呢！所以古人曾經慨歎說：深奧啊！為什麼道理如此之不易解悟呢！既已知道不聖就是不聖的道理，而未能明白聖也有不聖的道理；既已知不仁就是不仁的道理，還不能明白仁人也有不仁的道理。因此，絕棄了聖棄的崇尚之後，聖智的事功才能成就，拋棄了仁德的華譽之後才能敦厚仁德的內涵。嫌憎強大並不是不想強大，是因為刻意求強反而得不到真實的強，絕棄仁德並不是想作不仁之人，是因為執意於仁德的令譽，反而使詐偽的情況因此產生。刻意保住安定反而紛亂因此而出，拚命的護衛安全反而危險因此發生。聖人謙沖退讓反而得到推崇，得到推崇並不是只講求推崇本身能辦到的。把生命置之度外，生命反而得到保全，生命得到保全並不是只講求保住生命所能做到的，事功不是因爭取而得以成就，美善的才能無法因使用而得以施展，所以必須得到它所以能憑藉成功的根本罷。《老子》說：「已經擁有了天地萬物。」然而必須「還要守住天地萬物的根本。」尋繹其中的道理，則何處不能暢通呢？

本段在討論「絕聖棄智」「絕仁棄義」之後，進而對「絕巧棄利」稍作論述。然後提出「絕聖而後聖功全，棄仁而後仁德厚。」的重點詮釋。最後以「既知其子」而必「復守其母」作為結論。

「城高則衝生，利興則求深。」是以類比的方式說明欲望的原則，欲望恆有一對象……使人向外追逐，必將得之而後滿足，從正面說，人類之文化，多有由欲求而出者，正面的欲是生命本有的，也是文化創造進步的動力，不可以否定它。然而《指略》所詮釋《老子》之「欲」則不由正面立說，而由負面說，故《老子·四十六章》云：「咎莫大於欲得。」欲得必至厭足而後止，禍咎由此生，機巧由此發，盜賊由此作，有城牆之堆愈高，則攻城爬牆之衝車必應之而生，此誠伎巧奇物滋生之原；貨利之所貴，則欲求也必深，即說明無本者則易生流弊，《老子·第三章》「不貴難得之貨，使民不為盜，不見可欲，使民心不亂。」《王注》云：

〔註79〕「未足美也」由上下文審之未易遽明其意，當與前兩段結尾「未渠多也」「未渠弘也」參照，故在此暫譯為「不是溢美之言」是依義不依文的譯法。

　　　　貴貨過用，貪者競趣，穿窬探篋，沒命而盜，故可欲不見，則心無
　　　　所亂也。

貨固為生活所必須，然不求過用，求合於用度而已。若貴之隆之又過其用，
則貪欲必起，盜賊有作。《老子・六十四章》「是以聖人欲不欲，不貴難得之
貨。」《王注》云：

　　　　好欲雖微，爭尚為之興；難得之貨雖細，貪盜為之起。

故私欲行則巧利興，以「崇本息末」之原則視之，苟存無欲，則盜賊不作，
雖賞而不竊〔註80〕，絕巧棄利乃是通過辯證之歷程而達於素樸寡欲。如果遽
失其本，則聖智、仁義、巧利三者只成為無本之木，無源之泉。

　　事理本未易明，現象雜陳，錯綜紛紜，凡庶只識表面浮光掠影，只知不
聖之為不聖，不仁之為不仁，而無法再深入洞悉：聖之為不聖，仁之為不仁
的弔詭。此義可理解為：執著聖者即已不聖，刻意為仁者即非純仁，與王弼
《周易略例・明象》所言：「忘象者乃得意者也」同其旨趣，必須經由不斷絕
棄的工夫歷程，必至於心中無所有，無所為，如此方能無不有，無不為，方
是聖功仁德之極致。韓康伯《周易繫辭傳注》云：「夫非忘象者無以制象，非
遺數者無以極數。」即深得此旨。於是可以擬其言說：「非絕聖者無以為聖，
非棄仁者無以存仁。」《老子・第二章》云：「是以聖人處無為之事，行不言
之教，萬物作焉而不辭（嗣），生而不有，為面不恃，功成而弗居，夫唯弗
居，是以不去。」也是表達這個意思。《指略》於是下斷語說：「故絕聖而後
聖功全，棄仁而後仁德厚。」由此而知「絕棄」之義，非存有層面之否定
之，絕棄之，而是自工天義上予以超越，而作用地保存聖功仁德之純粹本
質，絕棄的工夫即「無」的工夫，此義是從最高處說，從自然處說，自然流
行，無所為而無不為，是圓教之理境，牟宗三先生有精詳之解釋，其《圓善
論》說：

　　　　道之所以為最高，以其「法自然」，無為而無不為，無為故無敗！為
　　　　者敗之；無執故無失（執者失之）；之故也。此明示道為圓滿之境。
　　　　凡有執有為皆有所限定，有所限定即不圓滿，即其生命不合適，未
　　　　成一神聖之生命，未成一真人或天人。上引經語並不表示道家一定

〔註80〕《指略》之原文為「苟存無欲，則雖賞而不竊。」其語則本於《論語・顏淵》
　　　　第十八章：「季康子患盜，問於孔子，孔子對曰：『苟子之不欲，雖賞而不竊。』
　　　　語雖類似而義不盡同。《論語》所言是治國之事乃是綜合關係。《指略》之言
　　　　乃發自主體之實踐，屬於分析關係。

－184－

否定德、仁、義、禮等，重在以何方式始能成其爲德、爲仁、爲義、爲禮等，蓋必須以無爲無執之方式始能實有之也。故云「上德不德，是以有德；下德不失德，是以無德。」此亦如「絕聖而後聖功存（全），棄仁而後仁德厚。」（王弼語，見《老子微言例略》）復亦如「般若非般若，斯之謂般若。」般若以無學學，以無得得，此在佛家名曰般若智之妙用，在道家則爲玄智之妙用。其基本精神同也。同爲一融通淘汰之精神，淘汰是汰除執、爲，蕩相遺執；融通是消化封限而歸於玄德，令萬物皆各歸根復命而得自在也。在佛家則曰令歸實相「實相一相，所謂無相，即是如相。」此皆無限智心之妙用。故般若成全一切法，玄智亦成全一切德如仁義禮智等，同時亦成全天地萬物令歸自在。此種成全曰「作用的成全」，吾示曾名之曰「作用的保存。」例如「絕聖棄智，絕仁棄義，絕學無憂。」此並非是從存有上棄絕而斷滅之也，其實義只是即于仁義聖智等，通過「上德不德」之方式或「無爲無執」之方式，而以「無」成全之也。此「無」是作用上的無，非存有上的無。〔註81〕

既非從存有上絕棄之，則「夫惡強非不欲強也，爲強則失強也；絕仁非欲不仁也，爲仁則僞成也。」其義當明白可說：《指略》已明白指出「非欲不強，非欲不仁。」即表示非從存有層上對強或仁等的存在作一否定，而係基於「執者失之」「爲者敗之」的道理，有意爲強則失其爲強，有心爲仁則或造作，而予強或仁以作用之保存之。若純就存有層面論，爲強不必失強，爲仁不必僞成，但是，如此則強或仁之成全乃爲不必然。因此道家的要求不在存有層上糾纏，而是超越地說如何以最佳的方式方能保住或成全事物之本質，通過這一思路，則道家之「作用地保存」義實不可諍。如果僅從存有層上立說，則其方式可能無窮無盡，儘管如此，卻無法保證那一種方式能成其爲最佳的方式。換句話說，同層之任何方式皆無必然之保證，由是知之，「身先非先身之所能也」「身存非存身之所爲也」就是說明同樣的道理。而必須通極於道，取其爲動之母，方能存其子，有其本方能保其末。如此說來「後其身而身先，外其身而身存。」句中之「後」「外」並非從存有上去說詭詐機巧的謀略運用

〔註81〕玄理的「作用地保存」義亦見於牟宗三先生所著《中國哲學十九講》，第七講〈道之作用的表象〉，頁127～154；第十一講〈魏晉玄學的主要課題以及玄理之內容與價值〉，頁225～241，學生。

〔註 82〕而是知「絕」「棄」「無」「忘」的不執不爲的精神之同義辭。《指略》最後以《老子‧五十二章》之意旨作爲全文之結論，其說是根據以下引文的意思：

> 既得其母以知其子，既知其子復守其母，沒身不殆。

取其「既知其子」而必「復守其母」。「既知其子」意味此子已存在，至於其如何而來？如何而存在？則存而不論，而必「復守其母」即說明要通過「守其母」的方式才是最佳的「知子」「存子」之方式。苟能把握此義，何往而不暢！

第二節　老子注與老子

王弼之《老子注》之於《老子》，確有相應之心靈，故能發明其玄者，影響後來至鉅，陸德明《經典釋文敘錄》說：「（漢）其後談論者，莫不宗尚玄言，唯王輔嗣妙得虛無之旨。」〔註 83〕吳承仕之《疏證》也說：

> 弼幼而察惠，辭才逸辯，尋極幽微，注《易》及《老子》，又作《指
> 略》，致有理統，三玄之書，王注其二，並爲斯世所宗，其所注悉中
> 《老子》意以不？固不敢知，然古今作者，莫之或先也。〔註 84〕

王弼注《老》，洵稱善注，古今作者，莫不推崇。然在理論上，《老子》係一原創性之思想，王弼之注解乃一詮釋系統，此其中不可能完全符應而無間。其中必有王弼所爲創造性之詮釋，若落於章句上言，亦不必句句相尅，誠如牟宗三先生所言：「其注文雖不必能尅應章向（本非尅應章句而注解），落於章句上，亦許有謬誤，然大義歸宗，則不謬也。重複即創新，默逆於心，異地皆同。」〔註 85〕故或許有謬誤，亦有創新，此誠通達之見。唐君毅先生亦嘗對王弼之創新有所解釋，對其何以謬誤亦有融通之看法〔註 86〕。意以爲

〔註 82〕任繼愈《老子新譯》第七章說：「這一章反映了《老子》以退爲進的思想特點，他表現爲不爲自己，從而爲自己得到更多的好處。」即從這個觀點註釋《老子》，頁 74，谷風。
〔註 83〕見吳承仕《經典釋文敘錄疏證》，頁 155，崧高。
〔註 84〕同註 83。
〔註 85〕牟宗三先生《才性與玄理》，頁 127，學生。
〔註 86〕唐君毅《中國哲學原論‧原道篇》式，頁 356，學生。
　　　其文曰：故此王弼之老學，其陳義所以能高于前此（指韓非、淮南子、黃老及養生家說）之自他方向發展之老學者，可能由於王弼專高看老子，或偏看

王弼之《老注》在義理上之創造，固必爲《老子》原義所函，然其所以爲創造者，正惟發《老子》之所未明者，例如將道規定於「無」，將「有」落於物上說，直截區分爲形上形下，或恐非《老子》之本懷，然亦當爲所許，如此，王弼之詮釋必向「作用層」上定，向「境界形態」趨，而更純粹化，更潔靜明淨，可免去漢人解《老》之許多夾纏。以下純就義理、章句兩面別其異同。

一章

◆ 無名，天地之始；有名，萬物之母。

〈注〉：凡有皆始於無。故未形無名之時，則爲萬物之始，及其有形有名之時，則長之，育之，亭之，毒之爲其母也。言道以無形無名始成萬物，（萬物）以始以成，而不知其所以，玄之又玄也。

按：首先在句讀上，在此即有兩種不同的讀法。一是在「無名」「有名」處斷；一是以「有」「無」句讀。若就現在較早的資料看《帛書》本甲、乙本，《河上公》本及《王弼本》皆依前者讀，且《史記》〈日者列傳〉引文作「無名者，萬物之始也。」〔註87〕也是以「無名」爲讀，可見以「無名」「有名」爲讀是早期通行的讀法。且在《老子》本文章句中也有相同的章句，如〈三十二章〉「道常無名」「始制有名」，〈四十一章〉「道隱無名」。後一種說法依王應麟說蓋始於王安石〔註88〕。以「無」「有」爲讀者亦可在《老子》章句中找到相同的讀法，如〈四十章〉「天下萬物生於有，有生於無。」

以上兩說爭持不下，各有典據。因此，要判讀此句，引經據典恐終不得明，唯今之計，只有依義而不依文。先綜觀本章之大意，當在說明「常道」，所以本章所出現之「無」「有」，「始」「母」「妙」「徼」「玄」皆是說明「常道」的詞彙，全章有統一性，由此推之，似宜於「無」「有」爲句較爲得義。

老子之高處之故。或正由於王弼高看老子，或偏看老子高處，方有此王弼注老之精義。然其高看老子，亦當由老子之義，原具有向其所高看者，而發展之可能，則吾人于其注文之不切合原文處，亦當觀過知仁，與其所以不能不爲此不切合之注文之理由與密義之所在也。

〔註87〕《史記》卷一百二十六，〈日者列傳〉第六十七，原文作：「此《老子》所謂『無名者，萬物之始』也。」標校本頁3220，鼎文。

〔註88〕朱謙之《老子校釋》引說：「王應麟曰：首章以『有』『無』字斷句，自王介甫始。」頁6，中華。

王弼以「無名」「有名」最大的困難即在於失去統一解釋的立場，「無名，天地之始。」依經文可以解釋「常道」應不成問題，其義可解釋爲「常道是無名的（或無名的常道）是天地始生的根據」，然而「有名，萬物之母。」卻無法順解，因爲「常道」可以是「無名」，但不能說它「有名」，依《老子》的義理，「有名」則非「常名」，「有名」則屬於物而不屬於道，《老子》三十二章說「始制有名」，指的就是政治體制上的官守名分而言，不是指道言，如此首章的解釋即陷於分裂而突兀。雖然依《王注》的解釋似可以順解，但卻是迂曲的〔註89〕且依《老子》四十一章「天下萬物生於有，有生於無。」明示萬物，有、無爲三層，若依《王注》則只有「無」和「有」兩層，因爲有即同於萬物。這個情形是因爲王弼玄理本身內部之結構即已有兩層，即將「無」屬於道，而「有」則屬於物。《老子》之言「有」「無」皆屬於道，而爲道的有性和無性，同爲道的雙重性〔註90〕。萬物則屬於形而下，如此《老

〔註89〕 王邦雄先生《老子的哲學》引牟宗三先生說：「依此解，則經文似當爲：無名時，道爲天地之始；有名時，道爲萬物之母。須加『時』字，並須補一『道』字爲主詞。而無名時有名時，則指天地萬物說。如是，不直接自『無名』成立『無』一概念，即以『無』爲道，以爲天地之始，而道需外補，落在經文外。當然，亦不自『有名』形成『有』一概念，以爲萬物之母。有名有形時，即物也。如是，有與物爲同一，並無分別。結果，只是有（物）與外補之道（無）之兩層。」（按：依王邦雄先生所作註解引自牟宗三先生《才性與玄理》，頁131，然六十七年修訂版（台再版）並無此段文字，疑爲修訂時已刪。）依此說要將《王注》順通之實迂迴曲折，已不似《老子》原意。本文第三章亦依此義解《王注》，曰「（當萬物處於）未形無名之時，則（道）爲萬物之始，及其（萬物處於）有形有名之時，則（道）長之（之爲代名詞，指萬物），育之，亭之，毒之，（道）爲其（萬物的）母也。」則文義爲「道爲萬物之始，道是萬物之母。」雖不違《老子》之大義，然已非解經文原意。

又，如果不能先確立第一章之章旨在陳述「常道」，「無」「有」「始」「母」皆作爲說明常道的概念辭，則依獨立的句子「有名爲萬物之母。」仍然可解，《老子》就說「天下萬物生於有」（四十章）王弼本身即將有視爲有形有名，就形而下之層面言，萬物之母亦本來就是有形有名者，若如此說則將「母」也說成形而下，因此無法駁斥《王注》之誤。必需貫通章旨，確立「無」「有」「始」「母」「玄」皆與「常道」同，則《王注》句讀之誤立可判知。因爲「常道」不能是「有名」，如果說「有名，爲萬物之母。」既違反《老子》義理，亦有悖於《王注》本身，所以王弼才要曲折地注解爲「及其（指萬物）有形有名之時，則（道或無）長之，育之，亭之，毒之，爲其（指萬物）母也。」凡此皆因句讀所起。

〔註90〕 「道之雙重性」指道的「無性」和「有性」，此說爲牟宗三先生在《才性與玄理》中所提出，見該書頁131～136，學生。

子》亦區分爲道和物兩層，唯《老子》的道則含「無」和「有」。和《王注》不同。

♦ **故常無欲，以觀其妙；常有欲，以觀其徼。**

〈注〉：妙者，微之極也。萬物始於微而後成，始於無而後生，故常無欲，空虛（其懷），可以觀其始物之妙。

徼，歸終也。凡有之爲利，必以無爲用。欲之所本，適道而後濟，故常有欲，可以觀其終物之徼也。

按：本注之客觀疏解，請見於本文第三章討論道的部份。此處主要討論的是《王注》和《老子》之不同處。《王注》順無名、有名句讀，因此，本節亦自「無欲」「有欲」爲句。《王注》斷句在解釋《老子》經文時所遇到的困結和前節大致相同。首句「常無欲，以觀其妙。」「無欲」是修養極致所達到的虛靈的心境，是透過工夫所呈現道之「無」的具體內容，換言之，也就是「體無」的具體體現，因此說「觀其（道）始物之妙用」，非常順適，《王注》亦甚得義。但是，接著下句「常有欲，以觀其徼。」恐怕就不容易解，一方面「有欲」一詞，在《老子》經文中無根據，即使「有欲」能成詞，在《老子》經文中之意義也是屬於形而下的層次，不能作爲表述道體或者是和常道同層的詞語。如此，「以觀其（當指道）徼」的「其」字又是另外補上的而落於句外的「道」，在順通章句上既和上句不合，也頗爲迂迴。王弼的注解明顯的是通過主觀的修養來解釋《老子》的道，可謂得其一面，猶未能如《老子》之表達，合主客而爲一。且全章以「常道」作爲主詞，一貫而下，「常無」「常有」皆是「常道」之「常性」，而「常有欲」之「常」是否能視爲「常道」之「常」，不無疑慮。

♦ **此兩者同出而異名，同謂之玄，玄之又玄，眾妙之門。**

〈注〉：兩者，始與母也。同出者，同出於玄也。異名，所施不可同也。在首則謂之始，在終則謂之母。玄者，冥也，默然無有也。始母之所出也，不可得而名。故不可言：「同名曰玄」而言「謂之玄」者，取於不可得（而名），而謂之然也。謂之然，則不可以定乎一玄而已。是名（名之），則失之遠矣。故曰玄之又玄也。眾妙皆從同而出，故曰：「眾妙之門」也。

按：兩者，王弼指的是「始」與「母」，而不是「無」與「有」，何以故？

因為《王注》在前文已將「無」「有」的句讀都斷為「無名」「有名」和「常無欲」「常有欲」，其內容前者都指天地萬物，後者則指修養上說，也就是沒有和「常道」直接關連或是作為常道的內容說。而顯然「玄」是常道的作用，是說明常道的，所以「此兩者」既同出又同謂，必是與常道同方可，《王注》斷句已取消了「無」「有」皆屬於常道的可能性，所以注解「兩者」就只能落在道對萬物的始生終成的作用上講，而以「始」「母」規定兩者，這種說法，在義理上，並不悖於《老子》的大義，而且在章句上也有根據，《老子》五十二章說：「天下有始，以為天下母。」此處始母皆指道而言，和本章《王注》注解「無名，天地之始；有名，萬物之母。」時所表示的「道為萬物始，道為萬物母。」的意思相同，始與母都是指道對萬物之「始物」「終物」的作用上說，〈二十一章〉「惚兮恍兮，其中有象；恍兮惚兮，其中有物。」《王注》曰：「以無形始初，不繫成物，萬物以始以成，而不知其所以然。」所言「以始以成」就是道對萬物之始母作用。不過，《王注》說「兩者」是始與母，在理上雖然無礙，在首章的文句順通上，恐怕並不是《老子》的本義，依《老子》經文之章句言，「此兩者」當指「無」與「有」言，而且「兩者」是無與有，就涵著說始與母，都是指道而言，是道的雙重性。若依《王注》只能說始與母，而無法涵著說無與有，因為《王注》的「有」已經落在天地萬物的層面上說，而不是就著道的有性上說。

其次，在本節的《王注》中盛發「名號」和「稱謂」之不同，此用心實可見王弼注老精心謹飭之處，而此義例之發明亦大有助於理解《老子》，可謂善注者矣，不過依《老子》之文例，其實並未有如此嚴格之分別，其說明已見於第一節〈老子指略釋義〉第六段有關名號、稱謂處，在此不再多言。

五章

◆ 天地不仁，以萬物為芻狗；聖人不仁，以百姓為芻狗。

〈注〉：天地任自然，無為無造，萬物自相治理，故不仁也。仁者必造立施化，有恩有為，列（則）物不具存，物不具存，則不足以備載矣。地不為獸生芻而獸食芻，不為人生狗而人食狗，無為於萬物而萬物各適其所用，則莫不贍矣，若慧由己樹，未足任也。〔註91〕

〔註91〕「列」當為「則」字之訛，據樓宇烈說校改，見《王弼集校釋》，頁14，華正。

　　按：芻狗一詞，《王注》分開爲芻和狗兩詞作解，恐非《老子》經文原義。芻狗是指古代祭祀時用草結扎成狗形的祭物。祭時用之，祭畢則棄之。語出《莊子·天運》「芻狗之未陳也，盛之以篋衍，巾之以文繡，尸祝齋戒之將之，及其已陳也，行者踐其首脊，蘇者取而爨之而已。」宋蘇轍說：「結芻爲狗，設之於祭祀，盡飾以奉之，天豈愛之，適時然也。既事而棄之，行者踐之，夫豈惡之，迹適然也。」《老子》之義，是以天地不仁，說明無偏無私之大道，視萬物猶芻狗，是適時或用或棄，非有所愛憎使然。

　　《王注》則解「芻」「狗」爲兩詞，且發明其萬物平等自然之義，即大道不爲萬物立因果或依待關係，如聖人不造立施化，不恩不爲。萬物自相治理，各適其所。此義涵天地之自然，止於生人生芻生狗，至於何以獸之食芻，人之食狗，並不在於自然之列。自然者，自己而如此者也，不待乎其他之目的，亦不將自己淪爲條件系列，故天地超乎因果，而不預設因果，因此，地不爲獸生芻，不爲人生狗，萬物自爲目的，自適其所，此自然之義誠有進於《老子》而又不悖於《老子》。

十章

　　◆ **生之**

　　〈注〉：不塞其原也。

　　◆ **畜之**

　　〈注〉：不禁其性也。

　　◆ **生而不有，爲而不恃，長而不宰，是謂玄德。**

　　〈注〉：不塞其原，則物自生，何功之有？不禁其性，則物自濟，何爲之恃？物自長足，不吾宰成，有德無主，非玄如何？凡言玄德，皆有德而不知其主，出乎幽冥。

　　按：此章可明顯別出《老子》和《王注》解釋道之內容的不同點。《老子》的道，依首章之義具有無性及有性，而《王注》則只言道之無性，而將有落於物講，在本章經文及注文中可以約略探知其中消息。

　　《老子》經文是先敘「生之」「畜之」，而後言「生而不有」「爲而不恃」「長而不宰」。明白說出道之始物成物，以無生物，以有成物。以無生物是道之無性，以有成物是道之有性，物之生成終始皆在道之無有中完成，此中物之生成，道之作用同時完成，並無分先後，之所以言始生終成者，是落於物上說又爲分析陳述之方便故，非謂道也有先後之別。故無與有之作用深不可

識。出乎幽冥而謂之玄。道之於物是生之而又同時不有之，爲之而同時又能不恃功，長之而同時又不宰制之。無性可就虛靈之妙用上說，有性可就成物之方向積極以成之上說，道以是而顯其渾成之義。

如果依上述之理解《老子》而不大謬，則《王注》之義則偏說道之無的作用面，如此就成了物之自生自畜自長自成自濟之生畜長成濟只是物之自性，而道則只消極的不塞不禁不有不恃不宰而已，果如此，則王弼之說對外於人之外王政治，言人民自生自畜以不禁不塞釋之猶可，然透過主觀修養之事而言物，則其中必有人積極成之爲之物事，《王注》於此面顯然隱而未說，也就是說《老子》的常道中的「有性」在《王注》中成爲隱晦的消極面。唐君毅先生對此亦有意見，其說曰：

> 循王弼之言，人只須于物之原，物之性不禁不塞，而不對之有爲，以任物之得自生自爲，便是無爲而無不爲。此「無不爲」在物而不在己，「無爲」則在己而不在物，而分屬兩邊，則老子亦當說已無爲而物無不爲。然觀老子言無爲而無不爲之語意，則當同時在己，則以有生而又不有，有爲而又不恃等釋無爲而無不爲，當更切合老子之旨。何必言由己之無爲，使物得自生自爲即是無不爲乎？依王弼之言，于「己」可只說「無爲」，此己之無爲，即只形成一主觀上之「虛其心，無其心」之心境，亦唯其偏在其形成此一主觀之心境，然後其「無不爲」乃在物而不在己，故將「無爲」與「無不爲」，分屬己與物兩邊。然此不能成爲老子所謂「無爲而無不爲」一語唯一可能之解釋，固亦明矣。〔註92〕

由於偏論主觀面之「無爲」，而將「無不爲」付之於客觀面之物事。因此，王弼對於事物之成，只說「因」「順」。所以只消極的說「因物之性」「順物不施」，如「大夷之道，因物之性。」「建德者，因物自然，不立不施。」（〈四十一章注〉）「隨物而成」「隨物而與」「隨物而直」「大巧因自然以成器，不造爲異端。」「大辯因物而言，己無所造。」（〈四十五章注〉）「明物之性，因之而已。」（〈四十七章注〉）「舍己任物。則無爲而泰。」（〈三十八章注〉）。因此，可以說《王注》只顯道之「無」的作用面，至於道的「有性」只落於因物隨物順物講。和《老子》從正面講畜之，生之，育之，亭之，毒之，應該是有距離的。

〔註92〕唐君毅《中國哲學原論》〈原道〉篇，頁 358～359，學生。

二十一章

◆ 道之爲物，惟恍惟惚。

〈注〉：恍惚無形，不繫之歎。

　　　　惚兮恍兮，其中有象；恍兮惚兮，其中有物。

〈注〉：以無形始物，不繫成物，萬物以始以成，而不知其所以然，

　　　　故曰恍兮惚兮，惚兮恍兮，其中有象也。

　按：《老子》之道爲渾淪，有「無」亦有「有」，而此處所言「恍惚無形」「不繫」當指「無性」言，而「惚兮恍兮，其中有象。」「恍兮惚兮，其中有物。」連同《老子》本章下文之「窈兮冥兮，其中有精。」「其精甚眞，其中有信。」言，當是指道之「有性」，有性恆關連著萬物，故說是「其中有象」「其中有物」。《王注》則明白地將「其中有物」「其中有象」指萬物，而以惚恍不知其所以然說道。「無」「有」（有即物）截然劃分，當是對《老子》進一步發展所作性之詮釋，不必即爲《老子》之原義。

二十五章

◆ 有物混成，先天地生。

〈注〉：混然不可得而知，而萬物由之以成，故曰「混成」也。不知

　　　　其誰之子，故（曰）：「先天地生」。〔註93〕

　按：牟宗三先生《才性與玄理》第五章〈王弼之老學〉指出《王注》之誤。其文云：

　　經文「混成」以及「先天地生」之「生」字，皆意指道本身而言。
　　言道之爲物混然而成，不可示，不可辨知，混然而成即混然而自
　　在也。「生」亦「在」義。「先天地生」即「先乎天地而存在也。」
　　而《王注》於「混然」屬之於道，而「成」字則屬之於物，云「萬
　　物由之成，故曰混成。」此解非是。〔註94〕

此說是，經文只言道之存在及先在性，而未論及物，而《王注》以混成爲萬物而非道，此注未諦。

二十九章

◆ 將欲取天下而爲之，吾見其不得已，天下神器不可爲也，爲者敗

─────────────────

〔註93〕宇惠說：「故字下當有『曰』字。」見樓宇烈校釋本頁65，華正。
〔註94〕牟宗三先生《才性與玄理》，頁148，學生。

也。（不可執也），執者失之。〔註95〕

〈注〉：神，無形無方也。器，合成也。無形以合，故謂之神器也。
　　　　萬物以自然爲性，故可因而不可爲也，可通而不可執也。物
　　　　有常性，而造爲之，故必敗也。物有往來，而執之，故必失
　　　　矣。

　　按：《老子》經文言「取天下」，又說「神器」，可見「神器」即指天下之
位，即君位或帝位。此節文中所言「爲」是「取天下」「取神器」之爲，有
具體之指稱，不是泛言「萬物」之爲，《王注》恐是依下文「故物或……」而
作注。又《王注》以「無形無方」釋神，以「合成」釋器。分開解釋，而
從不測之作用我說神，以形而下「合成」之器物說器，恐不切《老子》經文
原意。

三十章

◆ 以道佐人主者，不以兵強天下，其事好還。

〈注〉：以道佐人主尚不可以兵強於天下，況人主躬於道者乎。爲始
　　　　者務欲立功生事，而有道者務欲還反無爲，故云其事好還
　　　　也。

　　按：《老子》此文之大意是說：以大道來輔佐人主的人，不用武力稱強於
天下，事情就會有好的結果。換言之，若用武力示強於天下，這件事旋即遭
到報復。「其事好還」之義是說明用兵一事之本質乃是循環報應〔註96〕。《王
注》將「其事」釋爲「爲事者務欲立功生事」，「好還」釋爲「原反無爲」，恐
非《老子》經文本意。

四十章

◆ 天下萬物生於有，有生於無。

〈注〉：天下之物皆以有爲生。有之所始，以無爲本，將欲全有，必
　　　　反於無也。

　　按：《老子》經文「生於」之義，無論其具體內容爲何，在表達上當不離
「所從出」之意，由是而知《老子》由萬物逆推後返存有論的論述的歷程共

〔註95〕高亨《老子正詁》，頁67，開明。
〔註96〕余培林先生《新譯老子讀本》，頁59，三民；陳鼓應《老子今註今譯及評介》，
　　　　頁129，商務，等多人皆釋「好還」即「還報」之意。

分三層，那就是「天下萬物」→「有」→「無」。依經文第一章之規定，「有」是道的母性，有性；「無」是道的始性，無性，有無同屬於道，道之妙用在無表現之，道之徼向在有表現之，所以文字表面雖分三層，其實是「萬物」和「道」兩層。《王注》注「天下萬物生於有」為「天下之物皆以有為生」，將「生於有」解釋為「以有為生」，於是乎「所從出」的意思沒有了，「生出」的意思不見了，「以有為生」的意思則是說「天下之物都以有的方式（或樣態）而存在」，此「生」字義和《老子》二十五章「有物混成，先天地生。」之「生」字同義，都可以解釋為「在」的意思。如此一來，《王注》的「有」則和萬物同層，下屬於物，而不上屬於道，此為異於《老子》者。「有之所始，以無為本。」是說「有」（指萬物）之始生，皆以無作為超越之根據。這也就是在《老子》首章注中所言「凡有皆始於無」的意思。《老子》之「有」屬於道，故其「有」恆與無為道之兩面相，永遠是圓的「有」，因為「有」本身即道，當然不致有失道或不圓不全之虞。《王注》的「有」則不同，因其「有」屬與物同層，是就萬物存在的樣態形式而說有，則此「有」本身並沒有「圓滿完全」的保證，相反的，若失其母（指無），恐將裂發歇渴滅蹶，一體不能自全，所以若要保全其為有之物的完美純粹，必反於無始可，這就是「將欲全有，必反於無。」的意思。

四十二章

◆ 道生一，一生二，二生三，三生萬物，萬物負陰而抱陽，沖氣以為和。

〈注〉：萬物萬形，其歸一也。何由致一，由於無也，由無乃一，一可謂無，已謂之一，豈得無言乎？有言有一，非二如何？有一有二遂生乎三，從無之有，數盡乎斯，過此以往，非道之流。故萬物之生，吾知其主，雖有萬形，沖氣一焉。

按：《老子》此章是說明道生萬物之歷程，給予萬物之出現一根源上之說明，類於宇宙論形式的論述，《王注》則由萬物萬形其歸于一之逆推方式說明萬物之根源在一在無，和〈四十章〉經文的敘述相同，且「何由致一，由於無也。」則涵有工夫論之意味。其後注文則引《莊子》〈齊物論〉之語注解經文，其實《老子》與《莊子》在此處所言之一、二、三立言精神並不同，必須有所分別，牟宗三先生對這點有清楚的分析，其文云：

王弼根據此「自無適有以至於三」注老子之「道生一，一生二，二

生三，三生萬物。」此雖未嘗不可方便借用，亦比一切其他解者爲成義理，然實語意不合，亦即立言精神不合。莊子重在無言之化境，故云「無適焉，因是已。」而老子則重在明「道生萬物」之妙用。故吾以老解老，以道德經首章之有、無、玄說此一、二、三，以爲道之「無」性（先以無表象道）是一，此爲「道生一」（由道引生一）；而無不一於無，即道亦有徹向之「有」性，有與無相對二，即以有代表二，是即爲「一生二」（由無之一引生出有之二）。而有無「兩者同出而異名，同謂之玄。」故玄（有無融于一，由于是道之雙重性而融于一）是三，此即爲「二生三」（由有之二以與無相對，亦即有無相對爲二以引生出三）。「玄之又玄，眾妙之門。」即是「三生萬物」。三生萬物實即道生萬物，蓋玄即代表道之眞實而具體之作用，而有無是道之雙重性，是對於道之分解的表象，故必至乎有無融一之玄始能恢復道之自己之具體而眞實的妙用。老子之有無對言屬分解的表象，故其所言之「無」非莊子無言化境之，「無」也。而「道生一，一生二，二生三」此一、二、三是對于道之分解的表象之客觀地實說，實說其引生一、二、三之經過，非如莊子之重在明因名言之纏夾而引起的嚕囌，故最後以歸于「無適」爲眞也。老子尚質實，而莊子則玄微矣。故「王以此「自無適有以至於」解老子之「道生一，一生二，二生三，三生萬物。」雖似未嘗不可方便備用，然實于語意不合，亦即立言精神不合。若注意到萬物不可泯，總須有一根源的說明，不管是何形態的說明，則此種牽合不只語意不合，亦實于義理爲不對應也。蓋「適」之牽引可消除，而萬物之存在不可泯，莊子對於萬物之存在無根源之說明（此如《般若經》，只重在就既成之萬物當下而冥之，即當體而如之，此于其言「天籟」處即可知之。老子之說明最後終歸屬於境界形態之說明，非實有形態之說明，與莊子精神不相違，然義理上它總是一說明，故以莊子之「一與言爲二，二與一爲三」之「自無適有以至於三」來解老子之「道生一，一生二，二生三，三生萬物。」此不但語意不合，亦于義理爲不對應也。〔註97〕

在《老子》經文是正面表示萬物的出現，給予一根源性的說明。王注則以道

〔註97〕牟宗三先生《圓善論》，頁284～285，學生。

自身的經由語言的展示歷程註解，所討論的重點在道與言之問題，義理命題不同，故此注不切。

五十七章

◆ 以正治國，以奇用兵，以無事取天下。

〈注〉：以道治國則國平，以正治國則奇正（兵）起也。以無事則能取天下也。上章云：其取天下者常以無事，及其有事又不足以取天下也。故以正治國，則不足以取天下，而以奇用兵也。夫以道治國，崇本以息末，以正治國，立辟以攻末，本不立而末淺，民無所及，故必至於（以）奇用兵也。〔註98〕

按：本節《老子》經文之三句當是三個並列的句子，各自獨立而無前後因果關係，唯重點落在首句「以正治國」。其意謂治國之當用正道，猶如用兵之必用奇兵，亦猶如取天下當以無事，三者各有其所當行之道。明釋德清說：

此言治天下國家者，當以清靜無欲爲正，而不可用奇巧以誘民也。且奇巧詐術，是爲詭道，但可用之於兵，不可以治國，故曰以正治國，以奇用兵。然兵者不祥之器，不得已而用之，乃好事者爲之耳，非取天下之具也，故以無事取天下。〔註99〕

「正」「奇」是相對的，因此，這裏的「正」並非「政」的叚借字，《老子》四十五章「清靜爲天下正」，〈第八章〉「正善治」，本章「我好靜而民自正」，《老子》主張以清靜之道治國謂之「以正治國」。《王注》則將此三句看成因果句，以爲「以正治國」是導致「以奇用兵」之因，於是反對「以正治國」，而主張「以無事取天下」。《老子》原意當然主張「以無事取天下」，〈四十八章〉已言之矣。《王注》說「以正治國，立辟（刑法）以攻末。」就是把「正」字釋爲「政」，恐非經文本意，然大義則不違。

五十八章

◆ 禍兮福之所倚，福兮禍之所伏，孰知其極？其無正。

〈注〉：言誰知善治之極乎？唯無可正舉，無可形名，悶悶然而天下大化，是其極也。

〔註98〕《王注》「奇正起」之「正」改爲「兵」而作「奇兵起」。據《道藏集註本》及陶鴻慶說改。

〔註99〕明憨山大師《老子道德經憨山解》，頁119，琉璃經房。

按：《老子》指出禍福相倚伏，並無定式，莫知究竟，《老子》自「禍兮
福之所倚」至「人之迷其日固久」一段文字，意在說明事象之變換莫可窮極，
要在於作爲下文聖人還歸大道的論證前提，故這一段文字是就事物現象說，
《王注》並不切合文意，唯大方向並不誣。

◆ 正復爲奇。

〈注〉：以正治國，便復以奇用兵矣，故曰「正復爲奇」。

按：《老子》此句旨在說明事物變化之形勢，和前文倚伏之說同，不必指
治國用兵。《王注》必固結在治國用兵兩事之關聯上說，意恐未切。《老子》
原意恐就事件之發展本身說其前後辯證之歷程變化，有「正復爲奇」「奇復爲
正」之勢。

◆ 善復爲妖。

〈注〉：立善以和萬物，則便復有妖之患也。

按：《老子》此句和「正復爲奇」之造句用意相同，唯「正復爲奇」指的
是事物變化的形勢，「善復爲妖」則指的是人的立意用心價值之異質化的說
明。《王注》若指一事之間立善則恐復妖患，其實不誤，然若是指立善，妖患
爲並起相對之兩造之事，則恐不切。

◆ 廉而不劌。

〈注〉：廉，清廉也。劌，傷也。以清廉清（導）民，令去其邪，令
去其汙，不以清廉劌傷於物也。

按：《王注》釋「廉」爲清廉，恐誤。蔣錫昌《老子校詁》已指出其誤，
其文曰：

「廉」假爲「利」。《國語‧晉語》「刹君以爲廉」言殺君以爲利也。
《莊子‧山木》篇「成則毀，廉則挫。」言利則挫也。《呂覽‧孟秋》
「其器廉以深」言其器利以深也。《禮記‧聘義》《鄭注》「劌，傷也。」
「廉而不劌，言利而不傷也。《莊子‧莊宥》「廉割雕琢」；《荀子‧
不苟》「廉而不劌」《禮記‧聘義》「廉而不劌」古皆廉劌並言。《王
注》「廉，清廉也。」《河上注》「聖人行廉清，欲以化民，不以傷害
人也。」誼並失之。「方而不割」與「廉而不劌」文異誼同，皆所以
喻聖人貴和光同塵，無形無名也。〔註100〕

《老子》經文「廉」與「方」並舉，乃指有原則，有鋒稜，意指聖人治國處

〔註100〕蔣錫昌《老子校詁》，頁 361～362，東昇。

事鋒利而不傷人，不害事。不弼注「廉」爲清廉，失義。

五十九章

◆ 治人事天莫若嗇。

〈注〉：莫若，猶莫過也。嗇，農夫，農人之治田務去其殊類，歸於
其一也。全其自然，不急其荒病，除其所以荒病，上承天命，
下綏百姓，莫過於此。

按：經文「嗇」字，作省儉，愛惜之義。《王注》訓爲農夫，恐非是。《韓非子》〈解老〉云「嗇之者，愛其精神，嗇其智識也。」奚侗說：「《說文》「嗇，愛濇也。」嗇以治人則民不勞；嗇以治身則精不虧。」〔註101〕王注以農夫治田喻之，不類。且又言「務去其殊類」，言治田則無妨，若推之於治人，則悖於「若以有爲心，則異類未獲具存」之原則。

六十三章

◆ 爲無爲，事無事，味無味。

〈注〉：以無爲爲居，以不言爲教，以恬淡爲味，治之極也。

◆ 大小多少，報怨以德。

〈注〉：小怨則不足以報，大怨則天下之所欲誅，順天下之所同者，
德也。

按：《老子》經文分爲兩句，獨立成義。《王注》則合爲大怨、小怨解之，恐非《老子》本意。「大小多少」其義未明，試依上下文爲之解。上文說「爲無爲，事無事，味無味。」此「無爲」「無事」「無味」即是「德」，無心之謂。世俗恆有大小，多少、怨德、難易、巨細之分判，即有分別心，此分別心非客觀認知之分別，而是情感上之執而作好惡之分別，於是乎恆處於執著大大而小小，多多而少少，怨怨而愛德，難難而易易。然若以「無爲」之德視之，則不執，不譴是非，不起分別而齊物之論，視小如大，視少如多，不軒輊其間。此義或可釋「大小多少」之義，《王注》合於「報怨以德」而注，故闕如未注。不過《王注》釋「報怨以德」大義不差。

七十二章

◆ 夫唯不厭，是以不厭。

〈注〉：不自厭也。不自厭，是以天下莫之厭。

〔註101〕同註100，頁363。

　　按：前「厭」，壓也。後「厭」，惡之也。《老子》之義大抵爲「正因爲（執政者）不壓迫（百姓），這樣（百姓才）不厭惡（它）。」《王注》解前「厭」字爲「自厭」，恐非是。

　　王弼注和《老子》文本之相異處，有些是字義訓詁的不同，有些是章句解釋的不同，有些則是義理取向的不同。比較兩者明顯差異的篇章，大抵如此上述，至於其詳細的闡述，已散見在各章節的論述，茲不再言。

第五章 文獻的基礎分析
——《周易》部分

第一節 《周易略例》釋義

王弼易學主要的著作就是《周易注》和《周易略例》。《隋書・經籍志》記載：「魏尚書郎王弼注《六十四卦》六卷，輯康伯注《繫辭》以下三卷，王弼又撰《周易略例》一卷。」陸德明《經典釋文敘錄》記載有南朝宋王儉撰《七志》時已著錄王弼《周易注》十卷，可見十卷本注文和《略例》合編的時代至少早在劉宋時已有之。《略例》是王弼《周易注》的綱領，《易注》的精神和原則盡在此中，王弼注易是據傳解經，所以《周易》經傳有卦、爻、位、象象等，《略例》也據此分爲〈明象〉、〈明爻通變〉、〈明卦適變通爻〉、〈明象〉、〈辨位〉、〈略例下〉、〈卦略〉。唐時已有四門助教爲《略例》作註，本文釋義之作，取資甚多，間或正其差謬，以下試逐步說之。

一、明　象

夫《象》者，何也？統論一卦之體，明其所由之主者也。夫眾不能治眾，治眾者，至寡者也。夫動不能制動，制天下之動者，貞夫一者也。故眾之所以得咸存者，主必致一也，動之所以得咸運者，原必无二也。

物无妄然，必由其理。統之有宗，會之有元，故繁而不亂，眾而不惑。故六爻相錯，可舉一以明也，剛柔相乘，可立主以定也。是故

雜物撰德，辯是與非，則非其中爻，莫之備矣。故自統而尋之，物
雖眾，則知可執一御也，由本觀之，義雖博，則知可以一名舉也。
故處璇璣以觀大運，則天地之動未足怪也。據會要以觀方來，則六
合輻輳未足多也。故舉卦之名，義有主矣，觀其彖辭，則思過半矣，
夫古今雖殊，軍國異容，中之爲用，故未可遠也，品制萬變，宗主
存焉，《彖》之所尚，斯爲盛矣。夫少者，多之所貴也；寡者，眾之
所宗也，一卦五陽而一陰，則一陰爲之主矣；五陰而一陽，則一陽
爲之主矣！夫陰之所求者陽也，陽之所求者陰也。陽苟一焉，五陰
何得不同而歸之？陰苟隻焉，五陽何得不同而從之？故陰爻雖賤，
而爲一卦之主者，處其至少之地也。或有遺爻而舉二體者，卦體不
由乎爻也。繁而不憂亂，變而不憂惑，約以存博，簡以濟眾，其唯
《彖》乎！亂而不能惑，變而不能渝，非天下之至賾，其孰能與於
此乎！故觀《彖》以斯，義可見矣。

《彖》的作用是什麼呢？是總論一卦的體性，明辯它所據以顯示的宗
主。

眾物不能統理眾物，能統理眾物的是至寡的一。動的事物不能統御動的
事物，統御天下所有動的事物者是真正不動的一。所以萬物得以存在的原因，
其根源必歸於一，動的事物得以運動不已的原因，溯其本源也一定是歸於所
謂的一。

萬物的存在不是盲目虛妄的，一定依循著它的存在道理。統合萬物而歸
之於宗主，匯聚萬物而歸之於本原。因此能夠雖多而不雜亂，雖錯綜而不迷
惑，所以六爻相互並陳，可用貞一的主爻來闡明這一卦的意義，剛柔相互承
聚，可以舉出主爻來確定這一卦的意義，所以聚攏事物，數其德行，辯明爻
位的得失承聚，若不是它的中爻，則沒有其他爻能齊備。因此，從根本上來
追索，萬物雖殊，也明白可以用一來統御它。從本原上觀察。涵義雖廣瞻，
也知道可以用一卦名來說明它。用不動的璇璣來觀測天體的運行，那麼天地
的運轉不足以爲怪；處樞紐之地來觀察八方，那麼整個宇宙向中心聚集也不
足爲多。所以舉出卦名，卦義就有統屬，看一卦的《彖》辭，就可以瞭解它
泰半的大義，雖古今時代更替，軍事和政治的事理也不相同，畢竟還是不能
離開中正之道。品物制度變化繁多，但是根本還是一，《彖》辭所遵循的，就
是這個宗主罷。

至少是至多所尊崇的，寡是眾所歸宗的，一卦之中有五支陽爻而只有一支陰爻，那麼這一支陰爻就是這一卦的主爻。有五支陰爻而只有一支陽爻，那麼此一陽爻就成為這一卦的主爻。陰所求的是陽，陽所求的是陰。如果陽爻只居其一，其餘的五支陰爻如何得不一同歸向它呢？如果陰爻只居其一，其餘的五支陽爻又為什麼不一同追隨它呢？所以陰爻雖賤，但是能做為一卦的卦主，是因為它處在至少的地位。有些卦不用爻而用內外二卦（來說明卦義），是因為卦體的大義不定在某一爻上。事物雖多而不耽心迷惑，用要約的原則含藏豐富的意義，用簡要的道理成就萬事萬物，大概只有《彖》辭吧！萬物雖雜多而不致迷亂，六爻雖變而終極不變，若不是天下極深奧的道理，其誰能與於此？所以用這個道理來看《彖》辭，一卦之義就可以明白了。

《略例》凡七，而首述〈明彖〉，〈明彖〉乃專門論述《彖》辭的作用及意義。所要探討的《彖》是十翼中的《彖傳》，《彖傳》的作用原在於解釋《周易》各卦的卦名和卦辭，並且說明一卦的大義。王弼注《周易》既採取據傳解經的方式，那麼《彖傳》就是重要的依據，又同時為《彖傳》作注，〈明彖〉就是代表王弼對《彖傳》的看法。

就《彖》而言，依卦而設，故《彖》之數亦有六十四。《周易》本來每卦各異，因此王弼首先指出《彖》的作用，在總論一卦的體性，並且說明此卦體性所由的根據。王弼在說明《彖》的作用之前，曾先闡明它的理論根據。其言曰：

> 夫眾不能治眾，治眾者，至寡者也。夫動不能制動，制天下之動者，貞夫一者也。故眾之所以得咸存者，主必致一也。動之所以得咸運者，原必无二也。物无妄然，必由其理，統之有宗，會之有元，故繁而不亂，眾而不惑。

王弼在此指出《彖》之所以成立的原則，此原則是超越的存在。這段文字至少說明了至寡和眾，制動者和動者並不是相對同層的，而是異質的存在，所以才能作為眾者，動者之所以咸存咸運的根據。王弼所說的「至寡」和貞夫一的「一」的概念並不是出自於《周易》經傳，究竟它的內涵為何？韓康伯的《繫辭傳注》「大衍之數」的注解中曾引用王弼的一段話可以幫助吾人了解。其文云：

> 演天地之數所賴者五十也，其用四十有九，則其一不用也。不用而

用以之通，非數而數以之成，斯易之大極也。四十有九，數之極也。
夫无不可以无明，必因於有，故常於有物之極，而必明其所由之宗
也。

這個「一」是不用，是非數，是《易》之太極，是屬於超越的，才可以作爲
一切存在的根據。唯其如此，這個「不用」才能使用以之通；這個「非數」
才能使數以之成。然而說「一」「非數」或「大極」都是屬於形式上的稱謂，
究其眞正之內容則是「无」。這個「无」不能孤懸地表現它自己，必因於有而
始明，所以也是有物之宗。這個「无」也不是《易》本身的概念，而是直接
通於《老子》的无，王注曾說：

萬物萬形，其歸一也；何由致一，由於無也。（〈四十二章注〉）

又說：

天下之物皆以有爲生，有之所始，以無爲本，將欲全有，必返於無
也。（〈四十二章注〉）

唐邢璹也是引《老子》三十九章「王侯得一以爲天下貞」註解〈明象〉的「貞
夫一」〔註1〕，由此可以確定「一」的具體內容是無，亦從而推知王弼玄理易
學之根據所在。

其次是對「物无妄然，必由其理。」的「理」的內容之瞭解，茲先將王
弼《易注》用「理」之文例引於後〔註2〕，方便於討論：

1. 〈乾〉卦「乾元用九，天下治也」王注：
   夫能全用剛直，放遠善柔，非天下之至理，未之能也。故乾元用九，
   則天下治也。夫識物之動，則其所以然之理，皆可知也。

2. 〈坤〉「六五，黃裳元吉」，王注：
   夫體无剛健，而能極物之情，通理者也，以柔順之德，處於盛位，
   任夫文理者也。

3. 〈訟〉「九四，復即命，渝安貞，吉」王注：
   若能反從本理，變前之命，安貞不犯，不失其道，爲仁由己，故吉
   從之。

4. 〈豫〉「六二，介於石，不終日，貞吉」王注：

〔註1〕 《周易略例》〈明象〉中華四部備要本《周易王韓注》卷十，頁2，〈邢璹注〉。
〔註2〕 錢穆《莊老通辨》有〈王弼注易老用理字條錄〉一文，見該書頁341～377，
　　　三民。唯錢書所錄止三條，本文所錄凡九條。

明禍福之所生，故不苟說。辯必然之理，故不改其操，介如石焉，
不終日明矣。

5. 〈噬嗑〉「九四，噬乾胏，得金矢，利艱貞，吉」王注：
噬乾胏而得剛直，可以利於艱貞之吉，未足以盡通理之道也。

6. 〈睽〉〈大象〉「睽，君子以同而異」王注：
同於通理，異於職事。

7. 〈解〉〈初六象傳〉「剛柔之際，義无咎也」王注：
或有遇咎，非其理也。義猶理也。

8. 〈夬〉〈初九象傳〉「不勝而往，咎也」王注：
不勝之理，在往前也。

9. 〈豐〉〈大象〉「豐，君子以折獄致刑」王注：
文明以動，以失情理也。

以上所徵引王弼用「理」之注文凡九，亦有一注之中二見者。其所言之理有
「所以然之理」「天下之至理」「必然之理」「通理」「本理」「文理」「情理」「義
猶理也」，其中除文理、情理是一般用法，「義猶理也」是以訓詁方式表達外，
其餘所言之「所以然之理」「至理」「必然之理」「通理」「本理」，大抵所指為
根據義，根源義，普遍義，最高義，都是和《老子指略》及《老子注》中所
言之「道理」「至理」相通。以上所舉之理之諸義，乃是形式意義，王弼業已
舉其大端，後世學者所言理之形式意義大都不能出此範圍，唯內容則依教路
之不同而有不同之規定，究竟王弼所言終極關懷和此理之實際內容為何？王
弼《論語釋疑》的殘篇可以提供一點參考；《論語‧皇侃義疏》〈里仁〉「曾子
曰：夫子之道，忠恕而已矣！」引王弼《釋疑》曰：

忠者，情之盡也；恕者，反情以同物也，未有反諸其身而不得物之
情，未有能全其恕而不盡理之極也。能盡理之極則無物不統。極不
可二，故謂之一也。推身統物，窮類通盡，一言而可終身行者，其
唯恕也。

同樣在《釋疑》〈述而〉「子溫而厲，威而不猛恭而安。」王弼曰：

溫者不厲，厲者不溫，威者必猛，猛者不威，恭則不安，安者不恭，
此對反之常名也。若夫溫而能厲，威而不猛，恭而能安，斯不可名
之理全矣。故至和之調，五味不形；大成之樂，五聲不分，中和備
質，五材無名也。

在上述兩段引文中可以清楚看出，即使《論語》是孔門之義理，王弼仍然以不可名釋理，而理即一，此一自然就是「貞夫一」的一。此理既能「統之有宗，會之有元。」此宗此元即此「至寡」「貞夫一」之「一」，「原必无二」之「无二」，「必由其理」的「理」，三者詞語雖異，其指則一。王弼認爲：宇宙中的事物，包括自然和人事，其變化都是複雜萬端的，但背後都有一根本的原理作爲萬象變化運動的支配原則，所以宇宙人生的萬象在變化萬端中才能顯出「繁而不亂，眾而不惑。」的條理秩序，萬事萬物的存在及其所顯現變動不居的現象，並不是盲目的也不是偶然的，都有其規律性；品類雖然眾多且不同，並不是雜亂無章，而有它的一致性。所以〈明象〉接著說：

> 故自統而尋之，物雖眾，則知可以執一御也。由本以觀之，義雖博，則知可以一名舉也。故處璇璣以觀大運，則天地之動未足怪也；據會要以觀方來，則六合輻輳未足多也。

此中要探討者即爲「物無妄然，必由其理。」之理義爲何？就上下文之義揣摩之，似乎既可以上通於理之極而爲超越之理，以之作爲萬物實現之根據。亦可以下屬就事物本身而說形構之理〔註3〕。若作此兩解亦無不通之處。且王弼以義訓理，在〈姤〉〈彖解〉「姤之時義大矣哉」句下《王注》云：「凡言義者，不盡於所見，中有意謂者也。」王弼藉此類比以說明卦爻之關係，〈明象〉說：

> 故六爻相錯，可舉一以明也。
>
> 品制萬變，宗主存焉，象之所尚，斯爲盛矣。
>
> 夫少者，多之所貴也；寡者，眾之所宗也。
>
> 繁而不憂亂，變而不憂惑，約以存博，簡以濟眾，其唯象乎？

然而此超越之實現之理和形而下之結構之理兩者並不同，就上引〈明象〉之言審視之，宜歸屬於形構之理，而非實現之理。只因爲王弼在行文時並未加以區別，又間錯而出，容易使人混淆。如果就〈明象〉首段所言之至寡，貞一和无二之理，誠爲實現之理而無庸置疑〔註4〕。此實現之理可作爲形構之理

〔註3〕 實現之理與形構之理的區分與涵義，見於牟宗三先生《心體與性體》第一冊〈綜論部〉第二章第三節「存在之理與形構之理之區別」，頁87～113，正中。

〔註4〕 韓康伯在《繫辭傳》云：「若夫雜物撰德……則思過半矣。」其注云：「夫象者，舉立象之統，論中爻之義，約以存博，簡以兼眾，雜物撰德而一以貫之，形之所宗者道，眾之所歸者一，其事彌繁則愈滯乎形，其理彌約則轉近

之所以實現之形上根據，故〈明象〉在首段即發明斯義以作爲全文或《略例》之理論根據，因此，此不同之兩理並無衝突咀牾之處。然則何以確知〈明象〉後者所言爲形構之理？蓋凡形而上之實現之理必有其普遍性和必然性，而且是絕對無外之普遍和必然。今無論是「舉一爻以明卦義」或「一陽（或陰）爻爲五陰（或陽）爻之主」的多寡相對之例，勢無法盡涵六十四卦而通說之，換言之，這些〈明象〉所用以掌握卦義的凡例，都只能掌握六十四卦中的某些卦，因此，這個條理是由歸納而得，無法推出絕對之普遍性。以下就根據〈明象〉之文究其所指。〈明象〉所示欲明一卦之義的方式有三：（一）由卦名以見卦義。（二）由主爻以見卦義。（三）由二體以見卦義。其中由主爻以見卦義之方式又可再細分爲三。

首先釋「由卦名以見卦義」。〈明象〉所云：「舉卦之名，義有主矣。觀其〈彖辭〉，則思過半矣。」指的就是由卦名以推知卦義的意思，審視〈彖辭〉的義指，則可探索之而得知卦義，茲舉二例以示之：

1. 〈噬嗑〉〈彖〉曰：「頤中有物，曰噬嗑。」
   《王注》：「頤中有物，齧而合之，噬嗑之義也。」
   〈卦辭注〉：「噬，齧也；嗑，合也。凡物之不親，由有間也；物之不齊，由有過也。有間與過，齧而合之，所以通也。」
2. 〈既濟〉〈彖〉曰：「既濟，亨，小者亨也。」
   《王注》：「既濟者，以皆濟爲義也。小者不遺，乃爲皆濟，故舉小者以明既濟也。」

其二：由主爻以見卦義。一卦由六爻構成，而王弼認爲六爻雖同體，但所顯示之意義並非相等的，而是有輕重主從的分別，因此方能由主爻之義進而推知一卦之大義。所以在《略例》下有云：

凡彖者，通論一卦之體者也。一卦之體必由一爻爲主，則指明一爻之美以統一卦之義，〈大有〉之類是也。

所謂「以一爻爲主」，此一爻即是主爻，然則主爻如何得而確立？一卦有六爻，每一爻皆各具義涵，由初二三四五上發展而構成一卦時，也就是說一卦象由六爻象以成，全卦之義則當統括六爻而定，這個大原則固然不錯，但是卦由爻所構成，全卦之義與各爻之義如何關聯？王弼乃從卦辭及爻辭的關聯，中

乎道。象之爲義存乎一也，一之爲用，存乎道矣。形而上者可以觀道，過半之益，不亦宜乎。」韓康伯之說實爲繼承王弼說進一步的闡發。

爻和陰陽多寡之關係上來確立主爻，就卦爻之關係上言，王弼所提出的這三種決定主爻的方式可以說是相當完備的。首先從卦辭及爻辭的關聯上看主爻的確立，如〈屯〉卦之例：

〈卦辭〉：屯、元亨、利貞。勿用有往，利建侯。

〈初九爻辭〉：磐桓，利居貞，利建侯。

〈彖〉：剛柔始交而難生，動乎險中，大亨貞。雷雨之動滿盈，天造草昧，宜建侯而不寧。

因為〈卦辭〉說「元亨、利貞。」又說「利建侯」，〈初九爻辭〉說「利居貞，利建侯。」且盱衡二三四五上各爻皆沒有和卦辭有如此其密切而相同之辭或義的關聯，〈彖傳〉的作者當知及此，王弼據〈彖傳〉而注〈卦辭〉，分別為〈卦辭〉、〈彖〉及〈初九爻辭〉作注並將三者關聯起來，於是將卦義取決於〈初九爻辭〉。《王注》云：

剛柔始交，是以屯也。不交則否，故屯乃大亨也。(〈卦辭注〉)

又說：

得主則定。(〈卦辭〉「利建侯」注)

處屯之初，動則難生，不可以進，故磐桓也。處此時也，其利安在？不唯居貞建侯乎？夫息亂以靜，守靜以侯，安民在正，弘正在謙。屯難之世，陰求於陽，弱求於強，民思其主之時也。初處其首而又下焉，爻備斯義，宜其得民也。(〈初九爻辭注〉)

屯體不寧，故利建侯也。屯者，天地始造之時也。造物之始，始於冥昧，故曰「草昧」也。處造始之時，所宜之善，莫善於建侯也。(〈彖〉「天造草昧，宜建侯而不寧。」注)

王弼注解〈卦辭〉「利建侯」說「得主而定」，注解〈彖〉則說「處造始之時，所宜之善，莫善於建侯。」則王弼所道「建侯」即「得主而定」之「主」，然而其主安在？在〈初九爻辭注〉即指出答案，其注云：「屯難之世，陰求於陽，弱求於強，民思其主之時也，初處其首而又下焉，爻備斯義，宜其得民。」〈初九〉為陽爻，象徵剛者強者，乃為陰之所求，弱者所恃，柔者所依，處其首是居〈屯〉之始，又下焉是說居下卦之下，宜在得民而為民之主。何以得民？〈象傳〉說「以貴下賤，大得民也。」《王注》曰：「陽貴而陰賤也。」就〈初九〉言是陽爻，而〈六二〉、〈六三〉皆為陰爻，陽爻居陰爻之下而謂之「以貴下賤」。此義正通於《老子》三十九章「貴以賤為本，高以下為基，是以侯

王自謂孤寡不穀，此非以賤為本邪！」且王弼在《略例》中也提到〈屯〉卦，其文曰：

> 〈屯〉，此一卦皆陰求陽也。屯難之世，弱者不能自濟，必依於彊，民思其主之時也。……不得其主，無所馮也。初體陽爻，處首居下，應民所求，合其所望，故大得民也。

所以由上之引述可知〈卦辭〉所建之侯，《王注》所欲得之主，其在於〈初九〉之爻當不誣。然而就〈屯〉卦而言，〈九五〉亦為陽爻，且得位居中又應於二，何以不以之為主爻？反而特別鍾愛〈初九〉，於此必須能有說明。恐怕就是因為〈九五〉爻辭和卦辭之間無所關聯是最主要的原因，致成此因之緣由殆為時義，根據〈彖〉的說法〈屯〉卦是「始交而難生，動乎險中。」之卦，而〈九五〉雖備而不能濟於時，所以王弼說：

> 處〈屯〉難之時，居尊位之上，不能恢弘博施，无物不與，拯濟微滯，亨於群小而繫應在二，屯難其膏，非能光其施者也。固志同好，不容他閒，小貞之吉，大貞之凶。（〈屯〉〈九五爻辭〉注）

以是之故，〈屯〉卦雖有兩陽爻，主爻厥為〈初九〉而不在〈九五〉。其次再檢視〈需〉卦之例：

> 〈卦辭〉：需，有孚，光亨貞吉，利涉大川。

> 〈九五爻辭〉：需于酒食，貞吉。

> 〈彖〉：需，須也。險在前也，剛健而不陷，其義不困窮矣。需有孚，光亨貞吉，位乎天位，以正中也。利涉大川，往有功也。

> 〈大象〉：雲上於天，需。君子以飲食宴樂。

王弼根據〈彖〉說：

> 謂五也，位乎天位，用其中正，以此待物，需道畢矣，故光亨貞吉。
> （〈彖〉位乎天位，以正中也。」注）

〈九五〉為陽爻居中得位，故注云：居中得正。又根據〈乾〉卦〈九五〉爻辭的「飛龍在天」，所以〈彖〉所說的「位乎天位」指的就是〈九五〉，《王注》於是得以根據〈彖〉所表示的卦辭、爻辭之間的關聯而直指〈九五〉為主爻，其注〈九五〉爻辭曰：

> 需之所須，以待達也，己得天位，暢其中正，无所復須，故酒食而已，獲貞吉也。

以上所舉〈屯〉卦和〈需〉卦之例是說明以卦辭和爻辭之關聯做為確立主爻

的依據。

其次再論及「以中爻爲主爻」之義例。〈明象〉所云「是故雜物撰德，辯是與非，則非其中爻莫之備矣。」「中之爲用，未可遠也。」〔註5〕都是指出以中爻爲主爻而決定一卦之義的意思。一卦有內外二卦體，各有中爻，故此所指之中爻，是第二爻或第五爻而言〔註6〕。如〈觀〉卦之例

〈彖〉：大觀在上，順而巽，中正以觀天下。

〈九五爻辭注〉：居於尊位，爲觀之主，宣弘大化，光于四表，觀之極者也。

〈彖〉說大觀，中正指〈九五〉爲陽爻在剛位，居中得正，順指內卦坤德，巽指外卦，大觀在上，「在上」既釋巽在上，亦指明〈九五〉在上（或釋曰：由臨卦〈九二〉而上）〔註7〕，剛健居中得位。其德足以化民，此指明〈九五〉之中爻爲〈觀〉卦之主爻的例證。再舉〈節〉卦爲例：

〈彖〉：節，亨。剛柔分而剛得中。若節不可貞，其道窮也，說以行險，當位以節，中正以通。

〈九五爻辭〉：甘節，吉。往有尚。

〈彖注〉：坎陽而兌陰也，陽上而陰下，剛柔分也，剛柔分而不亂，剛得中而爲制主，節之義也。

〈九五爻辭注〉：當位居中，爲節之主，不失其中，不傷財不害民之謂也。

〈彖〉說「中正之通」「當位以節」，而全卦六爻之中居中而又當位者唯〈九五〉一爻，〈九二〉雖居中但不當位，因爲二位本爲陰爻之位，而今陽爻居之，所以不說當位。剛柔分，剛指外卦之〈坎〉，〈坎〉之數五是奇所以是剛；柔

〔註5〕 「中之爲用」《邢注》釋「中」爲「中正之用」，而六爻中備中正之德者唯二與五，故以中爻釋之。

〔註6〕 王弼此言實據於《繫辭傳》下第九章「若夫雜物撰德，辯是與非，則非其中爻不備。」《繫辭傳》所云之「中爻」，朱子〈注〉指「卦中四爻」謂二、三、四、五爻。依朱子章句則連屬下文「二與四，三與五」而釋之。孔穎達《周易正義》之章句段落與朱子不同，且釋中爻爲二與五，今王弼〈明象〉雖引用《繫辭》之文，其義則未必盡同，觀《邢注》所舉之〈訟〉、〈困〉二卦之例亦皆指二、五兩爻，焦循《易章句》亦指二、五兩爻說，故本文以二、五爻釋之。

〔註7〕 此有關於爻位觀念、詞語之涵義及用例研究，請見戴璉璋先生《易傳之形成及其思想》，象傳部份釋反轉位，頁86～87，文津。

是內卦之〈兌〉，〈兌〉以其數四是偶所以爲柔。剛又稱陽，柔又稱陰，陽上陰下，上卦〈坎〉，下卦〈兌〉，故又說「陽上陰下」。「當位居中，爲節之主。」王弼指出九五爲〈節〉卦之主爻。以上所舉是以中爻爲主爻之卦例〔註8〕。但是王弼此一義例亦有失例的情形，如〈訟〉卦，《王注》就分別指二，五之中爻均爲主爻，而令人莫知所從。試檢視如下：

〈卦辭〉：訟，有孚，窒惕，中吉。終凶，利見大人，不利涉大川。

〈彖〉：訟。上剛下險，險而健，訟。訟有孚，窒惕中吉。剛來而得中也。終凶。訟不可成也。利見大人，尚中正也。不利涉大川，入于淵也。

〈九五爻辭〉：訟元吉。

就〈卦辭〉所言之「中吉」「利見大人」，並未明確指出是二或五，也就是說可同指二、五兩爻。〈彖〉也似乎相同，「剛來而得中」乃舉〈九二〉剛爻居下卦之中位，剛來之義乃以反轉位說明〈訟〉之〈九二〉是來自〈需〉之〈九五〉〔註9〕。「尚中正」則所指當是〈九五〉無疑。然而王弼的〈彖注〉云：

无善聽者，雖有其實，何由得明？而令有信塞懼者得其中吉，必有善聽之主焉，其在二乎？以剛而來，正夫群小，斷不失中，應斯任也。

此注明確表示「善聽之主，其在二乎」，是以問句點出〈九二〉爲〈訟〉之主爻〔註10〕。但是〈九五爻辭注〉又說：

處得尊位，爲訟之主。用其中正，以斷枉眞，中則不過，正則不邪，剛无所溺，公无所偏，故訟元吉。

〔註8〕以中爻爲主爻者，除所舉〈觀〉、〈節〉兩卦之制，尚有〈噬嗑〉、〈賁〉、〈无妄〉、〈大畜〉、〈習坎〉、〈恆〉、〈益〉、〈渙〉、〈中孚〉、〈未濟〉等卦。

〔註9〕「剛來」之說法各家不盡同，孔穎達《周易正義》云「今〈九五〉象辭云：訟无吉，以中正也。知象辭剛來而得中，非據〈九五〉也，輔嗣必以爲〈九二〉者，凡上下二象在於下象者則稱來。故〈賁〉卦云：柔來而文剛。是〈離〉下〈艮〉上而稱柔來。今此云剛來而得中，故知〈九二〉也。且凡云來者，皆據異類而來，〈九二〉在二陰之中故稱來，〈九五〉在外卦，又三爻俱陽，不得稱來。」頁35，十三經注疏本，藝文。本文所釋「剛來」之義剛指用九剛爻，來字之義乃據戴璉璋先生《易傳之形成及其思想》象傳部份釋反轉位，頁86～87，文津。

〔註10〕朱伯崑《易學哲學史》亦引此以釋中爻作爲主爻之例證，恐宜再商榷。見該書上冊，頁250，北京大學出版社。

王弼在此又說〈九五〉爲《訟》主，若依「以中爻爲主爻」且「主爻在一」之例，今一爻出現兩主爻之情形，究竟代表何意？或孰爲正！王弼並沒有明確的交待。如依唐孔穎達《周易正義》〈訟〉卦〈九五爻辭正義〉說：「五是其卦尊位之主，餘爻是其卦爲義之主。」〔註11〕依孔說之意，則〈訟〉卦決定卦義之主爻當在二而不在五，未知確否？

第三種確立主爻之方式，〈明象〉指出以少者寡者而主爻，其言云：

> 夫少者，多之所貴也；寡者，眾之所宗也。一卦五陽而一陰，則一陰爲之主矣！五陰而一陽，則一陽爲之主矣。夫陰之所求者陽也，陽之所求者陰也。陽苟一焉，五陰何得不同而歸之？陰苟隻焉，五陽何得不同而從之，故陰爻雖賤，而爲一卦之主者，處其至少之地也。

陰爻或陽爻爲獨爻之卦象在《易》中凡十二卦，今依《王注》之說別爲（一）一陰五陽，（二）一陽五陰，（三）不合例者。分別舉例說明之。

（一）一陰五陽，依〈明象〉的說法當以一陰爲主爻者，有〈小畜〉、〈履〉、〈同人〉、〈大有〉四卦。以〈小畜〉爲例：

> 〈彖〉：小畜，柔得位，而上下應之，曰小畜。

> 〈彖注〉：謂六四也，成卦之義在此爻也。體无二陰以分其應，故上下應之也。既得其位而上下應之。三不能陵，小畜之義。

《王注》根據〈彖〉之「柔得位」指明爲〈六四〉，〈六四〉爲陰爻居四，四本爲陰位，所以說是「得位」。又，六四爲獨爻，餘五爻皆爲陽爻，故說「體无二陰」，體是指〈小畜〉之卦體。又根據陰陽相求，剛柔相感之原則，說明除了〈初九〉本來與六四相應外，其餘陽爻亦與之成應，五陽皆應此獨陰，故無分應。「三不能陵」是因爲〈六四〉乘〈九三〉，以柔乘剛，〈六四爻辭〉云：「有孚，血去惕出，无咎。」《王注》云：

> 夫言血者，陽犯陰也，四乘於三，近不相得。三務於進而已隔之，將懼侵克者也。上亦惡三，而能制焉，志與上合，共同斯誠，三雖逼己而不能犯，故得去懼除，保无咎也。

〈六四〉與〈九三〉雖不相得，然志與上合，上合就是與〈九五〉相應，〈九五〉居中得尊位惡三故能制三，所以三雖逼四而不能犯，得以乘剛而无咎，這是解釋「三不逼四而不能犯，得以乘剛而无咎，這是這解三不能陵」之義。

〔註11〕孔穎達《周易正義》，頁35，十三經注疏本，藝文。

此為〈彖〉說明〈小畜〉成卦之義在於〈六四〉一爻，而為〈小畜〉之主。再看〈履〉卦之例：

〈彖〉：履，柔履剛也。說而應乎乾，是以履虎尾，不咥人亨。剛中正，履帝位而不疚，光明也。

〈彖注〉：凡彖者，言乎一卦之所以為主也。成卦之體在六三也，履虎尾者，言其危也。三為履主，以柔履剛，履危者也，履虎尾而不見咥者，以其說而應乎乾也。乾，剛正之德者也，不以說行夫佞邪，而以說應乎乾，宜其履虎尾不見咥而亨。

〈彖〉云「履，柔履剛。」王弼解釋〈彖〉是言乎一卦之所以為主。依《王注》之意，柔履剛之意是指〈六三〉履於剛爻之位，〈六三〉本身為陰爻柔爻，三之位屬陽位剛位，〈六三〉居之，而謂之「柔履剛」，如此則以一爻而釋卦名，而為主爻，《王注》據〈彖〉解釋而定主爻，其說若無誤，則朱熹之《周易本義》釋〈彖〉「履，柔履剛也。」為「以二體釋卦名義。」的說法恐有待商榷〔註12〕。同時孔穎達《周易正義》釋「柔履剛」為「柔履剛者，言履卦之義是柔之履剛，〈六三〉陰爻在〈九二〉陽爻之上，故云：柔履剛也。」〔註13〕這種說法也是誤解。朱熹說「以二體釋卦名」當指〈彖〉之「說而應乎乾」，內為兌，外為乾，內外二卦體，則朱熹之注解庶幾近之。若解「柔履剛」恐非碻意。孔氏《正義》將「履」釋為「柔乘剛」之「乘」義，所以才說「柔履剛」是「〈六三〉陰爻在〈九二〉陽爻之上，故云柔履剛。」依〈彖〉之「履」義是就當爻而言，如「剛中正，履帝位而不疚。」即言履〈九五〉之位，故「柔履剛」指的就是〈六三〉為陰爻而處於三之剛位之義，《王注》為得意。且〈履〉卦一卦之中只有〈六三〉為柔爻，故為卦義之所在，所以說「成卦之體在〈六三〉」。

（二）一陽五陰，而以一陽爻為主爻者有〈師〉、〈比〉、〈謙〉、〈豫〉四卦。先看〈師〉卦之例：

〈彖〉：剛中而應，行險而順。以此毒天下而民從之，吉之何咎哉。

〈九二爻辭注〉：以剛居中而應於上；在師而得其中者也，承上之寵，為師之主。

〈九二〉之體為剛爻，居於下卦之中，而得應於〈六五〉，〈六五〉居上卦之

〔註12〕朱熹《周易本義》上經一之二十六，東亞。
〔註13〕同註11，頁40。

中，所以《王注》說「以剛居中而應於上」。一陽而五陰，眾陰歸之，眾陰爲民，一陽爲眾陰之主。民從之而爲師之主。再看〈豫〉卦之例：

〈彖〉：豫，剛應而志行，順以動，豫

〈九四爻辭注〉：處豫之時，居動之始，獨體陽爻，眾陰所從，莫不由之以得其豫。

〈六五爻辭注〉：四以剛動爲豫爲主。

〈彖〉說「剛應而志行」，剛指的是〈九四〉，是剛爻，得應於〈初六〉，故說「應」。志行是說〈六三〉爲下卦之上，〈九四〉居上卦之下，比鄰而又剛柔相異，喻其志相得而相輔而行。內卦爲坤，坤德順；外卦是震，震爲動象，卦之序列由內之外，由下至上，故曰「順以動」。〈九四〉居上卦之始，上卦是震，震爲動，所以說「居動之始」，注又說「四以剛動爲豫之主」？〈九四〉體剛又處震首爲始動之象，故爲〈豫〉卦時義所寄而爲主爻。

（三）例外情形。前說獨爻之卦凡十二，上舉之例只有八，也就是一陰五陽者四卦，一陽五陰者也是四卦，俱於（一）（二）列述。因此，尚有四卦不合於〈明彖〉所言之例者，有〈夬〉、〈姤〉、〈剝〉、〈復〉四卦。所以謂之例外，即此四卦雖也有獨爻，然並不以此獨爻爲該卦之主爻，如此，也就不合於〈明彖〉所言「一卦五陽而一陰，則一陰爲之主」或「一卦五陰而一陽，則一陽爲之主。」的原則。今舉〈夬〉、〈剝〉二卦爲例說之。

〈夬〉：揚于王庭，孚號有厲，告自邑，不利即戎。利有攸往。

〈彖〉：夬，決也。剛決柔也。健而說，決而和，揚于王庭，柔乘五剛也。

〈彖注〉：剛德齊長，一柔爲逆，眾所同誅而无忌者也。故可揚于王庭。

〈九四爻辭注〉：五爲夬主。

〈九五爻辭注〉：夬之爲義，以剛決柔，以君子除小人者也。而五處尊位，最比小人，躬自決者也。

〈上六爻辭注〉：處夬之極，小人在上，君子道長，眾所共棄。

由上引〈彖〉及各爻注觀之，決定〈夬〉卦之卦義者厥爲〈九五〉而非獨爻之〈上六〉，非但未將〈上六〉作爲卦主，反而將它喻爲小人，爲逆象，而爲眾所同棄，爲〈九五〉所除之對象，這種情形和〈明彖〉所說的「五陽一陰，

則一陰爲之主矣。」「陰苟隻焉，五陽何得不同而從之。」明顯相違。再看〈剝〉卦之例：

〈六五爻辭注〉：處剝之時，居得尊位爲剝之主者也。

〈上九爻辭注〉：處卦之終，獨全不落，故果至于碩而不見食也。

〈剝〉卦依上引《王注》所示，卦主在〈六五〉而不在〈上九〉，和〈明象〉所說的「五陰而一陽，則一陽爲之主矣。」「陽苟一焉，五陰何得不同而歸之。」也不相合。王弼對於以上所說之例外情形在《周易注》及〈明象〉中均未加以說明，並且在這例外的四卦中，一陰或一陽皆居初上之位，是否和王弼所論「初上无位」有所關聯，目前尚不得而知。

前述分析〈明象〉所示取卦爻相關之一爻以釋卦義，取中爻例及取獨爻例皆出現例外，於是乎王弼也意識到以一爻爲主說的原則，並不能通釋六十四卦之卦義。所以又補充以「二體說」。〈明象〉云：「或有遺爻而舉二體者，卦體不由乎爻也。」所謂「遺爻」即下文「卦體不由乎爻」的意思，唯因爲「卦體不由乎爻」，故而放棄以一爻爲主來解釋卦義的方式，而另舉「二體」之方式解說卦義。所謂「二體」，指的是內、外（或稱上、下）兩卦，進而以此兩卦之內外或上下之關係來闡明卦義。在〈象〉中已每每言及內外二體，至於（大象）則幾乎無一卦不以二體爲說。以二體之關係詮釋卦義，基本上是依據原有各單卦之卦象，無論是事物之象或德性之象〔註14〕。此單卦（又稱經卦）兩兩相重而爲重卦（又稱別卦），在此相重時便同時出現上下、內外、前后、重復、平列、往來、進退、承乘等諸種關係〔註15〕。合此二體所象徵之事象及德性配合其關係來說明一卦之義，此即王弼所謂之「舉二體」。今舉〈隨〉、〈解〉兩卦之例以明之。茲先說〈隨卦〉：

〈彖〉：隨，剛來而下柔，動而說，隨。

〈彖注〉：震剛而兌柔也，以剛下柔，動而之說，乃得隨也。

〈上六爻辭注〉：隨之爲體，陰順陽也。

〈隨〉之卦震下兌上，震爲陽爲剛，是動象而在下；兌爲陰爲柔，是說而居上，所以《王注》說「震剛而兌柔」「以剛下柔」。凡卦之發展由內之外，由下往上，所以又說「動而之說」，「陰順於陽」。再看〈解〉卦：

〔註14〕見於戴璉璋先生《易傳之形成及其思想》，頁 74「彖傳部份」，頁 105「象傳部份」。

〔註15〕高亨《周易大傳今注》第一章第二節「卦位」，頁 21，齊魯。

〈彖〉：解，險以動，動而免乎險。解。

〈彖注〉：動乎險外，故謂之免，免險則解，故謂之解。

〈解〉卦由坎下震上所構成，坎爲險象，在內；震爲動象，在外。卦之發展由內而之外，震在外，所以謂之動在險外，既已在險外，所以又謂之免乎險，免乎險於是乎險解，是以內外卦象而釋卦名之義。

　　觀乎王弼〈明象〉之作，所舉凡例雖有例外，亦皆有其實指，非空言也。而所謂之出例者並皆在他凡中得解，因此，可以知所舉諸凡，恐非單獨使用，而是錯綜爲用，故論中爻之例亦兼說二體，論獨爻之例亦濟以中爻之說，論二體之例亦有指明一爻爲主者，或亦涉初上无位之說，層層交織，儼爲密網，以此賅之，〈明象〉之義於斯爲明矣。

二、明爻通變

夫爻者，何也？言乎變者也。變者何也？情僞之所爲也。夫情僞之動，非數之所求也；故合散屈伸，與體相乖。形躁好靜，質柔愛剛，體與情反，質與願違，巧歷不能定其算數，聖明不能爲之典要，法制所不能齊，度量所不能均也。爲之乎豈在夫大哉，陵三軍者，或懼於朝廷之儀；暴威武者，或困於酒色之娛。

近不必比，遠不必乖。同聲相應，高下不必均也；同氣相求，體質不必齊也。召雲者龍，命呂者律，故二女相違，而剛柔合體。隆墀永歎，遠壑必盈。投戈散地，則六親不能相保，同舟而濟，則吳越何患乎異心。故苟識其情，不憂乖遠；苟明其趣，不煩強武，能說諸心，能研諸慮，睽而知其類，異而知其通，其唯明爻者乎？故有善邇而遠至，命宮而商應，修下而高者降，與彼而取此者服矣。

是故，情僞相感，遠近相追；愛惡相攻，屈伸相推；見情者獲，直往者違，故擬議以成其變化，語成器而後有格，不知其所以爲主，鼓舞而天下從，見乎其情者也。

是故，範圍天地之化而不過，曲成萬物而不遺，通乎晝夜之道而無體，一陰一陽而无窮。非天下之至變，其孰能與於此哉！

是故，卦以存時，爻以示變。

　　爻是什麼呢？是說明變化的。變化的內容是什麼呢？是事情的眞實和制作所顯示的現象。眞實和制作的變動，並沒有一定的規則可以推求得知，所

以爻的聚集散開潛隱伸展的變化，和它的體性往往相乖離。表面躁，本性卻往往是喜好靜定的，本質柔順的，又有喜愛剛強的意願，體性和情態相反，本質和願望相違，即使精於曆算的人也無法推得它的規律，聖明睿智的人也無法爲它建立可資遵循的原則。（事物的變化）用法制也不能使它齊一，用度量也不能使它平均的。變化的情形哪裏是一定顯現在重大的事情上啊！勇冠三軍的將領，有些人就害怕嚴肅的朝廷的威儀，凶狠勇猛的人，有些則受困於酒色之歡娛。

鄰近的不一定就相親，遠離的不一定就相隔，聲律相合的彼此相應，高下的位置不一定會一致，氣質相近的互相需求，它們的體質未必就相同。能召來雲氣的是龍，能感應陰聲的是陽律，所以說兩個陰類反而相違，剛柔相異反而可結合爲一體。在高崗上長吟高詠，遠處的谿壑就會盈溢著回響，在爭戰之地棄置兵器而不顧〔註16〕，就是骨肉至親也不能相保；同在一船上渡江，就不必耽心居處北方或南方的人會有不同的用心。所以，只要知道事物的實情，就不必耽心乖隔遠離，一旦明白事物的歸趨，就不必勞動武力勉強求取。（知道事物變化的道理）就能喜悅在心，能作審慎的思慮，萬物雖不同而能知其類，雖然相異但也知道相通的地方，大概只有明白六爻變化的道理的人（才能夠）吧！所以說修己身則遠人至，發宮調而商律應，處下位的人並且能修龍德品行正，則在上位的人就會重用他，在上的人不獨自己有福祿而能分與在下的人，在下受取的人就會忠心誠服了。

因此，眞實制作相互感應，遠近之爻相互資取，有愛有惡，互相攻伐，一屈一伸，互相推移，知道實情的就有所得，不揆度者而直往就相逢，爻的變化是擬效事物的變化，說明成器而後動就不會有阻碍隔閡的顧慮，萬物不知其所以爲主。（易道）變化而天下萬物隨之變化，這就是體現易道的眞實情況。

所以說（易道的廣大）擬範周備天地間的變化而不會有過差，曲盡成全萬物而不致有遺漏，貫通晝夜幽明的變化之道而沒有定體，一陰一陽往來變

〔註16〕「投戈」是休兵之義，《後漢書・樊準傳》有「投戈講藝，息馬論道。」《三國志・蜀志・姜維傳》「投戈放甲」，《晉書・袁瓌傳》「廢鞍覽卷，投戈吟咏。」「散地」是指士卒易於逃散之地。魏武帝注《孫子・九地篇》「散地」曰「士卒戀土，道近而易敗散。」是「投戈散地」是兩詞合說。其義當是在爭戰之地放下兵器。《邢注》云「置兵戈於逃散之地」句義未明，亦不知其釋所據。

化而沒有窮盡，若不是六爻能極其通變，誰能夠與於這變化之道呢？

所以說，卦是用來審視特定的時系的，爻是隨時而通向變化的。

〈明象〉是說明一卦的大義，藉以顯示一卦的統一性。〈明爻通變〉則是說明爻象的變化，也就是《易》的變易、遷流不居的精義之所在。《易》之言變主要藉以上兩者來表現，一為卦時之遞嬗，一為爻的通變，而一卦時之形成即建立在六爻的變化上。這恐怕也是王弼將〈明爻通變〉作為《略例》的重要原因，用它來掌握《周易》變化的精神。〈明爻通變〉發端就說：

> 夫爻者，何也？言乎變者也。變者，何也？情偽之所為也。夫情偽
> 之動，非數之所求也。

王弼是根據《繫辭傳》上「爻者，言乎變者也。」而言爻之通變。變化之所起即在於「情偽之所為」，何謂情偽？情即內容或本質，偽即事之作為。由後文觀之，情偽之義可以引申為事理的虛實，正反或表裏；爻象和卦體，躁和靜，剛和柔，體和情，質和願等相對關係之兩面，都是王弼所舉之以釋「情偽之所為」之內容，不一定如字作解而已〔註17〕。由於情偽的變動，才用爻以象其變化。因為情偽的變動，複雜萬端，是無法測度的，所以爻的變動也沒有固定的模式，或者是固定的原則可循。但是《易》的卦爻不也就是在試著為變化探求一可循之規律嗎？《繫辭傳》上不也引述孔子的話說：「聖人立象以盡意，設卦以盡情偽，繫辭焉以盡其言，變而通之以盡利，鼓之舞之以盡神。」如此一來，和「巧歷不能定其算數，聖明不能為之典要。」不是有衝突嗎？這一點《繫辭傳》說得很明白，其言曰：

> 聖人有以見天下之動，而觀其會通，以行其典禮。系辭焉以斷其吉
> 凶，是故謂之爻。極天下之賾者存乎卦，鼓天下之動者存乎辭，化
> 而裁之存乎變，推而行之存乎通，神而明之存乎其人。默而成之，
> 不言而信，存乎德行。

天下之動，要觀其會通，行其典禮，才有爻象的設立。所謂「通變」「會通」是神而明之，存乎其人，是「通神明之德，類萬物之情。」的通。能通者乃存乎其人之主觀之神明，所通者乃萬物之情，此「情」即「設卦以盡情偽」「情

〔註17〕孔氏《正義》《繫辭》下《王注》：「情偽相感而利害生」疏云：「情謂實情，偽為虛偽。」高亨亦從孔疏。朱伯崑亦然。樓宇烈解「情偽」乃指情欲、智慧巧詐。觀王弼之意未必如此狹隘，可以下文佐證之。《邢注》說「情偽所適，巧詐多端。」可見情偽不即是巧詐，乃情偽所適方有之，樓氏之說恐失其意。

偽之動」的「情偽」。因情偽非僅指可見之現象事件，包括內容真實和所有的人事作為，故非名言所能盡其蘊，乃存乎天下之動的變化之理，此變化之理恆、歸屬於實踐的形而上的，因此非數之所能求，以其非現象事件的廣度量故而已。又因為存乎神明，所以能「默而成之，不言而信，存乎德行」此德行明白表示是屬於實踐性之內容真理，故設卦爻以盡情偽，乃類舉以盡之。又說觀其會通，而必通極於神明方能觀其會通和盡之。《繫辭傳》所謂盡意，盡情偽，其實所指即此類舉之盡，啟發、暗示、指點之盡〔註18〕。實則皆有餘而不盡，最後必歸於「神无方而易无體」，神明之用无方所而《易》亦無定體，才是變化終極所示之義理。王弼亦實基於此而說爻之通變。並將爻的通變歸納為卦和爻的關係，爻和爻的關係，皆依相對之關係各言相反相成之義。以下嘗試舉例並分析之。

　　首先說明卦和爻的關係。〈明爻通變〉說：

　　　　合散屈伸，與體相乖，形躁好靜，質柔愛剛，體與情反，質與願
　　　　違。

「合散屈伸」是說明爻變化的情形，有合有散，退伏為屈，進展曰伸，和卦義往往相背離。依《邢注》所舉的〈萃〉卦之例說之：

　　　　〈萃〉，坤下兌上，萃亨。

　　　　〈注〉：聚乃通也。

　　　　〈彖〉：萃，聚也。順以說，剛中而應，故聚也。

　　　　〈六二爻辭注〉：居萃之時，體柔當位，處坤之中，己獨處正，與眾
　　　　相殊，異操而聚，民之多僻，獨正者危，未能變體以遠于害，故必
　　　　見引，然後乃吉而无咎也。

萃卦之時義乃聚而通，說以順，貴相從就，然〈六二〉居下卦坤體之中位，陰爻居柔位故稱當位，〈初六〉和〈六三〉皆以陰爻居剛位所以是不當位，〈九四〉以陽爻居柔位而不當位，相聚不正，不正相聚，〈六二〉在其中與眾殊而獨立，在不正之聚合中而〈六二〉獨為正，與時義不同，人之多僻而已獨取正，其處《坤》卦柔爻之體，然當位居中而有應於五，故志不同於鄰爻，〈萃〉體為聚，而〈六二〉為散，故曰合散。又如〈乾〉卦之例：

〈乾〉：乾下乾上，乾，元亨利貞。

〈初九爻辭〉：潛龍勿用。

〈初九爻辭注〉：文言備矣。

〈文言〉曰：龍德而隱者也，不易乎世，不成乎名，遯世无悶，不
　見世而无悶，樂則行之，憂則違之，確乎其不可拔，潛龍也。

〈乾〉之為義元亨利貞，時乘六龍以御天，〈初九〉則「潛龍勿用」為處為隱，
退伏之象，龍德不為妄，雖隱而未見，行而未成，然遯世无悶，不見世而无
悶，君子弗用，學以聚之，問以辨之，是雖身在潛屈而其志在伸也，乾體非
隱而〈初九〉處潛，此即是「與體相乖」之義。

「形躁好靜」是說形體急躁，而內心實喜好安靜，《邢注》舉〈歸妹〉為
例。

〈歸妹〉：兌下震上，歸妹。

〈九四爻辭〉：歸妹愆期，遲歸有時。

〈九四爻辭注〉：夫以不正无應而適人也，必須彼道窮盡，无所與交，
　然後乃可以往，故愆期遲歸，以待時也。

四體是震之首，是動象有躁義。愆期遲歸以待時，待時宜靜。是好靜，這是
「形躁好靜」「體與情反」的例子。

「質柔愛剛」是說本質雖柔順，而其志向卻在于剛健。以〈履〉卦〈六
三〉為例：

〈象〉：柔履剛也，說而應乎乾。

〈六三爻辭注〉：志在剛健，不脩所履，欲以陵武於人，為于大君，
　行未能免於凶，而志存於五，頑之甚也。

〈六三〉是陰爻，是質柔，為於大君，大君是五，也就是志在剛健，〈九五〉
是陽爻，此為「質柔愛剛」「質與願違」之例。以上是說明卦和爻的關係。

接下來是闡明爻與爻的關係。爻分剛柔，又有六位，因此錯綜變化，有
時雖爻各異而可相通，有時相反復相斥。〈明爻通變〉說：

近不必比，遠不必乖，同聲相應，高下不必均也；同氣相求，體質
不必齊也。召雲者龍，命呂者律。故二女相違，而剛柔合體，隆墀
永歎，遠壑必盈，投戈散地，則六親不能相保，同舟而濟，則吳越
何患乎異心。故苟識其情，不憂乖遠，苟明其趣，不煩強武，能悅

諸心，能研諸慮，睽而知其類，異而知其通，其唯明爻者乎。

「近不必比，遠不必乖。」是說相鄰的兩爻不一定親比，距離遠也不一定乖離。「近不必比」也就是說爻例實際上相鄰的情形有比有不比。「遠不必乖」同樣的是說有乖有不乖。茲舉例以明之。

（一）近而不比，遠不相乖之例，如〈屯〉卦：

〈初九爻辭注〉：處屯之初，動則難生不可以進，故磐桓也。

〈六二爻辭注〉：志在乎五，不從於初，屯難之時，正道未行，與初相近而不相得，困於侵害，故屯邅也。時方屯難，正道未通，涉遠而行，難可以進，故曰乘馬班如也。寇謂初也。无初之難，則與五婚矣。故曰「匪寇婚媾」也。志在於五，不從於初，故曰「女子貞不字」也。屯難之世，勢不過十年者也。十年則反常，反常則本志斯獲矣。故曰「十年乃字」。

〈九五爻辭注〉：繫應在二。

〈屯〉卦〈初九〉〈六二〉兩爻雖剛柔相異且相鄰，但並不相親比，〈初九〉「動則難生，不可以進。」〈六二〉則是「志在乎五，不從於初。」初不能進，二不從初，是下不相比。〈六二〉志在乎五，〈九五〉繫應在二，如此則二五兩爻相應，此乃「遠不相乖」之例。又如〈訟〉卦：

〈六三爻辭注〉：居爭訟之時，處兩剛之間，而皆近不相得，故曰貞厲。柔體不爭，繫應在上，眾莫能傾，故曰終吉。

〈訟〉〈六三〉處〈九二〉和〈九四〉之間，〈九二〉自下訟上，〈九四〉處上訟下，所以說是處于兩剛之間，皆近不相得，是上下皆不相比。然和〈上九〉相應，所以說繫應在上，是遠不相乖也。

（二）近而相比，遠則相乖之例。如〈賁〉卦：

〈六二爻辭注〉：得其位而无應，三亦无應，俱无應而比焉，近而相得者也。須之為物，上附者也。

〈九三爻辭注〉：處下體之極，居得其位，與二相比，俱履其正，和合相潤以成其文者也。

〈賁〉〈六二〉〈九三〉相鄰而比。故〈六二〉上附，〈九三〉下比，陰陽各在其位，所以說俱履其正，上附下比，近而相得，陰陽相合，所以又說和合相潤。再看〈六二〉和〈六五〉俱為陰爻，〈九三〉和〈上九〉俱為陽爻，皆為无應。這就是「近而相比，遠則无應」之例。又如〈漸〉卦之例：

〈九三爻辭注〉：進而之陸，與四相得，不能復反者也……三本艮體，而棄乎群醜，與四相得，遂乃不反。

〈六四爻辭注〉：雖乘於剛，志相得也。

〈漸〉卦〈九三〉和〈六四〉相鄰，陰陽相得，〈六四〉雖乘剛而志相得，是近而親比也，〈九三〉和〈上九〉无應，〈六四〉和〈初六〉亦无應，是遠而相乖也。

「同聲相應，高下不必均也；同氣相求，體質不必齊也。」是根據〈乾〉〈文言〉「同聲相應，同氣相求。」及〈象〉所區別爻的剛柔（或陰陽）而對爻與爻的關係所作的說明。別卦（或稱重卦）有六爻，各為兩經卦（或稱單卦）由上下（或稱內外）相重而構成。單卦時所屬之三爻原已有上中下之位。重卦之時則雖高下有別，然初四、二五、三上仍各為內外卦之同位爻，因「同位」觀念而發生的關係有應或敵應，相與或不相與等，這就是成為「同聲相應，高下不必相均。」的理論根據。氣或體質則指的是爻屬於陰或陽，剛或柔的不同，剛爻之數為奇，柔爻之數為偶，一卦之序列由下而上，則剛爻居奇數位，如初三五位；陰爻居二四上位之偶數位。如此則稱當位，得位或正位，反之則為不當位，失位或不正，這是《易傳》已有之體例，依此位之觀念配合其他關係，則庶幾乎可確立一爻之性格。以此來了解「同氣相求」，則指的是柔爻之求柔爻，剛爻之求剛爻。然而相求之例則不限於同氣。剛求柔，柔求剛亦是相求之例。所以〈明爻通變〉說：「同氣相求，體質不必齊。」「召雲者龍，命呂者律，故二女相違，而剛柔合體。」龍是水畜，雲是水氣，龍吟則景雲出〔註19〕，則召水氣者是水畜，這就是說明「同類相感應」的道理，「二女相違」是說同為陰類，反而不能相合。如〈革〉卦：

〈象〉：革，水火相息，二女同居，其志不相得曰革。

〈象注〉：凡不合而後乃變生，變之所生，生於不合者也。故取不合之象以為革也。息者，生變之謂也。火欲上而澤欲下，水火相戰而後生變者也。二女同居而有水火之性，近不相得也。

〈革〉卦的構成是〈離〉下〈兌〉上，《說卦傳》中表示，〈離〉可作為中女的象徵，〈兌〉可作為少女的象徵。兩經卦皆屬陰卦，所以說「二女同居」，《王

〔註19〕〈乾〉卦〈文言〉「雲從龍，風從虎。」孔穎達疏：「龍是水畜，雲是水氣，故龍吟則景雲出，是雲從龍。」《邢注》：「雲，水氣也；龍，水畜也，召水氣者水畜。」

注》釋火欲上而水欲下是「水火相息」之象，故志不相得，以此說「二女相違」。「剛柔合體」是說剛柔不同的兩經卦相重，反而相合的意思，如〈恒〉卦：

　　〈彖〉：恒，久也。剛上而柔下，雷風相與，巽而動。

　　〈彖注〉：剛尊柔卑，得其序也。長陰長陽能相成也，動无違也。

〈恒〉卦爲〈巽〉下〈震〉上，〈巽〉爲柔卦，〈震〉爲剛卦，柔在下而剛在上，合於上尊下卑之序，所以《王注》說「得其序」，巽爲長陰之象，震爲長陽之象，所以《王注》說「長陰長陽能相成也」，此乃「剛柔合體」之例。

　　「隆墀永歎，遠壑必盈。」隆墀是指尊高之位，遠壑是指卑下之位，如〈九五〉之位尊高，踰於隆墀；〈六二〉之位卑下，喻於遠壑。如〈觀〉卦：

　　〈彖〉：大觀在上。

　　〈彖注〉：下賤而上貴也。

　　〈六二爻辭注〉：處在於內，寡所鑒見，體分柔弱，從順而已。猶有應焉，不爲全蒙，所見者狹，故曰闚觀。

　　〈九五爻辭注〉：居於尊位，爲觀之主，宣弘大化，光于四表，觀之極者也。上之化下，猶風之靡草。

〈九五〉居上，代表尊貴，喻於隆墀；〈六二〉居下，代表賤弱，喻於遠壑。故上宣弘大化以化下，下則從順，受上之感化，所見雖狹，不爲全蒙，而應於五，猶登高咏歎而遠壑盈，此乃爻之異類感應之例。

　　「投戈散地，則六親不能相保；同舟而濟，則胡越何患乎異心。」《孫子兵法・九地》篇說「諸侯自戰其地爲散地，士卒恃土，懷戀妻子，急則散走，是爲散地。」[註20] 投戈，乃放下兵器，引申有休兵棄戰之義。此句之意爲在自家國土爭戰若放下武器棄戰而走，雖骨肉至親亦不能保存之，如〈遯〉卦之例：

　　〈彖〉：遯亨，遯而亨也。

　　〈彖注〉：遯之爲義，遯乃通也。

　　〈初六爻辭注〉：遯之爲義，辟內而之外者也。尾之爲物，最在體後者也。處遯之時，不往何災，而爲遯尾，禍所及也。

　　〈九四爻辭注〉：處於外而有應於內，君子好遯。故能舍之。

─────────────

〔註20〕《十一家注孫子》《孫子兵法・九地篇》，頁181，里仁。

〈遯〉之義以遯爲通，陰道欲寖而長，難在於內，〈九四〉處於外卦，是逃遯在外之象。有應於初，是〈初六〉爲至親之義。然而〈遯〉之爲義宜遠小人，故〈九四〉曰：「君子好遯，故能舍之。」此義乃是以「投戈散地」喻〈遯〉之時義，其必遯乃通，故〈九四〉好遯在外，則雖應於初，亦仍處遯尾，故曰不能相保，〈九四〉〈初六〉雖應而無所濟之意。「同舟而濟」是說時勢使然，同在一舟而欲濟彼岸，此時唯同心同力，始克濟之，故雖異地之人，同舟而濟，其心則同。如〈漸〉卦之例：

〈九三〉：利禦寇。

〈九三爻辭注〉：異體合好，順而相保，物莫能閒，故利禦寇也。

〈六四爻辭注〉：雖乘於剛，志相得也。

異體指〈九三〉和〈六四〉，下卦〈九三〉往前進，與上卦〈六四〉相得，〈九三〉爲〈艮卦〉止象，〈六四〉爲〈巽卦〉順象，故有止于合順，相保相得爲同志同心之義，異體喻胡越（一本作吳越），〈漸〉之時義，漸進之卦，止巽爲進〔註21〕，剛柔異體之爻，共同的形勢，故顯同心相保之義。此爲「同舟而濟，胡越何患異心。」之義。故下文「苟識其情，不憂乖遠。」就是說明如果得識同志相得之情，不必憂虞剛柔異體，內外異處。「苟明其趣，不煩強武。」乃意指如果能辨明遯逃之趣向，又何勞強武。

「能說諸心，能研諸慮。」此義乃根據《繫辭傳》下，其文云：

夫乾，天下之至健也，德行恒易以知險；夫坤，天下之至順也，德行恒簡以知阻，能說諸心，能研諸（侯之）慮。〔註22〕

王弼乃據乾剛，坤柔之德來說明爻之剛柔的變化，則在爻之變化中恒可據〈乾〉、〈坤〉之德以知險知阻，所以若能通達爻之變化之情者，則外能察閱萬事萬物之情狀，明其數而能悅於心，如此亦能使思慮更爲審慎積密。〈睽〉卦〈彖〉說：

天地睽而其事同也，男女睽而其志通也。萬物睽而其事類也。

〈睽〉〈彖〉的大義是說天地之象雖然是高卑陰陽對立睽離，然而其共同創生化育萬物，始生之終成之，使萬物得以各正性命，品物咸亨，生物載物，其

〔註21〕 〈漸〉卦〈卦辭注〉：漸者，漸進之卦也。止而巽，以斯通進，漸進者也，以止巽爲進。

〔註22〕 司馬光、朱熹並謂「能研諸侯之慮」句中「侯之」二字是衍文，高亨認爲此非無端而行，乃「能研諸慮，侯之定天下之吉凶」竄入上句而行。

於事義也則一。男女兩性不同，體性各異，然而人文化成情感交融，男有分女有歸，其為志也則同，萬物萬殊，各具形體各稟殊性，其於事類則有共通之處。其實這段文字已苞舉天地，人文，萬物之各層面，要在於指出瞭解爻的變化的重要，如果能瞭解爻的變化。則可知天地、人文、萬物在複雜萬殊的現象中有共通之理。這個意思也和刑璹所說的：「知趣舍，察安危，辯吉凶，知變化，其唯明爻者乎！」〔註23〕相同。

　　以上是說明爻與爻雖異而可通的情形，接著再探討相吸相斥的情形。〈明爻通變〉云：

　　　　故有善邇而遠至，命宮而商應，脩下而高者降，與彼而取此者服矣。是故情偽相感，遠近相追，愛惡相攻，屈伸相推，見情者獲，直往者違。

這段文字是說明爻與爻之間交互變化，感應排斥的各種情況，由各種錯綜變化而產生之情況用以顯示吉凶、悔吝、利害等。這也是《繫辭傳》下的意思，《繫辭傳》說：

　　　　八卦以象告，爻象以情言，剛柔雜居，而吉凶可見矣，變動以利害，吉凶以情遷，是故愛惡相攻而吉凶生，遠近相取而悔吝生，情偽相感而利害生。

在上傳又說：君子居其室，出其言善，則千里之外應之。可以舉〈中孚〉卦為例：

　　　　〈九二〉：鳴鶴在陰，其子和之。我有好爵，吾與爾靡之。

　　　　〈九二爻辭注〉：處內而居重陰之下，而履不失中，不徇於外，任其真者也。立誠篤志，雖在闇昧，物亦應焉。故曰鳴鶴在陰，其子和之也。不私權利，唯德是與，誠之至也。

此以鶴喻〈九二〉，在內卦，而處〈六三〉、〈六四〉重陰之下，然履不失中，〈九二〉為下卦中爻之位，居中而陽剛，所以說「任其真」，九為陽剛之體，可以君子為喻，「立誠篤志，不私權利，唯德是與，誠之至也。」是以剛德言修身。其子指〈九五〉，同居中爻之位又相應，所以說和之，喻遠人歸附之義，也就是命宮而商應的意思。近人高亨認為〈爻辭〉之原義當是：老鶴在樹蔭下鳴叫，鶴子亦鳴以應和之。我有美酒在杯中，與爾共飲之，用喻貴族父子世襲爵位。於是據此指明《繫辭傳》以君子之言行善，則得他人之應和來解

───────────────

〔註23〕《周易王韓注》卷十，頁5，邢注語，中華。

釋〈爻辭〉，去經意遠矣〔註24〕。姑不論高亨之說確否，王弼之注文則仍以立誠篤志爲解，則其「據傳解經」之立場甚爲明顯。

「修下而高者降」義爲處下者若修己正身，則居於高位者必降命之。《邢注》舉〈否〉卦〈初六〉爲例：

〈初六爻辭注〉：居否之初，處順之始，爲類之首者也。順非健也，何可以征。

〈九四爻辭注〉：夫處否而不可以有命者，以所應者小人也。有命於小人，則消君子之道者也。今初志在君，處乎窮下，故可以有命无咎，而疇麗福也。疇，謂初也。

〈初六〉爲下卦坤體之始，坤德順，故稱處順之始處否之時，動在退處，修下以順始，所以〈初六爻辭〉說「貞吉亨」。〈九四〉居上卦高位，有應於初，故曰「高者降」，〈初六〉附依而有福祉。「與彼而取此者服」指上若先有所與下，則下亦服上之所取，如〈大有〉〈六五爻辭注〉：

居尊以柔，處大以中，无私於物，上下應之，信以發志，故其孚交如也。夫不私於物，物亦公焉，不疑於物，物亦誠焉。既公且信，何難何備？不言而教行，何爲而不威如。爲大有之主，而不以此道，吉可得乎！

〈九五〉居君上之尊位，无私於物則物公；不疑於物則物誠，上下應之，既公且信。以喻居上位尊位者，不私有福祿，與人共之，則下人亦服而誠且信，感其德而樂爲之用。是爲「與彼而取此者服矣」。「情僞相感」依《邢注》在爻位上的解釋是：正應相感是實情，如〈蹇〉之二五之例；不正相感是僞情，如〈頤〉之三上之例。

所謂「正應」就是爻各當其位且陰陽相應，就以〈蹇〉卦〈六二〉和〈九五〉兩爻之關係說明之：

〈六二爻辭注〉：處難之時，履當其位，居不失中，以應於五，不以五在難中，私身遠害，執心不回，志匡王室者也。故曰：王臣蹇蹇，匪躬之故。履躬行義，以存其上，處蹇以此，未見其尤也。

〈九五爻辭注〉：處難之時，獨在險中，難之大者也。故曰「大蹇」。然居不失正，履不失中，執德之長，不改其節，如此則同志者集而

〔註24〕高亨《周易大傳今注》卷四〈中孚〉第六十一，頁480，齊魯。

至矣。故曰「朋來也」。

是〈六二〉、〈九五〉各當其位，〈六二〉居柔位，〈九五〉居剛位。二應於五，剛柔互異而有應，且各居上下兩卦之中位，居中得正而相應，所以稱爲「正應」，正應履中行義，處見以此，未見其尤，執德之長，不改其節，同志斯集，是有利而无害，此說明正應相感之實情。至於「不正相感」誠以〈頤〉卦三上之例說明之。

　　〈六三爻辭注〉：履夫不正以養於上，納上以諂者也。拂養正之義，

　　　故曰「拂頤，貞凶」也。處頤而爲此行，十年見弃者也，立行於斯，

　　　无施而利。

〈頤〉卦〈六三〉以陰體居陽位，是不當位，是謂不正。然有應於〈上九〉，所以說「以養於上」，〈上九〉其實亦不當位，不過依《略例》〈辨位〉「初上无位」說，不再細究而已。因爲不正以養，所以有拂養正之義，這是「不正相感」，又其納上是以諂而非德故，所以說「僞」。是由爻象而見德，處頤而爲此行，終必見弃，所以說「十年見弃」「拂頤貞凶」是說有害而无利。

　　「遠近相追」依《邢注》云：

　　　有應雖遠而相追，睽之三上之例；无應近則相取，賁之二三之例是

　　　也。

這是說明有應爻或鄰近爻之關係變化。「有應」就是指初四、二五、三上陰陽互異而得應，內外相隔則謂之遠，以其相應故謂之相追。先就〈睽〉卦三上之例說之。

　　〈六三爻辭注〉：凡物近而不相得則凶，處〈睽〉之時，履非其位，

　　　以陰居陽，以柔乘剛，志在於上，而不和於四。二應於五，則近而

　　　不相比，故「見輿曳」，輿曳者，履非其位，失其所載也。「其牛掣」

　　　者，滯隔所在，不獲進也。「其人天且劓」者，四從上取，二從下取，

　　　而應在上九，執志不回，初雖受困，終獲剛助。

〈六三〉是柔爻居剛位，所以說「以陰居陽」，〈九二〉爲剛爻，〈六三〉在其上，這是「以柔乘剛」，又處於〈睽〉之時，〈九四〉在外，而取於上，故近而不相得。然有應於上，〈上九〉在外，爲睽之終，故曰「雖遠而相追」。再看「无應近則相取」，茲以〈賁〉卦之二三爻爲例說之：

　　〈六二爻辭注〉：得其位而无應，三亦无應。俱无應而比焉，近而相

　　　得者也。

〈九三爻辭注〉：處下體之極，居得其位，與二相比，俱履其正，和
合相潤以成其文者也。

〈賁〉卦之〈六二〉、〈六五〉同爲陰爻，〈九三〉、〈上九〉同爲陽爻，所以皆
爲无應，然〈六二〉、〈九三〉得位，故近而相比，和合相潤，互相資取，鄰
近之爻相得相比是之謂「取」，此爲「无應近則相取」之例。

「愛惡相攻」之義，依《邢注》所舉〈同人〉卦〈九三〉、〈九四〉兩爻
例說之。〈同人〉：

〈六二爻辭注〉：應在乎五，唯同於主，過主則否，用心褊狹，鄙吝
之道。

〈九三爻辭注〉：居〈同人〉之際，履下卦之極，不能包弘上下，通
夫大同，物黨相分，欲乖其道，貪於所比，據上之應，其敵剛健，
非力所當，故「伏戎於莽」，不敢顯亢也。「升其高陵」，望不敢進，
量斯勢也。

〈九四爻辭注〉：處上攻下，力能乘墉者也。履非其位，以與人爭，
二自應五，三非犯己，攻三求二，尤而效之，違義傷理，眾所不與，
故雖乘墉而不克也。不克則反，反則得吉也。不克乃反，其所以得
吉，因而反則者也。

〈六二〉應於〈九五〉，〈九三〉貪於所比，據於〈六二〉，然〈六二〉乃上卦
〈九五〉之所應，〈九四〉，則攻三求二，這種情形即〈九三〉、〈九四〉都追
求〈六二〉，是謂愛。〈九三〉伏戎于莽，其敵〈九四〉、〈九五〉皆剛健，非
力所當，於是度量形勢而不敢進。〈九四〉攻〈九三〉，處上卦而攻下卦之〈九
三〉是謂惡。此義大抵是說明爻與爻之間有時互相吸引，有時互相排斥，異
性相吸，同性則相斥，是愛惡之義。

「屈伸相推」就爻的變化言，屈伸是指陰陽的消長言，陰爻長而陽爻消
謂之屈，反之陽爻長陰爻消則謂之伸。《邢注》舉〈否〉〈泰〉二卦說明一屈
一伸，〈泰〉是陰去而陽來，〈否〉是陽去而陰來，陰陽之勢更相推移而有屈
伸。王弼雖對〈泰〉〈否〉兩卦的〈卦辭〉和〈彖〉均未注解，則其必認爲原
義已明而不必再注。先觀〈泰〉卦：

〈卦辭〉：小往大來，吉亨。

〈彖〉：小往大來，吉亨。則是天地交而萬物通也。上下交而其志同
也。內陽而外陰，內健而外順，內君子而外小人，君子道長，小人

　道消也。

又〈否〉卦：

〈卦辭〉：否之匪人，不利，君子貞。大往小來。

〈彖〉：……則是天地不交而萬物不通也。上下不交而天下无邦也。
內陰而外陽，內柔而外剛，內小人而外君子，小人道長，君子道消
也。

以陰陽爻的消長，象徵天道人事的屈伸，屈象徵小人道長，君子道消，以柔
變剛，天地不變而萬物閉否；伸指君子道長，小人道消，以剛決柔，天地交
而萬物通。諸如〈剝〉、〈復〉、〈尖〉、〈姤〉等卦之象皆可以屈伸之例說解。

「見情者獲」如字面解則指的是情意投合者必有所得。若徵諸於爻例則
如〈屯〉卦〈六四〉：

〈六四爻辭〉：乘馬班如，求婚媾，往吉无不利。

〈六四爻辭注〉：二雖比初，執貞不從，不害己志者也，求與合好，
往見必納矣。故曰「往，吉，无不利。」

〈六四小象注〉：見彼之情狀也。

〈屯〉卦〈初九〉與〈六四〉相應，故是得志，〈初九〉雖鄰〈六二〉，然〈六
二〉志在乎五，不從於初，與初相近而不相得。〈初九〉處〈屯〉之初，動則
難生，不可以進，與〈六二〉又不相得，〈六四〉之於〈初九〉，見〈初九〉
之情，且又得應，故往必得志。此為見彼之情必有所得之例。

「直往則違」是說未度量是否有情，若直往求之，則往往相違。如〈屯〉
卦〈六三〉之例：

〈六三爻辭〉：即鹿无虞，惟入于林中，君子幾，不如舍，往，吝。

〈六三爻辭注〉：三既近五，而无寇難，四雖比五，其志在初，不妨
己路，可以進而无屯邅也。見路之易，不揆其志，五應在二，往必
不納，何異无虞以從禽乎，雖見其禽而无其虞，徒入于林中，其可
獲乎？

〈屯〉卦〈六三〉之例說明〈六三〉雖近〈九五〉，然〈九五〉本來和〈六二〉
有應合志，〈六三〉若不揆〈九五〉之志，冒然前往亦必不獲接納。其情狀有
如无虞人之引導而追逐禽鹿，徒然入于林中，則將无所獲。依爻之常例，剛
柔相吸，然若不審慎度量其情，如時義、相應、相比之類，則雖異類亦不能
相吸引。

　　以上是說明爻與卦和爻與爻之間的變化情形，誠複雜萬端，神妙无方，不可一概而論。爻的變化是效法天地萬物的變化，人事的變動，擬議之而欲以盡變化之道。《易》道之生化萬物，在王弼看來誠不知其所以爲主。《易》道生化，則天下萬物隨之而變化，如此則彰顯了《易》的內容。於是〈明爻通變〉作結論說：

　　　　是故範圍天地之化而不過，曲成萬物而不遺，通乎晝夜之道而无體，

　　　　一陰一陽而无窮。非天下之至變，其孰能與於此哉，是故，卦以存

　　　　時，爻以示變。

天地之生化萬物固無窮已，《易》亦擬範天地之化而周備其理，無使過差，委曲以盡成就萬物而不使有疏漏，此二者皆言《易》道變化之功與天地準，不過不遺是說明其普遍周備，範圍天地，曲成萬物言始生終成的造化之功。「通乎晝夜之道而无體，一陰一陽而无窮。」是言明易道作用之方式乃無定體，無窮盡，如果就此義以說明變化之不可窮話，無有固定之形迹可循，則其大義和《繫辭傳》之「陰陽不測謂之神」「神无方而易无體」的皆在作用上言易之不可知性實並無相違之處。但是王弼所說的「一陰一陽」似乎有他自己特具的涵義。王弼之意並不在於像《易傳》正面表述易道變化的无窮无盡，神妙不測上說，在這個層面上王弼無疑的已接受《易傳》先在的說法，王弼最重要的是質疑易道如何方能表現變化之无方无體，神妙不測。因此，「一陰一陽而无窮」便不能和「通乎晝夜之道而无體」作同一層面的解釋。其中的關鍵在於「一」的內容如何規定？毫無疑問的，王弼在《老子注》、《周易注》和兩略例中所言及的超越意義的「一」之內容，皆來自於《老子》的「無」規定之。即如〈明象〉的「貞夫一」和〈大衍之數〉的「不用而用以之通，非數而數以之成。」的「一」也就是《老子》三十九章所說的：

　　　　昔之得一者，天得一以清，地得一以寧，神得一以靈，谷得一以盈，

　　　　萬物得一以生，侯王得一以爲天下貞，其致之。

此「一」既已知是無，然而「无不可以无明，必因於有。」因此，由此思路觀之，易道的乾坤，範圍天地，曲成萬物，通乎晝夜之道，無論表現得如何神妙不測，无方无體，无窮无盡，在王弼的思路中皆屬於有，而這個「有」如何能成全其自己爲「有」，則非「有」之所能，而必推至於「將欲全有必反於無。」的「無」而後可。這也就是「有之以爲利，無之以爲用。」的玄學思維。依此義「一陰一陽而无窮」則當順解爲「无陰无陽而无窮」，即在陰爲

无陰，无陰者，不以資生萬物而爲功，唯能不以之爲功而功反而以之成；在陽爲无陽，无陽者，不以始生萬物而爲力，唯能不以之爲力而力反而以之生。如此解則將章句中看似副詞性的「一」解爲具有實際意義的「無」，雖似彆扭而不近常情，然而卻恰是王弼的本懷，邢璹的注解亦作如是說，《邢注》云：

> 一者，道也。道者，虛无也。在陰之時，不以生長而爲功；在陽之時，不以生長而爲力，是以生長无窮，若以生長爲功。各盡於有物之功極，豈得无窮乎。

「在陰之時，不以生長而爲功。」即「在陰而无陰」，「在陽之時，不以生長而爲力。」即「在陽而无，陽」，无陰无陽是以能生長无窮，是爲「陰以之生，陽以之成。」此誠爲王弼〈明爻通變〉所言「一陰一陽」之確解，邢氏如此理解方式實承於韓康伯之注《繫辭傳》「一陰一陽之謂道」之方式而不替，亦由此可見至唐人尚未失解。至於這種義解是否合於《繫辭傳》之本義，則可作爲另一個問題看。〔註25〕

王弼的〈明爻通變〉是就其對《周易》體例理解中的一環。其主要內容乃在於尋求卦時和爻的關聯及爻與爻之間關係的說明。然而以「情僞之動」概括說明爻變之無定和不可測，似乎明顯重在人事關係的說明，這一點與漢人之卦氣、象數說顯然有不同。卦氣說之以自然界氣象徵候與人事對應而將之納入《易經》卦爻的既成格式，而定其度數，用以推斷吉凶，尤其是《易緯》的陰陽災異說爲代表。《易》的經傳經過兩漢之卦氣，象數之後，王弼的玄理思維確實恢復了《易傳》的主體精神，並且以爻的變化形式開發了《易傳》的辯證思維，繼承了《易傳》以義理說經的方向，這是〈明爻通變〉所揭示另一面的意義。

三、明卦適變通爻

> 夫卦者，時也；爻者，適時之變者也。

> 夫時有否泰，故用有行藏；卦有大小，故辯有險易。一時之制，可反而用也；一時之吉，可反而凶也。故卦以反對，而爻亦皆變，是故用无常道，事无軌度，動靜屈伸，唯變所適，故名其卦，則吉凶

〔註25〕牟宗三先生《才性與玄理》第四章第五節「王韓之『一陰一陽』解」，有細微入理之辨析，見該書頁115，學生。

從其類，存其時，則動靜應其用，尋名以觀其吉凶，舉時以觀其動靜，則一體之變由斯見矣。

夫應者，同志之象也；位者，爻所處之象也，承乘者，逆順之象也；遠近者，險易之象也。內外者，出處之象也；初上者，終始之象也。是故，雖遠而可以動者，得其應也；雖險而可以處者，得其時也。弱而不懼於敵者，得所據也；憂而不懼於亂者，得所附也，柔而不憂於斷者，得所御也。雖後而敢爲之先者，應其始也；物競而獨安靜者，要其終也。故觀變動者，存乎應；察乎位，辯逆順者，存乎承乘，明出處者，存乎內外。

遠近終始，各存其會，避險尚遠，趣時貴近。〈比〉、〈復〉好先，〈乾〉、〈壯〉惡首；〈明夷〉務闇，〈豐〉尚光大。吉凶有時，不可犯也；動靜有適，不可過也。犯時之忌，罪不在大，失其所適，過不在深。動天下，滅君主，而不可危也；侮妻子，用顏色，而不可易也。故當其列貴賤之時，其位不可犯也。遇其憂悔吝之時，其介不可慢也。

觀爻思變，變思盡矣。

一個卦是表象一特定的時系，爻是合於時系之中的變化者。

時有通泰或閉塞，所以其用有可行或退藏；卦有小有大，所以辭所顯示的吉凶或平易或險阻，一時的制約，可能反轉成爲大用；一時的吉用，可能反而成爲凶險。所以卦的排列若相對反，則爻也都隨著卦體的改變而變化。所以（易道）之應用沒有固定不變的方式，事情的處理也沒有一成不變的法度，運動靜止，屈曲伸展，都要配合實際情況的變化。因此賦予它卦名，有了卦名就有所從屬的吉凶之類，審視卦的時系，則動靜就相應於時系而運用，依循卦名來審視它的吉凶，建立時系來觀察它的動靜，那麼整個卦體的變化，也由此可見了。應，是同志的象徵；位，是表示爻所居處的是陰位或陽位，承乘是說明爻的序列以及或逆或順的現象，遠近是說明平易或險阻的情境，內外是象徵出行或退處；初上，是說明事情的終始。因此，根據這個說法，位雖遠而可以動，是因爲得到相應的緣故；雖然險阻而仍然可以安處，是因爲是得其時的緣故；雖然柔弱而能無懼於敵人來犯，是因爲得到依靠的緣故，雖然有憂慮而不耽心致於亂，是因爲依附得體的緣故，體雖柔弱而不憂斷制，是因爲所御得當的緣故；雖然在後而敢爲先，是因爲有應於始的緣故；外物爭競而己獨能安靜，是因爲有察於終的緣故。因此要觀察事情的變動，就要

檢視它有應或无應；考慮它的安危，就要檢察它所處是得位抑或失位；要辯明逆順的現象，就要省察剛爻柔爻的相承或相乘的關係；要明白可以出行或是潛隱，就要審視它處於內卦或外卦的位置。

　　遠近或終始，要分別檢視它適時與否，避險要在處遠之地，趣時就重在近附，例如〈比〉卦、〈復〉卦的初爻有利於先，〈乾〉卦，〈大壯〉卦的初爻不利於始，〈明夷〉卦必事處於隱晦，〈豐〉卦則重在於充盈廣大。時系象徵著吉或凶，不可以越分干犯，動靜也有合宜或不合宜，也不可越過分際。干犯了時系的忌諱，不一定要有大罪（才會遭到凶咎），動靜失其所宜，也不一定要有多深的過失（就會有不好的結果），如果遇到像天下動盪，弒君滅主這樣的大事，也不可傾危應守的節操；即使像侮慢妻子，使臉色，也不可以輕忽其中的細節，（這都是因爲明白《易》道的教訓），因此，當位的貴賤已經確定，就不要越出這個位的分際；遇到侮吝的時候，即使是纖介不足道的小事，也不可以簡慢怠忽，檢視爻位而能明白它變化的道理，事理的通變就在其中窮盡了。

　　〈明卦適變通爻〉是對卦和爻在變化中的關係作更深入的說明。爻和爻在卦中的變動，固然要受到應不應，上下，得位失位，內外，乘承等內部機制的規範，但主要的還是因爲時義的不同，所以爻的排列因時而異，爻的變化也就有不同的解釋，吉凶之義自然也就隨之而變。因此，爻變不能獨立於卦時之外單獨說，必定是落在所屬的時系中以開展其變化的歷程。〈明象〉是說明時義的。〈明爻通變〉是說明爻的變化的，〈明卦適變通爻〉則是進一步將卦時和爻變關聯而闡明其間錯綜的關係的。換言之，卦之變必基於爻之變以具體著明其時義的內容，而爻之變亦由於卦之變而展開其變化歷程。兩者相互制約也相互成全，於是乎才有六十四卦的時義，三百八十四爻各不相同的內容。以下嘗試逐步疏釋全文。首先，〈明卦適變通爻〉開始就說：

> 夫卦者，時也；爻者，適時之變者也。夫時有否泰，故用有行藏，卦有小大。

> 故辭有險易，一時之制，可反而用也；一時之吉，可反而凶也。故卦以反對而爻亦皆變。是故用无常道，事无軌度，動靜屈伸，唯變所適。故名其卦，則吉凶從其類；存其時，則動靜應其用。尋名以觀其吉凶，舉時以觀其動靜，則一體之變，由斯見矣。

在開頭就明白指出，卦是象徵不同的時系，爻即配合各時系而用以說明其中

變化的徵象。因此，〈明卦適變通爻〉是說明卦與爻之間相互變化的關係。

就卦時之用的吉凶說，有時義通達的〈泰〉卦和時義閉晦的〈否〉卦，所以應時之用就有所謂的通行伸展和退藏潛處。

〈泰〉卦〈彖〉：泰，小往大來，吉亨。則是天地交而萬物通也。

〈大象注〉：泰者，物大通之時也。

〈否〉卦〈彖〉：否之匪人，不利，君子貞；大往小來，則是天地不交而萬物不通也。

〈六二爻辭注〉：居否之世，而得其位，用其至順，包承於上，小人路通，內柔外剛，大人否之，其道乃亨。

〈九五爻辭注〉：處君子道消之時，己居尊位，何可以安，故心存將危，乃得固也。

〈泰〉是象徵大通之時，故得以通行暢達；否閉之世，不利於人道交通，君子當持守正固，退藏潛修，心存將危而固守，這就是以〈泰〉、〈否〉二卦的時義，說明其爲用亦因而有行有藏。

「卦有小大，辭有險易。」此語乃根據《繫辭傳》上第三章「齊小大者存乎卦，辯吉凶者存乎辭……是故卦有小大，辭有險易。」然則何謂「卦有小大」？李鼎祚《周易集解》引王肅說：「陽卦大陰卦小。」〔註26〕高亨爲之解釋說：

按乾震坎艮爲陽卦，坤巽離兌爲陰卦。陽卦象君，象男，象君子，故爲大；陰卦象臣民，象女，象小人，故爲小。六十四卦皆合兩卦而成，上下兩卦爲陽卦則爲大，爲陰卦則爲小，故序列人之大小在於卦。〔註27〕

高亨的說法可以解釋一部份的事實，但並不是很完備。果如其所言「六十四卦皆合兩卦而成，上下兩卦爲陽卦則爲大，爲陰卦則爲小。」則已能說明半數的卦，然而，另外至少是半數的卦是由「下陽上陰」或「下陰上陽」的情形組合而成一對，如此，則試問卦之陰陽大小如何區分？再進一步說，經卦分陰分陽的根據乃基於數，數奇爲陽，偶爲陰。若以這個根據衡之於別卦，則無論是兩陽卦或兩陰卦合成的卦，其數必然爲偶而不是奇，若依陰陽卦區

〔註26〕李鼎祚《周易集解》卷十三，頁214，學生。

〔註27〕同註24，卷五，頁510。

分的根據說，至此完全失去作用，可見得以陰陽區分卦的小大的說法，除非只解釋某些部份的卦，否則這種說法無法籠罩全部的卦象。再看韓康伯的說法，其《繫辭傳注》云：

　　其道光明曰大，君子道消曰小，之泰則其辭易，之否則其辭險。

韓氏以時義之趣向光明與否作為卦之大小的判別準則，並舉〈泰〉、〈否〉二卦為例。〈泰〉卦陽下陰上，〈否〉卦陰下陽上，若從王肅或高亨的說法，則不知如何判定其卦之為陰或陽。就進一步說陰卦陽卦之位置也不能據以做為判別的標準，如〈同人〉離（陰）下乾（陽）上，依〈卦辭〉〈象〉及《王注》均言是其道光明之卦，與〈否〉卦陰陽上下之位置同而卦之大小恰好相反。又如〈大有〉卦是乾（陽）下離（陰）上，雖然和〈復〉卦陰下陽上之位置對反，然亦不失為其道光明之卦。由是而知陰下陽上不必否，陽下陰上不必泰〔註28〕。純以陰陽之象實不足以知卦之小大，必由其義乃知。辭的險易亦然。《邢注》也贊同以義作為判知卦之大小的原則，其注說「陰長則小，陽生則大。」是以陰爻陽爻的發展作為判準。

　　「一時之制，可反而用也；一時之吉，可反而凶也。」其義是說一時的限制或制約，可能反轉而為有用，一時的吉亨，可能反轉而為凶咎，也就是說一時的吉凶不足以作為往後發展的憑恃。如〈大畜〉卦：

　　〈彖〉：不家食，吉，養賢也。

　　〈彖注〉：有大畜之實，以之養賢，令賢者不家食，乃吉也。

　　〈上九爻辭〉：何天之衢，亨。

　　〈上九爻辭注〉：處畜之極，畜極則通，大畜以至於大亨之時。

不家食以養賢，乃是一時之制，以畜其德，養賢也。至〈上九〉乃有何天之衢，大亨通之時。又如〈豐〉卦之例：

　　〈卦辭〉：豐，亨，王假之。

　　〈卦辭注〉：大而亨者，王之所至。

　　〈上六爻辭〉：三歲不覿，凶。

　　〈上六爻辭注〉：處於明動尚大之時，而深自幽隱以高其行，大道既

〔註28〕「陰下陽上不必否」，〈否〉卦固為陰下陽上，〈同人〉卦亦為陰下陽上，而其道通而非否塞。「陽下陰上不必泰」，〈泰〉卦固為陽下陰上，〈歸妹〉亦陽下陰上，然其道否。

濟而猶不見，隱不爲賢，更爲反道，凶其宜也。

〈豐〉卦爲大亨之時，而〈上六〉處於明動尙大之時，猶高處深藏，自絕於人，故反而凶。這是「一時之吉，可反而凶。」之例。

「卦以反對，而爻亦者變。」卦往往以相反爲對，如〈乾〉與〈坤〉，〈泰〉與〈否〉，則爻也隨卦體之變化而變化，如舉〈泰〉卦，〈否〉卦之初爻爲例：

〈泰〉〈初九爻辭〉：拔茅茹，以其彙，征吉。

〈初九爻辭注〉：三陽同志，俱志在外。初爲類首，己舉則從，若茅茹也。上順而應，不爲違距，進皆得志，故以其類，征吉。

〈否〉〈初六爻辭〉：拔茅茹，以其彙，貞吉，亨。

〈初六爻辭注〉：居否之初，處順之始，爲類之首者也。順非健也。何可以征？居否之時，動則入邪，三陰同道，皆不可進，故拔茅茹以類，貞而不諂，則吉、亨。

因〈泰〉〈否〉之時義不同，故初爻之義亦隨卦而變。〈泰〉卦爲大通之時，下乾上坤，坤爲順，〈初九〉和〈六四〉有應，不爲違距，進而得志，以其類往征，吉。相反的，〈否〉卦爲閉塞不通之時，則說「順非健也，何可以征？」坤爲順在下，乾爲健在上，〈初六〉與〈九四〉亦相應，然因時義否閉，反而不可以進，只可以守貞而不諂。和〈泰〉〈初九〉恰好相反。此爻隨卦變之例。

「是故用无常道，事无軌度，動靜屈伸，唯變所適。」是說明《易》道之用並沒有一定的規律，卦固然隨時推移，爻因時而變，事情的發生和歷程也沒有一定的軌迹，因此處理事情也就沒有既定的模式。動以出，靜則入，屈而往，伸則來，只有和變化之所趨相配合而已。「尋名以觀其吉凶，舉時以觀其動靜，則一體之變，由斯見矣。」其義爲可以依卦名所名的時系之象徵而知道事物的吉凶所歸。例如名爲〈謙〉、〈比〉，則知道吉從其類；如名爲〈蹇〉、〈剝〉，則知道凶從其類 (註29)。因爲「卦以存時」時有動靜之象，故

〔註29〕〈謙〉卦：謙，亨，君子有終。〈象〉曰：謙，亨。天道下濟而光明，地道卑而上行。〈比〉卦：比吉、原筮、元永貞、无咎。〈象〉曰：比，吉也，輔也，下順從也。是以知〈謙〉、〈比〉其類吉。又〈蹇〉卦〈象〉曰：蹇，難也，險在前也，見險而能止，知矣哉！〈剝〉卦：剝，不利有攸往。〈象〉曰：剝，剝也，柔變剛也，不利有所往。是以知〈蹇〉、〈剝〉其類爲凶。

可以應其卦象而採取因對的措施，如逢〈震〉卦時則應動，逢〈艮〉卦時則宜止。

　　以上所述乃就卦和爻之間的變化闡明其相互關係，卦既與時推移，則一卦爲一特定之時間系列，尋卦名所在可知其吉凶之類，亦可觀其動靜而應其用。卦既推移，則爻亦與之變。然而爻體現變化，表現變化，則有其內部之變化機制，也就是關於爻的變動的一般觀念，就是平常熟知的應不應，得位失位、承乘、遠近、內外、出處、初上等的約定。王弼說：

　　　夫應者，同志之象也；位者，爻所處之象也；乘承者，逆順之象也；遠近者，險易之象也；內外者，出處之象也，初上者，終始之象也。

「應」的觀念，依前文所述，是建立在兩爻之間剛柔互異時，而其位又分別居於初與四，二與五，三與上之情況下則稱爲「應」，否則爲「无應」。這是從爻的剛柔及位的觀點上看，若類比以作爲精神發展及人事關係時，則喻爲心志相通，所以王弼認爲「應」是志同且相和之象徵，而稱爲同志之象。另外，在獨爻的卦時，也有所謂「上下應之」，以多爻應獨爻的情形出現。如〈比〉、〈小畜〉、〈大有〉等卦中，〈象〉及《王注》均言「上下應之」。然而應的狀況當然不止上述，也有一些特殊和例外的情形〔註30〕。王弼僅在此簡單言明「應爲同志之象」，並沒有對於「應」作更進一步的闡述，不過有應固知其爲同志，然有同志之象亦有不必在應者〔註31〕。「位」一觀念，所指的是初三五爲陽位，二四上爲陰位，和數之奇偶是相一致的，以是區分，則陽爻居陽位，陰爻居陰位則謂之當位，否則即謂之不當位或失位。不過，王弼在〈辨位〉中特別聲明初上无位，這是在位的觀念上不同於《易傳》的地方。初上无位，也就是初上兩爻位，無論是陰陽居之，皆不論其得失。《邢注》云：「陰位，小人所處；陽位，君子所處。」則是以陰陽之位象徵德行，然陰位陽位固不必專指小人君子，且陰位亦不必皆位負面意義的解釋，如「柔順」

〔註30〕言應之通例，解釋最爲詳盡，且舉出特殊之例者，數清焦循《易通釋》言「應」條，見重編本《皇清經解》第二冊，頁879～881，漢京。林麗眞《王弼及其易學》第八章亦嘗作整理，可供參考，見該書頁119～137，台大文史叢刊。

〔註31〕和同志同類的詞語有合志、得志、通其志或志在某爻，其類大約可分有應稱同志，有不應亦稱同志，有比鄰而稱同志，有同類而稱同志，亦有雖非同位，又非比鄰而也稱同志者，見林麗眞《王弼及其易學》第八章，頁139～140，台大文史叢刊，唯用語則稍有更異。

「謙下」等是。「承乘」是以兩鄰爻之間的關係而建立觀念，承載的意思，是說居下之爻對上爻有承載之作用，故曰「承」；乘則有駕御的意思，是說居上之爻對下爻有駕乘的作用，故曰「乘」。配上陰爻陽爻而說承乘，因已先有陽在上陰在下的位的觀念於其中，所以便產生逆順的現象，如陰居下陽居上是陰承陽則謂之順，若陽居下陰居上是陽承陰則謂之逆；反之，陰乘陽是逆，陽乘陰是順。所以取「逆順」之義，已有陽尊陰卑，陽貴陰賤的價值判斷和陽上陰下的爻位觀念之預設，其所以有此預設也是源自於《繫辭傳》「天尊地卑，乾坤定矣；卑高以陳，貴賤位矣！」。「遠近」則是爻在卦中對於險難的徵象距離遠或近而建立的觀念，在八經卦中，坎卦有陷險之象，如以〈需〉卦為例：

〈初九爻辭注〉：居需之時，最遠於難。

〈九三爻辭注〉：以剛逼難。

是坎在上為險難之象，〈初九〉最遠於難，謂之易；〈九三〉則最近於難，故謂之險。「內外」是基於兩經卦相重時所處的位置及發展的關係而有的觀念。下卦又稱內卦，上卦又稱外卦，如〈遯〉卦之例：

〈彖注〉：遯之為義，遯乃通也。

〈初六爻辭注〉：遯之為義，辟內而之外者也。

〈九四爻辭注〉：處於外而有應於內，君子好遯。

又如〈臨〉卦之例：

〈彖注〉：陽轉進長，陰道日消，君子日長，小人日憂。

〈大象注〉：相臨之道，莫若悅順也。不恃威制，得物之誠，故物无違也，是以君子教思无窮，容保民无疆也。

〈九二爻辭注〉：有應在五，感以臨者也，剛勝則柔危，而五體柔，非能同斯志者也，若順於五，則剛德不長，何由得吉无不利乎，全與相違，則失於感應，其得咸臨吉无不利，必未順命也。

〈遯〉卦，避內而之外，是內小人而外君子，於是乎知君子好遯，是出行之象；〈臨〉卦則外皆小人，若從順之，則剛德不長，故宜內處而不宜出也，合上兩卦之例觀內外而知出處，所以說「內外，出處之象也。」「初上」是指六爻之中第一爻為初爻，第六爻為上爻，王弼認為一卦時之構成，是一發展之序列，一特定之時系，而以初為始，上為終。也就是說無論時如何推移，六

爻如何變化，其必有終始之兩端則是決定的，由此而凸顯卦的時義意義。王弼除賦予初上以終始之義外，亦申其初上無陰陽定位之義，其義請詳後文〈辨位〉一段，此處不擬詳述。

因為有上述應、位、乘承、遠近、內外、初上等作為爻的變化的條件，並且這些條件不是孤立解釋的，而是錯綜影響，配合時義而交互運用，爻的變化則更增加其複雜性，換言之，其所言變化的內涵則更豐富，因而其所能象徵的事物層面也就更為深廣，其說明也就更趨縝密。王弼對這些觀念運用的情形也有進一步的說明，其下文接著說：

> 是故雖遠而可以動者，得其應也；雖險而可以處者，得其時也；弱而不懼於敵者，得所據也；憂而不懼於亂者，得所附也；柔而不憂於斷者，得所御也；雖后而敢為之先者，應其始也；物競而獨安於靜者，要其終也。

「遠近」原是險易之象，然而遠者而可以動，是因為得應的緣故，得應則有奧援，所以雖動而可以无咎，這是「遠近」和「應」兩組觀念錯綜運用的說明，如〈革〉卦之例：

> 〈六二爻辭注〉：二與五雖有水火殊體之異，同處厥中，陰陽相應，往必合志，不憂咎也。是以征吉而无咎。

> 〈九五爻辭注〉：未占有孚，合時心也。

〈六二〉處內，〈九五〉處外，雖遠而可以動，〈六二〉、〈九五〉皆得位居中，且陰陽相應，故往必合志，合志則可以動。

「雖險而可以處者，得其時也。」險難原宜避而不宜處，然得時則雖險而可以處，是以時義配合爻變的情況，如〈需〉卦之例：

> 〈上六爻辭〉：入于穴，有不速之客三人來，敬之，終吉。

> 〈上六爻辭注〉：至於上六，處卦之終，非塞路者也，與三為應，三來之己，乃為己援。故無畏害之辟，而乃有入穴之固也。三陽所以不敢進者，須難之終也。難終則至，不待召也。己居難終，故自來也。處无位之地，以一陰而為三陽之主，故必敬之而後終吉。

〈需〉卦之時義為期待，其上為坎，坎為險難之象，〈上六〉處險難之極，為難終之象，三陽之所以不敢進，是等待難終而進，今〈上六〉為難終，故三陽不召而自來，所以爻辭說「有不速之客三人來」，〈上六〉為陰爻，具柔順之性，終能待難終，是合於時義，又有〈九三〉為應，故可以處，是為「雖

險而可以處」之例。

「弱而不懼於敵者，得所據也；憂而不懼於亂者，得所附也。」此中「據」
「附」之義有不同之訓解。若依《邢注》，則「據」「附」均爲「據得其位」
或「附得其位」，據附以位言，依此訓則文義暢然可解。然檢視王弼《周易注》
之使用「據」「附」二詞之文例，則所指乃是就一爻而言其與鄰爻之佔有或順
從之關係，凡佔有鄰爻且以之爲憑藉，則謂之據；凡順從鄰爻而以之爲依係，
則謂之附。然而，依《周易注》之據附例，《略例》之文並無此義。茲分別說
明於后，先說《邢注》之義，其注云：

> 師之六五，爲師之主，體是陰柔，禽來犯田，執言往討，處得尊位，
> 所以不懼也。

其義大抵是說〈師〉〈六五〉之爻，是〈師〉卦的主爻，爻體是陰爻，陰爻的
性格依《王注》所說是「陰不先唱，柔不犯物，犯而後應，往必得直。」故
是有禽先來犯田，則往討而執之，是由於陰爻居於上五之尊位，且得中之故。
陰雖爲柔弱之象，然不懼於敵，是因爲「得所據」之故，就是說陰爻而據上
五的尊位。所以《邢注》之義，「據」就是「得尊位」之義。又《邢注》所舉
「附」之例：

> 〈遯〉〈九五〉：嘉遯，貞吉，處〈遯〉之時，小人浸長，君子道消，
> 逃遯於外，附著尊位，率正小人不敢爲亂也。

「嘉遯，貞吉。」是〈遯〉〈九五爻辭〉，〈遯〉卦之時義，陰欲浸而長，陽爻
所象徵之君子之道遂浸消，故辟內而之外。遯是退避之象。因附著尊位，即
居於〈九五〉之位又居中，所以《王注》說「遯而得正，反制於內，小人應
命，率正其志。」憂正道浸消，小人之道浸長，然遯而得正，反制於內，故
小人不敢爲亂，是「憂而不懼於亂」之義。上述之例釋「附」義乃「附著尊
位」、「得中居尊」之義。是則《邢注》所云據附之義，皆就所居之位而言。
以下再檢視《周易注》用據附的文例：

> 〈同人〉〈九三爻辭注〉：貪於所比，據上之應，其敵剛健，非力所
> 當，或伏戎于莽，不敢顯亢。

> 〈隨〉〈六三爻辭注〉：二已據初，將何所附。

> 〈萃〉〈九四爻辭注〉：下據三陰，得其所據。

依上列王弼《周易注》之例，據爲佔有，佔據之義，皆指上爻佔有下爻而言，
或陽爻據陰爻，或陰爻據陽爻，情況不一，然必陰陽互異始得言據，且所據

之爻不必是一，可二可三〔註32〕。再看附之文例。

〈賁〉〈六二爻辭注〉：須之爲物，上附者也。循其所履，以附於上，故曰賁其須也。

〈遯〉〈九三爻辭注〉：在內近二，以陽附陰，宜遯而係，故曰係遯。

另有〈解〉卦〈六三爻辭注〉，〈復〉卦〈六二爻辭注〉亦言及附，觀其例揆其義，附爲順從義或附上爻或附下爻；或以陽附陰或以陰附陽，例皆有之。以上所舉王弼注中言據附之例，附爲相鄰之爻爲異性之爻始可言之，或上附、或下附，據亦以異性之爻爲言，然不必相鄰始可言據，可二可三。

「柔而不憂於斷者，得所御也。」斷是斷制，決斷之義，御爲駕御之義。如〈噬嗑〉〈六五〉之例：《王注》云：

乾肉，堅也。黃，中也。金，剛也。以陰處陽，以柔乘剛，以噬於物，物亦不服，故曰「噬乾肉」也。然處得尊位，以柔乘剛而居於中，能行其戮者也。履不正而能行其戮，剛勝者也。噬雖不服，得中而勝，故曰「噬乾肉，得黃金」也。己雖不正，而刑戮得當，故雖貞厲而无咎也。

〈六五〉以陰爻居陽位，不當位，又稱不正，陰本爲柔弱之象，然而不憂於斷制者，以其處於五之尊位，又得中行不偏之所，能行其戮即不憂於斷之義，得所御，指的是以柔乘剛，御〈九四〉之剛爻，故能治物能服人。

「雖後而敢爲之先者，應其始也。」後爲居下卦，先爲居上卦，是因於爻之發展由下而上，由內之外，故在上在外者爲先，在下在內者爲後。應是得應之謂，始爲初爻之義，全句大意是初爻雖處於下卦之始，然得應於四，就是雖後而敢爲先。如〈泰〉卦〈初九〉王弼注曰：

三陽同志，俱志在外，初爲類首，己舉則從，若茅茹也，上順而應，不爲違距，進皆得志，故以其類征，吉。

〈泰〉卦下卦爲乾，初二三皆是陽爻，所以說是三陽。外卦是坤，皆屬陰爻，因此，〈初九〉應於〈六四〉，〈九二〉應於〈六五〉，〈九三〉應於〈上六〉，所以說俱得應於外，坤德爲順，得應而順，進皆得志。〈初九〉居一卦之始，又爲陽類之首，初若舉則〈九二〉〈九三〉從之，故云「雖後而敢爲之

〔註32〕據一爻之例如〈同人〉九三、〈隨〉六二；據二爻者如〈隨〉〈九四爻辭注〉：「下據二險」；據三爻者如〈晉〉〈九四爻辭注〉、〈萃〉〈九四爻辭注〉皆云「下據三陰」。

先」，因為上順而應，不為違距，是「應其始」之義。

「物競而獨安於靜者，要其終也。」物甚爭競，而已獨能安於靜者，適居於終之位。如〈大有〉〈上九〉之例：

> 〈上九爻辭注〉：大有，豐富之世也。處大有之上，而不累於位，志尚乎賢者也。餘爻皆乘剛，而己獨乘柔，順也……雖不能體柔，而以剛乘柔，思順之義也。居豐有之世，而不以物累其心，高尚其志，尚賢者也。

餘爻皆乘剛，是〈六五〉之外皆為剛爻，故說皆乘剛，〈上九〉乘〈六五〉，故說己獨乘柔順。不累於位，王弼《略例》〈辨位〉說初上无位，故是處於无位之地，故能不累於位，處最外所以不以物累其心，以剛乘柔，柔有靜順之義，故己獨取靜，凡此皆居於上位之故，初上是終始之位，因此說「要其終」。

以上是說明爻由於所處位之各種狀況，於是綜論之曰：

> 故觀變動者存乎應，察安危者存乎位，辯逆順者存乎承乘，明出處者存乎外內，遠近終始，各存其會，辟險尚遠，趣時貴近，比復好先，乾壯惡首，明夷務闇，豐尚光大。

「觀變動者存乎應，要知變動，則在於察明內外卦之爻之相應與否，若皆得應，則生變動。如〈謙〉卦〈九三〉之例：

> 〈九三爻辭注〉：處下體之極，履得其位，上下无陽以分其民，眾陰所宗，尊莫先焉，居謙之世，何可安尊。上承下接，勞謙匪解，是以吉也。

以〈九三〉獨陽而處〈謙〉之卦，眾陰應之，雖為眾陰所宗而陽為之尊，然而居謙之世，何可安尊，安於尊則難於謙下，故上承下接，皆得應焉，故獨勤勞謙下而不敢懈怠，這是「由乎應而生變動」之例證。

「察安危者存乎位」是說要觀察安危，則在於爻之所處是否得位，得位則安，失位則危。得位之例如〈節〉卦〈六四〉：

> 〈六四爻辭〉：安節亨。

> 〈六四爻辭注〉：得位而順，不改其節而能亨者也。承上以斯，得其道也。

失位之例，如〈晉〉卦之〈九四〉：

> 〈九四爻辭〉：晉如鼫鼠。

〈九四爻辭注〉：履非其位，又負且乘，无業可安，志无所據，以斯
　　爲進，正之危也，進如鼮鼠，无所守也。

〈節〉〈六四〉得位則順，〈晉〉〈九四〉履非其位，不當位故不正，是正之危，
所以說「察安危者存乎位。」

「辯逆順者存乎承乘」是說剛乘柔爲順，柔乘剛爲逆。換言之，柔承剛
爲順，剛承柔爲逆。茲舉例如下：

〈師〉〈六三爻辭〉：師或輿尸，凶。

〈六三爻辭注〉：以陰處陽，以柔乘剛，進則无應，退无所守，以此
　　用師，宜獲輿尸之凶。

〈噬嗑〉〈六三爻辭〉：小吝，无咎。

〈六三爻辭注〉：承於四而不乘剛，雖失其正，刑不侵順，故雖遇毒，
　　小吝无咎。

〈師〉〈六三〉是以陰爻處奇數位，故曰「以陰處陽」〈九二〉居下，故曰「以
柔乘剛」。〈上六〉爲陰爻，不應，故曰「進則无應」，以乘剛爲不順，故「退
无所守」，其貞凶。〈噬嗑〉〈六三〉，同爲陰爻處陽位，故曰「失其正」，然居
下位承於〈九四〉，所乘者爲〈六二〉，非陽爻，故「不乘剛」，和〈師〉〈六
三〉相較，逆順不同，故貞无咎。

「明出處者存乎外內」是說欲明出處之狀況者，其情存於內外卦的分別，
如〈遯〉卦之時義辟內而之外，遯乃通，乾爲外卦，象徵君子處外。又如〈臨〉
卦剛浸而長，《王注》說「陽轉浸長，陰道日消，君子日長，小人日憂。」〈初
九〉〈九二〉爲剛爻，又在內卦，象徵君子處內。

「辟險尙遠，趣時貴近。」爻之相對位置有遠有近，其吉凶亦隨之而異。
如〈遯〉〈上九爻辭〉：肥遯，无不利。

〈上九爻辭注〉：最處外極，无應於內。超然絕志，心无疑顧，憂患
　　不能累，矰繳不能及，是以肥遯无不利也。

〈遯〉卦陰道欲浸而長，〈初六〉、〈六二〉象徵小人，爲險爲害，〈上九〉最
處外極，又无應於內，故不爲係累，最遠於險，此尙遠之例，又貴近之例如
〈觀〉之〈六四〉：

〈六四爻辭〉：觀國之光，利用賓于王。

〈六四爻辭注〉：居觀之時，最近至尊，觀國之光者也，居近得位，
　　明習國儀者也，故曰利用賓于王也。

〈觀〉卦象徵觀仰，〈彖〉說「大觀在上」即宏大壯觀之氣象總是呈現在崇高之尊位，即〈九五〉之位，然以〈觀〉之時義，〈六四〉居〈九五〉之下仰觀，於位為最近，所以說「趣時貴近」。

「比復好先，乾壯惡首。」好先與惡首是說明初爻的兩種情況。好先，其意為有利於始，惡首與好先相對，是不利於始之意。今舉〈比〉、〈復〉兩卦之初爻作為好旡之例觀之：

〈比〉〈初六爻辭〉：有孚，比之旡咎。有孚盈缶，終來，有它吉。

〈初六爻辭注〉：處比之始，為比之首者也，夫以不信為比之首，則禍莫大焉，故必有孚盈缶，然後乃得免比之咎，故曰「有孚，比之旡咎。」也。處比之首，應不在一，心旡私吝，則莫不比之。著信立誠，盈溢乎質素之器，則物終來旡衰竭也。親乎天下，著信盈缶，應者豈一道而來？故必有它吉也。

〈復〉〈初九爻辭〉：不遠復，旡祇悔，元吉。

〈初九爻辭注〉：最處復初，始復者也。復之不遠，遂至迷凶。不遠而復，幾悔而反，以此脩身，患難遠矣。錯之於事，殆庶幾乎，故元吉也。

〈比〉〈初六〉有孚，即著信立誠，比之時義為親比，下順從而親輔於上。〈初六〉有孚旡咎，又有它吉，是好先之例。〈復〉卦〈初九〉不遠即復，幾悔而反，王弼之〈復〉義謂反本之謂，其義為不能捨本，捨本則遠，必有悔咎，今不遠即復，幾悔，即悔初露端倪之謂，未鑄成悔則反于本，可旡災旡悔，獲至大吉祥，亦好先之例。「惡首」之義以〈乾〉、〈大壯〉為例。

〈乾〉〈初九爻辭〉：潛龍勿用。

〈初九爻辭注〉：文言備矣。

〈文言〉：初九曰「潛龍勿用」何謂也？子曰：龍德而隱者也，不易乎世，不成乎名，遯世旡悶，不見是而旡悶，樂則行之，憂則違之，確乎其不可拔也。

〈大壯〉〈初九爻辭〉：壯于趾，征，凶，有孚。

〈初九爻辭注〉：居下而用剛壯，以斯而進，窮凶可必也。故曰「征，凶，有孚。」

〈乾〉卦乃元亨利貞，萬物資始，乃統天，為至健之德，然〈初九〉卻潛龍

勿用，龍德而隱，不易乎世，不成乎名，遯世无悶，就〈乾〉卦言，誠不利於先，斯爲不利於首之例。〈大壯〉卦是陽剛以動，正大之時，然〈初九〉《王注》說得很明白，居下而壯，壯于趾，居下而用剛壯，進則有凶，是不利於進，亦爲惡首之例〔註 33〕。好先惡首是說明〈初爻〉之變化，其情非一，故有利有不利之情形。

「明夷務闇，豐尚光大。」〈明夷〉象徵昏闇的時際，宜於隱晦才智而不用；〈豐〉象徵豐盈碩大的時候，當弘揚盛德大業於天下，此句表面雖言卦，究其通爻之旨，實指上爻，今試審其卦爻，以明其指。

〈明夷〉〈初九爻辭注〉：明夷之主在於上六，上六爲至闇者也。

〈上六爻辭注〉：處明夷之極，是至晦者也。本其初也，在乎光照，

轉至於晦，遂入于地。

〈明夷〉表示光明殞落，宜晦其明之時，〈明夷〉的主爻在於〈上六〉，光明入于地中是象徵藏晦其才智之義。再看〈豐〉卦〈上六〉之例：

〈上六爻辭注〉：處於明動尚大之時，而深自幽隱以高其行，大道既

濟而猶不見，隱不爲賢，更爲反道，凶其宜也。

〈豐〉之時，離下震上，離象徵光明、才智，震爲動象，是明動尚大，宜盡其才智以用世之時，而〈上六〉猶自幽隱而不見於世，於是乃致其凶。綜觀二卦之上爻，〈明夷〉〈上六〉之務其隱晦，是時所致。〈豐〉卦〈上六〉則要在於尚大明動以應其時，而不可幽隱，是以爻象同爲隱晦，因時之不同，故吉凶各異，由是言之，必當適時之義以通其爻變，方得其義。

以上是說明「遠近終始，各存其會。」會之義在於適當其時，指各爻變適時則吉，失時則凶之義。同居於始，因時之不同，有好有惡；皆處在終，時義各異，則有吉有凶。闡明其中的變化，必以卦通爻，以時應變。王弼於是乎在說明了爻的變化之各種狀況後，以適時作爲爻變之依歸，強調適時之義的重要性。其文曰：

吉凶有時，不可犯也；動靜有適，不可過也。犯時之忌，罪不在大；

失其所適，過不在深。動天下，滅君主，而不可危也；侮妻子，用

───────────────

〔註 33〕《邢注》將「惡首」之例舉在「乾上九亢龍有悔，大壯上六羝羊觸藩，不能退，不能遂，无攸利之例是也。」是將惡首定在上位終爻，揆王弼之意。「好先」指初爻之有利者，故曰好；惡首則同指初爻，但不利者，故稱惡，故首當指初爻，恐非《邢注》所云上位終爻之義。如此說不誣，則樓宇烈校釋本頁 607～608 及朱伯崑《易學哲學史》上冊頁 265，皆沿邢說之誤。

　　顏色，而不可易也。故當其列貴賤之時，其位不可犯也。遇其憂悔
　　吝之時，其介不可慢也，觀爻思變，變斯盡矣。

卦以存時，每一卦都表示一特殊的時系，吉凶就在其中顯現，因此，不可以
違逆時義，動靜舉措也要配合時宜，不宜有過時越分的行爲，若不經意而有
違逆時宜，過時越分的行爲，就會遭到凶咎，並不在於所犯過咎的大或小，
深或淺。例如〈夬〉卦之〈九三〉：

　　〈九三爻辭〉：壯于頄，有凶。

　　〈九三爻辭注〉：頄，面權也。謂上六也。最處體上，故曰權也。《剝》
　　之〈六三〉，以應陽爲善。夫剛長則君子道興，陰盛則小人道長，然
　　則處陰長而助陽則善，處陽長而助柔則凶矣。夬爲剛長，而三獨應
　　〈上六〉，助於小人，是以凶也。

〈夬〉是剛德齊長，以剛決柔，是陽長之時，〈九三〉有應於〈上六〉，〈上六〉
是陰爻，陰代表小人之象，王弼在〈象注〉中說「一柔爲逆，眾所同誅而无
忌者也。」今〈九三〉獨應而助之，是犯時之忌，宜其有凶。此是吉凶有時
不可犯之例。又如〈大過〉〈九四〉之例：

　　〈九四爻辭〉：棟隆，吉，有它吝。

　　〈九四爻辭注〉：體屬上體，以陽處陰，能拯其弱，不爲下所橈者
　　也。故「棟隆，吉」也。而應在初，用心不弘，故「有它吝」也。

〈大過〉之時，大者過也，大者，指陽剛。故是以陽處陰爲美，〈九四〉棟隆
而不橈乎下，能救其弱，然因爲應於〈初六〉，〈初六〉爲柔，是以指其用心
不弘大，所以有吝惜之意。此明〈九四〉所適違於時義，故有吝惜。

　　「動天下，滅君主，而不可危也。」所遭遇事之大者，則莫過於震動天
下，弒君滅主之際，然而即使在這種關頭，亦不可傾危其適時之義。如〈離〉
卦〈九四〉之爻：

　　〈九四爻辭〉：突如其來如，焚如，死如，棄如。

　　〈九四爻辭注〉：逼近至尊，履非其位，欲進其盛，以炎其上，命必
　　不終，故曰「死如」。違離之義，無應無承，眾所不容，故曰「棄如」
　　也。

　　〈六五爻辭注〉：履非其位，不勝所履，以柔乘剛，不能制下，下剛
　　而進，將來害己，憂傷之深，至於沱嗟也，然所麗在尊，四爲逆首，

憂傷至深，眾之所助，故乃沱嗟而獲吉也。

〈離〉卦之時義，以柔爲正，必持守正固而後亨通。〈九四〉以陽處陰位，履非其位，近於〈六五〉，〈六五〉雖履非其位，然合於以柔順爲主之時義。〈九四〉欲進其盛以害〈六五〉之尊上，違失時義，又无應於〈初九〉，无承於〈六五〉，爲眾所不助，必至於死如、棄如。王弼以〈離〉卦〈九四〉之爻說明若動天下、滅君主之大事，違失時義，不能持守正道，必遭不終之凶，不容之棄。君有君道，臣有臣道，五之位既尊爲君，則其餘各爻則爲臣之位。貴賤之位既列，則其位不可犯，其時亦不可違，此即「故當其列貴賤之時，其位不可犯也。」之義。

「侮妻子，用顏色，而不可易也。」王弼又舉事之小者來說明《易》道之不可違。即使像侮慢妻子兒女，任使臉色的家中瑣屑之事，也不能夠輕忽怠慢，因爲吉凶的顯現，必先兆端於細微的悔吝，所以雖是纖介的瑣事，也不可以不敬愼。如〈家人〉卦〈九三〉之例：

〈九三爻辭〉：家人嗃嗃，悔厲，吉。婦子嘻嘻，終吝。

〈九三爻辭注〉：以陽處陽，剛嚴者也。處下體之極，爲一家之長者
也。行與其慢，寧過乎恭，家與其瀆，寧過乎嚴，是以家人雖嗃，
嗃悔厲，猶得其道；婦子嘻嘻，乃失其節也。

〈九三〉爲陽剛之德處陽剛之位，而爲一家之長，「家人之道，脩於近小而不妄也。」〔註34〕其主持一家之政，與其流於輕慢，寧過於恭而趨於嚴；與其嘻笑不敬，寧過乎嚴而至於厲，如此，妻子兒女雖然嗃嗃傷猛而悔其酷厲，然猶不失其治家之道，若令妻子兒女嘻笑侮慢不敬，則失其節度。此例是說即使瑣屑如家中的小事，也不可以違犯時位的大義。

以上是對〈明卦適變通爻〉一文大義之疏釋，大略言之，王弼認爲爻在《周易》中的作用是顯示變化的情狀，表現《周易》變易之理則，是構成《易》之重要的一環，就爻以言變化，有兩個限制原則，一爲客觀原則，一爲主觀原則〔註35〕。所謂客觀原則就是時義和爻位的限制，此兩者皆非爻本身所能改變，時因卦而定，爻就只能在此時際中展現變化，以構成卦之時

〔註34〕〈家人〉〈大象〉「君子以言有物而行有恆」王注。見《周易王韓注》卷四，
頁8，中華。

〔註35〕此義乃取於戴璉璋先生《王弼易學中的玄思》之說法，見《中國文哲研究集
刊》創刊號，頁211。

—247—

系。爻位亦爲《易傳》中已限定之制約，有天人地，上中下之三分，內外、上下之位，初二三四五上之位，初三五爲陽位，二四上爲陰位。所謂主觀原則指的是爻本身的體性，指陰爻陽爻，剛爻柔爻等。合此主客之限制原則而錯綜之，以構成易的變化面相。以上是王弼所論及者，然而吾人亦可再進一步問，時爲卦所既定，然則卦何由而成？乃由六爻而成，即所謂六位時成，每一卦時就是六爻由初至上之終始歷程，《周易》又是六十四卦由〈乾〉至〈未濟〉之宇宙人事之終始歷程，合此卦與爻之變，則變斯盡矣！如此則三百八十四爻各具面目，以構成六十四卦時，爻乃適時而變，若廢去時義，則爻不能獨變。即無爻則不能成卦時，無時而爻亦不能示變，卦時爻變的關係是相輔相成的。

四、明　象

夫象者，出意者也。言者，明象者也。盡意莫若象，盡象莫若言，言生於象，故可尋言以觀象；象生於意，故可尋象以觀意。意以象盡，象以言著。故言者所以明象，得象而忘言；象者所以存意。得意而忘象。猶蹄者所以在兔，得兔而忘蹄，筌者所以在魚，得魚而忘筌也。然則，言者，象之蹄也；象者，意之筌也。是故，存言者，非得象者也；存象者，非得意者也。象生於意而存象焉，則所存者乃非其象也，言生於象而存言焉，則所存者乃非其言也。然則，忘象者，乃得意者也；忘言者，乃得象者也。得意在忘象，得象在忘言。故立象以盡意，而象可忘也；重畫以盡情，而畫可忘也。

是故觸類可爲其象，合義可爲其徵，義苟在健，何必馬乎？類苟在順，何必牛乎？爻苟合順，何必坤乃爲牛？義苟應健，何必乾乃爲馬？而或者定馬於乾，案文責卦，有馬无乾，則僞說滋漫，難可紀矣，互體不足，遂及卦變，變又不足，推致五行。一失其原，巧愈彌甚，從復或值，而義无所取，蓋存象忘義之由也，忘象以求其意，義斯見矣。

卦象是用來表達（聖人的）旨意的。卦爻辭是用來說明卦象的。能充分表達（聖人的）旨意的莫過於卦象，能充分表述象的莫過於卦爻辭。卦爻辭是由象而產生的，所以可以依循卦爻辭來檢視卦象的內容，卦象是因意而設

立的，所以可以依循象來檢視意的內容。意藉著象得以充分表達，象藉著卦爻辭得以充分著明。因此說，卦爻辭是用來著明卦象的，既得知卦象的內涵就可以超越於卦爻辭的形式之外（而不爲它所限制）；卦象是用來理解意的，既得知意的所指就可以超越卦象的形迹之外（而不爲卦象所拘滯）；就好像捕捉兔子的兔罝是用來捕捉兔子的，捕得兔子就可以擱下兔罝，魚筌是用來捕魚的，捕得了魚就可以擱下魚筌一般。那麼（類比來說），卦爻辭是卦象的蹄，卦象是意的筌。因此，若仍然停留在審視卦爻辭的階段，就是還沒有掌握卦象的內容；仍停留在檢視卦象的階段，就是還沒有掌握意的內涵。卦象的設立是由於意，若因而只檢視卦象（而忘掉原來的意），所檢視的並不是（原有的）意所聯屬的卦象，卦爻辭是由於象而產生的，因此只檢視卦爻辭（而忘掉原有的卦象），那麼所審視的並不是（原有的）卦象所聯屬的卦爻辭。那麼，要能夠超越於卦象的形迹之外才是眞正掌握意之所指的人；能夠超越於卦爻辭的形式之外才是眞正掌握卦象的內涵的人。掌握意之所指的關鍵在於能否超越卦象，掌握卦象內涵的關鍵在於能否超越卦爻辭。所以，設立卦象是爲了用來表達意旨的，因此，卦象是可以超越的，重畫卦爻是爲了用來充分表達事物的眞實，因而卦爻也是可以超越的。

　　因此，遭逢到各種物類就可以設立各種象，契合其意旨的就可以作爲各種徵驗。義類如果在於剛健，爲什麼一定要只是用馬來象徵呢？意類如果在於柔順，爲什麼一定要只用牛來象徵呢？爻如果合於柔順，爲何一定要用牛來象徵坤德？義類如果相應於剛健，爲什麼一定要用馬來象徵乾德？但是迷惑的人執著馬就是乾，依據卦辭去探求卦義，就只有馬而反迷失了乾卦剛健之義，於是各種附會的說法滋生漫衍，不可勝紀。互體的說法不敷應用了，於是就推演出卦變的說法，卦變的說法不足以解釋了，就推演出五行的說法，一旦失去了（聖人）原來的旨意，就愈變愈奇巧，即使有偶然說中的地方，但是在義理上並無可取，這些現象大概都是只檢視卦象而亡失了原意所造成的，超越卦象來責求（聖人的）旨意，大義就由此可以知道了。

　　王弼注解《周易》是採取「據傳解經」的方式，在《略例》中明顯可徵者，除了〈明象〉之外，〈明象〉可以說是另一篇重要的文獻。而〈明象〉也是王弼玄學註解方法論的重要文獻之一。至於其中有關方法的觀點及其所涵蓋的問題，已見於前章，此處則重在疏解篇章本身的文義。〈明象〉所言的象，其義有二：一爲名詞性的象，即卦象，物象，事象之屬。一爲動詞性的象，

即象徵、擬象、表象之義，原其所據，則在於《繫辭傳》，茲先審視名詞性的象，《繫辭傳》說：

> 在天成象。
>
> 是故法象莫大乎天地，變通莫大乎四時，懸象莫大乎日月。
>
> 天垂象，見吉凶。
>
> 古者庖犧氏之王天下也，仰則觀象於天，俯則觀法於地。
>
> 極其數，遂定天下之象。

以上所見「天地之象」「日月之象」「四時之象」是天象、氣象之屬，「天下之象」則指事物之象，是象的本義，此義是漢人論《易》所重者，唯《易傳》作者和王弼所論之象義並不限於此，也不重在此，有就卦而言卦象者，《繫辭傳》說：

> 是故易者，象也。
>
> 聖人設卦觀象。
>
> 聖人立象以盡意，設卦以盡情偽。
>
> 象也者，言乎象者也。
>
> 是故君子居則觀其象而玩其辭。
>
> 八卦以象告。

從外顯的形式上看，整部《易經》就是由卦象的系統所構成的，卦象是緣於聖人的制作，《象傳》所解釋的也就是卦象，以上《繫辭傳》之言都是指卦象而說的。然而純粹就卦象的符號系統本身而言，《易經》的內容勢必無法如此廣大精緻，所以卦象本身就隱含有對同一事類具象徵的作用，因此，使《易》可以苞通天地，皆由於此擬象，象徵的作用。《繫辭傳》也說得很明白。其言曰：

> 夫乾，確然示人易矣！夫坤，隤然示人簡矣；爻也者，效此者也；象也者，像此者也。
>
> 是故夫象，聖人有以見天下之賾而擬諸其形容，象其物宜，是故謂之象。
>
> 是故吉凶者，失得之象也；悔吝者，憂虞之象也；變化者，進退之象也；剛柔者，晝夜之象也。

凡是擬象，象其物宜，皆是由卦象「以通神明之德，以類萬物之情。」之「通」

或「類」的作用〔註36〕。由此作用則內可以透過主觀之修證以會於聖人神明之德，外則可以類比於萬物之情。明乎象有物象、卦象，象徵三義，則有助於理解王弼〈明象〉之義。

　　王弼據傳解經，則當然知道《繫辭傳》所言象的涵義，同時根據「書不盡言，言不盡意。」「聖人立象以盡意，設卦以盡情偽，繫辭焉以盡其言。」的關聯，進而說明言、象、意三者在《周易》中的作用及三者之間的關係。依《略例》之旨趣，言指的是卦爻辭，象指的是卦爻象及其所取譬之物象，意則指此卦爻辭所欲著明，爻象所欲盡之（聖人的）意，此意即爲義理之所出，主觀說是意，客觀表述則是理。此義原出於當初制作卦爻象並繫之以辭的聖人之意，如此雖自主觀說，然究極之必通於易道所涵之理，則具有客觀的意義。然此客觀之理非由憑空構思，非由歸納物類而得，而必通過主觀之實踐，有得之而後顯，換言之，必先有聖人之實踐而後有聖人之意，有聖人之意而後制作，而易始被知，此爲《易傳》之思路，王弼固有知於此，故所言指向客觀則言「義理」，指向主觀則說「意謂」，其實二者相通。王弼說：

　　　凡言義者，不盡於所見，中有意謂者也。（〈姤〉卦〈象注〉）

　　　義猶理也。（〈解〉卦〈初六爻象注〉）夫易者，象也。象之所生，生
　　　於義也。

　　　有斯義，然後明之以其物，故以龍敘乾，以馬明坤，隨其事義而取
　　　象焉。（〈乾〉卦〈文言〉「是以動而有悔」注）

「中有意謂」即指聖人心中之意，不盡於所見而曰義，是說明非盡由外物客觀之事物而得，而是通過主觀之實踐，主觀之實踐實必涵客觀世界而說，所以說不盡於所見，如乾坤之義，是實踐爾後知健動柔順之德，此德即聖人之所得者也，每一德即代表一普遍客觀之理，也就是義，所以才說「義猶理也」，此所得之義，所知之理，聖人以制作卦象之方式表述之，又藉物象以比喻象徵，再加以文字之說明，聖人當初如此制作繫辭以出意，後人要認識文辭所指，卦象所象徵之涵義，則必須以逆反的方式探求它。其中必然要觸及言、

〔註36〕類，此類宜解爲「類比」之義，高亨、徐志銳皆訓爲「分類」之義，疑恐未
　　　　切（見高著《周易大傳今注》卷五，頁559，齊魯；徐氏《周易大傳新注》卷
　　　　五，頁450，齊魯），孔穎達解「類象」似較前高、徐之說得義。（《周易正義》
　　　　十三經注疏本，頁166，藝文）。

象、意三者關係的探討。〈明象〉說:

> 夫象者,出意者也;言者,明象者也;盡意莫若象,盡象莫若言。
> 言生於象,故可尋言以觀象;象生於意,故可尋象以觀意,意以象
> 盡,象以言著。

王弼開卷即說明象是用來表達意,言是用來說明象的。這當然是就《周易》
而言,因此,王弼將言、象規定爲工具的性格實已昭然。如前文所述,易道
之義理因聖人之實踐而得,於是乎制作卦爻之象以表出之,取類物象以象徵
之。因爲本文以〈明象〉名篇,主要在討論「象」,反而對「意」之何所生並
無交待,推原其立論之所本,當在《繫辭傳》。然不可否認的是象因意而有,
意本先於象而有,初若無聖人之意,即令客觀之易道之義理自存於天壤間,
亦不可得而知;抑有進者,若即使聖人實踐有得而涵藏於胸臆,未制作卦爻
以彰顯之,終歸只是自證自知,而天下人難知,由是而知,象之爲用莫大
焉,倘若沒有象之制作,意固無所出,辭自亦無所繫,如此易道之得以彰顯
與否,則全無憑依,亦無保證。由是言之,象實居於義理能否被表出的關鍵
地位。象既制作又賦予擬象,象徵的作用,如果不繫以卦爻辭,則易流於蕩
越漫衍,而無所歸心,必進一步繫辭焉以規定之,這個規定同時也就是解
釋,象義才由此得以確定。所以說「言者,明象者也。」於是乎意、象、言
三者的關係一時而明。整個《易經》系統由此確立。在這系統中,能盡意之
內容者莫過於象,能盡象所象徵之義涵者亦莫過於卦爻辭或物象。這種說法
固然可以說是王弼對《繫辭傳》中「聖人立象以盡意,……繫辭焉以盡其
言。」的解釋,不過,這種說法能否完全回答「書不盡言,言不盡意。」?
就端看「盡」如何詮釋。「盡」究竟是充分展現其內涵以至於無餘蘊之窮盡?
抑是指點一方向,啓發一事類義理之盡?且將之分爲言與行兩方面說,就行
而言是實踐義,則「盡」可理解爲充分之實現;就言而說是表述義,解釋
義,則「盡」可理解爲充分的表達。《易傳》的說法,顯然是要以言說及圖象
的方式來表述實踐的內涵,這是就聖人制作時而言,在制作時,取象以出
意,既言乎取象,則已涵有選擇的意味,取譬而後又象徵,如此則所謂「立
象以盡意」之盡,當指的是指點、啓發之盡,而非充分實踐或表達之全盡。
就理論上說,實踐一義無論自廣度或深度,亦皆屬不能全不能盡者,都是無
窮無盡。此是由制作立場言,如果由後人理解言之,也就是說在《易經》制
作完成之後,後人如何理解《易經》的認識立場說,言和象則是成爲理解或

探求聖人之意的憑藉，制作是順取，理解是逆推，程序上固有不同，一在於表出，一在於求索，然其中心之焦點仍在於意。因為言，象成為理解意的津渡，所以王弼說「盡意莫若象，盡象莫若言。」誠非過份之言。但是，如果從聖人制作時說，則盡意不必是此象，盡象不必是此言。即使是非用言象表之不可，也可以是盡意不必此象，盡象不必斯言。揆其制作之初，言因象而繫，所以可據卦爻辭以理解卦象；象基於意而設，故可以據卦象以理解卦義，此卦義當是指聖人制作時所欲出之之意。就在立象之時，意藉此象而指點地盡；就在繫辭之時，象亦因繫言而指點地著明之。至於「象生於意」是解釋《繫辭傳》「聖人立象以盡意」的，此言「象」是指卦象或取物以象徵之物象，非謂客觀世界的萬物之象皆生於聖人之意，苟若此解之，則聖人豈非成了上帝？所以此「生」字之義，即「立象」之「立」義，是說在萬物之象已為既存既有之存在後，唯任乎聖人選取之，制作以象之。取者，選取之謂，制作者，即卦爻象之制作。並且「象生於意」的重點是在於象是因意而設，意作為立象的根源的關係上說，亦即象是以表達意為目的的工具義上說，而不在於就象本身獨立地探討象之何由生成這一層面上說。知乎此，於是王弼進一步說：

> 故言者所以明象，得象而忘言；象者所以存意，得意而忘象。猶蹄者所以在兔，得兔而忘蹄，筌者所以在魚，得魚而忘筌也。然則，言者象之蹄也，象者意之筌也，是故存言者，非得象者也；存象者，非得意者也。

《繫辭傳》所言是由聖人作《易》說，循著有意而立象，有象而繫言之順序。王弼〈明象〉立論，則是從理解之路，循著由言由象而得意之順序。後人之有貴於言象者，乃由於求意必需待言象而後得之。所以王弼雖然敘述時循由言而象，由象而意之次序，然而此象與言並非相等的並立的，也就是說言和象之對於意而言，皆止於工具義，至於要分言「得象而忘言，得意而忘象。」是由於在求意的過程中固當有階段性之表述，仔細思慮之，得象畢竟只是階段性的目的，而非最終的目的，雖然如此，仍是不可或缺而必須通過的一環。其於事實而言，則得意後而言象皆忘，故言象之於意，其為工具性質甚明。王弼以舉《莊子・外物》篇筌蹄之喻，亦重在過程上之工具為用，兩者終極旨趣未必盡同〔註37〕。以筌蹄來比喻言象的地位，就是指明其工具

〔註37〕《莊子・外物篇》之意在推求忘言之人，此忘言之人即得意者，即體道者，

義。雖說言象之爲工具，然實不可廢，王弼也只是在理解《易經》，探求聖人之意的歷程中，點明其工具性，並不是要廢棄之。將言象規範爲過程而非目的，經此一點撥，實有豁醒人心，啓發迷惑的作用，使人不致於在求意之過程中，滯泥於言象而迷其歸趣，失其目的，固不必專對漢儒而說。就言、象說，其本身固有獨立之意義可說，且由此可成爲一專門的學問或知識，儘可能不必作爲工具而存在，亦當自有其本質之意義。若就這一點而說象之獨立的本質的一面，王弼誠未討論之，〈明象〉所關懷的只是就《易經》系統中之象的作用之闡明，而不是要純就象自身去構造一與象相關之知識系統，獨立於《易經》之外。

　　既已經說明言之於象，象之於意的筌蹄性質，則進一層說明忘言、忘象。言象之所以可忘，即基於前述言象僅作爲筌蹄之前提而言，也就是說不可跳開言、象、意三者之關聯而說忘言、忘象。若無此認識而泛說忘言、忘象，則恐不能相應於王弼提出忘言、忘象的本意，亦將把握不住忘言、忘象之真正作用。關於「忘」的解釋，並非取消、廢除之意，而是不拘執，不爲所限之意。後人在推求聖人之意的過程中，得象而忘言，得意而忘象，忘是代表一超越的認識歷程，合下文「存言者，非得象者也；存象者，非得意者也。」而觀之，是說不能拘執於言象，若拘執之，則無異滯陷於過程而未達於目的，就無法理解和盡悉象或意的內涵。因爲象原可不必繫此言以明，意也不必僅藉此象以出。聖人制作，立象繫言，是有其特殊的歷史之時空背景，此歷史條件，聖人用之以出意明象，固然完成制作，然在某一層面的意義上說，也同時限定了制作〔註38〕。明白此分際，如果後人仍拘執於言象，則其所得者，恐亦僅是此片段的歷史知識，且恐就是歷史知識亦未能盡明。聖人所欲出之意，並不在於特殊的、片段的知識之層次，乃在於道所涵的內容意義，這也就是《繫辭傳》所說「夫易，何爲者也？夫易開物成務，冒天下之道，如斯而已者也。」（《繫辭傳》上十一章）「易之爲書也不可遠，爲道也屢遷，變動不居，周流六虛，上下无常，剛柔相易，不可爲典要，唯變所適。」（《繫辭傳》下第八章）王弼十分清楚聖人之意所表達者在於道。而不

此道爲道家之道。王弼注《易》，據傳解經，則當指《易傳》之聖人之意，唯此聖人之內容，王弼以玄理充之。

〔註38〕大意是說聖人藉此卦象以明道，同時卦象也就限制了道，因爲道實無限而象固有限，以有限之象用以表達無限之道，此種限制在制作時已與之俱生，亦誠不可免而並生者。

是凝固了的歷史知識，道可以藉任何的歷史時空以彰顯其作用，而不爲任何之歷史時空所限，任何歷史時空都可以表現同一之道，而任何歷史時空所表現之道的面目則不必求其必同。所以王弼指出「存言」「存象」就不能眞正的達到「得象」「得意」的層次。此處所說「存象」「存言」的「存」和前文「象者所以存意」之「存」，用字雖同，而細味之，其義則有別。象者所以存意之「存」，是表出之意；「存言」「存象」之「存」是指執守之意。存言存象則非得象得意，在呼應前文「得象而忘言」「得意而忘象」。對於「忘」，王弼有更進一步的闡述：

象生於意而存象焉，則所存者乃非其象也；言生於象而存言焉，則所存者乃非其言也。然則，忘象者乃得意者也；忘言者乃得象者也。得意在忘象，得象在忘言，故立象以盡意，而象可忘也。重畫以盡情，而畫可忘也。

「所存者乃非其象」「所存者乃非其言」並非說言象有不同，而是說理解者將言象作爲得象得意之工具和將象言作爲獨立之對象知識之追求之，對象雖一而意義不同。例如〈坤〉有柔順之義，假牛之象以象徵此義，在王弼的意思裏，牛之象只作爲柔順義的象徵用，如果將牛視爲一獨立之對象而執定之，則其所得徒存一生物性質知識意義的牛，而泯沒其所象徵的柔順之價值義，實則知識義並不等同於價值義，如是則所存所執乃非其價值義之象。

「得意而忘象」「得象而忘言」和「得意在忘象」「得象在忘言」有何不同？前者論述之重點在於說明言象雖然是工具，故既得意，則象便也可忘；既得象，言便也可忘。後者則重在說明能否「忘」乃爲能否「得」之關鍵。如此說，前後不是有衝突嗎？前者似乎得而後乃忘，依後者之說則未忘何以能得？如此言之，兩說顯然有齟齬。其實不然，此中所顯現的矛盾其實祇是行文與實際情境所發生的差距，行文表述原無法諸事並舉，宜作先後之次第表出之，至於實存之情境往往爲同時朗現，尤以實踐性格之內容眞理爲然，在此，姑借用《莊子》〈齊物論〉的「彼是方生之說也」來說明「得意」與「忘象」之關係〔註39〕。得與忘之間，正如同彼是相因，方生方死之關係，在忘之時便得，在得之時便忘。在得意的狀態下，自然也是忘象的狀態；在忘象

〔註39〕《莊子・齊物論》原文爲「彼出於是，是亦因彼，彼是方生之說也，雖然，方生方死，方死方生，方可方不可，方不可方可，因是因非，因非因是。」《莊子》本意在論述是非相生相成之關係，此處藉用其表述之形式而非內容。

的狀態下，自然便是得意的狀態。但就理論上說，後人逆推以求聖人之意，自理解之進路言，忘象必先於得意。得意忘言的情況亦同。「故立象以盡意，而象可忘也；重畫以盡情，而畫可忘也。」即是說明作為表意工具的象，表情工具的畫，在得意知情的當時，當知「循同一意原可以有不同之象言以表出之」，每一意即一義一理，雖自主觀之實踐而發，然有其客觀性普遍性，故不可易，而所用以表之之象，則恆可以隨體悟者所遇所觸而變換，而不必拘於用一定之象表出之，王弼如何得知？因為《易》的經傳本身已明白顯示此義，〈明象〉接著就說明這個意思：

> 是故，觸類可為其象，合義可為其徵，義苟在健，何必馬乎？類苟在順，何必牛乎？爻苟合順，何必坤乃為牛？義苟應健，何必乾乃為馬？

「觸類可以為其象，合義可以為其徵。」是說凡所觸所遇義類物類之相近者切合者則可以作為象以表其意，並可相互徵驗。如考諸《易經・乾卦》，即可以自然之天以象之，以人之天子、君、父以象之，考諸《象》傳，〈乾象〉亦以天、君子或居上位者等事物以象之，其義類則為健、為陽、為剛，《說卦傳》中作為〈乾〉卦的象徵事物更形豐富，除《象》傳所列舉之外尚以首、馬、良馬、老馬、金、大赤等事物以象之〔註40〕。由是可知，〈乾〉之義類為剛、健、大、陽、上等，作為此義類之象者有天、首、馬、金、大、赤、君子等事物。不僅〈乾〉卦如此，其他各卦亦莫不然，於是知凡合於剛健之義者，不必限於以馬為象；凡合於柔順之義者，不必定以牛為象，此理甚明。《邢注》也舉〈大壯〉〈九三〉之例：

> 〈九三爻辭〉：羝羊觸藩，羸其角。

> 〈九三爻辭注〉：處健之極，以陽處陽用其壯者也……雖復羝羊，以之觸藩，能无羸乎。

此例指〈大壯〉〈九三〉有剛健之義，然而物象卻用羝羊，而不用馬，也不用龍，可以知義類如果在於剛健，則不必限於馬方可作為剛健之象。又舉〈坤〉卦為例：

〔註40〕《易經》或《易傳》之事物象徵或德性象徵，實非定於一物一義，由此可證王弼之說有據。今舉〈乾〉卦之例，可參見《說卦傳》及戴璉璋先生《易傳之形成及其思想》一書所作之系統整理，見該書頁 31、74、168 表所列，文津。

〈坤〉：坤，元亨，利牝馬之貞。

〈坤・卦辭注〉：坤，貞之所利，利於牝馬也。馬，在下而行者也。

而又牝馬，順之至也。至順而後乃亨。故唯利於牝馬之貞。

〈坤〉卦並無乾象，亦無剛健之義，但有柔順之義，卻用牝馬以象之，亦從可知馬之象不必為乾所專用，坤順亦可用之，唯求其合義而已。「爻苟合順，何必坤乃為牛；義苟應健，何必乾乃為馬。」其旨亦同，只是前文以卦說，此言更細論之以爻而已。明白以上之道理，〈明象〉在後段則指出時人對《易》之誤解，重在於糾謬，其文說：

而或者定馬於乾，案文責卦，有馬无乾，則偽說滋漫，難可紀矣。

互體不足，遂及卦變，變又不足，推致五行。一失其原，巧愈彌甚，

縱復或值，而義无所取，蓋存象忘意之由也，忘象以求其意，義斯

見矣。

王弼指出不能通達於《易》理者，則往往執於乾必為馬，然而在《易經》中卻有以馬為象而不必應於乾者，如〈賁〉卦〈六四〉爻辭：「白馬翰如」，陸績則釋之曰：震為馬〔註41〕。必以互體說〈六四〉有乾震之卦，如此之類，不可勝紀。互體、卦變、五行之說均為漢人之《易》說，互體、卦變皆所以濟象數之窮，然而《易辭》或《易傳》並非以象為中心思想，非據象而作〔註42〕。故王弼指為偽說。

　　王弼〈明象〉並無反對象之意，《繫辭傳》明白表示說「易者，象也。」《易經》就是由卦象構造而起。如此則象何可反對？至於以物為象，王弼注《易》，所用於物象者亦隨時可見，大抵《易傳》所取用之象，王弼亦隨文為之注，並未棄置不顧。揆王弼〈明象〉之旨，乃在於為象作一界定、定位，在《易經》系統中，指出象本為意而設，象作為出意之工具這一意義上說，方不至於本末倒置，捨意而就象，捨本而逐末，以至迷其所歸，此誠王弼〈明象〉之用心。後人未明究理，有誣之以為掃象，或說全廢象而不用者，如《魏

〔註41〕李鼎祚《周易集解》〈賁〉卦〈六四〉陸績曰：震為馬，為白，故曰「白馬翰如」。見該書頁87，學生。

〔註42〕屈萬里《先秦漢魏易例述評》「《易辭》非據象而作，先秦及漢初易家亦不據象以釋卦爻辭，故無互體卦變之說。互體卦變者，皆所以濟象數之窮也，孟喜始以象釋《易辭》，京房承其餘緒，因時以象數說易，然本卦之象不足以濟其說也，乃求互，仍不足以濟也，遂更求諸爻變，《周易》之學自是而愈紛矣。」又說「互體之說，濫觴於《左傳》，而成於京房。」見該書頁98及127。

志‧鍾會傳注》引孫盛的話說：

> 易之為書，窮神知化，非天下之至精，其孰能與於此？世之注解殆
> 皆妄也。況弼以附會之辯，而欲籠統玄旨者乎？故其敘浮義則麗辭
> 溢目，造陰陽則妙頤無間，至於六爻變化，群象所效，日時歲月，
> 五氣相推，弼皆擯落，多所不關，雖有可觀者焉，恐將泥夫大道。

說明當時之人已認為王弼擯落象而不用，其後宋陳振孫《直齋書錄解題》也
指向這個意思說：

> 易有聖人之道四焉，去三存一，於道闕矣。

竟然認為王弼全廢象數，其誤解不可謂不深。焦循雖欲為王弼辯解，亦只在
枝節上打轉，未能清楚認識王弼之用心，其說見於〈周易補疏敘〉：

> 弼天資察慧，通儒卓出，蓋有見於說易者支離傳會，思去偽以得其
> 真，而力不能逮，故知卦變之非而用反對，知五氣之妄而用十二辟，
> 唯與之阿，未見其勝也。〔註43〕

其實王弼所反對漢儒者，非反對象數，亦非反對象，而是反對漢儒所用之以
知識進路作為理解《易經》的方向，就此方向上言，漢儒解易多為未切，因
為無論是以卦氣說、五行說、卦變說、月體納甲說等，皆是從知識之進路及
以知識之內容填充《易》。在方向上已不切，所以王弼說「一失其原，巧愈彌
甚。」王弼所糾於漢儒之謬者，正在於漢儒之失其原，至於象數易之內容，
則為當時所能達到之客觀知識的水平，就客觀知識而言何可反對？況且王弼
年少便逝，能對當時之知識系統理解多少，猶有待評詁。焦循指責王弼注解
使用爻辰、卦變之說，並不切中，姑不論王弼所注得當與否，其使用之材料
即使是客觀知識，如果在義理方向明確的前提下，徵引為注解之題材，其精
神和將整部《易經》轉變成為一知識之系統，實為完全不同之兩回事，惜乎
焦循於《易》用功如此其深，亦未究明王弼《易》旨之所在。至於漢儒說《易》
為知識性格，且舉孟喜之例說之，孟喜說《易》的特點乃是以《周易》卦象
解說一年四時之節氣變化，即以六十四卦配以四時，十二月二十四節氣，七
十二候之說，此謂之卦氣說〔註44〕。然後據此以明人事，其背後其實為漢人
天人感應說之背景，如此說《易》則顯然已將《易經》轉變為天文氣象之知
識系統，其與占筮及《易傳》之義理實為截然不同之層次。至於何以其後說

〔註43〕《皇清經解》二，焦循《周易補疏敘》，頁1153，漢京。
〔註44〕《新唐書》卷二十七上。

解益形滋漫？此實學問性格之必然。《易傳》之解《易》由義理，而爲一道德形上學，依此進路，則傳文僅作爲示例，或指點之作用而已，非必窮盡事物而後可，事實亦不可能窮盡，故施之於六十四卦固寬綽有餘，無所增益，此易簡之道實義理之本然，非知識性格所能有。若知識進路，則現象萬變，將歸納無窮，今止用六十四卦，三百八十四爻，豈得盡其數邪！於是乎不得不爲變通之說，於是一卦之內有互體，遂使兩卦成爲四卦；然後又有卦變，乾升坤降，以便於卦與卦之互通，思用此通變以濟其窮，即使如此，亦實不足以容納日益倍增之知識名目，於是再推衍以配十干，舉甲以該十日而成納甲，又比附於五行，愈變則益趨巧密，此本爲知識性格使然。王弼所指爲「巧愈彌甚，縱復或值，而義無所取。」即指此而言。《易》之經傳取象，貴在其象徵之用，而非實指，象徵者所重在義，指實者所重在象，所以王弼說，縱使偶爾對於象的解釋也有說對處，即指對於物有客觀之了解，然而對於義理而言並無可取。凡此滋漫之說，究其原因，皆爲存其象而亡失其意之故，陷於塗而迷其歸之所致。且「乾以易知，坤以簡能。」《易》本爲簡易之道，王弼雖於《易傳》之道德形上學未必有透徹之理解，但是於學問之端緒仍大體未失，漢儒則是失其端緒。

五、辨　位

案：《象》无初上得位失位之文。又，《繫辭》但論三五，二四同功異位，亦不及初上，何乎？唯〈乾〉〈上九・文言〉云「貴而无位」；〈需〉〈上六〉云：「雖不當位」。若以上爲陰位邪！則〈需〉〈上六〉不得云不當位也，若以上爲陽立邪，則〈上九〉不得云「貴而无位」也。陰陽處之，皆云非位，而初亦不說當位失位也。然則，初上者是事之終始，无陰陽定位也。故〈乾〉初謂之潛，過五謂之无位。未有處其位而云潛，上有位而云无者也。歷觀眾卦，盡亦如之，初上无陰陽定位，亦以明矣。

夫位者，列貴賤之地，待才用之宅也。爻者，守位分之任，應貴賤之序者也。位有尊卑，爻有陰陽。尊者，陽之所處，卑者，陰之所履也。故以尊爲陽位，卑爲陰位。去初上而論位分，則三五各在一卦之上，亦何得不謂之陽位？二四各在一卦之下，亦何得不謂之陰位？初上者，體之終始，事之先後也。故位无常分，事无常所，非

可以陰陽定也。尊卑有常序，終始无常主。故《繫辭》但論四爻功
位之通例，而不及初上之定位也。然事不可无於始，卦不可无六爻，
初上雖无陰陽本位，是終始之地也。統而論之，爻之所處則謂之位，
卦以六爻爲成，則不得不謂之六位時成也。

王弼案：《象傳》中沒有初爻上爻得位或失位的記載。並且，《繫辭傳》
只討論第三爻和第五爻，第二爻和第四爻各在內外不同的爻位而陰陽則相
同，也沒有討論到初、上二爻，是什麼原因呢？在〈乾〉卦〈上九・文言〉
中說：「貴而无位」。〈需〉卦〈上六〉，〈小象〉說：「雖不當位」。如果說以上
位爲陰爻所當居之位，那麼〈需〉卦〈上六〉不可以說它不當位；如果說以
上位爲陽爻所當居之位，那麼〈乾〉卦〈上九〉不可以說它「貴而无位」，無
論陰爻陽爻居於上位，都說非其當居之位，初爻也不說它有當位或失位的情
形。那麼，初爻上爻之位是表述事件的終結和開端，並沒有陰爻陽爻定位的
說法。因此，〈乾〉卦〈初九〉爻辭就稱它作「潛」，越過第五爻就稱它作「无
位」。還沒有看到居處當位反而說它是「潛」，上位有其位反而說它是「无位」
的情形。我徧察各卦也都是這樣表示。初爻、上爻沒有規定爲陰位或陽位的
原因也就可以明白了。

爻位是列序貴賤的位置，符合才智之人所居的地方，六爻是各自守住它
的位分，用來對應於貴賤的序列的。位有上下尊卑的差等，爻有陰爻陽爻的
分別，尊的位是陽爻所居之位，卑的位是陰爻所居之位，所以尊位是陽爻的
位，卑位是陰爻的位。除去初爻上爻之位，來討論陰位或陽位的本分，那麼
第三爻第五爻分別處在內卦或外卦的上位，如何得以不稱它是陽位呢？二爻
四爻分別處在內卦或外卦的下位，如何得以不稱它是陰位呢？初爻和上爻是
處在一卦體的終結和開端，象徵事件的開始和結束，因此這兩爻之位沒有固
定的陰陽之分，事情的終始也沒有一成不變的成規，不是可以用固定的陰陽
來規定的。（二三四五爻）尊卑有一定的秩序，（初上二爻）終始就沒有固定
不變的陰陽爻位。所以《繫辭》只討論二三四五爻功位的通例，而沒有討論
到初上的定位。但是事情的發展不可能不論及終始，一卦也不可以沒有六爻。
初上爻雖然沒有規定爲陰爻或陽爻的本位，但卻是居於終始的位置。總而言
之，爻所代表的就是序列陰陽的位，一卦的時義是六爻發展組成的，就不能
不稱它作「六爻位的發展而完成一個卦時」。

《易傳》六爻分剛位柔位，是依奇偶之數而定，剛爻爲奇數，柔爻爲偶

數，如此則初三五是剛位，二四上是柔位。若剛爻居剛位。柔爻居柔位則謂
之得位或正位，否則就謂之失位或不正。其後陰陽觀念逐漸發展，而普遍應
用，至王弼時，剛柔也可以說成是陽陰，剛位也稱為陽位，柔位也稱為陰位；
剛爻也稱為陽爻，柔爻也稱為陰爻，其義不變。王弼雖然也沿用《易傳》爻
位的說法注解《易》經傳，但是對於初上兩個爻位，卻有不同的見解。於是
提出「初爻上爻沒有陰陽定位」的說法，他的說法是根據《象傳》《繫辭傳》
論位不及於初上兩爻位，並依〈乾〉〈上九·文言〉「貴而無位」的說法和〈需〉
卦〈上六·小象〉「雖不當位」的說解交互論證而推出來的。

　　如果檢視王弼所引的論據，恐怕這種說法未必就能成立。〈乾〉〈上九·
文言〉所說的「貴而无位」是否就是如王弼所理解的「上位無陰陽定位」
之義，還是依《易傳》本身的規定，陽爻居於上位是失位之義？因失位而說
它无位，陽貴但失位，所以說「貴而无位」。因為依《易傳》之爻位例，上
位是柔位，陰爻居之方為得位為正，若陽爻居之則謂之失位。疑恐王弼乃
誤解〈乾〉〈文言〉之意。荀爽在解釋《文言》時也是說：「在上故貴，失
位故无位。」〔註45〕屈萬里在其所著《先秦漢魏易例述評》即持此說，其說
曰：

　　　〈乾〉〈文言傳〉：貴而无位，正謂以陽居上為不當位，非謂無陰陽

　　　定位也。〔註46〕

孔穎達《周易正義》對這段文字的疏解云：

　　　子曰「貴而无位」者，以上九非位而上九居之，是无位也。〔註47〕

孔氏《正義》依疏不破注之例，則是從王弼的說法，不過此疏云「上九非位」，
文義未暢，故盧文弨於《周易注法疏校勘記》中加以解說：

　　　上非九位而九居之。〔註48〕

可見得盧氏所依皆為《易傳》之爻位例校勘，未必是孔《疏》的原義。盧氏
之義為上非陽爻之正位，而九（指陽爻）居之，所以說是「无位」。至於〈需〉
卦〈上六·小象〉之例，王弼的說法也仍有爭議，屈萬里即疑此中有羨文，
其說云：

〔註45〕李鼎祚《周易集解》卷一，頁 14，學生。荀氏之說即依傳之例解无位為失
　　　位。

〔註46〕屈萬里《先秦漢魏易例述評》，頁 153～154，學生。

〔註47〕孔穎達《周易正義》，頁 15，十三經注疏本，藝文。

〔註48〕同註47，卷一校勘，頁 28。

> 按《彖傳》、《象傳》言當位不當位，其例至顯。獨〈需〉〈上六〉本
> 爲當位，而《象傳》乃有「雖不當位」之言，大悖厥例，疑位字爲
> 羨。蓋《經》言：「有不速之客三人來，敬之終吉。」不速之客，本
> 不當敬。故《象傳》釋之曰：「不速之客來，敬之終吉。雖不當，未
> 大失也。」，不當，謂敬之不當，若著位字，則費解矣。〔註49〕

雖然屈氏之說若無版本上之證據亦難成爲定論，惟其所言亦非無理。如此，則王弼所據以論證「初上無陰陽定位」之證據，如果有其一不成立，則其結論恐亦成問題。至少可以說「初上無陰陽定位」之例，大概就不是《易傳》說《易》之例，而是王弼自己所提出的新說。或者可以說《需》〈上六·象傳〉是《易傳》作者的一個例外〔註50〕。王弼本人也同樣地在「初上無陰陽定位」的條例下有例外的情形出現，在〈鼎〉卦〈上九爻辭注〉：

> 處鼎之終，鼎道之成也，居鼎之成，體剛履柔，用勁施鉉，以斯處
> 上，高不誡亢，得夫剛柔之節，能舉其任者也。〔註51〕

在〈姤〉卦〈九二爻辭注〉：

> 不正之陰，處遇之始。

〈鼎〉卦之例云「體剛履柔」，「體剛」是指〈上九〉之爻爲剛爻，「履柔」是說居於陰爻之位，可見王弼在注解《周易》時仍視上位爲柔位。〈姤〉卦之例指〈初六〉爲遇之始，以陰居初爲不正，所以說「不正之陰」，言「不正」則仍視初位爲陽爻之位，以陰爻居之才說不正，可見並未完全放棄初上定位的用例。雖然是偶見之出例情形，亦可見其注並未嚴守其說。由上所言，雖說「初上无陰陽定位」之說並不嚴謹，但是王弼所提出「初上是事之終始」「是終始之地」，將初上視爲一卦的終始，則是一涵義豐富的觀念。此觀念《易傳》已有，至王弼始發明之〔註52〕。王弼特提初上是終始的觀念，主要原因是因

〔註49〕 同註46，卷上象傳例，頁28～29。

〔註50〕 朱熹《周易本義》於〈需〉卦〈上六·小象〉之注解即持闕疑之態度，其注云：「以陰居上言不當位，未詳。」

〔註51〕 此例已先見於戴璉璋先生《王弼易學中的玄思》在註解中已對樓宇烈之說履柔爲履陰柔之卦作一辨正，審諸王弼《周易注》〈困〉卦〈九二爻辭注〉「體夫剛質，而用中履謙。」〈未濟〉〈九二爻辭注〉「體剛履中」，注中用「履」之例，當指位言，而非指卦而言，戴先生之說是。

〔註52〕 〈乾〉〈彖〉曰：「大哉乾元，萬物資始，乃統天，雲行雨施，品物流行，大明終始，六位時成。」可見《彖傳》已有「大明終始，六位時成。」之觀念，王弼提出終始以指初上，實括六爻，不但豐富了爻位的意涵，亦凸顯其爲整

爲其《易注》著重於人事，亦准施於人事方可論於終始〔註53〕。若依《易傳》之例，在構成爻的條件中，位是客觀的限制條件，陰陽則是主觀的條件，若依客觀之限制言，則初必爲陽位，上必爲陰位。作爲一卦時而言，始必爲陽，終必爲陰，則成爲決定論。王弼之初上无位說，則可以解除六十四卦凡始皆陽，凡終爲陰的公式化的決定說法。如此則能還歸於《易》之變化無方無體的這一層意義上。其次，則可以極成其尊卑貴賤之序，尊卑貴賤施於人事，不必皆指政治、社會之位，如君臣、君民等，亦不必是倫常之位如父子、夫婦，亦可以象德性之位，如君子、小人等。依王弼的說法，陽居尊陰居卑，上爲尊下爲卑，如果仍依《易傳》六爻之序列，則初爻爲陽位，卻居於最下至卑之地；上爻雖是陰位，反而居於最上至貴之地，實甚不合於上尊下卑之序列，初上無位之說正可以濟《易傳》爻位說之窮，使尊卑貴賤之序可以在爻位中顯示出來，王弼的說法即明白的表示這個意思：

> 夫位者，列貴賤之地，待才用之宅也。爻者，守位分之任，應貴賤之序者也。位有尊卑，爻有陰陽，尊者陽之所屬，卑者陰之所履也。故以尊爲陽位，卑爲陰位，去初上而論位分，則三五各在一卦之上，亦何得不謂之陽位？二四各在一卦之下，亦何得不謂之陰位？初上者，體之終始，事之先後也。故位无常分，事无常所，非可以陰陽定也。尊卑有常序，終始无常主。

「尊卑有常序，終始无常主。」就是〈辨位〉一文的結論，也就是「初上无位」說所能極成的兩個作用，由此觀之，王弼前面的論證成不成立已經變得並不是如此重要。「事无常所」則可以說明終始，「始无常分」則可以解除陰位居上、陽位居下之和尊卑貴賤序列悖反的尷尬。亦從而可以肯定「尊卑有常序」的觀念，這是王弼名教體系中非常重要的堅持，在〈明卦適變通爻〉中亦嘗言「故當其列貴賤之時，其位不可犯也。」如果以王弼玄學體系觀之，《易注》是依《易傳》而注，因此將儒家定位在名教的層次，名教所重者唯尊卑之常序，其實際之內容則是君君、臣臣、夫夫、婦婦、父父、子子之倫常之序，斷不可悖逆犯上，則是相當程度地反映當時的名教觀念及政治形勢。

體之時間序列，亦呼應「卦以存時」而予以確解。

〔註53〕李鼎祚《周易集解》〈序〉云：「鄭（玄）則多參天象，王（弼）乃全釋人事。」可以說明王弼之所重。邢璹在《辨位》「然則初上者，是事之終始，无陰陽定位也。」注云：「初爲始，上爲終，施之於人爲終始，非祿位之地也。」也可以支持王弼重人事之說。

結　論

　　學術之研究之客觀性貴在如其自己而呈現之，雖云無所謂絕對客觀之詮釋，要在其中之分際之論斷，不作傅會無謂之說，尤其困難。其於王弼亦然，後世於其功過，聚訟紛紜，今既以王弼玄學為題，自是免不了要儘量以「王弼如其為王弼自己」，還給王弼一個公道。

　　晉范寧是首先誅責王弼的人，認為王弼之罪深於桀紂，其說云：

> 王何蔑棄典文，不遵禮度，游辭浮說，波蕩後生，飾華言以翳實，
> 騁繁文以惑世，搢紳之徒，翻然改轍，洙泗之風，緬然將墜，遂令
> 仁義幽淪，儒雅蒙塵，禮壞樂崩，中原傾覆，古之所謂言僞而辯，
> 行僻而堅者，其斯人之徒歟！昔夫子斬少正於魯，太公戮華士於齊，
> 豈非曠世而同誅乎？桀紂暴虐，正足以滅身覆國，為後世鑒戒耳，
> 豈能迴百姓之視聽哉？王、何叨海內之浮譽，資膏粱之傲誕，畫魑
> 魅以為巧，扇無檢以為俗，鄭聲之亂樂，利口之覆邦，信矣哉！吾
> 固以為一世之禍輕，歷代之罪重，自喪之釁小，迷眾之愆大也。(《晉
> 書》卷七十五〈范汪傳子范寧傳〉) 〔註1〕

范寧這番話義正辭嚴，聲韻鏗鏘，看起來王弼真要負起禮壞樂崩、中原傾覆的責任。這些話若作為一士大夫以天下家國為己任，期勉於己則可，若責備於古人，則何其迂也哉。范寧之言，誠一固陋經生之見耳。徵諸史實，王弼年二十四已卒，生平未嘗身居要位，欲得一黃門郎且不可。家國之興亡，最直接之因素為政治之隆污，時運之際會〔註2〕，若不能認清其中關鍵，事類之

〔註1〕　《晉書》卷七十五〈范汪傳子范寧傳〉，頁1985，標校本，鼎文。
〔註2〕　《世說新語·輕詆篇》第十一條曰：「桓公（溫）入洛，過淮泗，踐北境，與

歸屬，正猶後人責明之亡於陽明，五四之輩，求科學民主不得而罪委孔、孟或古聖先哲，徒見其無識見耳。又何損於孔、孟、陽明哉！且夫王弼玄學崇本舉末之旨，全功厚德之論，縱未能致仁義於體用一貫大用流行，然保全之意固爲本有，豁醒之功亦不可誣，尙不至於令仁義幽淪，儒雅蒙塵。至於洙泗之風頹，子長已歎功令之害，東漢又變本加厲，遂淪名教於競尙之塗，名教之將墜，固不始於王弼，在王弼之玄學義理中只有息末保全之義，誠不能亦不必爲風教之陵遲負責。後人之理解王弼多不相應，如裴頠之崇有；當時已不知王弼所言貴無之諦義，則其委罪亦屬不當。又王弼玄學嚴於尊卑，明序上下之義，昭然可考，然當時之勢，篡奪相尋，至於亂政，何嘗恪守玄學之旨，通玄學之義哉？如果確實遵行玄學以至於亡國亂政，則其罪實不可逭，今既不通其義，復罔顧而行，以至於敗亂，竟委罪玄學欲找一替罪之羔羊，爲當事者出脫，亦爲自身之不能振興儒學文過，其於王弼何辜？於王弼亦何損焉？

清代朱彝尊〈王弼論〉說：

> 毀譽者，天下之公，未可以一人之是非偏聽而附和之也。孔穎達有言「傳易者更相祖述，惟魏世王輔嗣之注，獨冠古今。」漢儒言易，或流入於陰陽災異之說，弼始暢以義理。惟因范寧一言，詆其罪深桀紂，學者過信之。〔註3〕

朱氏亦有見於范說不妥，故爲王弼辯解。且將輔嗣之功過，回歸於王弼《易》學之成就論之，此之謂知分際者也。明末黃宗羲論王弼之《周易注》說：

> 有魏王輔嗣出而注易，得意忘象，得象忘言，日時歲月，五氣相推，悉皆擯落，多所不關，庶幾潦水盡、寒潭清矣。顧論者謂其以老莊解易，試讀其注，簡當而無浮義，何曾籠絡玄旨。故能遠歷於唐，發爲正義，其廓清之功，不可泯也。(〈象數論序〉) 〔註4〕

黃氏謂王弼之《易》擯落漢人《易》說之弊，有廓清之功，贊其簡當而無浮義，皆中肯之評，唯說「何曾籠絡玄旨」則不然，王弼說《易》之太極是無，是一，復見天地之心，寂然至無，是以玄旨說《易》，不可謂沒有。王弼確能

諸僚屬登平乘樓，眺矚中原，慨然曰：『遂使神州陸沈，百年丘墟，王夷甫（行）諸人不得不任其責！』袁虎（《晉書》作「袁宏」）率而對曰：『運自有興廢，豈必諸人之過。』」頁626，正文，又見《晉書》卷九十八〈桓溫傳〉。

〔註3〕 參見容肇祖《魏晉的自然主義》引，頁7，商務。

〔註4〕 參見朱伯崑《易學哲學史》引，頁286，北大。

以玄悟契入《易傳》之形上領域，並已粗具儒家體用之形式意義，特未能充極其底蘊耳，何以故？以其玄理玄智未能正視實有層之天道仁體，故徒存一作用層作爲超越意義的保全，而不能直下就天道性命相貫通，生化萬物，創生萬有之天道仁體予以肯認，遂不能盡儒家仁德之全蘊，道德仁義終止是外在之應迹，因此亦未能盡《易傳》之精義，此老莊之義理之傳統，亦爲王弼之《易》注所繼承。因爲王弼以「據傳解經」之成規作注，且崇孔子爲圓滿人格之典型，其中必涉及儒道之義理分際，「無」是共法，有無之體用一如是共證，所證成之「境界形態」亦是實踐之教終極所必期而至者，王弼玄義則盡於此。由此可見玄學之高度，相對於儒，亦可見其虛歉。牟宗三先生於《才性與玄理》對王弼《易注》的義理實際與功過已有詳細之說明：

> 自子貢言「夫子之文章可得而聞，夫子之言性與天道不可得而聞」以後，孔門義理（第一序的道）一直隱沒不彰。王弼取道家言而填充之，至少可以豁醒聖人之境界，使人得有眞切之了悟與嚮往，不至終日正牆面而立也。其功爲不小，亦非只虛應故事，敷衍聖人之門面。蓋若自第二序之境界上的體而觀聖人，老莊之言亦實可用得上。如此，聖人畢竟是聖人，亦實應尊崇也。孔子稱堯「唯天爲大，惟堯則之，蕩蕩乎，民無能名焉。」稱舜「無爲而治者，其舜也與！」孔子亦自言「予欲無言」。王弼云：「子欲無言，蓋欲明本。舉本統末，以示物於極者也。」又云：「修本者廢末，則天以行化。」（《論語集解》皇疏九）。此明示孔子不但深契於堯舜之渾化與無爲，且其本人以其天縱之資亦實能至乎此境界。唯漢以後儒者忙於禮樂教化，章句訓詁，而王者則忙於典章制度，經國大業，日疲命於聖人之「迹」，而不知其「所以迹」。於聖人無爲渾化之境，全然不能正視其意義。遂成無源之死水，糾纏於聖人糟粕之中而不知其本源。於是乎聖人死矣。王弼出而以道家言指點而豁醒之，其功豈得謂小哉。〔註5〕

牟先生雖以孔門性命天道之義理，乃道家所沒有，亦以此看王弼之玄學，可謂得其實。惟其說自子貢以後，孔門天道性命之義理遂隱沒不彰，意恐未符歷史之事實，孟子之言「盡心知性知天」（《孟子・盡心》）、《中庸》之言：「誠者，天之道。」「自誠明，謂之性。」又說「唯天下之至誠爲能盡其性，能盡

〔註 5〕 牟宗三先生《才性與玄理》，頁121，學生。

其性，則能盡人之性；能盡人之性，則能盡物之性；能盡物之性，則可以贊天地之化育，可以贊天地之化育，則可以與天地參矣。」皆可謂能得孔門天道性命之義理者，唯自荀子之後，天道性命之形上實體義便失落，此後步步隱晦，在論名教一節中已述之詳矣。又文中引王弼《論語釋疑》語云：「修本者廢末，則天以行化。」（皇疏引）文字恐有誤，覆核原文當爲「是以修本廢言，則天而行化。」〔註6〕其義始合於前面注文「予欲無言，蓋欲明本，舉本統末，而示物於極者也。」蓋王弼之玄學未嘗言「修本廢末」但云「崇本舉末」、「舉本統末」和「崇本息末」。牟先生肯定王弼豁醒之功，此是復甦義理之第一步，至宋明儒始達於天道性命之實義，可見王弼非無功於聖門也。於此亦可見王弼將仁義視爲子而不可以爲母，雖欲以無爲母，以「守母以存子」之作用的保存之方式保住仁義，終是一應迹，而無法肯定得住，然亦未至於使儒雅蒙塵也。

章太炎在〈五朝學〉一文中說：

> 玄學常與禮律相扶，自唐以降，玄學絕，六藝方技亦衰。……五朝有玄學，知與恬交相養，而和理出其性，故驕淫息乎上，躁競弭乎下。及唐，名理蕩蕩，夸奢復起，形於文辭、播於小說者，參而伍之，則居可知矣。……五朝所以不競，由任世貴，又以言貌舉人，不在玄學。顧炎武粗識五朝遺緒，以矜流品爲善，即又過差。五朝士大夫，孝友醇素，隱不以求公車微聘，仕不以名勢相援爲朋黨，賢於季漢，過唐、宋、明益無訾。其矜流品，成于貴賤有等，乃其短也。〔註7〕

章太炎此文大力爲玄學澄清辯誣，一反裴頠、范寧之說，掘發玄學有功於教化，返人心於純樸，確爲前人所未見，非捕捉影響之論，必深造於玄學者，方能言此。充分理解王弼：「閑邪在乎存誠，不在善察；息淫在乎去華，不在滋章。」「故不攻其爲也，使其無心於爲也；不害其欲也，使其無心於欲也。謀之於未兆，爲之於未始，如斯而已矣。」〔註8〕且明白王弼玄學「崇本息末」之宗旨，引文所言「知與恬交相養，而和理出其性，故驕淫息乎下，躁競弭

〔註6〕皇侃《論語義疏》卷九，頁4～5，新安鮑氏知不足齋本，古經解彙函第二十一。

〔註7〕章太炎《章太炎學術史論集》（北京：中國社會科學出版社，1997年）下輯〈五朝學〉，頁267。

〔註8〕《王弼集校釋》，〈老子旨略〉，頁198。

乎下」相切合。劉師培更對玄學推崇備至,《左盦外集》云:

> 兩晉六朝之學,不滯於拘墟,宅心高遠,崇尚自然,獨標遠致,學
> 貴自得。……故一時學士大夫,其自視既高,超然有出塵之想,不
> 爲浮榮所束,不爲塵網所攖,由放曠而爲高尚,由厭世而爲樂天。……
> 雖曰無益於治國,然學風之善,猶有數端。何則?以高隱爲貴,則
> 躁進之風衰;以相忘爲高,則猜忌之心泯;以清言相尚,則塵俗之
> 念不生;以游覽歌咏相矜,則貪殘之風自革。故託身雖鄙,立志則
> 高。被以一言,則魏晉六朝之學不域于卑近者也,魏晉六朝之臣不
> 染于汙時者也。〔註9〕

劉師培綜合評論六朝之學,必以玄學爲代表。所論者恰是玄學正面之形象或
影響,也看到玄學在歷代學術中較爲獨特的面目,崇尚自然,學貴自得,立
志高尚,超然遠志,不域卑近,不染時汙,均給予積極之肯定。惟其所說「無
益於治國」,輒恐未必然。時代愈降,民主自由之趨向愈明顯,道家或玄學之
肯定個體自我實現之價值,和包容異國殊風之理念,尊重每一個族群文化的
自主性,較之以往任何一個時期,更能適應時代之需求,此當爲有識之士所
共睹者,亦爲將來政治實踐理念之先行者。

　　王弼玄學之大義大抵如此,其於玄學之功過亦當歸於玄學而言,近代之
研究魏晉玄學者多能論及之,皆推王弼爲玄學之創始人,領導魏晉一代之思
潮,將中國哲學思想推至先秦之後的又一高峰,王弼誠有功焉。

〔註 9〕　劉師培《左盦外集・卷九・論古今學風變遷與政治之關係》,見《劉申叔遺書》
　　　　冊三(臺北:大新書局,1965 年),頁 1769～1770。

參考書目

壹、書籍部份

1. 《周易注》附略例，王弼、邢璹注，陸德明釋文，北宋刊本影印，無求備齋易經集成（二），成文。

2. 《周易注》附略例，王弼、邢璹注，宋刊本影印，無求備齋易經集成（二），成文。

3. 《周易注》附略例，王弼、邢璹注，清乾隆四十八年武英殿刊仿宋相臺本，師大東北大學藏書，又見易經集成影印本（三），成文。

4. 《周易》，魏王弼、晉韓康伯注、唐孔穎達正義十三經注疏本，藝文。

5. 《周易王韓注》，中華四部備要本。

6. 《周易略例》，漢魏叢書，明陳榮刻本，又見易經集成本（一四九），成文。

7. 《易》，皇清經解，漢京。

8. 《易》，皇清經解續編，漢京。

9. 《周易集解》，李鼎祚，學生，又，上海古籍。

10. 《周易集解纂疏》（一、二），李道平，學生。

11. 《清儒易經彙解》，楊家駱主編，鼎文。

12. 《周易本義》，朱熹，河洛。

13. 《易程傳》，程頤，河洛。

14. 《周易的自然哲學與道德函義》，牟宗三先生，文津。

15. 《讀易會通》，丁壽昌，河洛。

16. 《周易大傳今注》，高亨，齊魯。

17. 《易傳之形成及其思想》，戴璉璋先生，文津。

18. 《周易大傳新注》，徐志銳，齊魯。

19. 《周易經翼通解》，王弼註，星野恆撰，林枝鄉校訂。

20. 《周易、老子、王弼集校釋》，樓宇烈，華正。

21. 《易學哲學史》，朱伯崑，北大。

22. 《周易譯注》，黃壽祺，張善文，上海古籍。

23. 《周易全解》，金景芳，呂紹綱，吉林新華。

24. 《周易今註今譯》，徐芹庭，南懷瑾，商務。

25. 《兩漢易學史》，高懷民，文津。

26. 《易學新論》，嚴靈峰，正中。

27. 《先秦漢魏易例述評》，屈萬里，學生。

28. 《易老通言》，程大昌，無求備齋易經集成本，成文。

29. 《易緯》，不著作者，三才。

30. 《王弼及其易學》，林麗眞，台大文史叢刊。

31. 《易傳道德的形上學》，范良光，商務。

32. 《周易經傳象義闡釋》，朱維煥，學生。

33. 《周易通義》，李鏡池，北京新華。

34. 《易學論著選集》，黃沛榮編，長安。

35. 《周易概論》，劉大鈞，齊魯。

36. 《論語・孟子》，十三經注疏本，藝文。

37. 《論語義疏》，皇侃，古經解彙函（二十一），新安知不足齋本。

38. 《四書譯注》，朱熹集註，鵝湖。

39. 《論語譯注》，楊伯峻，明倫。

40. 《穀梁傳》《公羊傳》，十三經注疏本，藝文。

41. 《經典釋文》，陸德明，抱經堂本，漢京。

42. 《經典釋文敘錄疏證》，吳承仕，崧高。

43. 《說文解字注》，段玉裁，蘭臺。

44. 《爾雅義疏》，郝懿行，中華四部備要本。

45. 《小爾雅疏證》，胡承珙，中華四部備要本。

46. 《方言疏證》，揚雄撰，戴震疏，中華。

47. 《史記》，司馬遷，標校本二十五史，鼎文。

48. 《漢書》，班固，標校本二十五史，鼎文。

49. 《後漢書》，范曄，標校本二十五史，鼎文。

50. 《三國志》，陳壽，標校本二十五史，鼎文。

51. 《三國志集解》，盧弼，漢京。

52. 《晉書》，房玄齡，標校本二十五史，鼎文。

53. 《梁書》，姚思廉，標校本二十五史，鼎文。

54. 《隋書》，魏徵等，標校本二十五史，鼎文。

55. 《舊唐書》，劉昫，標校本二十五史，鼎文。

56. 《新唐書》，歐陽修，標校本二十五史，鼎文。

57. 《二十二史箚記》，趙翼，商務。

58. 《魏晉南北朝史論叢》，唐長孺，坊間翻印。

59. 《中國知識階層史論》，余英時，聯經。

60. 《兩漢思想史》（一～三），徐復觀，學生。

61. 《中國思想史論集》，徐復觀，學生。

62. 《中國思想史論集·續編》，徐復觀，學生。

63. 《魏晉南北朝文化史》，羅宏曾，四川新華。

64. 《中國歷史紀年表》補訂本，萬國鼎，鼎文。

65. 《中國思想通史》〈魏晉南北朝思想〉第三卷，侯外廬，北京。

66. 《後漢紀》，袁宏，商務。

67. 《後漢書集解》，王先謙，藝文。

68. 《老子道德經注》，王弼，古逸叢書之六，集唐字本，藝文，又見老子集成本。

69. 《老子道德經》，王弼注，紀昀校訂，文史哲。

70. 《老子王弼注》，石田羊一郎刊誤，河洛。

71. 《道德眞經集註》，唐明皇、河上公、王弼、王雱註，道藏，洞神部，玉訣類，老子集成本，藝文。

72. 《王弼道德眞經註》，王弼，明刊正統道藏本景印，老子集成本，藝文。

73. 《老子》，王弼注，中華四部備要本。

74. 《老子·帛書老子》〈王弼注〉，學海。

75. 《老子微旨例略》，王弼，明刊正統道藏本景印，老子集成本，藝文。

76. 《讀老子札記》，陶鴻慶，老子集成初編，藝文。

77. 《王弼注老子》，孫鑛評，老子集成初編，藝文。

78. 《道德眞經傳》，陸希聲，老子集成初編，藝文。

79. 《讀老札記》，易順鼎，老子集成本，藝文。

80. 《老子本義》，魏源，商務。

81. 《老子》，陳柱選註，商務。

82. 《音注河上公老子道德經》，東萊先生重校，廣文。

83. 《王注老子標釋》，近藤元粹，老子集成本，藝文。

84. 《老子王弼注校記》，劉國鈞，老子集成本，藝文。

85. 《老子王注標識》，東條弘，老子集成本，藝文。

86. 《老子古義》，楊樹達，老子集成本，藝文。

87. 《老子校詁》，蔣錫昌，東昇。

88. 《老子校釋》，朱謙之，北京中華，又里仁。

89. 《老子道德經箋注》，丁仲祜（福保），廣文。

90. 《老子達解》，嚴靈峰，華正。

91. 《老子探義》，王淮注釋，商務。

92. 《老子正詁》，高亨，開明。

93. 《老子詮證》，李勉，東華。

94. 《老子讀本》，余培林先生，三民。

95. 《老子今注今譯》，陳鼓應，商務。

96. 《老子讀本》，張默生，大夏。

97. 《帛書老子註譯研究》，許杭生，浙江人民。

98. 《老子新譯》，任繼愈，谷風。

99. 《老子道德經憨山解》，憨山大師，琉璃經房。

100. 《老子衍・莊子通》，王夫之，北京中華。

101. 《莊子》，郭象註，藝文。

102. 《南華真經注疏》，郭象註，成玄英疏，集成本。

103. 《莊子集釋》，郭慶藩，世界，又木鐸。

104. 《南華真經正義》，陳壽昌，新天地。

105. 《莊子纂箋》，錢穆，三民。

106. 《莊老通辨》，錢穆，三民。

107. 《老莊研究》，嚴靈峰，中華。

108. 《莊子讀本》，黃錦鋐先生，三民。

109. 《莊子哲學及其演變》，劉笑敢，北京。

110. 《莊子研究》，復旦大學。

111. 《荀子集解》，王先謙，藝文。

112. 《荀子新注》，蘄新校注本，里仁。

113. 《荀子集釋》，李滌生，學生。

114. 《十一家注孫子》，曹操等注，里仁。

115. 《管子・商君書》，世界。

116. 《墨經分類譯註》，譚戒甫，崧高。

117. 《淮南鴻烈集解》，劉文典，粹文堂。

118. 《揚子法言・管子・潛夫論・中論》，四部叢刊正篇，商務。

119. 《春秋繁露》，董仲舒，河洛。

120. 《董仲舒》，韋政通，東大。

121. 《太玄經》，揚雄，中華四部備要本。

122. 《論衡》，王充，世界諸子集成本。

123. 《白虎通》，班固等，商務叢書集成簡編。

124. 《潛夫論》，王符，漢魏叢書本，新興。

125. 《人物志》，劉邵，中華四部備要本。

126. 《王弼》，林麗真，東大。

127. 《傅玄・嵇康・王弼》，林麗真、韓復智、何啓民，商務，中國歷代思想家。

128. 《阮嗣宗集》，華正。

129. 《嵇康集校注》，戴明揚，河洛。

130. 《列子集釋》，楊伯峻，坊間翻印。

131. 《諸子治要・意林》，世界。

132. 《僧肇》，李潤生，東大。

133. 《肇論略注》，憨山大師，佛教。

134. 《郭象・葛洪》，黃錦鋐先生，尤信雄，商務。

135. 《弘明集》，釋僧祐，中華四部備要本。

136. 《廣弘明集》，釋道宣，中華四部備要本。

137. 《正始玄學》，王葆玹，齊魯。

138. 《魏晉思想論》，劉大杰，中華。

139. 《魏晉的自然主義》，容肇祖，商務。

140. 《玄學・文化・佛教》，湯錫予，盧山。

141. 《郭象與魏晉玄學》，湯一介，湖北新華。

142. 《魏晉自然思想》，盧建榮，聯鳴。

143. 《自然與名教》，不著作者，木鐸。

144. 《魏晉三大思潮論稿》，田文棠，陝西新華。

145. 《魏晉思想》，甲編五種，里仁。

146. 《魏晉思想與談風》，何啓民，學生。

147. 《魏晉玄學史》，許杭生，陝西師大。

148. 《中國思想群論》，馮二難（友蘭），天華。

149. 《諸葛孔明全集》，附評傳，北京中國。

150. 《世說新語校牋》，楊勇，正文。

151. 《世說新語箋疏》，余嘉錫，仁愛。

152. 《日知錄集釋》，顧炎武撰，黃汝成集釋，中文。

153. 《漢魏叢書》，明陳榮刻本，新興。

154. 《全上古三代秦漢三國六朝文》（二），〈三國晉〉（上），中文。

155. 《才性與玄理》，牟宗三先生，學生。

156. 《圓善論》，牟宗三先生，學生。

157. 《現象與物自身》，牟宗三先生，學生。

158. 《心體與性體》（一～三），牟宗三先生，正中。

159. 《從陸象山到劉蕺山》，牟宗三先生，學生。

160. 《中西哲學之會通十四講》，牟宗三先生，學生。

161. 《中國哲學的特質》，牟宗三先生，學生。

162. 《智的直覺與中國哲學》，牟宗三先生，商務。

163. 《名理論》，牟宗三先生譯，學生。

164. 《中國哲學十九講》，牟宗三先生，學生。

165. 《理則學》，牟宗三先生，正中。

166. 《中國哲學原論・導論篇》，唐君毅，學生。

167. 《中國哲學原論・原道篇》（壹貳叁），唐君毅，學生。

168. 《哲學論集》，唐君毅全集卷十八，學生。

169. 《中國哲學原論・原性篇》，唐君毅，學生。

170. 《中國哲學史》，勞思光，三民。

171. 《中國哲學史大綱》，蔡仁厚，三民。

172. 《中國哲學史》，馮友蘭，翻印本。

173. 《中國哲學發展史》，秦漢，任繼愈主編，北京新華。

174. 《中國哲學發展史》，魏晉南北朝，任繼愈主編，北京新華。

175. 《中國哲學史新編》（一～五），馮友蘭，人民。

176. 《中國哲學史》（上、下），肖萐父，李錦全合編，人民。

177. 《中國哲學史方法論發凡》，張岱年，北京中華。

178. 《中國哲學史論文二集》，馮友蘭，上海。

179. 《中國哲學問題史》，宇同（張岱年），文史哲。

180. 《中國哲學範疇史》，葛榮晉，黑龍江新華。

181. 《中國哲學範疇發展史》（天道篇），張立文。

182. 《中國之科學與文明》（二），李約瑟撰，陳立夫主譯，商務。

183. 《老子哲學》，王邦雄先生，東大。

184. 《儒道之間》，王邦雄先生，漢光。

185. 《儒墨平議》，陳拱，商務人人。

186. 《中庸形上思想》，高柏園，東大。

187. 《儒家與康德》，李明輝先生，聯經。

188. 《佛性與般若》，牟宗三先生，學生。

189. 《佛教的概念與方法》，吳汝鈞，商務。

190. 《空之哲學》，梶山雄著，吳汝鈞譯，文殊。

191. 《西洋哲學史》，傅偉勳，三民。

192. 《康德的道德哲學》，牟宗三先生譯註，學生。

193. 《康德「純粹理性批判」》（上、下），牟宗三先生譯註，學生。

194. 《康德〔純粹理性批判〕導讀》，李明輝先生，聯經。

195. 《道德底形上學之基礎》，康德著，李明輝先生譯，聯經。

196. 《知識論》，孫振青，五南。

197. 《當代西方哲學與方法論》，台大哲學系主編，東大。

198. 《哲學史演講錄》，黑格爾，谷風。

199. 《儒學與康德的道德哲學》，楊祖漢先生，文津。

200. 《般若經講記》，印順，妙雲集。

201. 《解釋學簡論》，高宣揚，遠流。

202. 《理解的命運》，殷鼎，東大。

203. 《符號、語言與藝術》，俞建章、葉舒憲，久大。

204. 《語言、真理與邏輯》，艾耶爾，弘文館。

205. 《從西方哲學到禪佛教》，傅偉勳，東大。

206. 《從創造的詮釋到大乘佛學》，傅偉勳，東大。

207. 《「文化中國」與中國文化》，傅偉勳，東大。

208. 《不以規矩不能成方圓》，劉君燦，東大。

209. 《漢晉學術編年》上下，劉汝霖，長安。

210. 《無求備齋學術新著》，嚴靈峯，商務

貳、論文部份

1. 〈王弼易學中的玄思〉，戴璉璋先生，《中央研究院文哲研究所集刊》創刊號，抽印本，1989 年 6 月。

2. 〈老子形上思想之詮釋與重建〉（一～六），袁保新先生，《鵝湖》一一一～一一五期。

3. 〈老子形上學之義蘊〉（上、下），胡以嫻，《中國文化月刊》四十七、四十九期。

4. 〈魏晉清談主題之研究〉，林麗眞，台大中文研究所博士論文，1978 年 6 月。

5. 〈老子王弼注校訂補正〉，李春，師大國文研究所碩士論文，1981 年 6 月。

6. 〈王弼老學之研究〉，高齡芬，輔大中文研究所碩士論文，1989 年 6 月。

7. 〈從災異到玄學〉，謝大寧，師大國文研究所博士論文，1989 年 6 月。

8. 〈魏晉儒道會通思想之研究〉，顏國明，師大國文研究所碩士論文，1987 年 6 月。

9. 〈裴頠崇有論研究〉，詹雅能，師大國文研究所碩士論文，1988 年 6 月。

10. 〈僧肇般若思想之研究〉，蔡纓勳，師大國文研究所碩士論文，1985 年 6 月。

11. 〈大乘起信論「一心開二門」之研究〉，孫富支，文化大學哲學研究所博士論文，1990 年 6 月。

12. 〈周易研究論文集〉第二輯，黃壽祺，張善文，北京師大。

13. 〈論儒學客觀化的曲成問題──爲「一心開二門」進一解〉，王邦雄先生，中央大學人文學報。

14. 〈「穀梁傳疏」所引王弼「周易大演論」佚文考釋〉，王葆玹，《中國哲學史研究》，1984 年，頁 4。

15. 〈論魏晉時期的諸子百家〉，許杭生，《中國哲學史研究》，1982 年，頁 3。

16. 〈王弼易學的方法論思想〉，喻博文，《中國哲學史研究》，1987 年，頁 3。

17. 〈崇本舉末和崇本息末〉，商聚德，《中國哲學史研究》，1985 年，頁 3。

18. 〈言意之辯及其意義〉，蒙培元，《中國哲學史研究》，1983 年，頁 1。

19. 〈劉邵「人物志」中的人才哲學思想〉，鄒本順，《中國哲學史研究》，1983 年，頁 4。

20. 〈漢魏學術變遷與魏晉玄學的產生〉，湯用彤遺稿，《中國哲學史研究》，

1983 年，頁 3。

21. 〈淺析王弼的「崇本息末」說〉，那薇，《中國哲學史研究》，1983 年，頁 4。

22. 〈王弼之形上學〉，李增，《中國哲學史研究》，1985 年，頁 4。《哲學與文化》，1984 年 4 月。

23. 〈論王弼的認識論〉，胡賢鑫，《中國哲學史研究》，1987 年，頁 4。

24. 〈王弼倫理思想略論〉，朱文祿，《中國哲學史研究》，1986 年，頁 2。

25. 〈中國古代思想史「體」（Body）的意義〉，美・R.T，阿密斯，李小兵譯，《中國哲學史研究》，1986 年，頁 1。

26. 〈王弼老學之無與無名〉，張成秋先生，木鐸（十），1984 年 6 月。

27. 〈王弼老學之道與無〉，張成秋先生，《新竹師專學報》，1985 年 2 月。

28. 〈王弼老學之大智與小智〉，張成秋先生，《新竹師專學報》，1987 年 12 月。

29. 〈魏晉人論聖賢高士〉，林麗真，《孔孟月刊》第十八期，頁 3。

30. 〈天才哲學家王弼——兼論「聖人體無」的玄理〉，莊耀郎，《國文天地》第五期，頁 3。

31. 〈試論道德經的生命進路〉，莊耀郎，《中國學術年刊》第八期，1985 年 6 月。

32. 〈王弼的孔老論〉，莊耀郎，中央研究院文哲研究所 1990 年研究生論文發表會論文

附錄：王弼道論的義涵

提　要

　　本文重點在闡述王弼道論的義涵，由注文和老子文本相對照，尋索兩者之間的差異，並順此差異處切入，說明兩家道論內涵的不同。老子的道，涵有「有」、「無」雙重性，具足作用層及實有層。王弼道的內容則只偏論「無」，只有作用層，而無實有層，將「有」刊落在形而下的層次，與萬物同層。

　　王弼既將「無」視同為道，則「道生萬物」的方式，遂成為不生之生，讓開成全，令萬物自生。「自然」義則落於萬物之自己如此、自我實現作解，雖亦具有備載萬物、殊異俱存之存有論的旨趣，卻只是作用地保全萬物價值的純粹性，失去了「有」的創生性。相應於「無」與「自然」的義涵，王弼便提出「崇本息末」、「守母存子」的主張，用以保住既存的事物存在的價值，並藉此安立名教，完成其玄學體系。

　　王弼道論因為偏於「無」的一面立說，所以道沒有創生義，只有實現義，對一切的存在或價值，就無法給予充分的說明。創生之根源不明，輒只能保全既有之物，如此則文明恐有陷於停滯之虞。就理論的豐富性和形式的完整性而言，顯然不及老子的道論。

　　關鍵詞：道、有、無、自然、名教。

一、前 言

王弼為正始玄學的代表，也是魏晉玄學理論的奠基者。論者謂王弼掃盡漢人氣化宇宙生成論和結構論的氛圍，轉而就本體論立說〔註1〕，是漢魏學術性格最大之不同，在思想史上標幟著一大進展。

王弼玄學的內容固有多端，如有無論、聖人論、言意之辯、自然與名教等，然這些論題，皆可統合在道論之下討論，因此，道論無疑是玄學之核心，尋思王弼的道論，即成為理解玄學的首要之務。王弼以注解的方式建構其玄思，歷代學者亦多稱其善注〔註2〕，推崇其注解《老子》，確有相應的心靈〔註3〕。雖然如此，王弼《老子注》和《老子》文本之間所存在的差異，實不容否認〔註4〕。換言之，王弼其實是相沿「以述為作」的傳統，藉著注解經典的方式立說，成為一家之言。此可由王弼注和《老子》道論思想的不同，得到清楚的說明。

王弼玄學，乃為其因應時代之流衍，以及其生命存在與道家智慧相應的心靈，既有所承繼，亦有所改造，而成為玄學思潮的先聲，故玄學的基本精神即承先秦道家而來，而又有所更新。如何理辨別其中的變化、如何詮釋其中的歧異，並索解玄學的義蘊，即本文之用心所在。

本文由比對王弼注和《老子》文本的不同處入手，進而疏理相關的章句，據此闡明道論的義涵，從而理解王弼玄學的洞見，確立其在道家思想發展史上所具有之獨立地位。

二、王弼、老子道論的差異

王弼和老子思想之差異，關鍵即在於對道的理解之不同。王弼論道只是無，老子之道則不止是無，而是有無並說。《老子‧第一章》云：

　　道可道，非常道；名可名，非常名。無名天地之始，有名萬物之母。

〔註1〕 湯用彤〈王弼大衍義略釋〉，見《魏晉玄學論稿》，該書收入《玄學‧文化‧佛教》（臺北：盧山，1978年初版），頁59～64。

〔註2〕 陸德明《經典釋文‧序錄》說：「王輔嗣妙得虛無之旨。」吳承仕云：「其所注悉中《老子》意以不？固不敢知，然古今作者，莫之或先也。」二說俱見吳承仕《經典釋文序錄疏證》（臺北：新文豐，1975年初版），頁118、119。

〔註3〕 牟宗三《才性與玄理》（臺北：學生，1978年三版），頁127。

〔註4〕 唐君毅云：「王弼沿人心之體此虛無之義，以言老子之道，亦可能是高看老子，或只明老子之一勝義。」則指出王弼偏解《老子》「無」的一義。見唐君毅《中國哲學原論‧原道篇式》（臺北：學生，1978年三版），頁353。

故常無欲以觀其妙，常有欲以觀其徼。此兩者同出而異名，同謂之
玄，玄之又玄，眾妙之門。〔註5〕

《老子》首章專論常道，常道的內容是無與有，以無、有作為天地萬物始成
的根據，道物兩層區分。常道本不可言說，凡可言說則非常道，因此，只能
指點地說、象徵地說。如果不通過言說，則無法指點。因為老子的道是「無
為之事，不言之教」，立足於主體的實踐而非思辯。實踐則有賴工夫修養，躬
行親證方能領悟。凡言說皆方便，故曰：「強為之名。」既言說則要作分解的
展示，道的內容既為無、有，則各有其義。無名天地之始，為妙用；有名萬
物之母，為徼向。玄則是無與有的作用，兩者渾然同體，顯示道為恆動的存
有，不是一靜寂的獨體，說明生命的動向，而不是思辨的對象。因為生命的
存在是活生生的，生活天地變動不已。嚴格說，道無所謂動靜，亦無所謂先
後。有與無兩者是一體整全而不可分的，無非空無，必作用於有而始可言無；
有非定有，必依於無而始可說真有。此「有」為價值已貞定之真有，自身圓
滿具足，恆無滯累。有、無是超越於天地萬物之上，作為天地萬物以始以成
之形上根據。至於有、無如何能始成萬物，則是深奧而不可測度，玄妙而無
法識知，因此謂之玄。這是老子的智慧，其洞見是依於聖證的生命發出，落
在主體的修養上說，以安頓生命為依歸，而非通過思辨的方式，設想一客觀
萬物存在的根據。換言之，老子的智慧，是通過聖證的道心指點無、有。無
即是道心的虛靈無執的妙用，有就是此道心的徼向，玄則是有無兩者的相互
作用，如此則無不滯於死無，而是具妙用的無；有不陷於執有，而是貞定的
真有。道由此展開具體的作用，這是不斷迴轉辯證的歷程，乃扣緊生命實踐，
從精神修養上說。

王弼在注解此章時，則明顯地將道的內容規定為「無」，將「有」下屬於
萬物。其注解「無名天地之始，有名萬物之母」，云：

凡有皆始於無，故未形無名之時，則為萬物之始。及其有形有名之
時，則長之、育之、亭之、毒之，為其母也。言道以無形無名始成
萬物，以始以成，而不知其所以，玄之又玄也。（《老子・一章》注，
頁1）

王弼此段注文以「無名」、「有名」句讀。常道是無形無名，義理順適可通，

〔註5〕樓宇烈《王弼集校釋》（臺北：華正，1983年初版），頁1。本文凡徵引《老
子》文本或王弼注皆據此本。

卻不可以說常道是有形有名。因此,「有形有名」是萬物之名,指事造形,非屬於常道。「凡有皆始於無」,宜理解爲「萬物皆始於無」,「有」和萬物同層次,和下文「言道以無形無名始成萬物」文義相貫。因此,《老子》道之有無雙重性改變爲只偏取無之一面,明顯可見。

其注「故常無欲以觀其妙,常有欲以觀其徼」,云:

> 妙者,微之極也。萬物始於微而後成,始於無而後生,故常無欲空虛,可以觀其始物之妙。
>
> 徼,歸終也。凡有之爲利,必以無爲用。欲之所本,適道而後濟,故常有欲,可以觀其終物之徼也。

王弼句讀承前文「無名」、「有名」而來,因此在本段亦以「無欲」、「有欲」爲句。無欲乃透過修養所達致之冲虛心境,是「體無」境界的呈現,屬於道的內容,順適條暢,毫無窒礙。然而「有欲」之歸屬,則必須審愼辨析。因爲「有欲」無論是《老子》文本,或是王弼注文,都不可作爲表述形上道體的層次〔註6〕。又說:「欲之所本,適道而後濟。」若逕以「有欲」釋《老子》之有,則宜理解爲道之有性,但是有本屬於道,自身當圓滿具足,又何必「適道而後濟」?由此可見王弼將《老子》之「有」和「道」相對爲言,其屬性已落爲形而下,與萬物同層次。

《老子・四十章》云:「天下萬物生於有,有生於無。」此乃由萬物向後返,以追溯其始生之根源,即所謂存有論之論述。順章句解,有「萬物」、「有」、「無」三層區分,如依第一章之道的內容論,則「有」是萬物之母,「無」是天地之始,有、無同屬於道,實際上仍是道物兩層。但是,王弼注解此章云:

> 天下之物皆以有爲生。有之所始,以無爲本。將欲全有,必反於無也。(《老子・四十章》注,頁110)

王弼將《老子》文本「天下萬物生於有」,注解成「天下之物皆以有爲生」。「生於有」解爲「以有爲生」,於是乎「所從出」或「生出」的意思不見了。「以有爲生」,依王弼義理脈絡理解,則是「以有形有名的狀態存在」。如果

〔註6〕「欲」本屬形下經驗層次,故老子要求無欲,即去除過分的欲求。如「不見可欲,使民心不亂」(〈第三章〉)、「化而欲作,吾將鎮之以無名之樸」(〈三十七章〉)、「咎莫大於欲得」(〈四十六章〉)。可見老子對於過分的欲求,懷著很高的戒心,是會擾亂民心,引致咎尤的根源,所以要求無欲。

此解不誣，則王注將有和萬物視爲同層，下屬於物，而不屬於道。「有之所始，以無爲本」，是說有形有名之萬物始生之時，必依無形無名的道作爲其根據。此根據有何作用？旨在保全。「將欲全有，必反於無也」，若要保全有形有名之萬物，必定要回歸於無形無名的道。物不能保全其自身價值之純粹，必賴無以作用地保全之。因爲老子將有歸屬於道，故其論有，恆與無作爲道之兩面相，是價值已通過無所作用的有，此有既屬於道，本身即爲道之有性，當然不致有失道或不全之疑慮。王注的「有」則不同，因其論有屬於物的層面，凡物之存在則無法保證其自身之圓滿，無法貞定其自己，一旦失其價值之根源，則弊累滅裂勢必接踵而至，一體不能自全。所以要向後返求一形上之根據，用以保全其物性之純粹完全，此即「將欲全有，必反於無」之大義。

　　王弼將道之內容規定爲無，將有屬於物，於是乎在《老子》道中的有無雙重性，在王弼則改變爲形上、形下的無有兩層區分。此義在王弼注中是非常一致的，並非偶然。如：

> 夫无不可以无明，必因於有，故常於有物之極，而必明其所由之宗也。〔註7〕

> 本在無爲，母在無名，棄本捨母而適其子，功雖大焉，必有不濟；名雖美焉，僞亦必生。（《老子・三十八章》注）

> 萬物萬形，其歸一也。何由致一？由於無也。由無乃一，一可謂無。（《老子・四十二章》注）

王弼認爲「無」不是憑空思考所得，亦不是游離於現實之外的虛無，而是必因於有才能著明，就著有形有名之萬物，而明其所由之宗，乃爲無形無名，寂然虛靜，超言絕象的本體，或稱爲道、無、一、本、母等，與萬物相對，在玄學體系中則成爲道物、無有、一多、本末、母子的兩層區分，可以知其自具理論的一貫性，非屬偶然發想。

　　根據上述，吾人可以進一步提問，王弼將道規定爲無，將《老子》道中之有性取消，下屬於物，在意義上是否已改變？或者並不違老子之本義？以下嘗試討論這個問題。

　　如上文所論，王弼將《老子》道中「有之徼向性」取消了，道之內容成

〔註7〕韓康伯《周易・繫辭・大衍之數》注引王弼曰，據《周易王韓注》卷七（臺北：中華，1985年臺五版，四部備要本），頁6。

爲只有「無」。王弼似乎是混同了道體中的有性和概括萬物之有的概念分際，然而此兩者無論是意義上，或義理層次的歸屬上，皆不相同。在《老子》道的內容中，僅管對道之「有性」沒有展開說明，只籠統地說了一句「有名萬物之母」，即指出道之有性，是作爲萬物生成存在的形上根據之意。在全書中，誠不如道之「無性」在義理上殊勝，審視全書，不斷地展開說明無的工夫、作用等，相對地，對「有」的著墨的確較少。但是，卻不能因此就可以取消「有性」所具有之義理分位。如果說《老子》道之「有性」沒有特殊化其實有之內容，如成爲一神宗教的上帝、西方哲學中的第一因、印度的梵天，或者是儒家的天道、仁體、良知等，是可以理解的。吾人若就道家詮釋的發展史上，可以發現許多對「有性」展開的各家說法，也就是它可能被詮釋的取向，例如《韓非子・解老》，則將《老子》的道視爲「道者，萬物之所然也，萬理之所稽也。理者，成物之文也；道者，萬物之所以成也。故曰：道，理之者也。物有理，不可以相薄，故理之爲物之制，萬物各異理。萬物各異理，而道盡稽萬物之理，故不得不化。」〔註8〕如此解則明顯地實有化，以道爲成就萬物異理之客觀的大理。其次如《淮南子》之論述，則以宇宙論方式說明，〈天文訓〉云：「道始于虛霩，虛霩生宇宙，宇宙生（元）氣。」〔註9〕亦將道實有化。至河上公則重在節欲養生，以長生久視，已涉及客觀面之氣稟形軀之問題，不能只論主觀生命之收斂儉嗇工夫。〔註10〕

以上所舉三例，可視爲《老子》的道之詮釋的可能方向，於《老子》原義而言，或可或不可，或必或不必。因此，說「有性」不作特殊化的解釋，並不意味它可以隨意取消，或毫無作用與內容。相反地，此「有性」的性格更超越，可以涵蓋一切實有，作爲它的根源。《老子》智慧既爲聖證生命所發的洞見，亦必涵一存有論，而其所謂之自然，其最終之價值，必然地視每個生命爲一如其自己的價值義的存在。個體生命由始生至完成，在理論上必涉及實理實事之層面，針對在實踐歷程可能拖帶出的病累習氣，才可進一步論

〔註 8〕陳啓天《增訂韓非子校釋》（臺北：商務，1982 年四版），頁 748。
〔註 9〕劉文典《淮南鴻烈集解》（臺北：粹文堂，未著出版年月），頁 52。劉文典注：「王念孫云：『此當爲宇宙生元氣。』莊逵吉云：『《御覽》作「宇宙生元氣」。』」
〔註10〕《老子河上公注・體道第一》：「同謂之玄」注云：「玄，天也。言有欲之人，與無欲之人，同受氣於天。」「玄之又玄」注云：「稟氣有厚薄，得中和滋液，則生賢聖；得錯亂污辱，則生貪淫也。」已涉及客觀氣稟厚薄、清濁等論述。引文見《老子》四種卷一（臺北：大安，1999 年一版），頁 2。

及「爲道日損」的無爲工夫。爲了指點示現而分有分無，其實道爲一而不可分之整體。此「有性」恆作爲萬物出現及存在之形上根據，此實有之內容當有所展開，或爲價值義之理事，或爲客觀之氣稟才性，或爲體質形軀等一切存在之物事，乃理之必然。老子文本雖未作分解之說明，究其大義，舉凡人類文明創造之所由，生命一切之可能性，在因地上必有一根源性之說明，「有性」即承擔此一角色。

再檢視《老子・三十八章》：

> 故失道而後德，失德而後仁，失仁而後義，失義而後禮。夫禮者，
> 忠信之薄而亂之首。

此段可視爲老子的判教，茲先疏通文義。老子認爲道乃圓滿普遍者，具有無限內容之形上存有，然而道不可能永遠停留在超越普遍而無所展示，道必流行下貫於個體之生命，藉吾人之生命而體現之，此即「知天」、「人能弘道」之義。當道下貫賦予個體生命之中，內在於個體而謂之德，個體之內容俱得之於道，故謂之得也。一旦內在化、個體化，也勢必失去道的超越性、普遍性，而有所封限。此一下貫的歷程，既是道之具體化以展現其自己，亦是具體化以封限其自己。此即「天命之謂性」之「命」的義涵，即此命既有所賦予，亦有所限制。王弼所謂：「捨無以爲體，則失其爲大矣。」（《老子・三十八章》注）「失其爲大」，即失去道之絕對性之大。內在於個體之德，雖失去上述道的絕對性，但仍保有道之內容之自然，及在作用上之無爲，能不執不滯。自「德」以降，皆有所偏滯，仁義禮是也。「失道而後仁」者，不能無爲自然，而凸顯仁之一德，則是造立進向，有所專貴，就是王弼注所云：「下此以往，則失用之母，不能無爲，而貴博施。」（《老子・三十八章》注）以博施釋仁，仁雖有所專貴進向，猶不失其內在性、感通性。倘若一旦失去內在性、感通性，只能求外在行事之合宜性，此即「失仁而後義」。若合宜性也失落，只能依既設之規範而行，一旦落入規範，則內既失其根源，外亦不保其必然合宜，徒存外鑠之形式，此即「失義而後禮」。這是一步步下降的判分。

如果以上的疏解尚稱不誣，輒可進一步思考，雖然此段判教以是否具備「無爲」作爲分判的必要條件，然而，如果認定仁義禮忠信是實有之理，則更上乘圓滿的道與德，沒有理由只是一徒有作用，卻無實德內容之空架子。合理的推論是：道與德必然具備萬理萬德（亦必包括仁義禮忠信等諸德），而

又能不失無爲之作用，方能圓滿具足。

其次，「有」既爲形上之有，作爲道之內容，則其具足價值義而無疑。形而下現實之有則不必然，現實之有只顯一現象意義，不必然具價值義，惟有在道體所函的有，才具足價值義。認識此一分際，兩層「有」的層次不同，《老子》道中之有可當下即是，王弼之有則不必當下即是，究其何以不必之原由，乃在於「有本」、「無本」之區別。此即爲王弼玄學精萃之所在，否則他何以要不斷地強調「崇本舉末」、「崇本息末」、「守母存子」？

三、道之生與不生之生

「有性」在《老子》道中的地位確立後，則可以知道生有其實義，特其實義未詳爲展開而已，然猶一可在文本中找到一些線索。〈五十一章〉云：

> 道生之，德畜之，物形之，勢成之。是以萬物莫不尊道而貴德。道之尊，德之貴，夫莫之命而常自然。故道生之，德畜之；長之育之；亭之毒之；養之覆之。生而不有，爲而不恃，長而不宰，是謂玄德。

道始化萬物，德畜養萬物，歷經各種階段事物而形著萬物，因順各種形勢而成就萬物。道生萬物、畜養萬物、長育萬物、亭毒萬物、養覆萬物，和生、爲、長萬物，都屬實事實功。如〈三十四章〉：「萬物恃之而生而不辭，功成不名有，衣養萬物而不爲主。」生萬物、功成、衣養萬物，應是由道之有性開出；不司、不有、不主，則是道之無性的作用，《老子》道的雙重性在此得到充分說明，亦可見文本理論有一致性。

王弼既然將道的有性刊落爲形而下，則道只存一作用義的無，道能生物的實有義隱沒了。關於此義，王弼注的理路是一貫而清晰的，如〈五十一章〉注云：

> 物生而後畜，畜而後形，形而後成。何由而生？道也。何得而畜？德也。何由而形？物也。何使而成？勢也。（《老子·五十一章》注，頁 137）

王弼在《老子》文中說「道生」者，則轉爲「物生」。「何由而生？道也」之義，則往作用義之生解，非實有義之生。此義在注解第十章：「生而不有，爲而不恃，長而不宰，是謂玄德」時，有更明確的表示：

> 不塞其原，則物自生，何功之有？不禁其性，則物自濟，何爲之恃？物自長足，不吾宰成，有德無主，非玄而何？凡言玄德，皆有德而

　　　不知其主，出乎幽冥。(《老子・十章》注，頁 86)
凡《老子》文本中「生」、「爲」、「長」之實有義，王弼皆轉成物之自生、物之自濟、物之自長自足，道之作用只顯一虛靈不主之玄德。《老子》道之有無雙重性(「生」、「爲」、「長」是有性；「不有」、「不恃」、「不宰」是無性)，轉爲只有「無」的內容，只有作用層，而無實有層。若扣緊原文章句解，並不符原文的本義。「生而不有，爲而不恃，長而不宰」，依文解義是說：爲道者先有生、爲、長之實德，進一步方才能說虛其心，能不有、不恃、不宰，此謂之玄德。義理上完全由主體發出，亦由本體讓開，不待於外。再審視王弼注文，則文意將成爲：「物自生而我不有其功，物自濟而我不恃其爲，物自長而我不主宰。」原文單一主詞則分屬於物與我，分裂成兩個主詞的句式結構，確不符原文章句。苟若義理相通，亦可不必以符應章句爲要求，然稽察其理，實有所滑轉。唐君毅先生已注意到其中的差別，其言云：

　　老子原文，明是言己之有功而不居，己之爲長而不宰。非謂功之自彼成，物之自長成者，吾不能居其功，而爲之宰也。功自彼成者，不居功固易；功自己成者，不居功則難。不塞不禁，以任物自生自濟，而不有不恃固易；自有所爲、有所生，而不有不恃則難。則焉知老子之言「生而不有」、「爲而不恃」非就此難者爲言，而必如王弼之就其易者而言乎？〔註11〕

唐先生此文明白指出《老子》文本和王弼注的內容確有不同，此不同非僅止於文意之齟齬，更深入剖析兩造義理之差異。己有功而能不居，己有爲而能不恃，己長之而能不宰，此中方有功夫修養可言。一面積極生爲長，一面又能不有、不恃、不宰，由此言修養，才有實質意義。若物自生、物自濟、物自長足，則何由言有功、有爲、有長？既然無所生、無所爲、無所長，則本無功、本無濟、本無長，則所謂不居、不恃、不宰，皆成虛說。揆王弼之義理，只存一讓開成全，以不生的方式讓萬物自生，以不爲的方式令萬物自爲，以不長的方式使萬物自長。只消極地不干預、不執定、不宰制萬物，則道之積極面減殺，缺乏主動作爲的實現義。此雖建構了玄學的一家之言，而實與《老子》本義不相符，果如此，則〈十七章〉所言：「功成事遂，百姓皆謂我自然」，文中的「功成事遂」，明確指出係有道者所爲，非百姓所爲。爲道者應有所爲、有所事，而非只消極地讓開成全。類似的情形，也出現在〈三十

〔註11〕唐君毅《中國哲學原論・原道式》，頁 359。

七章〉注，其注解「道常無爲而無不爲」云：

> 順自然也。（案：此句注「道常無爲」。）

> 萬物無不由爲，以治、以成之也。（案：此句注「無不爲」。）

「道常無爲而無不爲」，宜解爲主體生命具沖虛之修養後，於事上輒能所爲皆當，能充分地完成之、實現之；惟能沖虛，故所爲亦能符於自然，其所成物皆若物之自然，而非放開只任物之自然。此義在〈四十八章〉：「爲道日損，損之又損，以至於無爲，無爲而無不爲」更爲顯豁。王弼注則將「無爲」，歸於主體之修養說「順自然也」，卻把「無不爲」落在外在客觀萬物上說分屬兩邊，由物上說爲之，以治、以成之，乃甚爲平庸之常識，因此便失落了主體一貫而下的「無爲而無不爲」之價值上之實現義。換言之，依王弼之注，主體修養之自然，如何和萬物之自然關聯起來，若將「自然」分屬於物我兩邊，物與我不相干，則如何保證物之充分實現，豈非反而自陷於理論上之困境。若只說「無爲」而沒有「無不爲」，則「無爲」之修養亦無著落，只是掛空的「無爲」，若不連屬「無爲」而徒說一「無不爲」，則「無不爲」只成爲無根據，無保證之「爲」，不具有價值義。

綜上所言，王弼將道的內容定爲只是無，則所謂「道生」的功能，必由積極生物轉而爲消極的讓開成全，此之謂「不生之生」〔註12〕。究竟在王弼玄理體系的「不生之生」意謂著什麼內容，涵藏著何種意義？以下嘗試論之。

四、「不生之生」之義蘊

（一）「自然」義落實於物上說

「自然」此一概念在《老子》文本中，向來居於道的層次，也是思想的核心概念。因爲用自然指點道的內涵，而道本不可言說，故說「希言自然」、「道法自然」。故王弼注解也說自然是「無稱之言，窮極之辭。」（《老子‧二十五章》注）依《老子》道論的義理脈絡，自然是通過修養體證所透顯的精神境界，無論是自己或萬物，都能如其自己而實現之、完成之，而不受任何

〔註12〕「不生之生」一語原出於郭象注解《莊子‧大宗師》：「夫道，……神鬼神帝，生天生地。」云：「無也，豈能生神哉？不神鬼帝而鬼帝自神，斯乃不神之神也；不生天地而天地自生，斯乃不生之生也。」牟宗三先生喜言之，見《中國哲學十九講》（臺北：學生，1983年初版），頁104、112。

的宰制，如「夫莫之命而常自然」（〈五十一章〉）、「功成事遂，百姓皆謂我自然」（〈十七章〉）、「以輔萬物之自然」（〈六十四章〉）。道家在此處有一洞見，認爲萬物之存在各有具特殊之質性，能如其自己而實現之，則是最佳的存在方式。在《老子》文中，則側重在道的層面說，或關聯著主體修養說，王弼則進一步擴大到物的層面說自然。

前文說「不生之生」是讓開一步，成全萬物之自生，則是將萬物和主體的關係拉開一個距離，可以不全由主體說，重點在於萬物自己之生、濟、長足說自然。

如其云：

> 夫燕雀有匹，鳩鴿有仇；寒鄉之民，必知旃裘，自然已足，益之則憂，故續鳧之足，何異截鶴之頸？（《老子·二十章》注，頁47）
>
> 自然之質，各定其分，短者不爲不足，長者不爲有餘，損益將何加焉？〔註13〕

由客觀面說萬物之自然，如「自然之質，各定其分」，的確是王弼論自然有進於《老子》者，此義必函在「不生之生」的脈絡下，方顯其精義。必肯認萬物之自然，物自生、物自濟、物自長足之理，方有著落。因此，王弼雖論及客觀面之自然義，依然是在其道論脈絡中的論述，非歧出說一知識義、寡頭之自然。王弼論有之關懷在於成全萬物，必於萬物之能否自我實現、能否自己完足爲重點，無爲是否有具體的作用或內容，必以此爲依歸，所以他說「明無必因於有」。

既肯認萬物之自然，又讓開以成全萬物之自然，則作爲道之主體（帝王）與物之關係必重在因順，而不在造爲。王弼云：

> 因物自然，不設不施。故不用關楗、繩約，而不可開解也。此五者皆言不造不施，因物之性，不以形制物。（《老子·二十七章》注，頁71）
>
> 萬物以自然爲性，故可因而不可爲也，可通而不可執也。物有常性，而造爲之，故必敗也；物有往來，而執之，故必失矣。（《老子·二十九章》注，頁77）
>
> 明物之性，因之而已。故雖不爲而使之成矣。（《老子·四十七章》

〔註13〕王弼《周易·損卦·象》注，見樓宇烈《王弼集校釋》，頁421。

注，頁 126）

> 大巧因自然以成器，不造爲異端，故若拙也。（《老子・四十五章》
> 注，頁 123）

老子、莊子說因順時，常重在主體之無爲無執義說；王弼之論因順時，則常就任物性之自己而言，如「大地任自然，無爲無造，萬物自相治理」、「棄己任物，則莫不理（〈第五章〉注），由是而完成其「不生之生」的理論建構。

（二）萬物備載殊異俱存

順著老子或所謂道家「自然」義的發展，必觸及殊性的問題。萬物固有同有異，然就存在之實際上論，則萬物畢異是一現實，萬物畢同則是在理論或境界之層次上說。自然之本義既是對自己如此之意義上的肯認，則「自己」不必同於他人。個體性之獨立意義，則由自然推而可知。莊子思想已朝此一方向發展，故其說逍遙無爲，則可由百工百業之人自發而調適上遂，形軀殘缺之人通過修養皆可忘形入德，順此義則異國殊風皆可保存。王弼注根據前文所述，其道論只有作用層，而無實有層，則其道之作用之一，就落在涵容萬物，保全既有之存在。王弼云：

> 聖人不立形名以檢於物，不造進向以殊棄不肖。輔萬物之自然而不
> 爲始，故曰「無棄人」也。不尚賢能，則民不爭；不貴難得之貨，
> 則民不爲盜；不見可欲，則民心不亂。常使民心無欲無惑，則無棄
> 人矣。（《老子・二十七章》注，頁 71）

「不立形名」、「不造進向」、「不爲始」、「不尚」、「不貴」、「不見」，都是工夫義的無爲，無分別、不殊棄，由此而能備載天下之人。蓋若以形名勘驗物事，或造爲進向、立範域以分別物類，一旦立標準則有所分別，有分別則有過與不及，過與不及必遭摒棄，故曰「棄人」。不爲始就是不始制、不造立之意，既無形名，亦無進向，則不致有殊棄之虞，不殊棄，則萬物皆備載矣。關於此義，王弼明白地表示：

> 天地任自然，無爲無造，萬物自相治理，故不仁也。仁者必造立施
> 化，有恩有爲。造立施化，則物失其眞；有恩有爲，則物不具存。
> 物不具存，則不足以備載矣。……無爲於萬物，而萬物各適其所
> 用，則莫不贍矣。若慧由己樹，未足任也。（《老子・五章》注，頁
> 13）

仁者必造立形名，施用教化，則物必受制於形名教化，因而失物之眞性；有

恩有爲，則有所殊別而不能遍澤遍爲，物必不能具存。王弼在注《周易》時
也說：

> 然則天地雖大，富有萬物，雷動風行，運化萬變，寂然至無，是其
> 本矣。故動息地中，乃天地之心見也。若其以有爲心，則異類未獲
> 具存矣。（《周易・復卦・象》注，頁336～337）

王弼的道是無，天地之心是無，此「無」是無封限、無爲無造，不能有所立
有所限。一旦標準建立，則異類被殊棄，不能具存。不能具存，則失其所以
備載，不能備載萬物，則失其爲道矣。

由是可知因順萬物，任物自然，庶幾乎無棄人、無棄物，而能殊異俱存、
萬物備載。所以王弼說：「故滅其私而無其身，則四海莫不瞻，遠近莫不至；
殊其己而有其心，則一體不能自全，肌骨不能相容。」（〈三十八章〉注）也
是就著帝王治國而指點地說，仍是在相同脈絡之下的說法。

（三）作用的成全

王弼道論中只討論無，因此只有作用層，而無實有層，此義前文已詳論。
王弼既然將《老子》道的實有層刊落，則意味所要面對的是一切既存的物事，
而不討論其所從出，亦不追溯其形上根源，所以牟宗三先生說道家只有「如
何」的問題，而沒有「是什麼」的問題〔註14〕。「是什麼」就是存在，凡人類
所創造之文明，天地萬物都是存在。因此，聖智仁義是德之存在，王弼並未
如孟子對於仁義禮智之出現給予根源性的說明，如「仁義禮智四端之心，天
之所與我者」，或「非由外鑠我也，我固有之也。」〔註15〕給予根源性的說明，
形上的安立。王弼視仁義聖智爲既存之物，其關注之重點在於如何去實現這
些既存者的價值，如何能保住其最純粹的價值，或使萬物如其自己而呈現的
最佳方式。王弼認爲只有通過「無」或「自然」，才是最佳的方式。《老子指
略》云：

> 故古人有歎曰：甚矣！何物之難悟也！既知不聖爲不聖，未知聖之
> 不聖也；既知不仁爲不仁，未知仁之爲不仁也。故絕聖而後聖功全，
> 棄仁而後仁德厚。夫惡強非欲不強也，爲強則失強也；絕仁非欲不
> 仁也，爲仁則僞成也。〔註16〕

〔註14〕牟宗三《中國哲學十九講》，頁132。
〔註15〕朱熹《四書章句集註》（臺北：學海，1991年再版），頁328。
〔註16〕王弼《老子指略》，據樓宇烈《王弼集校釋》，頁199。

王弼承道家之傳統，在論述價值、成全物事，必依一最高之標準，即「自然」之原則。就物事上言，如其自己而成之；就實踐仁義之價值言，必達純粹無雜，方臻圓滿。道其實就是實現生命純粹價值的通路，自然是如其自己而呈現，無為則是一去執去累的工夫，凡言絕、去、損、棄、忘……，都是同義的工夫語。凡有意為之、有所執定、有所算計、有所擬議……皆有違自然。凡有所計較、刻意者，並非不能成事，而是不能保證其純粹性，有所為則有所失，有所執則有所蔽。世庶人只知其一，不知其二。只知不仁者是不仁，不聖者為不聖，至於聖與仁是否為純粹真實，或駁雜不一，甚或虛矯造作貌似而神離，則無法分辨。此本屬主體實踐親證之事，從外部很難判別，故說「仁之為不仁，聖之為不聖」，就是指出有為、有執，在此一層次所造為的聖與仁，和前階段之「不仁」、「不聖」只有表現上的不同，沒有本質上的殊異。唯有無為無執的仁與聖，才是圓滿之德。猶如《老子・三十八章》所云：「上德不德，是以有德；下德不失德，是以無德。」因此，王弼所云：「絕聖而後聖功全，棄仁而後仁德厚」，其所要達到的境界是「全粹」、「淳厚」的圓滿境界，對仁、聖既然有如此高的要求，又怎麼會在存有層面上反對聖智仁義呢？由此可知「絕棄」之義，並非在存有之層面反對之，否定之的絕棄，而是在工夫義上超越執著造作，予以保存最真實純粹的聖功仁德，是就圓滿的理境上說的。

義理已明，則「夫惡強非不欲強也，為強則失強也；絕仁非欲不仁也，為仁則非偽成也」一段，即可豁然明白。「非欲不強」、「非欲不仁」，並非反對存有層面的強或仁等德性，而係基於「執者失之」、「為者敗之」的理路，刻意為強則失其為純粹之強，有心為仁則失其為淳厚之仁，因思在工夫上超越有執、有為的層次，而達到圓滿之境，因此，凡是將道家理解為「反智」、「反仁義」、「尚權謀」者，皆屬誤解，未能明白透析此「作用義」的義理性格所致。若一般論之，為強不必失強，為仁亦不必偽成。然而，若如此，則強或仁之真實價值之實現，就成為不必然，並且無法保證其內容之純粹性。王弼云：

> 夫載之以大道，鎮之以無名，則物無所尚，志無所營，各任其貞，事用其誠，則仁德厚焉，行義正焉，禮敬清焉。棄其所載，舍其所生，用其成形，役其聰明，仁則誠（薄）焉，義其競焉，禮其爭焉。

（《老子・三十八章》注，頁 94）

王弼認爲仁義禮價值之實現，必有待於無爲之修養，若缺乏無爲之修養，則仁義禮的價值將異化爲人心爭競的工具。價值之所以能眞正的實現，其關鍵在於無爲的修養，而不是物事之自己。「清不爲清，盈不爲盈，皆有其母以存其形。故清不足貴，盈不足多，貴在其母。」（〈三十九章〉注）都在闡明作用地保存的義涵。「物皆各得此一以成，既成而舍〔一〕以居成。居成則失其母，故皆裂、發、歇、竭、滅、蹶也。」〔註 17〕由是可知，王弼對價值事物如何能實現，不在於創制物事本身的實有心靈，亦非落在實踐方法具體事物的殊途百慮上思考，而在於「如何可能」的作用層上。此義既明，則可知在實踐進路上，「無」的作用義實爲不可諍者，也是諸大教之共法。〔註 18〕

王弼的無是本體，有是萬物。因此，有些學者便認爲無與有兩者的關係是體用關係，如湯用彤云：

> 老子云「有生於無」，語亦爲漢儒所常用。但玄理之所謂生，乃體用關係，而非謂此物生彼（如母生子等）。此則生其所生，亦非漢學所了解之生也。漢學元氣化生，固有無物而有氣之時（元氣在時空以內）。玄學即體即用，實不可謂無用而有空洞之體也。〔註 19〕

湯用彤指出玄學的體用關係和漢學之實體氣化之體不同，玄學之生物和漢學元氣化生萬物（如母生子）的形態亦不同。除了辨析兩者之差異之外，並未明說玄學之體用是何種內涵，只略說即體即用，體用一如等。

高晨陽也有相類的看法，如：

> 由用觀有，則強調有爲無所顯之用。由用觀無，則強調無不離有，它通過萬物的生成變化而顯示其主宰作用。顯然，這一層凸顯的是有爲無用，即用顯體之義。
>
> 有不離無，萬物的存在變化皆仰仗於道體無，依據於本體無才能盡其用，全其功。此爲以無攝有義；從體用上說，亦爲由體成用，全用在體義。〔註 20〕

籠統地將王弼論無與有的關係，視爲體用關係並無不可。惟使用「體用」一詞之細微處，仍有待辨析。蓋王弼在論無有時，使用本末、母子、一多、寡

〔註 17〕《老子·三十九章》注，「一」字據道藏集注本校補，見樓宇烈《王弼集校釋》，頁 107。

〔註 18〕牟宗三《中國哲學十九講》，頁 151～540。

〔註 19〕湯用彤《玄學·文化·佛教》，頁 64。

〔註 20〕高晨陽《儒道會通與正始玄學》（濟南：齊魯，2000 年初版），頁 216～218。

眾關係以說明之,並未曾用「體用」。

　　王弼是將「體用」一語作爲哲學語言的第一人,他的用法和後來學者的涵義稍有不同,理應尊重他的看法,王弼云:

> 夫大之極也,其唯道乎!自此往,豈足尊哉!故雖〔德〕盛業大,富(而)有萬物,猶各得其德,〔而未能自周也。故天不能爲載,地不能爲覆,人不能爲贍,萬物〕雖貴以無爲用,不能捨無以爲體也。
>
> (不能)捨無以爲體,則失其爲大矣。〔註21〕

王弼以無爲本體,以無爲妙用,作用於萬物,以成全萬物。因此,所使用的「體用」皆在無的形上層次說,而非將體用分爲形上、形下兩層,此義不可不明察。且王弼以無作爲本體,並無主宰萬物之義。萬物之所以能有定用,所以能成其爲定用,是有賴於無的作用成全,故「用」之義,在無乃作用、妙用;在物爲定用、功用。如此分別,則甚簡易明白。在王弼處可以說「因有以明無」,而不能說「即用以顯體」;可以說「即體以全物」,而不可說「即體以生物」,以王弼之本體爲無,不具實有層故也。不具實有層,因此和漢學之實體氣化之體用不同,和老子之道生物之說法亦有差別,並且和後來的體用義亦有所不同〔註22〕,此義理之關鍵處,甚爲細微,而分別甚鉅,不可不檢別。

五、道的整全性與不可執性

　　王弼認爲道是整全之眞實,自然流行,不可執著,亦不可分割,其本原在「無爲之事,不言之教。」不論是名言的執定,有心的造爲,意識的偏好等,都有深刻的反省。換言之,皆以「自然」、「無爲」爲本。《老子指略》云:

〔註21〕 樓宇烈《王弼集校釋》,頁94。「德」字、「而未能自周也」一小段,據樓宇烈之說校補;「而」、「不能」三字,亦據其說刪芟。

〔註22〕 後來佛教華嚴、儒家皆沿「體用」一詞,而義有別。如法藏云:「謂了達塵無生無性一味是體,智照理時不礙事相宛然是用。事雖宛然,恆無所有,是故用即體也;如會百川以歸於海,理雖一味,恆自隨緣,是故體即用也。」指空性爲體,緣起諸法爲用。見法藏《華嚴義海百門》,收於《大正藏》第四十五冊(臺北:新文豐,1995年修訂一版),頁 1875a。程伊川云:「至微者,理也;至著者,象也。體用一源,顯微無間。」見《周易程氏易傳序》(臺北:河洛,1974年臺一版),頁2。朱熹則配合其理氣,說「天理自然之本體,其實一理也。」用是功用、作用。「如耳便是體,聽便是用;目是體,見是用。」見《朱子語類》卷一(臺北文津,1986年初版),頁3。

> 然則言之者失其常，名之者離其眞，爲之者則敗其性，執之者則失其原矣。

> 是以聖人不以言爲主，則不違其常；不以名爲常，則不離其眞；不以爲爲事，則不敗其性；不以執爲制，則不失其原矣。

名、言、事物、制度，皆生活中所必需，皆爲人所制作，爲人所用，而不可拘囿。能不封限此無限虛靈之心，則物皆爲我所用，且能順物之自然，物我共成一自然之境。凡物事之弊，起於執定，刻意造作，而自陷於一偏，分裂對立。知其偏而不知全，終必敗之。語言、名號、事物、制度，莫不如是，故說：「爲者敗之，執者失之。」

此「無」的作用，除了工夫義，消解執累之外，實隱涵存有論的洞見，對人類文明的包容和肯定，無一可棄，此義前文已詳。今嘗試再論王弼對各家思想的反省《指略》又云：

> 而法者尚乎齊同，而刑以檢之；名者尚乎定眞，而言以正之；儒者尚乎全愛，而譽以進之；墨者尚乎儉嗇，而矯以立之；雜者尚乎眾美，而總以行之。夫刑以檢物，巧僞必生；名以定物，理恕必失；譽以進物，爭尚必起；矯以立物，乖違必作；雜以行物，穢亂必興。斯皆用其子而棄其母，物失所載，未足守也。

> 然致同塗異，至合趣乖，而學者惑其所致，迷其所趣。觀其齊同，則謂之法；觀其定眞，則謂之名；察其純愛，則謂之儒；鑒其儉嗇，則謂之墨；見其不係，則謂之雜。隨其所鑒而正名焉，順其所好而執意焉，故使有紛紜憒錯之論，殊趣辯析之爭，蓋由斯矣。

由存在層面說，法家用刑法來檢覈約束社會、齊同行爲；名家用正名的方式，使名與實相符；儒家嚮往孝親之德的完成，以令譽來勸進士人；墨家崇尚儉省保守，矯情克制以修己；雜家尊重各家所長，雜揉並用。各家皆有其正面的主張，在現實世界亦各有其適用性，王弼並未表示反對，他所反省的是：如果在實踐時一旦執著造作，弊病必然隨而衍生，也就是缺乏無爲的修養所導致的結果。例如法家以刑法齊同約束眾人的行爲，則取巧詐僞必然滋生；名家以名責實，理論上必有不及（蓋名生於實，而非實生於名故也）；儒家以令譽勸誘的方式孝親，必定萌生爭奪矜尚的心理；墨家以矯情的方式修身，悖戾或違背常情的狀態必然會發生；雜家混合雜揉各家思想，瑣碎紊亂的弊端必然伴隨而生。凡此皆失其無爲的根本所致。各家學說歸趣相同，而

使用的方法各異；目標一致，而追求的塗徑不一。有些人迷失在目標方向，有些人迷失在方法上，不一而足。對於各家的主張，隨著自己的察見而予以定名，順著一己的好尚而執定自以爲是，因此便產生錯綜雜亂的學說，不同旨趣方法分別的爭議，追溯其問題產生的根源，都是因爲失其無爲的根據所致。

王弼在反省各家的同時，其實也指出各家之思想核心，肯定各家正面的主張，並非只是反對，反而是只要能存著不執著、不封限的心靈，則無所分別，亦無所對立爭訟，各家主張皆能各適其用，切勿各是其所是、非其所非，導致百家之是非蠭出，黨同伐異，是己非人，造成天下莫衷一是。王弼無的存有論之洞見由此可知。

六、名教的安立

以後設研究的立場，審視王弼的玄學體系，王弼所探索的，是藉著經典詮釋的方式，又超離經典文本的意義世界，而回到魏晉時代的現實，直接面對時代的問題，重建生活秩序，安頓身心的名教問題。王弼所論雖然不止名教，然名教問題無疑地是他所關懷的重心。

近代學者自湯用彤以降，喜言「儒道會通」作爲玄學論述的重點之一〔註23〕。如果明瞭王弼以「守母存子」、「崇本舉末」作爲玄論之基本綱領，則所謂儒家的地位只是子而非母，只是末而非本，更甚者是儒家只是眾家學說之一，並無特別優越的地位。王弼只是建立自己的論述，安排名教的份位，給予適切的說明，都在自家理論體系中進行，實無所謂會通之問題。話雖如此，名教問題在玄學中所佔的份量委實不輕，無怪乎許多學者將它作爲後設研究的論題之一。魏晉承兩漢名教之異化，王弼提出「守母存子」的理論，意在指出問題癥結之所在，恢復名教的生機，保住名教能不墜。王弼云：

> 是以上德之人，唯道是用，不德其德，無執無用，故能有德而無不

〔註23〕湯用彤《玄學・文化・佛教》，頁30。牟宗三先生亦認爲魏晉玄學主要課題是「會通孔老」見《中國哲學十九講》，頁230。余敦康並撰有專文，討論魏晉玄學中，儒道會通的論題，見《中國哲學論集》（遼寧：新華，1998年初版），頁267～284。許杭生等人則認爲是儒道兼綜，見《魏晉玄學史》（西安：陝西師大，1989年初版），頁18～27。蔡忠道則認爲是儒道互補，見氏著《儒道互補之研究》（臺北：文津，2000年初版），頁6～7。高晨陽也有關於會通的看法，見《儒道會通與正始玄學》，頁47～64。

爲。不求而得，不爲而成，故雖有德而無德名也。下德求而得之，
爲而成之，則立善以治物，故德有名焉。求而得之，必有失焉；爲
而成之，必有敗焉。善名生則有不善應焉，故下德爲之而有以爲也。
無以爲者，無所偏爲也。凡不能無爲而爲之者，皆下德也：仁義禮
節是也。（《老子·三十八章》注，頁 93～94）

前文說道是整全，不可偏執，又對各家主張皆予包容肯定，不可執一偏而廢
其他，唯用是適，不德其德，不封限其虛靈之心，則百家眾德皆可適用而無
疵，不以一家之偏善爲之，不執一家之擅長而拘囿之。如此審視仁義禮節，
恰是在下德之列，畫地自限，立善治物，有所偏爲，滯守一善一德，則其
流弊必有不善應焉，終必回歸自然無爲，尋得其本，方能保證其無所失、無
所敗。回歸上德，不德其德，固然無所分別仁義禮節之名，而仁義禮節之實
德自在其中，而上德之內容之廣大又不止是仁義禮節所能限，名教亦於焉安
立。

　　顧王弼所論，是落在萬物存在之實際處境，歷時而制度迭變，同時代則
異國殊風，異時代則不同制度，異地則不同風俗，領導者若有知於此，則不
能畫一以限制，理論上亦無法執一以定萬，宜各順其民，各適所用，以天下
萬物之所自安爲考量，此治國者所必知、必具之修養。至於對仁義禮節，王
弼還有更深刻的反省，他在同章注又云：

以無爲用，德其母，故能己不勞焉而物無不理。下此以往，則失用
之母，不能無爲而貴博施，不能博施而貴正直，不能正直而貴飾敬，
所謂失德而後仁，失仁而後義，失義而後禮也。夫禮之所始，首於
忠信不篤，通簡不暢，責備於表，機微爭制。夫仁義發於內，爲之
猶僞，況務外飾而可久乎？故夫禮者，忠信之薄而亂之首也？（《老
子·三十八章》注，頁 94）

王弼以「博施」釋仁，以「正直」釋義，以「飾敬」釋禮。以仁義爲內，禮
已淪爲外飾。不能無爲爲之，無論是博施、正直、或外表的飾敬，拳拳以一
善爲是，則落入有德名之屬。仁義雖發於內，有心爲之，猶不能免於做作。
何以發於內，猶有可能作僞？此與孟子「由仁義行」〔註24〕豈非相忤？其中
義理分際有待疏通。以下嘗試論之。

　　如果依道家義理，道涵一切德，眾德皆出於無爲，則任何之德皆得到純

〔註24〕《孟子·離婁下》，見朱熹《四書章句集註》，頁 294。

粹價值之實現。孟子「由仁義行」就是在這個層次上立言，在無爲自然的層次，儒道應無不同。在《老子》道論中的「有性」涵具眾德，可開出一切德，雖沒有具體地開出一道德形上學，以給予道德實踐根源性的說明，理論上可以有此涵蘊。惟王弼所承繼的是外在化的仁義禮節，在其玄學理論中，道只有無的作用層，則他所討論發於內的仁，只落於情感上說；所謂的名教，則是有承於兩漢外在化的名教。若求諸人文價值的創造性根源，終無法給予充分之說明，關於此點，王弼固不及孟子、《中庸》，亦達不到老子道論的完足性。以至於王弼只看到禮止於「忠信不篤，通簡不暢，責備於表，機微爭制」的一面，似乎只反省到其末流、弊病之所在，至於制禮之內在或超越之根據，積極面，存在之定然性，正面功能的價值所在以及創造性之根源，顯然在王弼道論中是有所虛歉的，換言之，王弼知病而不知本。他的「不生之生」的理論，並沒有思考到仁義禮如何出現，以及是否有存在之必然性、必要性的問題，而只有德性純粹價值如何保全的問題，至於不斷創新，因時損益的真正根源，則欠缺充分的、完整的理論性的說明。

七、結 論

本文由分疏老子和王弼的道論入手，區別兩者道論的差異所在，嘗試由此差異點闡釋各自所涵的義理內容，以老子的道論作爲參照，使王弼道論的內涵更明白顯豁。

王弼玄學的義理性格，的確歸宗於老子，然而其所展示的理論架構、與其所發明的論題內涵，相較於老子，均有殊異之處。王弼雖以注解的方式呈現，究其實，乃是傳統「以述爲作」的又一個例證。其目的最終是超越文本的意義世界，回歸到自己所處時代的具體情境，建立自己的玄理體系。

王弼和老子的道論，都區分爲道物兩層，是兩者所同。其中的差異點在於「有」的歸屬。老子道的內容是無與有，王弼道論的內容則只有「無」，有性刊落在形而下，和萬物同層。若深論之，老子道論中的無屬作用層，有屬實有層。對於作用層的無之理解，學界大體有共識，爭議不大。惟對實有層的有之理解，學界則見解分歧，爭議未決。牟宗三先生的「姿態說」，即是把「有性」理解爲不具實質內容，認定道家或老子的勝場在作用層，就此即可成一家之言〔註25〕。本文則依《老子》文本分疏，發現老子道論中之有性雖

〔註25〕牟宗三《中國哲學十九講》，頁127。

未詳爲展開，亦未特殊化其內容爲上帝、梵天、天道、良知或元氣等，然而，卻是形而下萬物生、爲、長、養等正面積極作爲，以及一切價值生出的形式根據。僅憑此作爲形式根據一義，就不可以取消實有層，而且此實有層也不是只是虛說而已。何況自然即其有自己如此、自然而然、如其自己之義，其中便涵有特殊性的具體內容，作用義和實有義必然兼具，交互作用而完成一價值的世界。具體論之，〈三十八章〉所作道、德、仁、義、禮的層遞分判，由於仁、義、禮的虛歉之處，只因失其無爲的根據，執滯於一德，既然仁、義、禮皆是實德，由此可以推知，道、德之內容，必然不止是無爲的作用而已，而是兼具眾德、賅備萬有。故老子的道論具足作用層與實有層，且實有層並非只是姿態而已。

王弼玄學中，無屬形上，有屬形下，正相應於道物兩層，因爲有性被刊落，所以王弼的道沒有實有層，「道生」不能作實有之創生或「生出」來理解，而只能由無爲的作用義，讓開一步成全萬物，使之自生、自長、自濟。「自然」也隨之只剩作用義，實有義完全落在萬物的存在而言。

由是言之，王弼並沒有建立對於道之創生或萬物如何生出的正面論述，簡言之，即道之生物的積極義隱沒。既然道只是作用義的無，則所謂的萬物，應是既成既有之萬物，現實既存之萬物，只待沖虛之心靈修養之實踐以保存此萬物之存在價值，讓開成全令萬物自我實現。此類玄思，是肯定萬物之萬殊，不能以畫一整齊萬物之方式對待，也是文明流衍久長之後，展現萬殊的姿態，惟恐一旦執著，則將被扭曲或異化。如欲成全萬物之自然，則毋須干涉介入，而賴作用的保存。然而，若創造性之根源不明，文明遂有陷於停滯不前的可能，並且人類文明的發展，必先有創造、成長之歷程，始有執著、扭曲或異化的危機可言；先有正面價值之出現，始有病竈可說。進一步言之，若將自然定在萬物之自己生、長、足、成，聖人除卻有一虛靈之無爲之外，而不論及對天下之事物之實際參與，無爲的意義亦因而弱化。以此知王弼玄學即著重在知病治病，作用成全之義，而不具創生義，在道論形式的完整性和充足性，顯然不及老子。